U0552904

中国社会科学院重大课题
国家"十五"重点出版项目

# 列国志

GUIDE TO THE WORLD STATES

中国社会科学院《列国志》编辑委员会

马耳他

● 蔡雅洁 吴国庆 编著

社会科学文献出版社

SOCIAL SCIENCES ACADEMIC PRESS (CHINA)

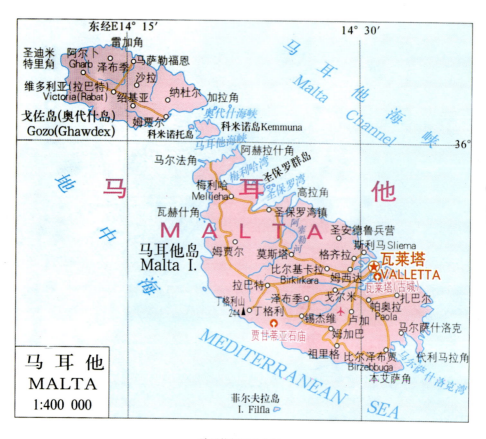

东经E14° 15′　　　　　　　　　　　　　　　　14° 30′

圣迪米
特里角
阿尔卜
Gharb
泽布季
雷加角
马萨勒福恩
沙拉
维多利亚(拉巴特)
Victoria(Rabat)
绍基亚
纳杜尔
加拉角
戈佐岛(奥代什岛)
Gozo(Ghawdex)
姆覃尔
科米诺托岛
科米诺岛Kemmuna
奥代什海峡

马尔他海峡
马尔法角
阿赫拉什角
马耳他海峡 Malta Channel
马耳他海峡

梅利哈
Mellieha
圣保罗群岛
圣保罗湾
高拉角
36°

马耳他岛
Malta I.

瓦赫什角
圣保罗湾镇
阿塞勒河

姆贾尔
莫斯塔
圣安德鲁兵营
斯利马 Sliema
比尔基卡拉
Birkirkara
格齐拉
拉巴特
泽布季
姆西达
瓦莱塔
VALLETTA
丁格利山
244▲
丁格利
锡杰维
戈尔米
卢加
瓦莱塔(古城)
帕奥拉
Paola
扎巴尔
贾甘蒂亚石庙
姆加巴
马尔萨什洛克

地中海
MEDITERRANEAN

祖里格
比尔泽布贾
Birzebbuga
马尔萨什洛克湾
代利马拉角
本艾萨角

菲尔夫拉岛
I. Filfla
SEA

MALTA
马耳他海峡
Malta Channel

M A L T A

马耳他
MALTA
1:400 000

马耳他行政区划图

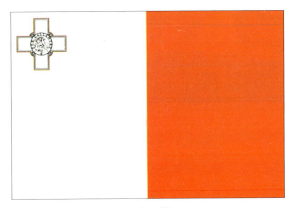

马耳他国旗

马耳他国徽

马耳他防御工事

马耳他防御工事夜景

马耳他自由港

马耳他蓝窗

马耳他首都瓦莱塔

马耳他马理亚纳游艇

马耳他维多利亚大教堂

马耳他维多里奥萨城

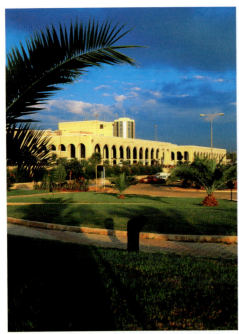

马耳他星期五列兵仪式

马耳他国际机场

马耳他卡斯蒂利亚骑士旅馆

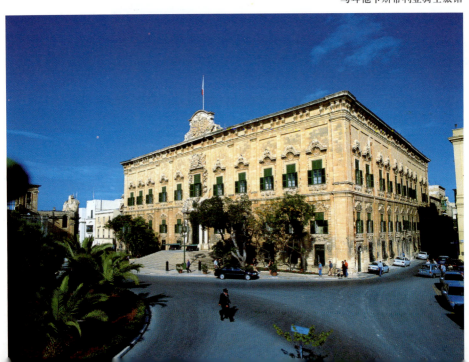

马耳他马利哈湾

马耳他天堂海湾

马耳他森格莱阿

马耳他马尔萨什洛克渔船

马耳他戈佐岛

马耳他科米诺岛

# 前　言

　　自 1840 年前后中国被迫开关、步入世界以来，对外国舆地政情的了解即应时而起。还在第一次鸦片战争期间，受林则徐之托，1842 年魏源编辑刊刻了近代中国首部介绍当时世界主要国家舆地政情的大型志书《海国图志》。林、魏之目的是为长期生活在闭关锁国之中、对外部世界知之甚少的国人"睁眼看世界"，提供一部基本的参考资料，尤其是让当时中国的各级统治者知道"天朝上国"之外的天地，学习西方的科学技术，"师夷之长技以制夷"。这部著作，在当时乃至其后相当长一段时间内，产生过巨大影响，对国人了解外部世界起到了积极的作用。

　　自那时起中国认识世界、融入世界的步伐就再也没有停止过。中华人民共和国成立以后，尤其是 1978 年改革开放以来，中国更以主动的自信自强的积极姿态，加速融入世界的步伐。与之相适应，不同时期先后出版过相当数量的不同层次的有关国际问题、列国政情、异域风俗等方面的著作，数量之多，可谓汗牛充栋。它们对时人了解外部世界起到了积极的作用。

当今世界，资本与现代科技正以前所未有的速度与广度在国际间流动和传播，"全球化"浪潮席卷世界各地，极大地影响着世界历史进程，对中国的发展也产生极其深刻的影响。面临不同以往的"大变局"，中国已经并将继续以更开放的姿态、更快的步伐全面步入世界，迎接时代的挑战。不同的是，我们所面临的已不是林则徐、魏源时代要不要"睁眼看世界"、要不要"开放"问题，而是在新的历史条件下，在新的世界发展大势下，如何更好地步入世界，如何在融入世界的进程中更好地维护民族国家的主权与独立，积极参与国际事务，为维护世界和平，促进世界与人类共同发展做出贡献。这就要求我们对外部世界有比以往更深切、全面的了解，我们只有更全面、更深入地了解世界，才能在更高的层次上融入世界，也才能在融入世界的进程中不迷失方向，保持自我。

与此时代要求相比，已有的种种有关介绍、论述各国史地政情的著述，无论就规模还是内容来看，已远远不能适应我们了解外部世界的要求。人们期盼有更新、更系统、更权威的著作问世。

中国社会科学院作为国家哲学社会科学的最高研究机构和国际问题综合研究中心，有 11 个专门研究国际问题和外国问题的研究所，学科门类齐全，研究力量雄厚，有能力也有责任担当这一重任。早在 20 世纪 90 年代初，中国社会科学院的领导和中国社会科学出版社就提出编撰"简明国际百科全书"的设想。1993 年 3 月 11 日，时任中国社会科学院院长的胡绳先生在科研局的一份报告上批示："我想，国际片各所可考虑出一套列国志，体例类似几年前出的《简明中国百科全书》，以一国（美、日、英、法等）或几个国家（北欧各国、印支各国）为一册，请考虑可行否。"

中国社会科学院科研局根据胡绳院长的批示，在调查研究的基础上，于 1994 年 2 月 28 日发出《关于编纂〈简明国际百科全书〉和〈列国志〉立项的通报》。《列国志》和《简明国际百科全书》一起被列为中国社会科学院重点项目。按照当时的计划，首先编写《简明国际百科全书》，待这一项目完成后，再着手编写《列国志》。

1998 年，率先完成《简明国际百科全书》有关卷编写任务的研究所开始了《列国志》的编写工作。随后，其他研究所也陆续启动这一项目。为了保证《列国志》这套大型丛书的高质量，科研局和社会科学文献出版社于 1999 年 1 月 27 日召开国际学科片各研究所及世界历史研究所负责人会议，讨论了这套大型丛书的编写大纲及基本要求。根据会议精神，科研局随后印发了《关于〈列国志〉编写工作有关事项的通知》，陆续为启动项目拨付研究经费。

为了加强对《列国志》项目编撰出版工作的组织协调，根据时任中国社会科学院院长的李铁映同志的提议，2002 年 8 月，成立了由分管国际学科片的陈佳贵副院长为主任的《列国志》编辑委员会。编委会成员包括国际片各研究所、科研局、研究生院及社会科学文献出版社等部门的主要领导及有关同志。科研局和社会科学文献出版社组成《列国志》项目工作组，社会科学文献出版社成立了《列国志》工作室。同年，《列国志》项目被批准为中国社会科学院重大课题，国家新闻出版总署将《列国志》项目列入国家重点图书出版计划。

在《列国志》编辑委员会的领导下，《列国志》各承担单位尤其是各位学者加快了编撰进度。作为一项大型研究项目和大型丛书，编委会对《列国志》提出的基本要求是：资料翔实、准确、最新，文笔流畅，学术性和可读性兼备。《列国志》之所以强调学术性，是因为这套丛书不是一般的"手册"、"概览"，而是在尽可能吸收前人成果的基础上，体现专家学者们的研究所得和个人见解。正因为如此，《列国志》在强调基本要求的同时，本着文责自负的原则，没有对各卷的具体内容及学术观点强行统一。应当指出，参加这一浩繁工程的，除了中国社会科学院的专业科研人员以外，还有院外的一些在该领域颇有研究的专家学者。

　　现在凝聚着数百位专家学者心血、约计 200 卷的《列国志》丛书，将陆续出版与广大读者见面。我们希望这样一套大型丛书，能为各级干部了解、认识当代世界各国及主要国际组织的情况，了解世界发展趋势，把握时代发展脉络，提供有益的帮助；希望它能成为我国外交外事工作者、国际经贸企业及日渐增多的广大出国公民和旅游者走向世界的忠实"向导"，引领其步入更广阔的世界；希望它在帮助中国人民认识世界的同时，也能够架起世界各国人民认识中国的一座"桥梁"，一座中国走向世界、世界走向中国的"桥梁"。

《列国志》编辑委员会

2003 年 6 月

# CONTENTS

# 目　录

# CONTENTS

# 目 录

# CONTENTS

# 目　录

# CONTENTS

# 目 录

# CONTENTS

# 目　录

# CONTENTS

# 目　录

# CONTENTS

# 目  录

# CONTENTS

# 目 录

# CONTENTS

# 目　录

# CONTENTS

# 目 录

15

# CONTENTS
# 目　录

# 序

马耳他群岛是意大利西西里岛至北非山脉这一线地质结构露出海面的部分，荷马史诗《奥德赛》中所叙述的俄底修斯被女神卡鲁普索拘禁的故事就发生在这一带。由于马耳他特殊的地理位置，以及军事和经济战略价值，使得这个小小的岛国在历史上曾多次遭受外来者入侵，第二次世界大战时盟军曾将此地作为中继站。马耳他直到 1964 年才获得独立，不久成为共和国。自此以后，马耳他加快了现代化的进程，21 世纪初先后加入欧洲联盟和欧元区，进一步向欧洲和世界开放，并以崭新的面貌展现在世人眼前。

马耳他国家虽小，但是"小小麻雀，五脏俱全"；不仅"五脏俱全"，而且其内涵还十分丰富和多采。因此，本书共安排八章，试图从一个新的视角对马耳他国土与人民、历史、政治、经济、社会与国民生活、教育与文化、外交与防务等加以全面而客观地介绍和分析，力图给予读者一个完整的脉络和图像。

自独立后，马耳他加快了现代化的进程。在政治上，马耳他从君主立宪制走向共和制，实行民主政治，议会民主，给予人民充分的权利、民主和自由，并在国家大法上进行保障。在经济上，改变殖民地经济的畸形状况，推行完全的市场经济，大力发展第三产业，努力使马耳他的经济与欧洲联盟接轨，并使马耳他经济进一步融入经济全球化的进程中去。

众所周知，在马耳他历史上，圣约翰骑士团统治对马耳他民族性格造成深刻的影响，英国殖民主义长时间的统治对马耳他经济、政治、社会和文化无不打上了深深的烙印。尽管如此，马耳他在现代化进程中有意识地在保留、培育和发展自己的特色。例如，在"国土与人民"章中，马耳他奇特而有趣的自然风貌和神奇的人文景观，留给人们深刻的印象。在政治上，马耳他从自治走向独立，从独立走向共和；立法机构实行一院制，选举按照比例代表制原则、以单名可转让选票方式在各选区同时进行；行政机构精干，公职人员精简，中央与地方层次少和联系密切。在经济上，马耳他通过不断地改革和创新，逐步从殖民地经济过渡到具有本国和本民族特色的、并适合本国国情的经济。

在现代化和城市化建设过程中，马耳他对城镇、环境及其文物进行严格的保护，实行完备的和良好的社会福利，努力提高人民的生活水平和质量，从而基本上达到人与自然、人与社会、人与人之间的和谐以及家庭和婚姻的和谐。马耳他在这方面，获得国际上的认可并给予很高的评价。

自马耳他与中国建交以来，两国的关系日益密切，往来频繁，成为小国与大国关系的典范，所以笔者专门设置第八章，论述马耳他与中国的关系。

马耳他作为"袖珍国"显示了它的优势，在调查和统计方面可以做到十分细致、周到和精确，可以落实到每个人头、家庭以及社会各个部门和各个方面。因此，马耳他统计局定期进行调查和统计，并将综合的数据向国际社会公开发表。笔者在编写本书过程中，充分利用了马耳他统计局和其他部门的调查和统计数据。此外，笔者也参考和使用了国内外关于马耳他的文章和资料，在这里特别表示谢意。

　　本书由蔡雅洁收集资料、提供初稿，吴国庆对其审核，并做了修改、补充和定稿工作，为本书的完成付出了辛勤劳动。

　　本书的完成，曾蒙多方人士协助，其中，蔡衡、王旭东、蔡玉洁等同志协助写作部分章节初稿，还有社会科学文献出版社的责任编辑赵慧芝同志，对她认真负责的精神和呕心沥血的审阅，表示由衷的敬意。

蔡雅洁，吴国庆

2008 年 3 月 20 日于北京

# 第一章

# 国土与人民

## 第一节　自然地理

### 一　地理位置

马耳他共和国（The Republic of Malta），代码 MT，简称"马耳他"（Malta）。古希腊时代称 Malet，取"避风港"之意，因为马耳他自古就是地中海上遇到特别风浪时避风的良港。古罗马时代称为 Melita，取"蜂蜜岛"之意，因为马耳他以盛产蜂蜜而闻名于地中海地区。根据国土面积计算，马耳他在世界各国中排名第 184 位，是世界上仅存的为数不多的"袖珍国"之一。

马耳他是地中海中部的岛国，位于北纬 35°48′00″~36°06′00″，东经 14°10′30″~14°35′00″之间。马耳他本来与欧洲大陆相连，后来因为海平面的上升而变成为岛屿，地处欧洲大陆和非洲大陆之间。马耳他由马耳他岛（Malta）、戈佐岛［Gozo，又称为奥代什岛（Ghawdex）］两个大岛和科米诺岛（Comino）、科米诺托岛（Cominoto）、圣保罗群岛（St. Paul's Island）、菲尔夫拉岛（Filfla）等四个小岛屿组成。

马耳他如同嵌在蔚蓝色地中海上的一颗璀璨的明珠，其面积总共 316 平方公里。其中马耳他岛最大，面积 245.728 平方公里，东西长 27.359 公里，南北宽 14.48 公里，海岸线 196.8 公里，占马耳他国土总面积的 78%，所以国名统称为马耳他。

在马耳他岛的西北方是戈佐岛，面积 67.078 平方公里，东西长 14.484 公里，南北宽 7.242 公里，海岸线 56.01 公里，与马耳他岛相距 5.5 公里。

在马耳他岛和戈佐岛之间的是科米诺岛，面积 2.784 平方公里。与科米诺岛隔海相望的科米诺托岛、紧贴马耳他岛的圣保罗群岛以及马耳他岛南方的菲尔夫拉岛都是小岛屿，荒无人烟。

马耳他的领海 12 海里，专属捕鱼区 25 海里，毗邻区 24 海里。

马耳他是扼大西洋通往地中海东部及印度洋的交通要道，东距埃及的亚历山大港 994 海里，南与非洲的大陆相距 180 海里，西离直布罗陀海峡 1141 海里，是连接欧、亚、非三大洲海运的枢纽。它又处在地中海的中心，故有"地中海心脏"之称。正因为地理位置十分险要，马耳他历来是兵家必争之地，腓尼基人、迦太基人、罗马人、阿拉伯人、诺曼人、西班牙人、圣约翰骑士、法国人、英国人都先后征服过这片土地。

马耳他全国海岸线蜿蜒曲折，长达 196.8 公里，港湾水深隐蔽，有很多天然良港。1869 年苏伊士运河凿通后，从苏伊士运河开往直布罗陀海峡的航线便成为世界上最繁忙的水道，而马耳他岛恰好位于该航线的中心点，其首都瓦莱塔便成为全国最大的海港和重要的国际中转港口。从瓦莱塔港出发，可直达叙利亚的巴尼亚斯，黎巴嫩的贝鲁特和赛达（西顿），埃及的塞得港和亚历山大港，利比亚的的黎波里、卜雷加、锡德尔和班加西，阿尔及利亚的阿尔及尔和贝贾亚，法国的马赛，西班牙的巴塞罗那及意大利的那不勒斯、热那亚等地中海各大港口。马耳他也因此成为沟通欧洲、非洲和亚洲的桥梁。

## 二 行政区划和主要城市

马耳他设置大区（Region）和地方市政委员会（Local Council）两级地方行政单位以及统计区（District），都由中央政府直接管辖。

### （一）大区

根据1994年3月15日条例，马耳他中央政府决定把全国划分为三个大区：马耳他岛划分为两个大区，即马吉斯特拉尔大区（Majjistral，又称为西北大区）和西洛克大区（Xlokk，又称为东南大区）；戈佐岛和科米诺岛组成戈佐－科米诺大区。

每个大区管辖若干个统计区和若干个地方市政委员会：马吉斯特拉尔大区拥有3个统计区和29个地方市政委员会；西洛克大区拥有两个统计区和25个地方市政委员会；戈佐大区拥有1个统计区和14个地方市政委员会。

马耳他各大区的基本情况，参见表1－1。

### （二）地方市政委员会

根据1993年6月30日议会通过的《地方市政委员会法》，马耳他设置地方市政委员会，作为马耳他最基本的地方行政单位。

马耳他全国共设置68个地方市政委员会，其中，马耳他岛54个地方市政委员会，戈佐岛14个地方市政委员会。

马耳他岛的地方市政委员会如下：

1　阿塔尔德（Attard）市政委员会，

2　巴尔赞（Balzan）市政委员会，

3　比尔古（Birgu）市政委员会，

4　比尔基卡拉（Birkirkara）市政委员会，

5　比尔泽布贾（Birzebbuga，或者Birzebbugia）市政委员会，

6　博姆拉（Bormla）市政委员会，

7　丁格利（Dingli）市政委员会，

表 1-1　马耳他各大区的面积、所属的统计区
和地方市政委员会

| 大　区 | 面　积<br>（平方公里） | 所属统计区 | 所属地方市政委员会 |
|---|---|---|---|
| 马吉斯<br>特拉尔 | 163.89 | 北港，北部，西部 | 比尔基卡拉、格齐拉、戈尔米、哈姆伦、姆西达、彭布罗克、皮埃塔、圣朱利安、圣格旺、圣维尼拉、斯利马、斯维吉、塔什比埃什、阿尔胡尔、姆迪纳、梅利哈、姆贾尔、莫斯塔、纳沙尔、圣波尔巴哈尔、阿塔尔德、巴尔赞、丁格利、伊克林、利杰、姆塔尔法、拉巴特、锡杰维、泽布季 |
| 西洛克 | 64.14 | 南港，东南部 | 比尔古、博姆拉、伊斯拉、瓦莱塔、弗古拉、弗洛里亚纳、卡尔卡拉、卢加、扎巴尔、马尔萨、帕奥拉、圣卢西杰、塔尔欣、西阿拉、比尔泽布贾、古德杰、阿沙格、基尔科普、马尔萨什卡拉、马尔萨什洛克、姆加巴、格伦迪、萨菲、泽通、祖里格 |
| 戈佐-<br>科米诺 | 65.55① | 戈佐-科米诺 | 丰塔纳、瓜尔西里姆、阿尔卜、瓜斯里、凯尔切姆、蒙沙尔、纳杜尔、加拉、维多利亚或者拉巴特、圣劳伦兹、桑纳特、沙拉、绍基亚、泽布季 |

说明：① 该数字仅为戈佐岛的面积。

8　弗古拉（Fgura）市政委员会，

9　弗洛里亚纳（Floriana）市政委员会，

10　古德杰（Gudja）市政委员会，

11　格齐拉（Gzira）市政委员会，

12　阿尔胡尔（Gharghur）市政委员会，

13　阿沙格（Ghaxaq）市政委员会，

14　哈姆伦（Hamrun）市政委员会，

15　伊克林（Iklin）市政委员会，

16　伊斯拉（Isla）市政委员会，

17 卡尔卡拉（Kalkara）市政委员会，

18 基尔科普（Kirkop）市政委员会，

19 利杰（Lija）市政委员会，

20 卢加（Luqa）市政委员会，

21 马尔萨（Marsa）市政委员会，

22 马尔萨什卡拉（Marsaskala 或者 Marsascala）市政委员会，

23 马尔萨什洛克（Marsaxlokk）市政委员会，

24 姆迪纳（Mdina）市政委员会，

25 梅利哈（Mellieha）市政委员会，

26 姆贾尔（Mgarr）市政委员会，

27 莫斯塔（Mosta）市政委员会，

28 姆加巴（Mqabba）市政委员会，

29 姆西达（Msida）市政委员会，

30 姆塔尔法（Mtarfa）市政委员会，

31 纳沙尔（Naxxar）市政委员会，

32 帕奥拉（Paola）市政委员会，

33 彭布罗克（Pembroke）市政委员会，

34 皮埃塔（Pieta）市政委员会，

35 戈尔米（Qormi）市政委员会，

36 格伦迪（Qrendi）市政委员会，

37 拉巴特（Rabat）市政委员会，

38 萨菲（Safi）市政委员会，

39 圣朱利安（San Giljan）市政委员会，

40 圣格旺（San Gwann）市政委员会，

41 圣波尔巴哈尔（San Pawl il-Bahar）市政委员会，

42 圣卢西杰（Santa Lucija）市政委员会，

43 圣维尼拉（Santa Venera）市政委员会，

44　锡杰维（Siggiewi）市政委员会，

45　斯利马（Sliema）市政委员会，

46　斯维吉（Swieqi）市政委员会，

47　塔什比埃什（Ta'Xbiex）市政委员会，

48　塔尔欣（Tarxien）市政委员会，

49　瓦莱塔（Valletta）市政委员会，

50　西阿拉（Xghajra）市政委员会，

51　扎巴尔（Zabbar）市政委员会，

52　泽布季（Zebbug）市政委员会，

53　泽通（Zejtun）市政委员会，

54　祖里格（Zurrieq）市政委员会。

戈佐岛的地方市政委员会如下：

55　丰塔纳（Fontana）市政委员会，

56　瓜尔西里姆（Ghajnsielem 或者 Ghajnsielen）市政委员会，

57　阿尔卜（Gharb）市政委员会，

58　瓜斯里（Ghasri）市政委员会，

59　凯尔切姆（Kercem）市政委员会，

60　蒙沙尔（Munxar）市政委员会，

61　纳杜尔（Nadur）市政委员会，

62　加拉（Qala）市政委员会，

63　维多利亚或者拉巴特（Victoria 或者 Rabat）市政委员会，

64　圣劳伦兹（San Lawrenz）市政委员会，

65　桑纳特（Sannat）市政委员会，

66　沙拉（Xaghra）市政委员会，

67　绍基亚（Xewkija）市政委员会，

68　泽布季（Zebbug）市政委员会。

每一个地方市政委员会都有自己的标志，参见附录。

马耳他 68 个地方市政委员会分布情况，参见图 1－1。

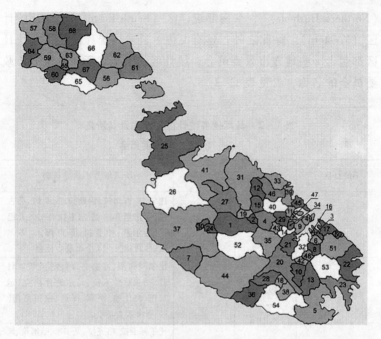

**图1-1 马耳他地方市政委员会分布图**

说明：图中数字分别表示马耳他68个市政委员会的分布情况，其名称
与上文所排列的相应序数所表示的名称相同。

在所有的地方市政委员会中，最大的地方市政委员会的面积
为27.286平方公里，最小的地方市政委员会的面积为0.16平方
公里，地方市政委员会的平均面积为4.38平方公里。

**（三）统计区**

为了方便人口和面积的调查和统计，中央政府将马耳他划分
为6个统计区：马耳他岛有5个统计区，即南港统计区
（Southern Harbour）①、北部统计区（Northern）、北港统计区

_____

① 南港统计区也称为内港统计区（Inner Harbour）。

（Northern Harbour）①、东南部统计区（South Eastern）、西部统计区（Western）。除此之外，还有戈佐－科米诺统计区。每个统计区都包含一些地方市政委员会，统计区的面积和所属的地方市政委员会的名称，参见表1－2。

表1－2　马耳他各统计区的面积及其所属<br>的地方市政委员会

| 统计区 | 面 积<br>（平方公里） | 首 府 | 所属地方市政委员会 |
|---|---|---|---|
| 南　港 | 16.88 | 瓦莱塔 | 比尔古、博姆拉、伊斯拉、瓦莱塔、弗古拉、弗洛里亚纳、卡尔卡拉、卢加、扎巴尔、马尔萨、帕奥拉、圣卢西杰、塔尔欣、西阿拉，计14个市政委员会 |
| 东南部 | 49.71 | 泽通 | 比尔泽布贾、古德杰、阿沙格、基尔科普、马尔萨什卡拉、马尔萨什洛克、姆加巴、格伦迪、萨菲、泽通、祖里格，计11个市政委员会 |
| 北　港 | 33.31 | 巴尔赞 | 比尔基卡拉、格齐拉、戈尔米、哈姆伦、姆西达、彭布罗克、皮埃塔、圣朱利安、圣格旺、圣维尼拉、斯利马、斯维吉、塔什比埃什、巴尔赞，计14个市政委员会 |
| 北　部 | 73.66 | 莫斯塔 | 阿尔胡尔、姆迪纳、梅利哈、姆贾尔、莫斯塔、纳沙尔、圣波尔巴哈尔，计7个市政委员会 |
| 西　部 | 72.84 | 拉巴特 | 阿塔尔德、丁格利、伊克林、利杰、姆塔尔法、拉巴特、锡杰维、泽布季，计8个市政委员会 |
| 戈佐－科米诺 | 68.72 | 维多利亚 | 丰塔纳、瓜尔西里姆、阿尔卜、瓜斯里、凯尔切姆、蒙沙尔、纳杜尔、加拉、维多利亚（或称拉巴特）、圣劳伦兹、桑纳特、沙拉、绍基亚、泽布季，计14个市政委员会 |
| 合　计 | 315.12 | | 68 个市政委员会 |

---

① 北港统计区也称为外港统计区（Outer Harbour）。

## （四）主要城市

### 1. 瓦莱塔

瓦莱塔是马耳他首都，是全国政治、文化和商业中心。它有许多有趣的别名，诸如"圣约翰骑士团之城"、"巴洛克的伟大杰作"、"欧洲艺术之城"等。

瓦莱塔在马耳他岛东北岸一个小半岛的尖端，北临马尔萨姆谢特商港，南濒大港。市区实际上是建在谢贝尔拉斯山麓的一个城堡，围以高大的城墙，有城门出入，占地不足两平方公里，是现今世界上最小的首府之一。瓦莱塔始建于16世纪，在1566年著名的战役"马耳他之围"中，指挥抗击土耳其军的骑士团团长瓦莱特，城市因此而得名——瓦莱塔。为了接受奥斯曼帝国军队大包围的教训，以"防御工事优先于住宅"为指导，骑士团将城池建得十分坚固。城内街道呈网格状布局，仅可供一车通过。东北角是著名的圣埃尔要塞。1964年马耳他独立时，瓦莱塔被定为首都，成为全国政治、经济、文化和商业中心，集中了全国主要的工业企业，现有人口7499人。

瓦莱塔的景物与岛上其他地区连成一片，其建筑、商业和交通等各方面情况均难以区分。因而规定瓦莱塔与马耳他其他地区以城门为界，城门内为瓦莱塔。公众街是入城后的第一条街道，既是瓦莱塔城的中轴线，也是半岛的中心线。街面宽阔、平坦而整洁。英国统治时期的女王广场就位于街道的中央，现已改名为公众广场，女王伊丽莎白的雕像至今仍矗立在广场上。

在瓦莱塔高层公寓与别墅之间，有许多点缀其间的古旧建筑。它们是巴洛克与文艺复兴时期的建筑，从外形到内部装饰都非常奢华，属于欧洲最好的建筑艺术。瓦莱塔著名的建筑物有总统府、摩斯塔大教堂和地中海议会中心。

总统府初建于1623年，后逐渐扩大为宫殿，是1799～1800年马耳他人民反抗外来入侵者斗争的中心。马耳他于1974年把这座宫殿改为总统官邸，除部分地点供总统办公和居住外，院内其他地方被辟为总统府公园。园内环境优美、空气清爽，古树花草相映成趣。

著名的摩斯塔大教堂建于 1833～1863 年，据说修建时竟没有使用一根脚手架，整个大教堂完全由石块砌成。教堂外观雄伟，内部装修精美，整洁肃穆。教堂内壁的圣经壁画全部出自名人之手，具有珍贵的艺术价值。在教堂的展览室中，还陈列着一颗经过处理的炸弹。第二次世界大战时期，纳粹德国的飞机向教堂投下了这颗炸弹，砸穿了教堂的屋顶，所幸的是它没有爆炸，教堂内的艺术精品幸免一次劫难，而这颗炸弹成了法西斯暴行的罪证。

坐落在瓦莱塔城内的地中海议会中心已有 400 多年的历史，饱经风霜，现已整修一新对外开放。在瓦莱塔港对面还有两处海岬，是三面环水的陆地，为深水海湾所环抱，维托里奥萨和森格莱阿两座古城像两名忠实的卫士默默履行着自己的职责。

2. "三城"

维托里奥萨（Vittoriosa）、森格莱阿（Senglea）和科斯皮夸（Cosepicua）构成"三城"，是马耳他的历史古迹。这"三城"是 16 世纪圣约翰骑士团为抵抗外敌入侵而修建的，它们与 1565 年进行大突围的英雄事迹密切相关。在这里，有古老的防御工程以及 1090 年罗马征服者修建的古老教堂。如今，三城池仍然是马耳他最美丽的地区之一。

● 维托里奥萨城

这是三城中损坏最少又最神秘的地方。圣劳伦斯教堂（St. Lawrence）坐落在水滨，与森格莱阿遥遥相对，是进入三城的起点。这里原先是圣约翰骑士团的修道院，至今仍保留着许多骑士的遗迹。它建于 1723 年，取代了由诺曼人建造的一座较小的教堂。它是一座宏伟的建筑，矗立在一个风景如画的角落里。

圣劳伦斯教堂的前面耸立着建于 1797 年的自由纪念碑，这

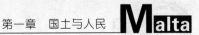

是为纪念英国军队撤离马耳他而建立的。它的后面是教堂博物馆，里面保存着最勇敢的骑士团团长、来自瓦莱塔的吉恩帕里索特的帽子。

沿着教堂继续往后走，就进入胜利广场，这是维托里奥萨的中心，有一组带阳台的学院建筑和一座胜利纪念碑。从这里向右行，走进大门街就可见到宗教法官的一座豪华邸宅，它曾经充当过宗教裁判所的法庭、住宅和监狱。阴森恐怖的审判室让人想起宗教裁判所曾经拥有的无上权力。审判室的门故意做得很低，这样，每个囚犯进门都不得不向主审法官低头。这间屋子下面是蜂巢般狭小的牢房，受迫害者就被囚禁在这里。

● 森格莱阿城

它与维托里奥萨隔水相望，其名字源自一位名叫森格莱阿的骑士团团长。1544 年，森格莱阿团长在水边设立要塞，并建立了这个聚居区。第二次世界大战期间，它遭到了严重的毁坏，但是它却获得了另一种魅力。

20 世纪 70 年代，在马耳他经济发展时期，这个地方以它特有的气质成为艺术家们的聚居地，外国的画家、作家和雕刻家们来到这儿，住在能俯瞰港湾的房子里。现在，由于有了这些零零星星的移居者，这里又恢复了那种熟悉的本土生活。森格莱阿的吸引力来自大港（Grand Harbour）上方的风景。这个港口已经不像过去那么繁忙了。从要塞顶端的森格莱阿角哨位远眺，瓦莱塔和圣安格勒堡看起来十分壮观，特别是在夜晚灯光的辉映下具有独特的魅力。在森格莱阿角的哨位上，雕刻着一只特大的眼睛和一只特大的耳朵，是警惕的象征。

● 科斯皮夸城

沿着水边环绕着桑格莱阿有一条路，那是通往科斯皮夸令人愉快的步行小路。在凉爽的夜晚，海湾中的水平静得像一泓深潭。令人印象深刻的是 16 ~ 17 世纪教区的教堂——"我们的胜

利女王"教堂战后在这里重建。每年 9 月 8 日，人们会抬着雕像在街上游行，举国欢庆胜利纪念日。

### 3. 姆迪纳

姆迪纳是一个比瓦莱塔更古老的城市，素有"寂静之城"的美誉。狭窄、蜿蜒的小道被古老而华丽的街灯装饰着，市中心矗立着雄伟的巴洛克式大教堂，教堂内的美丽壁画和富丽堂皇的装饰令人目不暇接。城区内遍布宏伟的宫殿、寺院、教学楼和博物馆。广场四周的一些显赫建筑物可追溯到 1090 年诺曼时期。姆迪纳的历史可上溯至腓尼基时代，同时，它也是马耳他最早建立的城市。在骑士团抵达之前，这里一直是马耳他的首府。姆迪纳的城塔矗立在岛中心的陡峭山丘上，外环一圈是坚固的城墙。它是世界上拥有中世纪围墙且至今保存得最完美的典范之一。姆迪纳一向是马耳他显贵们的府邸，至今仍然如此。城市具有正门、希腊门、"城墙之门"三个入口。这座"寂静之城"能让人体会庄严而静默的冥想气氛。

长期以来，姆迪纳只能完全用于步行，因为其狭窄的街道不适用于现代化的交通工具。但是现在，自从当地居民被允许使用汽车，而且餐馆、酒吧、咖啡馆在历史性建筑中开设，姆迪纳已不再安静。姆迪纳的街道修建得狭窄且成角度，既充分利用了有限的空间，使稀少的冷空气可以流通起来，又使高大冰冷的石头建筑的影子相互投射。因此，在炎热的夏天，人们仍可感到凉爽。两面只有城墙上两间隐秘的小餐厅和小茶馆。

沿着圣安东尼街向南走，一路上都能看到美丽的建筑和宫殿。走到尽头处转至圣劳伦左街，街角处屹立的那座华丽的大教堂，就是著名的圣劳伦斯教堂。它最早建于中世纪早期，骑士兵团到来后，使得居民改信天主教，又重修、扩建并使其成为罗马巴洛克建筑艺术的典范。教堂里绘满了壁画，正面是一座红木雕刻的神龛，圣劳伦斯的雕像就罩在里面。

科托那利地区是马耳他历史的摇篮，古老的维托利萨城就建在它的最西北端。当年的辉煌依稀可见，古老的城门，城墙宽厚而坚实，一些石块的表面已经风化了，但仍给人一种安全感。城门上雕刻着两柄交叉的宝剑，展示着它的威严。

姆迪纳附近的圣安哥拉要塞建于公元 9 世纪，其外形至今仍保存得十分完好。从瓦莱塔看去，可以清楚地见到它的全貌，犹如漂浮在海水中的小城市，它一侧的围墙就紧邻水边。圣安娜教堂就位于圣安哥拉的东南半个街区。顶部有一个雕刻得很精致的十字图案，图案下面挂着一口钟，海风经过此处，时而发出几声低低的鸣响。教堂也是使用建筑要塞的石块砌成，看上去更像一座小城堡。

### 4. 拉巴特郊区

在姆迪纳围墙之外就是拉巴特郊区，罗马时期的"护城河"将姆迪纳与其他相连城镇分割开来。几个世纪过去，骑士们建造的已经干涸的护城河和陡峭的固若金汤的堡垒仍然守卫着这座城市。现在拉巴特是马耳他岛农村地区的商业中心，银行、写字楼、商店、市场以及价格低廉的餐馆一应俱全。

### 5. 戈佐岛

从马耳他岛北端的色科瓦（Cirkwwa）乘渡轮到马耳他的姐妹岛——戈佐岛，只需 25 分钟的航程。在戈佐岛上，肥沃丰饶的山谷从城市中心辐射开去，用碎石砌就的高墙和多刺的梨木篱笆之上，是绿色的慢坡。不管从哪里望过去，大海都是一步之遥。实际上，正是戈佐岛神奇的海岸给人们带来如此强烈的印象：涓涓溪流、红沙、海滨、青绿色的海湾，雄伟的石质岩层，石灰石与小盐田交错在一起，高高耸立的悬崖矗立在晶莹的水面之上。……石头上的村庄，既有乡村风格，又具文雅情调。宽大的广场，正对着建筑物下面金黄色的雕饰阳台……从老农庄典型的拱廊到最现代的房屋，无数的建筑细节显出的创意令人叹为观止。

戈佐岛上的人（下文简称戈佐人），一直在极力地维护着他们的传统生活方式，他们开垦肥沃的土地，就像在美丽的伦加塔峡谷，同时他们还是渔猎老手。在穆加海湾，你会羡慕他们那色彩斑斓的渔船、渔网和将要载满美味的硕大的龙虾缸罐。如今，戈佐岛上的居民大多是热情而纯朴的农民或渔夫。

戈佐岛被许多美丽的蓝色海湾环绕着，它们像一串天蓝色的项链扮饰着这座神奇小岛，如朗姆拉、杜维拉、雪兰迪和马尔萨佛。杜维拉海湾是地理上的谜，在它悬崖的后面有一个自然的浅湾——内陆海，游客可以在风平浪静时乘舟通过一条与地中海相连的神秘的地下水道，从位于悬崖后的内陆海出发，一转眼就到了开阔的地中海，清澈透明的海水在阳光下变换着炫目的蓝色。而"蓝窗"——一个鬼斧神工的石穹，宛如镶嵌在由碧波中跃出水面的巨人怀抱的一幅胜景，赫然出现在眼前，此处是乘船通往另一处令人流连忘返的景观——真菌岩的必经之路。在圣约翰骑士时代，此处曾是戒备森严之地，因为其岩石上生长着一种有益健康和具有催青功效的真菌。

戈佐岛上的维多利亚原名拉巴特，即郊区的意思。在1887年，维多利亚女皇为庆祝在位50年大庆，把拉巴特升位为城市，并以她的名字"维多利亚"来命名。但很多戈佐人仍然沿用它原来的名字——拉巴特。大城堡（Citadel）是首府的中心，在中世纪时具有战略价值。几百年来，戈佐岛的一些港口吸引来无数的海盗和海盗船，他们经常到这里来寻找食物和水，还不时抓去一些不幸的岛民出卖为奴。因此，岛上的居民聚集在岛上最高处，建造了这座大城堡。后来骑士们在1565年大突围中获胜后，又加固和扩建了大城堡的壁垒，也就是今天所看到的规模。大城堡中有建筑家罗伦左·加珐于1697~1711年间建造的大教堂。大城堡里还有教堂博物馆、古时的监狱、军械库以及艺术和手工艺品中心等。

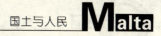

### 6. 科米诺岛

科米诺这个几乎荒芜的岛屿是个独一无二的小岛，岛上没有车辆，仅有几条小路。早春时节花团锦簇，17 世纪瞭望台的遗迹，像守护神般地给昔日隐士们的历史和被流放的避难所投下充满浪漫色彩的影子。这座小岛曾经是海盗出没的地方，今天已经成为太阳崇拜者和水上运动爱好者的天堂。他们来到这里寻求祥和、宁静以及欣赏科米诺岛著名的蓝泻湖（Blue Lagoon）。如果说马耳他岛是繁忙之岛，戈佐岛是寂静之岛，那么科米诺岛就是一片世外桃源，在这里闲散和运动是生活中唯一固定的项目。这个岛屿太渺小了，以至于被世界的进步遗忘了。正因为如此，它才得以保持其原始本色：色彩斑斓的海岸线以及点缀其中的两小片沙滩环绕着寸草不生、岩石密布的荒原。岛上随处可见漂亮的山凹、小溪、石林和岩石隧道，当然还有壮丽的蓝泻湖。环岛的一片水域色彩夺目：靛青和深蓝色的海水——沙滩海湾中的一片蓝色，融入了位于科米诺岛和科米诺托岛之间的蓝泻湖的水域中。这里是地中海最美丽的地方。似乎是为了锦上添花，这里甚至还有海豚嬉戏在群岛之间。

在古代，有人曾将这座岛称为科斯拉，而科米诺是其一直沿用的名字，它来自于曾经在岛上大量生长的香料植物孜然芹。如今，孜然芹仍生长在遍布全岛的灌木丛中，而点缀小岛的却是一种粉红色或紫红色花朵有芬芳气息的名为百里香的植物。在春天，成群的蜜蜂便会用它的花粉，酿造出也许是该地区品质最佳的蜂蜜。

### 三　地质和地形

构成马耳他各岛的岩层结构犹如一个夹心面包，地层的盖层和底层都是坚硬的石灰岩，夹于两层中间的是较松软的岩石。自上而下，其地层顺序为：上层珊瑚石灰岩、绿沙、青土、抱球虫石灰岩、下层珊瑚石灰岩。抱球虫石灰岩层厚

度大，质地松软，便于采掘，是岛上建筑用石的主要来源。这种石料的优点是一经接触空气便立刻变硬，不易风化。珊瑚石灰岩较抱球虫石灰岩更不易为海水侵蚀，适用于某些特定地区的建筑，特别是在滨海地带。在耶路撒冷十字军圣约翰骑士团统治期间，就曾大量采用这种石料修筑城堡。至于绿沙层和青土层则较薄，在某些地区偶有露出地面之处。青土层所占面积虽小，但具有重大意义。不仅上边可形成肥沃的土壤层，而且由于水分不易渗透，青土层和其上覆盖的珊瑚石灰岩相接之处往往发现充足的水源。它既是生活用水的来源之一，又是生产优质水果和蔬菜的富庶农业区的灌溉基础，因此意义重大。底层是珊瑚石灰岩地层，土壤层大多单薄，土质贫瘠，而在较为松软的抱球虫石灰岩上，通常却形成了较厚的土壤。

马耳他夹心面包似的简单地质岩层结构，在断层[①]作用下而遭破坏，从而使马耳他岛西北部形成连续起伏的山脊和沟谷。山脊在受到侵蚀后所剥落的砂泥经流水冲刷，在沟谷中形成一层厚实的冲积土。在两个土质肥沃的沟谷之间，往往隔着一座寸草不生、坡面陡峻的石灰岩山脊，使这一带的交通异常不便。这些山脊沟谷在该岛东部伸延入海，形成巨大的海湾。断层中最南端的一个称为大断层，布满陡壁悬崖，有些地方高达 61 米。这一巨大的地形变异构成险要的天然屏障，因此，马耳他人往往将防御工事集中修筑在这里。

此外，像城垣一样护卫着马耳他西海岸的连绵不绝的悬崖峭壁，主要也是由断层作用所形成的，大断层南面和东面的地形，不像西北部山脊沟谷地带那么复杂。台地南缘分割成无数的山谷，错落其间的山嘴，便于凭险据守，为居民点提供了有利的地

---

① 地表发生破裂，随之发生垂直的，或水平的，或两者兼有的断面位移现象称为断层。

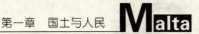

形。中古时期马耳他的首都姆迪纳就建在这样的一个山嘴上，从那里凭高眺远，大半个马耳他岛历历在目。

马耳他岛的其余地区大体上是一片自西向东渐渐倾斜的平原。可是，这片较为平坦的平原却为一些沟谷（马耳他语称为"威德"）所切割，其中多数具有相当深度。较为古老的马耳他城镇或村庄，多半坐落在"威德"上面的山嘴上，其特点非常突出。

马耳他岛为群岛中最大的岛屿，它是从意大利西西里岛延伸至北非的山脉所浮出海面的部分，其地势西高东低，海拔最高点为 248.9 米。全岛丘陵起伏，丘陵地形占马耳他岛总面积的78％，地势中高西低，间有小的盆地，无山脉。又因石灰岩洞穴渗漏严重，地面无常流河或湖泊，缺少淡水，石灰岩下的不透水层是饮用水和农业用水的主要来源，其西南海岸多为陡壁悬崖，中部和东部为丘陵起伏地带，间有小块平坦盆地，呈台地状态，喀斯特地形十分显著。

在马耳他海峡和奥代什海峡之间有两个小岛，即科米诺岛和面积更小的科米诺托岛。这两个岛的总面积不过 1609 平方米，海拔也不高，大都是由珊瑚石灰岩构成，土质贫瘠。但科米诺岛构成了军事战略要冲，控制着将马耳他岛和戈佐岛隔开的马耳他海峡和奥代什海峡。

戈佐岛覆盖着大面积的青土层，土质十分肥沃，适合于种植，成为马耳他的粮仓。

四 气候

**马**耳他属亚热带地中海式气候，年平均气温 21.3°C，最高气温 40°C，最低气温 5°C。年平均降水量 560 毫米。夏季干旱、冬季湿润多雨，全年大半时间天空晴朗，光照强烈。虽然夏季的天气情况一般无甚变化，冬季的气候却非常复杂，变化多端。从 6～9 月，整个地中海地区夏季均处于高气压影响下，马耳他平均气温都在 32°C 左右，幸而从西北方向经常吹来横贯整个地中海的阵阵清风，夏天的炎热才有所缓和。但这样令人愉快的夏季气候，有时却因从南方刮来撒哈拉沙漠的酷热气流干扰而发生变化。这种风不但酷热无比，而且因其吹过海面时很快就吸足了水分，湿度很大。在这种风的吹拂下，人体难于通过排汗有效地散热，令人感觉闷热。马耳他人称这种风为"希罗克"。它不仅使人们精神不适，头昏脑涨，而且很快就使马耳他为数不多的几种夏季旱田作物枯萎。但幸运的是，剧烈的"希罗克"并不多见，在夏季的几个月中，马耳他气候比较稳定，经常晴朗无雨，连雷阵雨也极少见，通常总有阵阵海风吹来，凉爽宜人。

到 9 月底之前，大西洋方面吹来的冷空气便侵入地中海，带来了狂风骤雨，马耳他的夏季便宣告结束，秋季来临。头几场雷阵雨过后，马耳他气候转凉，平静无风，进入了当地所谓的"圣马丁热节"。10 ~ 11 两个月风和日丽，天气宜人，偶有阵雨，是马耳他的农忙季节。因此，在整个漫长苦旱的夏季，绝大多数植物处于停止生长的状态。但头几场阵雨之后，植物开始蓬勃生长。在最热的几个月里，马耳他除有水源可以灌溉的地区外，几乎不生长任何作物。所以雨量增多的秋季就成为播种的黄金季节。

马耳他冬季气候变化无常，这是由于它受制于周围若干气团的位置变动，而这些气团本身的性质又极不相同。欧洲大陆上空通常存在着一个庞大的冷气团；撒哈拉沙漠上空则笼罩着一个广大无垠的暖气团；来自大西洋上空的低气压又经常深入到地中海地区，而阿尔卑斯山的背风面也不时形成低压中心。这些气团相互作用，就决定了马耳他甚至整个地中海地区冬季变化无常的气候。假如有低气压系列到达马耳他北面，这时就会从气压相对较高的撒哈拉沙漠上空吹来暖和的南风，于是天气就晴朗少雨。如果低压到达马耳他南面，则欧洲的高压系列将吹来寒风。这种寒风使天气变冷，有时还会有小的风雪。

　　强低压笼罩列岛时往往能成为暴风雨的中心，冬季天气在这些气团的影响下阴晴不定，冷暖无常。带来不同天气影响的北风，有不同的名称。从西北吹来的风叫"迈伊斯特技耳"；从正北吹来的风叫"特拉蒙塔纳"；从东北吹来的风叫"格里加"。其中，最关键的是"格里加"，它一直刮到大港和马萨姆希特港的入口处，从而影响到这两个港口的航运。

　　2002~2004年，马耳他各个月份的平均气候变化情况，参见表1-3。

表1-3　2002~2004年马耳他各个月份平均温度变化

单位：℃

| 月　份 | 2002年 | 2003年 | 2004年 | 月　份 | 2002年 | 2003年 | 2004年 |
|---|---|---|---|---|---|---|---|
| 1 | 11.5 | 13.4 | 12.2 | 7 | 27.1 | 28.8 | 26.3 |
| 2 | 13.8 | 10.4 | 13.0 | 8 | 26.4 | 28.7 | 26.7 |
| 3 | 15.5 | 12.7 | 13.7 | 9 | 24.0 | 24.5 | 23.4 |
| 4 | 16.9 | 15.5 | 16.1 | 10 | 21.3 | 22.1 | 22.2 |
| 5 | 19.5 | 20.4 | 18.2 | 11 | 18.3 | 18.0 | 16.8 |
| 6 | 24.6 | 26.1 | 23.1 | 12 | 14.2 | 13.9 | 15.0 |

　　2002~2004年，马耳他的平均温度、最高和最低温度、日照时间和风速情况，参见表1-4。

表1-4　2002~2004年马耳他平均温度、
最高和最低温度、日照和风速

| 年　份 | 平均温度<br>（℃） | 最高温度<br>（℃） | 最低温度<br>（℃） | 平均日照<br>（小时） | 平均风速<br>（每小时海里） |
|---|---|---|---|---|---|
| 2002 | 19.4 | 22.8 | 16.1 | 8.1 | 7.6 |
| 2003 | 19.5 | 23.0 | 16.1 | 8.0 | 7.1 |
| 2004 | 18.9 | 22.3 | 15.4 | 8.1 | 7.3 |

马耳他年平均降雨量是 560 毫米，不同的年份差别很大。
2002 年全年降雨只有 259.6 毫米，2003 年增加到 753.2 毫米，
2004 年又降到 461.4 毫米。马耳他降雨多为急骤而短暂的阵雨，
偶尔有倾盆大雨，而且具有很强的破坏性，山坡上的土壤会被冲
刷殆尽。马耳他的农民，和整个地中海地区的农民一样，为防止
土壤流失，费尽心血将山坡改造成梯田。但凶猛的暴风雨一到，
他们苦心筑起的围墙仍然有可能被冲毁。马耳他农业生产全靠冬
季能有充沛的雨水。

但是，马耳他冬季气候变化无常，显然不能每年都有可靠的
雨量。有时冬季由于低压控制了气候，总降雨量就大。而下一年
冬天，起控制作用的也许是来自南方的暖气流，结果就只有较小
的阵雨。有时年雨量可高达 1020 毫米，而次年可能不足 250 毫
米。因为雨量变化幅度很大，有时难免大旱成灾。即使在较大的
冬季阵雨之后，马耳他诸岛上流水长达数小时的小溪也很少。只
有少数小溪发源于长年不涸而水量充沛的泉水，全年之中在某一
段河道里还能保持细细的一线流水。马耳他的生活用水均靠水井
或少数终年不涸的泉水。

2002 ~ 2004 年，马耳他各个月份的平均湿度情况，参见表
1 – 5。

表 1 – 5　2002 ~ 2004 年马耳他各个月份平均湿度

单位：%

| 月　份 | 2002 年 | 2003 年 | 2004 年 | 月　份 | 2002 年 | 2003 年 | 2004 年 |
|---|---|---|---|---|---|---|---|
| 1 | 77 | 78 | 74 | 7 | 65 | 63 | 61 |
| 2 | 83 | 73 | 77 | 8 | 69 | 68 | 66 |
| 3 | 76 | 79 | 76 | 9 | 75 | 79 | 70 |
| 4 | 74 | 82 | 77 | 10 | 75 | 80 | 77 |
| 5 | 79 | 76 | 72 | 11 | 79 | 78 | 73 |
| 6 | 62 | 64 | 62 | 12 | 80 | 73 | 76 |

## 第二节　自然资源

一　矿产

马耳他矿产资源匮乏，但是有丰富的石灰岩。这种珊瑚石灰岩和抱球虫石灰岩是马耳他特有的一种矿产。这种软性石灰岩石非常奇妙，人们称它为"奇特的马耳他石头"。当它在地下埋藏时，含水量大，性质很软，可刻、可锯、可刨，甚至用指甲都可刻出印痕。开采时只要先将岩石刻成一定尺寸的方形，然后再用机器就可以很容易地沿着刻好的痕迹切割开来。把开采出的石块垒起来风干。当石块里的水分晾干后，就成了坚硬的石头，再也不能轻易地把它切开了。

这种石灰石不易为海水侵蚀，是极佳的建筑材料，特别适用于滨海地带。在马耳他的城市里，到处可以见到用这种石块建造的房屋，是岛上建筑用石的主要来源。这些石块，不但供国内使用，同时还向国外出口。因此，采石业在马耳他十分发达，丰富的石料也奠定了马耳他岛建筑与石刻艺术的基础。如果想在这些石块上雕刻，在它未晾干前动手，将是非常容易办到的事，这也是马耳他共和国的一宝。

二　可再生能源资源

就目前而言，马耳他缺乏能源资源，石油、天然气和煤炭等完全从国外进口。马耳他政府正在沿海勘探，积极寻找石油和天然气。但是，由于地理位置和气候等原因，马耳他拥有较丰富的可再生能源资源。为了摆脱对外来能源的完全依赖，履行欧洲联盟要求马耳他于 2010 年之前，将可再生能源在能源消费中占到至少5%的比例，马耳他政府决定开发丰富的太

阳能、潮汐能、风能以及生物能。

在太阳能方面，马耳他政府直接排除了占用大片土地兴建太阳能发电厂的可能性，因为这将占用大量土地。马耳他政府认为一个在成本上更经济的利用太阳能的方式是太阳能热水器，因此，采取鼓励的措施使太阳能热水器的使用得到较快的发展。

在风能方面，马耳他政府认为它是国家最有吸引力的再生能源，对马耳他的能源市场将会产生中期影响（超过10年）。一个风力发电站可能建在位于姆塔尔法山脊的1.5公里之外，面积约两平方公里的礁石之上，被认为是"在经济上和其他各方面影响上最为有利的地点"。据预计，如果在这里建设一个风力发电站，到2010年其发电总量能占到马耳他电力总消耗量的2.1%。马耳他政府为了满足地方的需要，还准备大力开发小型风力发电站、微型风力发电站和涡轮发电站。

在开发固体废物、污水和动物废弃物发电方面，马耳他政府鼓励通过生物分解和掩埋的垃圾产生的甲烷，可以发电满足3000户居民的需要。同时新的利用有机物垃圾的项目也在进行中，预计2008年完成。预计固体垃圾的发电量到2010年可以占到电力需求的2.11%。到2010年，马耳他将建设3个新的污水处理厂来发电。政府还委托有关部门制定《农业废物管理计划》，研究利用动物粪便，建立由厌氧性细菌分解有机垃圾的发电站，满足农业生产能源需要在成本上的可行性。

### 三　植被

**今**日的马耳他诸岛上，树木极少，除了那些生命力极强的植物生长在光秃秃的珊瑚石灰岩地区外，绝大部分土地已经垦殖。岛上的林地面积很小，只有少量的柑橘属树丛和装饰性的园林，以及少数无花果树、橄榄树和沿田园四周围墙种植的稻子豆①。

但是，情况并非历来如此。6000 年前，人类踏上马耳他时，诸岛上覆盖着丰厚的土壤以及种种天然植物。是人类恣意作为改变了这一切，今天的马耳他全境没有森林、河流和湖泊，仅在冬季有雨后水道。许多地区植被消失，土壤饱受侵蚀，从而造成了光秃秃的水蚀石灰岩洞，成为诸岛部分地区今日的特色之一。由于土壤和植被的消失，雨后地面雨水流速加快，迅速流入大海，没有多少机会渗入土层。降雨所起的作用不大，干旱日益严重。马耳他土地使用情况，参见表1－6。

表1－6 马耳他土地使用情况

单位：%

| 土地种类 | 占全国面积的百分比 | 土地种类 | 占全国面积的百分比 |
|---|---|---|---|
| 耕 地 | 32 | 森林及林地 | 4 |
| 永久农地 | 3 | 其 他 | 61 |
| 永久牧地 | 0 | 已灌溉土地 | 11.45 平方公里 |

## 第三节 居民与宗教

### 一 人口和民族

#### （一）人口

马耳他人口演变的历史轨迹如下：1842 年为 114500 人，1851 年为 123600 人，1861 年为 134000 人，

---

① 稻子豆，地中海沿岸各国所生长的一种常绿豆科。所结豆荚可供食用，又称为"圣约翰面包"。

1871 年为 141770 人，1891 年为 166000 人，1901 年为 164760 人，1985 年为 345418 人，1993 年为 360000 人，1995 年为 378132 人，1998 年为 373000 人，2000 年为 391670 人，2001 年为 394583 人，2002 年为 397499 人。从 2004 年起，马耳他国家统计局都会在每年 7 月 11 日世界人口日前后公布上年度马耳他人口的数字。根据马耳他国家统计局的统计，2003 年为 399867 人，2004 年为 402668 人，2005 年为 404039 人，2006 年马耳他人口增加到 405577 人。

马耳他于 1842 年首次进行人口普查，以后不间断地进行。统计表明，马耳他人口 1842～1901 年间增长 60%，1931～1948 年增长 26.6%，1944～2004 年增长 31.6%。2005 年比 1901 年增长 2.2 倍，2005 年比 1842 年增长 3.5 倍。它说明，随着时间的推移，马耳他人口增长速度加快，特别是第二次世界大战后和 1964 年独立后发展更快。这既有出生率的增加，又有外来移民数量的增长。

1941～2003 年，马耳他人口增长的曲线上升情况，参见图 1－2。

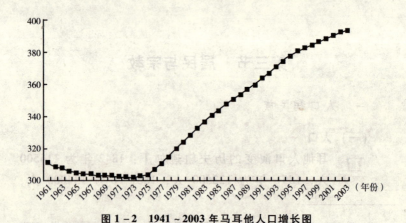

**图 1－2　1941～2003 年马耳他人口增长图**

资料来源：http://fr.wikipedia.org/。

　　根据马耳他国家统计局 2006 年统计，马耳他各个地方市政委员会人口的分布数量，参见表 1-7。

　　从表 1-7 可以看出，人口最多的地方市政委员会是比尔基卡拉，拥有 22210 个居民；人口最少的地方市政委员会是姆迪纳，只有 303 个居民。马耳他各个地方市政委员会的平均人口为 6140 人。

表 1-7　2006 年马耳他各市政委员会人口数

单位：人

| 编　号 | 地方市政委员会名称 | 人口数量 |
|---|---|---|
| 1 | 阿塔尔德 | 9489 |
| 2 | 巴尔赞 | 3975 |
| 3 | 比尔古 | 2897 |
| 4 | 比尔基卡拉 | 22210 |
| 5 | 比尔泽布贾 | 9167 |
| 6 | 博姆拉 | 6280 |
| 7 | 丁格利 | 3365 |
| 8 | 弗古拉 | 11787 |
| 9 | 弗洛里亚纳 | 2462 |
| 10 | 古德杰 | 2935 |
| 11 | 格齐拉 | 7690 |
| 12 | 阿尔胡尔 | 2336 |
| 13 | 阿沙格 | 4516 |
| 14 | 哈姆伦 | 10242 |
| 15 | 伊克林 | 3145 |
| 16 | 伊斯拉 | 3371 |
| 17 | 卡尔卡拉 | 3041 |
| 18 | 基尔科普 | 2249 |
| 19 | 利杰 | 2761 |
| 20 | 卢加 | 6244 |
| 21 | 马尔萨 | 5846 |
| 22 | 马尔萨什卡拉 | 9305 |

续表 1 – 7

| 编 号 | 地方市政委员会名称 | 人口数量 |
|---|---|---|
| 23 | 马尔萨什洛克 | 3214 |
| 24 | 姆迪纳 | 303 |
| 25 | 梅利哈 | 8034 |
| 26 | 姆贾尔 | 3104 |
| 27 | 莫斯塔 | 18715 |
| 28 | 姆加巴 | 3122 |
| 29 | 姆西达 | 8155 |
| 30 | 姆塔尔法 | 2234 |
| 31 | 纳沙尔 | 11732 |
| 32 | 帕奥拉 | 8687 |
| 33 | 彭布罗克 | 2810 |
| 34 | 皮埃塔 | 4170 |
| 35 | 戈尔米 | 17333 |
| 36 | 格伦迪 | 2588 |
| 37 | 拉巴特 | 11999 |
| 38 | 萨菲 | 2045 |
| 39 | 圣朱利安 | 8559 |
| 40 | 圣格旺 | 12513 |
| 41 | 圣波尔巴哈尔 | 15474 |
| 42 | 圣卢西杰 | 3283 |
| 43 | 圣维尼拉 | 6816 |
| 44 | 锡杰维 | 8066 |
| 45 | 斯利马 | 14451 |
| 46 | 斯维吉 | 7955 |
| 47 | 塔什比埃什 | 1872 |
| 48 | 塔尔欣 | 8654 |
| 49 | 瓦莱塔 | 7499 |
| 50 | 西阿拉 | 1382 |
| 51 | 扎巴尔 | 15245 |

| 编 号 | 地方市政委员会名称 | 人口数量 |
|------|------------------|---------|
| 52 | 泽布季 | 11595 |
| 53 | 泽 通 | 11789 |
| 54 | 祖里格 | 10301 |
| 55 | 丰塔纳 | 935 |
| 56 | 瓜尔西里姆 | 3044 |
| 57 | 阿尔卜 | 1382 |
| 58 | 瓜斯里 | 516 |
| 59 | 凯尔切姆 | 1809 |
| 60 | 蒙沙尔 | 1365 |
| 61 | 纳杜尔 | 4848 |
| 62 | 加 拉 | 2046 |
| 63 | 维多利亚(拉巴特) | 6933 |
| 64 | 圣劳伦兹 | 693 |
| 65 | 桑纳特 | 2059 |
| 66 | 沙 拉 | 4837 |
| 67 | 绍基亚 | 3498 |
| 68 | 泽布季 | 2715 |

资料来源：马耳他财政部官方网站。

　　马耳他每平方公里的人口平均密度不断地在增加，1931 年仅为 764 人，2002 年为 1234.2 人，2003 年为 1269 人，2006 年增加到 1291 人。马耳他人口的平均密度在世界国家中排名第四位，仅次于摩纳哥、新加坡和梵蒂冈，可见马耳他人口密度之高。当然，马耳他每平方公里的人口平均密度因地区不同而异，在马耳他岛，平均每平方公里的人口密度为 1507 人，要比马耳他群岛每平方公里的人口平均密度高出许多；在瓦莱塔、比尔基卡拉等主要城市每平方公里人口密度比马耳他岛每平方公里的人口密度还要高一些；而戈佐岛每平方公里的人口密度只有 477 人；科米诺岛和科米诺托岛则根本无人居住，因而也就没有人口密度的问题。

在家庭人口结构方面，根据马耳他国家统计局统计：2004 年，没有子女的家庭占家庭总数的 32.1%，拥有 1 个子女的家庭占 13.4%，拥有两个子女的家庭占 26.5%，拥有 3 个子女的家庭占 15.3%，拥有 4 个或 4 个子女以上的家庭占 12.1%。上述百分比说明，拥有两个子女的家庭和没有子女的家庭占马耳他家庭的多数。根据马耳他国家统计局统计，马耳他家庭的平均人口，1995 年为 3.1 人，2005 年减少到 3 人。马耳他家庭的平均人口随着时间的推移在减少。

在人口年龄结构方面，根据马耳他国家统计局统计：2001 年，0～14 岁的占人口总数 19.98%，其中男性 40791 人，女性 38062 人；15～64 岁的占 67.49%，其中男性 133914 人，女性 132402 人；65 和 65 岁以上的占 12.53%，其中男性 20643 人，女性 28771 人。2003 年，0～14 岁的占人口总数 18.2%，其中男性 37431 人，女性 35448 人；15～64 岁的占 68.7%，其中男性 138755 人，女性 136105 人；65 和 65 岁以上的占 13.1%，其中男性 21913 人，女性 30215 人。2006 年人口年龄结构：0 至 14 岁的占全体居民的 17.1%，15 至 64 岁的占 69.1%，65 和 65 岁以上的占 13.7%。

根据马耳他国家统计局统计，2003 年人口净出生率为 10.09‰，死亡率为 7.91‰。2006 年人口净出生率 10.22‰，死亡率为 8.10‰。自 1948 年以来，人口出生率和死亡率双双都在下降，但是，死亡率下降速度高于出生率，因此，马耳他的人口数量依然在增长，2001 年净增长率为 0.5%。

根据马耳他国家统计局统计，马耳他人口的平均年龄，1995 年为 35.7 岁，2005 年达到 36.7 岁。马耳他人口的平均年龄随着时间的推移在逐渐地提高。

根据马耳他国家统计局统计，60 年前，马耳他男性平均寿命为 55.7 岁，女性为 57.7 岁，而 2004 年男性 76.4 岁，女性 80.4 岁。2005 年进一步延长到男性 77.7 岁，女性 81.4 岁。2006 年又进一步延长了，男性为 79.2 岁，女性 81.5 岁。根据欧盟统计局 2006 年 3 月 8 日发表的欧盟 25 国男女寿命比较报告，2004 年欧盟女性平均寿命为 81.2 岁，男性平均寿命为 75.1 岁，女性寿命要比男性寿命平均多 6 年。而在欧盟 25 国中，要数马耳他女性寿命和男性寿命之间的差距最少，女性寿命仅比男性寿命平均多 4 年。

根据马耳他国家统计局统计，2006 年马耳他人口总数中，城镇居民占 92%，农村居民仅占 8%，可见马耳他城市化的水平是很高的。

马耳他人口存在着欧洲联盟成员国普遍存在着的问题：

**1. 婚姻状况不佳**

首先，结婚率有所下降，1995 年结婚率占人口的 62.8%，2005 年下降到 61.3%。其次，单身也越来越多，1995 年单身占人口的 29.3%，2005 年上升到 30.2%。再次，离婚和分居现象越来越多，1995 年离婚和分居者占人口 1.7%，2005 年上升到 2.2%。

**2. 人口进入老年化**

65 岁和 65 岁以上的老人占全部人口的比例：2001 年为 12.53%，2003 年为 13.1%，2006 年上升到 13.7%，超过联合国规定的老年化的标准，马耳他已经进入了老年化社会。根据统计，1948 年 0～4 岁人群在马耳他人口中的比例最大，2004 年则是 45～59 岁人群比例最大，到 2025 年则变成 65～69 岁人群在马耳他人口中的比例最大，从而使马耳他人口进一步老年化。

### 3. 女性寿命比男性寿命高

根据马耳他 2006 年人口统计的有关数据，其中，60～69 岁的女性有 21807 人，男性有 19981 人；70～79 岁的女性有 15311 人，男性有 11179 人；80～89 岁的女性有 6880 人，男性有 4197 人；90 岁和 90 岁以上的女性有 922 人，男性有 368 人。由此可见，马耳他 60 岁和 60 岁以上的老人中，女性比男性多，说明其女性寿命要比男性寿命高出许多。

### 4. 女性人口超过男性

1995 年，马耳他女性 191296 人，占全国人口的 50.6%；男性 186836 人，占全国人口的 49.4%。2005 年，马耳他女性占全国人口的 50.4%，男性占全国人口的 49.6%。女性长期以来超过男性的比例，马耳他逐渐地进入了女性化社会。

### （二）民族

在马耳他全国人口中，马耳他民族占 93.8%。一般认为，马耳他民族由远古时代的罗马人、迦太基人、腓尼基人和当地土著人长期地融合而形成的。马耳他民族是典型的地中海民族。他们热情待人但并不外露，善于表达感情但又能耐心克制；他们温和、明智而又充满自信。他们拥有独一无二的文化、语言和种族特点，其衣、食、住、行都别具特色。

除此之外，英国人占马耳他全国人口的 2.1%，阿拉伯人（主要是来自马格里布的国家）占 2%，其他民族占 0.6%。

马耳他既是向外移民又是外国人移入的国家。半个世纪以前，马耳他人口则是移出多于移入，向外移民多达 8010 余人。目前，各国移民占马耳他全国人口的 2.05%。

总的来说，外来移民占马耳他人口的比例在欧洲联盟国家中还是比较低的，这是由于马耳他政府采取了严厉的限制移民的政策，如法律规定即便是欧洲联盟成员国的公民在马耳他逗留的时间也不得超过三个月，同时规定就业必须由政府统筹安排，从而

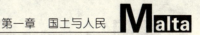

排除了非法移民打黑工的可能性。

但是，自从马耳他加入欧洲联盟以来，一些国家掀起了向马耳他移民的热潮。来自利比亚、苏丹、索马里、厄立特里亚、东非的一些国家以及伊拉克和印度的非法移民，都把马耳他作为进入欧洲联盟国家的跳板，从而使马耳他的移民数量有所增加。2004 年有 1199 个移民进入马耳他，2005 年上升到 1822 个移民落脚马耳他，从而使本来人口过多的马耳他的压力更增大了。2006 年 7 月，马耳他政府与欧洲联盟在拉巴特就非法移民问题商讨对策并作出决议，从而使近年来非法移民的数量有所减少。

## 二 语言文字

**根**据《马耳他共和国宪法》[①]，其第 1 章第 5 节第 1 条规定，马耳他的国语是马耳他语。第 2 条规定，马耳他语、英语以及议会规定的其他语言（需由议会以 2/3 以上成员通过的法律规定），为马耳他的官方语言，政府可以为各种官方目的使用其中任何一种语言。第 3 条又规定，法院应使用马耳他语，但在议会规定的必要情况和条件下，议会可以规定使用英语。

使用马耳他语的人数超过了 30 万人，属于古老的闪米特语系（Semitic）。它其实就是中东和北非一带的混合语言，由马格里布阿拉伯语（西部方言）发展而来，与阿尔及利亚和突尼斯通行的阿拉伯语方言十分相似。阿拉伯语西部方言是伊斯兰教的胜利者普尼尔人在 9 世纪带到马耳他去的。由于马耳他地处北非和南欧的中间地带，这种地理位置必然会发生与南欧的接触，使得马耳他语大量地吸收了罗曼语词，进一步把西西里这种意大利

---

① 世界宪法大全编委会：《世界宪法大全》，中国广播电视出版社，1989，第 852～876 页。

语（属于罗曼语族）方言的成分引进马耳他语，其结果闪米特语和罗曼语这两支语言的融合，造就了今天的马耳他语。他的句法和语音系统已大异于阿拉伯语。

到 17 世纪，马耳他语有了自己的书写形式。20 世纪 20 年代，"马耳他作家"在拉丁字母基础上为马耳他语设计了新的文字——拼音字母加圆点（·）和短线（-）。马耳他语是唯一采用拉丁字母书写的闪米特语言，为主－动－宾语法型的语言。

英语多用于政府部门、知识界、旅游业和对外事务，岛上大多数人都会说。属于印欧语系的日耳曼语族的西支。

三　宗教

**在**《马耳他共和国宪法》中，其第 1 章第 2 节第 1 条规定："马耳他国教为罗马天主教。"第 3 条还明确规定，以罗马天主教作为宗教课，并成为所有公立学校必修课的一部分。

天主教是马耳他的国教，其教徒占马耳他人口的 94.5%。自公元 60 年起圣保罗在马耳他传教以来，天主教在马耳他居民的生活中就一直占据重要的地位。马耳他人对宗教很虔诚，为天主教会捐款的总数量超过了世界上任何国家。马耳他教堂就有 300 多座，许多街道上都有基督塑像，甚至连家门前、汽车上都放有基督像，或写上"我爱基督"。不管是在圣约翰骑士团期间还是在英国殖民统治期间，无论政界怎样变动，基层的行政管理、教育和慈善事业等都由教会负责（7 万名在校学生中有两万名在教会学校），教会是这个社会唯一被本土老百姓认同的组织，也是延续马耳他民俗和文化最重要的载体。

马耳他有许多民俗节日，从城市到乡村都有自己的节日，多与天主教有关。节日时，不仅张灯结彩、游行、唱歌，还放烟火。这个城市刚结束，那个城市又开始了。在欧洲各国中，唯有马耳他还在继续中世纪村庄中"村长、校长、牧师"三位一体的天主教传统。教会拒绝任何现代建筑，所以马耳他从内涵到外貌都保留了中世纪传统，17～18世纪席卷全欧洲的启蒙运动没有波及马耳他。直到近30年来，宗教势力才有所削弱，大街上出现了现代青年文化、迪斯科酒馆、网吧、赌场等。尽管马耳他人民的生活水平和医疗水平等早已在欧洲平均水平之上，但马耳他民间的生活和文化依旧是虔诚而传统的。

除了天主教以外，东正教教徒占马耳他人口的2.7%，基督教新教教徒占0.8%，穆斯林教教徒占0.5%，只有1%马耳他居民不信教。

## 第四节　民俗与节日

### 一　民俗

#### （一）饮食

马耳他有意大利、突尼斯、英国风味的菜，在色彩上、做法上受到埃及风味的影响。传统的马耳他人的烹煮和西西里岛人、摩尔人有所不同。今天的马耳他菜有了自己的风格，简单实惠，而且有了自己的菜谱和菜式。

马耳他人的饮食习惯同欧洲大陆的习惯相似，早餐为牛奶、面包、鸡蛋，午餐一般在工作单位吃一顿便饭，晚上下班回家舒舒服服地饱餐一顿。

第一道菜一般都是汤，很受欢迎。夏天，鱼多的时候，可以喝清淡的阿尔吉他（Aljotta）鱼汤；冬天喝曼斯特隆（Minestrone），这是一种通心粉蔬菜汤，在汤里放的蔬菜又多又杂，不下9种、10种。此外，还要加上干蚕豆、小扁豆和一些通心粉，等等。这种汤口味浓重，菜类丰富，是寒冷冬季的滋补佳品。由于临

**马耳他**

海，马耳他人的主要饮食以蔬菜和海产品为主。当地人特别喜欢一种叫"兰姆扑基"的鱼。每年秋天，这种鱼上市时，家家户户都要买很多储存起来食用。

在马耳他有一种简朴而不乏情趣的做肉的方法，那就是老式烧烤，一般是烤牛肉或猪肉（复活节烤小羊肉）。先把肉放在一个涂满油的大盘子里，周围铺上大片的土豆和洋葱，上面撒上大把的香料、盐粒、胡椒粉和油。往盘子里注满高汤后，整个都放到烤箱里用小火慢慢地烤。随着高汤的蒸发，土豆和洋葱的香味也渗到肉汁里去了。许多餐馆也都擅长于其他的肉类菜肴：布拉乔里（Bragoli），这是将上好的牛腿肉切成薄片，裹上鸡蛋、咸肉和一些香料，卷成肉卷后放在红葡萄酒里慢慢地炖。著名的马耳他大菜为烧兔子肉，姜汁炸兔肉及香烤猪脚等，味道鲜美，很受青睐。

马耳他的鱼肉菜也是很有名气的。蓝普卡鱼（Lampuka）是马耳他特有的。这种鱼每逢9、10月必定游到马耳他岛。旗鱼的皮光滑漂亮，鱼肉则是白色的，有一种独特的味道。很有意思的是，马耳他渔民至今还沿用罗马时代的捕捉方式捕获旗鱼。每到捕鱼季节，渔民们就从岛上的棕榈树上砍下较大的叶子，收集起来编成筏子，把筏子推到海上漂浮着，旗鱼发现这些避荫处便纷纷躲到下面去，渔民们就迅速撒网把它们全部捕捞上来。这种诀窍永远使渔民捕捞成功。根据鱼的大小或油炸或烧烤，或者加菜花、青豆、煮好的土豆，然后搅拌成馅，包在事先擀好的薄面饼内，再放入烤箱内烘烤，就成了蓝普卡馅饼。

当然，马耳他的水域里还有极丰富的其他鱼类，诸如金枪鱼、剑鱼、鲈鱼、鳐鱼等。最受人喜爱的是背部有草花状花纹的鲷鱼和白鲷鱼。

当地人最喜欢吃的点心则是"橄榄油面包"，即将烤面包切成两片，滴上橄榄油，中间夹上西红柿即可。廷帕纳（Timpana）、马夸伦费尔芬（Mquarrun fliforn）都是种烤制而成的面食，是用夹了肉、鸡蛋和干酪的通心粉制成。只是廷帕纳的外面还裹上了一层酥脆的面皮。

马耳他传统食物"塔加"，是一种加调料的面包，或是混合马耳他传统香料的食物。此外，还有奶酪糕等。

马耳他的啤酒也非常有名，最受欢迎的叫做斯克拉热啤酒（CiskLager）。每年7月底在此举行的国际美食和啤酒节，吸引了无数食客的光临。大多数马耳他的葡萄酒都是用意大利或者法国的葡萄制造的，采用岛上独特的工艺制作，拥有地方风味和醇厚的口感。另外还有一种叫做基利（Kinnie）的饮料，是用一种植物的根制作的，很受岛上居民的欢迎。

**（二）娱乐**

马耳他人酷爱音乐和舞蹈，民歌传统深深扎根于人民之中。日常生活及重大活动中，总有音乐相伴，音乐和舞蹈已成为马耳他人民生活中不可缺少的组成部分。

马耳他的夜生活丰富多彩。从室内俱乐部到凉爽、浪漫的乡村庭院，群岛上有很多古典的和现代的剧院及音乐厅，很多都在室外或历史性的场地举行。这里每年都有定期的文化节，例如，为期三个月的马耳他之夏。另外一个就是每年7月举行的国际爵士音乐节。十多年来，每次都有很多专业人士和初学者在灯火变换辉煌的港口演奏。马耳他很快成为适合社交的地方。一年到头，都有国际级的主持人来到这里主持周末聚会。

看电影是马耳他人由来已久的娱乐方式，人们还普遍喜爱足球运动。随着乘汽车旅游的日益普及，游泳等各种水上运动和家庭郊游也都时兴起来。还有一些人喜欢猎鸟，猎手们整夜守候在悬崖上，在清晨射击和诱捕途经这里的候鸟、斑鸠和鹰取乐。不过，为了保护鸟类，马耳他政府已经禁止这种娱乐方式。

### （三）风俗

马耳他实行每周 5 天工作制，业余时间主要从事户外活动，海边是居民主要活动场所，或钓鱼，或野餐。周末除到教堂做一次礼拜外，全家或外出就餐，或去娱乐场所。

在电影、电视等现代科技尚未影响岛国时，人们对待一些未知的事情一向小心翼翼，他们都知道什么东西会带来好运或厄运，尤其是在远离都市的地方更是如此。即使是现在，城里的母亲也绝不让孩子穿着绿色衣服去应付重要考试。

许多公共汽车上都有小神龛，老年乘客在汽车启动时或经过教堂大门时会在胸前画十字，表示"我们信奉上帝"。为了迷惑魔鬼，一些教堂的顶部装置两只钟，一只是真的，另一只是风水筒，魔鬼弄不清就不能吸亡灵。

为了把所谓魔鬼挡在门外，许多乡村的房子屋顶处或大门上都绑着一只向外指的公牛角。18 世纪时的姑娘都戴项链式的护身符以驱邪，直到现在许多男子戴的项链坠是小小的像公牛角似的护身符，而孩子们做游戏时，常偷偷伸食指和小指像牛角一样，希望对方输掉。

如果在大门上钉上一枚白色蝴蝶花，是表示这家有婚庆喜事。而如果哪家有丧事，大门口一定放一碟盐或一杯水，为了亡灵离家后不会口渴，食物也不会因没有盐而淡而无味。

马耳他水手在船上涂上强烈鲜明的色彩是为了保护自己，每只船还以天主教圣徒的名字命名。船首两边各有一只警惕的大眼睛，那是古埃及诸神中奥德修斯的眼睛，是用来阻挡厄运的。同样，为了驱邪，马车上往往系上红丝带或插上羽毛。

还有一种习俗很像中国民间的"抓周"，即孩子出生一周岁时，家庭便举行聚会，家人们把许多小物品放在一个盘子里，盘子里一般放的是顶针、钢笔、书籍、念珠、鸡蛋和一些钱币，但是给男孩和女孩抓的物品略有区别。把盘子放在周岁孩子面前由他（她）挑选，然后预示他（她）将来会当裁缝、官吏、牧师、农夫、银行家，等等。现在这种风俗只作为举行聚会的一种借口了。

还有一种本来由家庭举行，现已融入天主教庆典仪式。在圣诞节前约两周，孩子们拿到碟子或浅碗，里面撒上大麦种子，然后把它们放在背阴处，每两天浇一次水。一旦大麦的嫩芽出土，孩子们就把它们放在圣婴周围。

以往，马耳他人日常生活的中心就是他们的家庭和所居住的城镇或乡村，乡土观念很强。马耳他岛的居民视戈佐岛人为落后的乡下人，对他们的生活丝毫不予注意，而戈佐岛人则安心于自己的乡间生活，唯一关心的是主岛上的人是否侵占他们应得的利益。随着经济的发展、人民生活的改善、与世界各地来往的日益增多，现在的情况已开始有所变化。过都市生活的居民仅限于马耳他岛的中部和东部。乡镇居民大多居于各大小聚落，每一聚落的农村色彩均十分浓厚。

马耳他的女子在没有结婚前是很自由的，结婚以后就不工作了，在家里操持家务，照看子女，就一辈子靠在一个男人身上。如果婚后发现感情、兴趣不和想离婚，做丈夫的就得非常慎重地考虑一番，因为离婚是可以的，但男人因此就要负担女人终身的生活费。

## 二　主要节日

马耳他的节日非常多，除了地域性的、具有民间色彩的和全国一般性节日之外，国家法定有公共假日的主要节日如下：

1 月 1 日是元旦节；

1 月 6 日是主显节；

2 月 10 日是圣保罗船只失事节；

3 月 19 日是圣约瑟节；

复活节前的礼拜五是耶稣殉难日；

3 月 31 日是国庆日；

5 月 1 日是工人圣约瑟节；

复活节后第 40 天是基督升天节；

圣三一节后（圣灵降临节后第一个礼拜日）第一个礼拜四是基督圣体节；

6 月 29 日是圣彼得和圣保罗节；

8 月 15 日是圣母升天节；

9 月 8 日是胜利圣母节；

9 月 21 日是独立节；

11 月 1 日是万圣节；

12 月 8 日是圣灵怀胎节；

12 月 13 日共和国节；

12 月 25 日是圣诞节。

其中，圣诞节和耶稣殉难日是最重要的节日。圣诞节时，家家喜气洋洋置办彩灯，亲朋好友也都互相访问。耶稣殉难日则是另一番景象，虽然在各条街上都有五光十色的露天表演，但气氛却十分庄严，人们显得庄严肃穆。许多村落都要列队游行以纪念耶稣受难。整个游行队伍举着模仿圣经中耶稣遇难故事制作的塑像，缓缓行进在教区的街道上，达数小时之久。

狂欢节也是马耳他众多节日中富有特色的一个。狂欢节起源于 1560 年，当时基督教的一支舰队在去的黎波里途中于马耳他靠岸，舰队司令让头戴面具的水兵上岸欢歌、狂舞、痛饮。这便成了马耳他第一次有组织的狂欢节。18 世纪中叶，马耳他狂欢节处于全盛时期。剑舞是狂欢节的第一个节目，两组身着民族服装的青少年分别代表马耳他人和土耳其人执剑格斗，纪念马耳他人在 1565 年击退土耳其人围攻的历史性事件。现在马耳他狂欢节每年 5 月的第二个周末开始举行，为期 3 天，人们都带上面具参加化装舞会和游行活动。

9 月 8 日的胜利圣母节，即是纪念 16 世纪战胜土耳其和纪念第二次世界大战中解除大围攻的一个节日，大港的各项水上比赛是这个节日里最引人入胜的活动。

著名的圣保罗节，是民间音乐和歌舞表演的一个传统节日，在夜间举行，欢庆之时，还要在街头举行骑光背马和驴子的赛跑活动。

# 第二章

# 历　史

## 第一节　上古简史

### 一　史前时期（公元前 1000 年以前）

马耳他本土迄今没有发掘出旧石器时代和中石器时代的文化遗迹，但是，我们也不能完全否定这一时期马耳他列岛上就没有人类居住。在那时地中海的海面很可能比目前低得多，马耳他岛的面积也远远大于现在。如果那时确有人类在岛上居住，那就大概是住在沿海一带。因为，可以从西西里岛靠打猎和采集为生的部落，大量利用贝类海生物并主要居住在沿海一带作为旁证，由此推断，马耳他岛的古人类也可能生活在岛屿的沿海一带。后来海面上升，可能淹没了旧石器时代人类居住的遗迹。总之，新石器时代以前已有人类在马耳他列岛居住的事实，目前还不能排除。

公元前 5000 年后期至公元前 4000 年初期，从中东渡海而来的移民到达西西里，并带来新石器时代文化。一般认为，最初定居于马耳他的居民来自西西里，因为西西里的新石器时代最初文化发展阶段（斯坦蒂内洛人）与马耳他发现的新石器时代最初文化发展阶段（阿达拉姆人）有明显的相似之处。西西里移民

来到马耳他岛大约在公元前 3800 年。马耳他的新石器时代文化
虽然起源于西西里，却有着自己的特色。它循着一条特殊的路线
演进。早期的马耳他人主要依赖农耕和畜牧业，在长期的劳作活
动中又培育出若干种谷物和其他植物。他们住在简陋的茅屋里，
并组成小的村落。由于列岛上人口数量少，对农田的需求不很迫
切，列岛上许多地区仍然丛林茂密。

新石器时代移民至后来 600 年间，马耳他远古居民生活方式
演进较慢，列岛没有发生很大的改变。约在公元前 3200 年，马
耳他诸岛的新石器文化的发展达到铜器时代的水平。岛上资源也
得到进一步的利用，尤其是建筑水平的发展。铜器时代的马耳他
人宗教信仰主要是对丰收神和祖先的崇拜。宗教信仰的鼎盛为宗
教建筑技术的发展带来良好的契机，当时的马耳他人大量的兴修
神庙，建造了一系列极富特色的神庙和坟墓。早期以石凿的肾形
墓穴为主，后来神庙的形态变得越来越复杂，采取了一种三叶形
结构，其后又为数目各异的精巧的半圆形凹室所代替。不仅神庙
的外观设计有所发展，而且规模也扩大了，石工很精巧，内部装
修和点缀非常复杂精致，已具有高度的工艺技巧。

马耳他的巨石建筑或者称巨石文化比地中海西部地区任何已
知的类似建筑物更为古老。这种宗教的鼎盛和建筑技术的发展，
绝大部分发生在铜器时代吉甘提亚人阶段。这一阶段持续了好几
百年。

约从公元前 2500 年开始，马耳他的气候变得更加干燥。在
神庙建筑最为盛行的吉甘提亚时期，列岛人口可能增长较快，虽
然粮食生产也可能同时增加，但终于再无荒地可以开垦了。地力
利用既达最大限度，列岛粮食再也不能供应更多的居民。然而人
口还在继续增长，社会盲目地使自己陷入一种自我毁灭的境地。
在一个耕种与休耕互相交叠的制度下，有可能缩短休耕以增加粮
食生产，而这自然引起土地肥力加速枯竭，造成恶性循环。因

此，社会的农业基础既遭破坏，农业自然走向衰落。年复一年，由于营养不足而死亡的人迅速增加，婴儿死亡率上升，居民身体本已虚弱，每遭疾病，死者更多。

不知经过多久，又有一个来自意大利某地区的青铜器时代的民族移居到马耳他来。这些新马耳他人，或者说随后来到岛上的青铜器时代的开拓者，并没有什么特别值得注意之处。这些青铜器时代的头一批马耳他人把铜器时代塔欣人建造的巨大神庙重新加以利用，作为火葬场，于是被称为塔欣墓场人。这些居民为自己造了许多石棚，①火葬后的骨灰即埋在这些石棚里。塔欣墓场人定居列岛达数百年。

约在公元前1450年，马耳他为另一批青铜器时代的人——纳杜的博格人——所侵入。这些开拓者大约来自西西里，他们因一个马耳他的遗址而得名，这遗址位于马尔萨什洛克湾以北一处海角上。入侵者征服了墓场人，而将这些原有居民融入他们的集体。纳杜的博格人生活于战争年代，他们的村庄设有防御工事，一般坐落在小山顶上。战争的发生，可能是由于又有新的入侵者企图在列岛上定居，也可能因为马耳他分为若干村落，各有自己的土地，互相争夺。

公元前900年，另一个叫巴里亚的移民集团定居于马耳他，这一新来的文化和纳杜的博格人文化同时存在。马耳他的史前史于公元前800年左右结束，同时迦太基人移居到马耳他诸岛，在文化上开始对原有居民发生影响。

青铜器时代大部分时间处于战争状态，农业生产率必然下降，并可能导致人们依赖畜牧更甚于农耕，因为保护牲口免受掠夺尚有可能，而已种的庄稼则往往无法保全。这里再次出现了进出口的问题，列岛曾输入青铜。在一些属于青铜器时代晚期的遗

① 一种巨石建筑，由若干块较小的岩石支撑着一块完整的大石作为顶盖。

42

址上，发现很多和生产纺织物有关的工具。有人认为当时曾用纺织品购买周围地区的青铜和其他货物。

二　腓尼基人（公元前1000年～公元前218年）

在公元前1000年，腓尼基人已在地中海西部海盆进行贸易。随着贸易活动的范围扩大，大约在公元前8世纪～前7世纪移住到马耳他列岛。公元前8世纪，腓尼基人开始同西西里和意大利南部的商人通商，并在地中海西部建立了许多殖民地。与此同时，希腊人也开始同西西里和意大利南部的商人通商，于是也在这个地区建立了殖民地。

在以后的几个世纪中，腓尼基人和希腊人在地中海中部有过利害冲突，冲突往往导致战争，然而双方在马耳他列岛却能和平相处。列岛上曾发现过不少从希腊输入的物品，但是，希腊人似乎未曾拥有多大势力，也未曾给马耳他列岛造成很大的影响。马耳他被腓尼基人牢固地控制着，腓尼基文化在此似乎已经根深蒂固。从这个时期起，已发现有文字记载。希腊时代的"Malet"，在腓尼基语中为"避风之地"或"避难所"之意。

三　罗马人统治下的马耳他（公元前218年～公元5世纪）

公元前4世纪以后，罗马的势力在意大利南部不断扩大，与腓尼基人发生了冲突。由于马耳他列岛自古以来就是海上船舶优良的避风场所和重要的军事基地，故在两者冲突中马耳他首当其冲。在第一次布匿战争（大约公元前242年）中，马耳他已成为腓尼基人的海军基地。战争期间，罗马人攻占了马耳他，在岛上纵火劫掠，为所欲为。后来腓尼基人拼命夺回了这个海岛，但在公元前218年第2次布匿战争中，罗马人又取得了绝对的控制权。

罗马人统治马耳他有一个半世纪。毫无疑问，罗马统治下的马耳他有很长一段时期景象十分兴旺。经济的繁荣，很可能达到了直到圣约翰骑士兵团着手开发列岛时为止所从未有过的程度。设防的首都位于马耳他岛屿中部，大致在现在姆迪纳和拉巴特的位置。那是一个相当美丽和繁荣的城市，四通八达的街道，琳琅满目的商品，安居乐业的人民，其范围大小约为现在姆迪纳的3倍。在马尔萨地区有港口设施，港口附近还有一个市镇。首都和港口间大概有一条宽敞平坦的道路相通。

罗马人统治时期，戈佐岛也有一个中心城市，位于现在的卡斯特洛。许多庄园遗址的发掘，证明了当时的乡间庄园密布。从发现的遗留物中了解，当时的农业是以小麦和橄榄为主。马耳他生产许多供出口的奢侈品。

此外，当时的马耳他列岛，还有一个著名的高级纺织品制造业中心。

马耳他至今还保留着罗马统治下繁荣时代的若干遗迹。除上面已经提到的庄园外，艾思图非哈地方的浴室还保存得相当完好，在拉巴特则有几处优美的早期基督教的地下墓窖。直到17世纪开始后一段时间，拉巴特街道上还有许多罗马建筑物的遗迹，它生动地说明了古代人生活的富裕与优美。

## 第二节　中世纪初期和中期简史

一　中世纪初期（公元5～10世纪）

公元5世纪期间，罗马的势力在地中海迅速衰落，汪达尔人得以在北非建立起一个王国。随着王国的日益强大，汪达尔人迅速建设起一支强大的海军，开始袭击马耳他和西西里。公元6世纪期间，拜占庭人控制了马耳他和西西里。

公元 9 世纪中期，穆斯林从阿拉伯本土向外扩张，在北非、西班牙和西西里征服了大片地区。公元 870 年，他们夺取了拜占庭人所控制的马耳他岛。阿拉伯人对马耳他两个世纪的统治在文化上和经济上都给列岛以深远的影响。当时的马耳他语基本上就是阿拉伯语。

在此期间，马耳他的经济有了较大的发展。当时的一些记载一直流传至今："城镇村庄，林木水果。"这种描述使人眼前呈现一幅四野葱绿、富庶兴旺的画面。一些保存至今的史料证明，在阿拉伯统治时期，列岛上人工栽培的果木相当多。阿拉伯人带来新的农作物，大力变革岛上的耕作方式，并利用灌溉进行耕作。尤其以发展棉花和柑橘作为农作物的重点，棉花在马耳他的农业经济中占重要地位曾达数世纪之久。阿拉伯人统治地中海中部时期，贸易也有了较大的发展。马耳他本身也成为阿拉伯人的贸易站。阿拉伯人把罗马时代的旧都再度设防，并更名为姆迪纳（即"城市"之意）。阿拉伯人还兴建了今天的圣安德鲁要塞和要塞周围的市镇。

总之，阿拉伯人的统治给马耳他文化与经济发展打下了深深的烙印。阿拉伯人留下的最重要的贡献还有马耳他语。在很长的一段时期内，马耳他人讲的阿拉伯语吸收了大量的外来词汇，它们来自法语、意大利语、西班牙语以及后来的英语。这种多样语言糅合的结果，使马耳他语演变为一种独立的语言。

二　中世纪中期（公元 10 ~ 15 世纪）

公元 11 世纪初，有一群诺曼人朝圣回国，途径意大利南部时，被招募去当雇佣兵。许多年后，这一小股的诺曼武士势力逐渐变得非常强大，在控制了意大利半岛的东南部之后，转而注目于西西里。1061 年 5 月，一个马耳他历史上久负名望的人——诺曼人罗哲尔，攻占了墨西拿。最终，诺曼人统治了整个西西里。1091 年罗哲尔的舰队进攻马耳他，利用智慧，施展计谋，兵不血刃，就从阿拉伯人手中夺取了列岛。

诺曼人征服马耳他的初期，穆斯林的影响几乎丝毫未受削弱。当时只有少数诺曼人定居列岛。1240 年，为了征税，曾对列岛人口作过一次估计。有关这一估计的原始文件没有流传下来，但对其中各要点的摘要却存在，这一摘要表明，穆斯林在数量上超过基督教徒，并且掌握着社会中的大部分财富。

1090～1200 年期间，只有少量的欧洲人和基督教徒移居马耳他。诺曼人在西西里人数也不多，与其说是移民，不如说是统治者。12 世纪后期，热那亚人在马耳他建立了一个贸易站，但是参与这一活动的人为数很少。13 世纪时，发生了一些新的事件，促成伊斯兰教势力的削弱。1224 年，阿布鲁齐地区的切拉诺发生起义，起义的居民有一部分被放逐到马耳他。这批移民人数也许不多，但对当地的生活却作出了有意义的贡献。此后短短几年内，驱逐穆斯林的运动就开始了。13 世纪期间，有一些基督教教团开始在岛上定居。其修道院无疑是欧洲文化的重要传播机构，他们普遍加强了基督教的地位。

穆斯林在公元 13 世纪 40 年代期间终于被逐出列岛，基督教徒在居民中于是成为多数。无疑有许多穆斯林宁愿放弃宗教信仰，而不愿离开家园。此外，还有一些因素促成列岛穆斯林势力的衰退。最初，诺曼人对西西里经济潜力的开发进程相当缓慢，但在罗哲尔二世即位统治（罗哲尔二世 1097～1154 年在位，所建之国称西西里王国）西西里王国（国土包括西西里、马耳他等地）时，其经济扩张的步伐加速。邻近岛屿的繁荣，使马耳他受到了很大的影响。马耳他通过贸易加强了与海外的联系，特别是与西西里和意大利南部的联系。在继承罗哲尔二世的两个诺曼人国王——坏威廉和好威廉的相继统治下，列岛继续趋向繁荣。好威廉逝世后，王国进入一个混乱的时期。但当腓特列二世皇帝（1198～1250 年在位）稳定了局势，西西里就成为一个生气勃勃的文化和经济中心，从而把地中海中部地区变成欧洲最富庶区域之一。

腓特列二世（1198～1250 年在位）[1] 是一位果断英明的君主，博学多才，治国有方，他深知妥善治理国家经济极为必要。这位皇帝鼓励改进农业，大力发展新的工业部门，王国的贸易得到审慎的管理。马耳他对腓特列家族有举足轻重的关系，因为岛上有大量的皇家财产。皇帝热心于在皇家土地上养牛养猪，饲养猎鹰，并曾计划设立一所露天、广阔的养殖场。这一地区的经济繁荣盛极一时，但未能持久。1250 年，已被逐出教会的腓特列去世，教皇鼓动安茹的查理（1226～1285 年），即法国国王路易九世的幼弟（称安茹伯爵）消灭这一王朝，夺取了西西里王国。这个傲慢的法国骗子很快就激起了西西里人的憎恨，1282 年岛上的居民揭竿而起，这里的法国人几乎全遭杀害。[2] 西西里人以前曾同阿拉冈有过接触，法国人被击败后，西西里就成为阿拉冈国王的领土。1283 年，安茹的查理企图以马耳他为基地收复西西里。他的舰队在大港海战中被击败，马耳他于是成为阿拉冈王国的一部分。

阿拉冈对马耳他和西西里有重大影响。马耳他贵族阶层的形成始于阿拉冈统治的早期，而这个新的社会成分显然促使西班牙文化的某些方面渗入当地的生活。阿拉冈国王统治着西班牙本土的一部分、西西里、希腊的部分属地以及其他一些地区，构成一个"地中海西部共同市场"。阿拉冈利用这个贸易区内的及其与北

---

[1]　腓特列二世是德国雷亨斯陶芬王朝腓特列一世的孙子，其母是罗哲尔二世的女儿。1198 年为西西里王国国王，1211 年是神圣罗马帝国皇帝又兼任西西里王国国王。

[2]　西西里岛的居民在复活节的翌日，在巴勒莫起义者领导下，以晚祷钟声为号，反抗法国人统治的事件，史称西西里晚祷起义。

非之间的贸易联系而大获其利。马耳他从与阿拉冈其他领地的交往中也得到好处，并扩大了同其他国家的接触。构成广大的阿拉冈王国的大多数地区，在处理本身的事务上享有相当程度的自治权，马耳他也不例外。15世纪时，马耳他的行政机构总称为"尤尼佛西塔"（Universita），即"人民议会"（Consiglio popolare）。人民代表由村镇的户长从贵族、知识分子、神父和商人中选出。人民议会为首的官员称为"哈基姆"或"执仗长官"。"哈基姆"是首席法官，也是人民议会的首脑。"哈基姆"由阿拉冈国王或由其派往西西里的总督任命。政府首脑下设4个选任的"纠拉提"管理日常行政事务。

此外，还有一批官员负责特殊任务，"卡塔帕尼"监察市场条例的执行并管理度量衡；"马拉梅罗"负责城墙的维修；"波尔托拉诺"则管理港务。总之，人民议会没有立法权，但是可以讨论马耳他的内部事务，向国王陈述马耳他人的需要，组织粮食供应和征收赋税。

马耳他居民的自治权有限。从当地官员和阿拉冈当局之间的往来文书中可以清楚地看到，前者只能在经过审慎划定的范围内做出一些行政决定。阿拉冈王室常把马耳他当作领地授予有功之臣，以表奖励。这些享有马耳他领地的贵族大都相当贪婪，不少贵族常常策谋叛乱，使岛上居民也卷入反抗国王的战争。这些冒险家得势之时，"尤尼佛西塔"对于事态所能施加的影响就微乎其微了。鉴于这种局面，马耳他人在1428年筹集了一笔巨款交给国王，以此赎买列岛当时的领地权，今后列岛不再作为领地授予任何人。

设在姆迪纳的"尤尼佛西塔"并不掌管马耳他所有地区的事务。15世纪在戈佐岛另立一位"尤尼佛西塔"，与阿拉冈当局直接发生关系。而姆迪纳所设的政府是否为比尔古城所承认，也尚属疑问。在中古时期的马耳他，比尔古城在某些方面情况比较特殊，该城居民主要以经商为生，有许多外国人，特别是商人和工匠，在这一居民点定居。因此，在中古马耳他的全部城镇和村庄中，唯有比尔古这个地名属于拉丁语，而不是阿拉伯语。

在阿拉冈统治期间，基督教徒在马耳他社会里上升而居于主要地位，贵族的分封、地方政府的发展、移民——特别是来自西班牙和意大利南部的移民的影响，以及伊比利亚半岛和西西里文化的影响，促使马耳他居民的人生观和生活方式方面发生了显著变化。

在阿拉冈统治时期，马耳他的经济情况不佳。穆斯林的退出，必然在经济上造成破坏，而西西里晚祷起义前后发生的动乱一度使马耳他成为争夺的对象。14 世纪时，海盗的劫掠成为地中海中部地区一个越来越严重的问题。大多数港口，包括马耳他在内，实际上都或多或少地参与海盗活动。经过一段时期之后，宗教因素所起的作用愈来愈大，北非穆斯林有袭击南欧航运的强烈趋势，而南欧的基督教徒同样企图袭击北非航运。马耳他由于面积小，且地处偏僻，遭到袭击的可能性更大。此外，西西里和加拉勃利亚的海盗每逢北非沿岸买卖不佳，便来袭击列岛四周的海面。

公元 15 世纪，这一对峙的规模扩大了。1412 年、1422 年和1423 年，都有北非的军队袭击马耳他。1424 年，一支阿拉冈的远征军以马耳他为基地，向穆斯林作了一次报复性的袭击。这次袭击招来 1429 年对列岛的一次反击，其结果是马耳他和戈佐都遭洗劫。3 年后，阿拉冈人进行报复，大规模地袭击了靠近突尼斯海岸的岛屿杰尔巴，也对仍然满目疮痍的马耳他经济造成了破坏，农业发展也受到极大的挫伤，以致其后数年颗粒未收。15 世纪时，马耳他旱灾越来越频繁，使得农业的各种问题恶化。此外，由于棉花的种植显得日益重要，而使橄榄树的栽培受到影响，这也促使土地日益干旱，增加了歉收的几率。

连年的战祸破坏了商业的发展，使棉花的输出与从西西里输入主要的食物日益困难。人口数量有一定幅度的减少，瘟疫也是促使人口减少和商业萧条的另一因素。马耳他的人口发展的总趋势，是从 13 世纪前半期的最高峰节节下降。马耳他的衰退是从驱逐穆斯林开始的，至 15 世纪时，衰退速度就加快了。当地的自然环境也因人口的变化而更加恶劣。位于海滨或地形广阔地区的村落全被舍弃，居民大都乐于在内地的居民点安家。村庄既然消失，过去由农民耕种的农田也就逐渐荒废，不少农田陷于无人经营状态。15 世纪中期，"尤尼佛西塔"的卷宗上有不少关于贫困和发展不景气的记载，其中有一段记录谈到马耳他当时的情况是：

> 汪洋大海之中的一块礁石，孤立无援，生活艰难。

由于当时财源不足或无心经营，姆迪纳和比尔古的防御工事得不到适当的维修，镇上大量居民只得迁居他处。根据 16 世纪的一篇记述，那个曾经是"美物皆备、产量且丰、备受神恩"的马耳他岛已经变为：

> 汪洋中一块孤石，上覆三四尺厚的一层土壤，其中碎石累累，不易种植五谷。……因土地贫瘠，海盗频繁袭击，贫困愁苦。总之，在马耳他定居不但令人不愉快，而且简直无法忍受。

## 第三节　中世纪晚期简史

### 一　圣约翰骑士团的征服（1530～1565 年）

当马耳他人屡遭北非海盗袭击和不断骚扰之际，罗得岛上的圣约翰骑士团也正受到奥斯曼土耳其人越来越重的压力。15 世纪后半期，土耳其人多次进攻都被圣约翰骑士团打退。但是，到 1522 年，经过一场长时间的相互进攻后，骑士团最终被迫放弃罗得岛。从地中海东部这座精心构筑的要塞中撤走。他们被迫向西转移，为寻找新的基地不得不长期奔波，费尽心机。

随着岁月的消逝，骑士团实力逐渐削弱。团长意识到唯有迅速取得新的基地才能避免骑士团彻底垮台。查理五世皇帝提出有条件地把马耳他划给骑士团驻守。于是骑士团派出一个委员会到岛上察看，提出了报告：马耳他仅有的一点防御工事都已年久失修，岛上每年生产的粮食只能维持几个月，必须从西西里进口大量粮食。骑士团由于处境不见好转，最后在 1530 年春，圣约翰骑士团不得不把马耳他列岛连同的黎波里要塞一起作为皇帝赐予的领地接受下来。封建臣属通常应尽种种义务，而他们只每年进贡一头猎鹰，其他全部豁免。

查理五世皇帝开出的条件则是：今后如果骑士团撤走，马耳他列岛未经查理五世或其继承人同意，不得擅自处理。骑士团舰队司令一职此后应由意大利人担任，以免这一关键性的职位落入法兰西人之手。在任命马耳他主教一事上，皇帝也保留一定权利。双方就马耳他移交骑士团一事达成协议后，在 1530 年 10 月，团长及骑士团主要成员才分乘三艘战舰到达马耳他，定居在比尔古。

在磋商期间，双方都未征求马耳他人的意见。1428 年，马耳他人曾向阿拉冈的国王阿尔方斯五世交了 30000 弗洛林①，换取了列岛永远直接归国王管辖，不作领地封赠臣属的诺言。因此，当马耳他人听说马耳他可能成为无家可归的骑士团的基地时，就派遣使者去见西西里总督，提醒他许下的诺言。而总督欺

---

① "弗洛林"是 1252 年在佛罗伦萨铸造的金币。

骗岛上居民说：并未做出任何决定，不必担心。而当查理五世将马耳他赐予骑士团，马耳他人再次抗议，此时木已成舟，无法挽回了。

里尔－亚当团长刚到马耳他，马上就跋涉 11 公里，从比尔古来到了姆迪纳。他被拦阻在城门口，岛上居民要求他宣布骑士团将维护马耳他人的一切权利。团长表示同意后才拿到了该城的钥匙。骑士团控制了马耳他岛上他们唯一真正感兴趣的地方——沿港口一带，并接管姆迪纳的"尤尼佛西塔"过去负责的一切职权，骑士团还设立了自己的法庭，成了列岛之主。

骑士团定居下来后，对马耳他的不利条件看得更加明显。岛上的粮食大部分必须从西西里进口，岛上的军事设施非常落后，现有的防御工事陈旧不堪，需要全面加以修建。当地居民稀少，无法为列岛提供足够的防卫力量。马耳他又缺乏自然资源、缺乏工业等等。骑士团财政很拮据，无力建设马耳他的防御工事，因此，想另寻基地。

1531 年夏，骑士团的舰队迅速地袭击了莫里亚的莫登港，并占领了该镇。不巧的是离莫登不远驻有一支土耳其大军，骑士团只得撤退。与此同时，骑士团继续进行外交活动以寻求新的基地。团长向查理五世建议，叙拉古（今名锡腊库扎）要比马耳他更为合适。骑士团还建议迁到格利博卢或意大利靴跟上的奥特朗托，但皇帝对此并不热情支持。

里尔－亚当逝世后，继任团长彼德罗·德尔·庞特从未到过马耳他，他当选后八个月就死在法国。继任者胡安·多梅德斯当选 15 个月后才来到马耳他。16 世纪 20 年代到 30 年代初期，骑士团动荡不安的处境对马耳他起了严重的副作用。马耳他的骑士们都是出生于欧洲高贵门第，只求暂时落脚岛上，显然不愿在防御工事和其他建筑上投资过多。这种态度持续了将近 40 年之久，这就使得岛上的防御工事千疮百孔。

　　骑士团统治的头几年几乎毫无建树。1530 年，里尔－亚当在卡斯特洛马雷（圣安格洛要塞）住下，一幢现成的房子被改建为团长宫殿。骑士团到来之时，与卡斯特洛城门相连的比尔古城区大半均未设防，于是在该城所在的半岛上面向陆地的一边设置若干工事，以加强防卫。除此以外，还修复了一些原有的工事，虽然骑士们明知这些防御远远不够，却没有兴修其他新的防御工程。

　　骑士团在到来的头一年内兴建的公共建筑极少。至 1532 年，通过外交及军事手段另觅新基地的企图均告失败，骑士们这时才意识到他们在马耳他很可能还要再住几年，于是开始兴建一批简陋的工程。1532 年 11 月，为一所医院奠基，大约与此同时，各分团开始在比尔古修建骑士府，这些建筑物大部分都修建在距卡斯特洛较远的比尔古一带。但这批骑士府第和防御工程规模太小，尤其是骑士府。

　　骑士们知道要想把马耳他作为可靠的海军基地，岛上防御工事就必须能全面控制大港。1541 年，骑士团把军事工程师安东尼奥·费尔罗莫利诺请到马耳他，请他提出改善防御工事的良策。费尔罗莫利诺研究全部问题后，最后得出结论：在塞伯拉斯半岛修建一座新的要塞。由于骑士团内部意见不一而只将比尔古及圣安格洛的工事加以改进。

　　1551 年 7 月，一支土耳其舰队开进马萨姆希特，登陆者估计约有万人。一上岸即遭骑士团军队伏击，接着又遭到由英国骑士尼古拉斯·厄普顿爵士率领的一支骑兵的突击。土耳其军队登陆后，司令官把部队驻扎在塞伯拉斯半岛上，由于感到兵力太弱，难以迅速攻下比尔古和圣安格洛，于是转而开往姆迪纳，途中在比尔基卡拉和戈尔米附近一带大肆掳掠烧杀。当时姆迪纳虽然防御工事薄弱，防守兵力孤单，但居高临下，占有地利，加以指挥官用兵有方，终于使土耳其人明白，要攻下姆迪纳不是轻而易举的事。转而决定攻打戈佐岛，该处城堡防守较弱。戈佐岛上的驻军未能坚持多久，几天后就向土耳其人投降。当时的编年史家估计，土耳其人撤退时掳走了大约 5000 名戈佐人。

1551 年，戈佐岛军事失利后，骑士团成立一个委员会来检查马耳他的防务，提出改进意见。首先，在塞伯拉斯半岛尖端修建一座星形要塞（圣埃尔莫），以便控制半岛和各港口。其次，还建议在毗邻的利索拉半岛上连接大陆的一端也修筑一座要塞，以免进攻者利用它作为一个现成的炮台，此即圣迈克尔要塞。圣迈克尔和圣埃尔莫于 1552 年建成，但塞伯拉斯半岛上的新城却未动工。

土耳其的海上威胁以及北非沿海各国海盗的兴起，改变了马耳他的战略地位。对地中海中部海路控制权的争夺日益激烈，在这种形势下，马耳他成了关键性的要塞。1547 年，土耳其军队在马萨希洛克登陆。虽然这次进攻被击退，骑士团及马耳他人的损失也很轻微，但这不过是两军的首次接触，类似的袭击接踵而来。1548 ~ 1550 年，土耳其军队几次在戈佐岛登陆。1554 年，一支土耳其军队在马耳他登陆，袭击了西朱伊。1560 年，骑士团卷入了基督教联军对的黎波里发动的进攻，结果土耳其舰队在杰尔巴附近海面上获得全胜，联军以惨败告终。同年，戈佐岛又遭攻击。1562 年，骑士团被穆斯林夺去两艘战舰，1563 年，一支土耳其军队洗劫了米拉措，而德拉加特又一次袭击戈佐岛。唯一的一次补偿，是一支基督教大军于 1564 年攻下了阿尔及尔的皮农要塞。此外，骑士团的战舰在掠夺穆斯林的海上货运中一直是很成功的。

16 世纪 60 年代初，从列万特一带传来消息，即一支土耳其大军正准备远征马耳他，骑士团为保卫马耳他做好了力所能及的一切准备。1565 年春，在瓦莱特（Valette）团长控制下的要塞只有圣埃尔莫、圣安格洛和圣迈克尔，还有森格莱阿和比尔古这两座设防城镇。在马耳他的中部，防守薄弱的是姆迪纳城。自1551 年被围攻以来加强了防御的戈佐城堡，也驻扎着守军。这些阵地上驻守着大约 9000 人，由骑士、外籍兵士及马耳他人组成。这支兵力大部分集中在沿港湾的各个要塞，在姆迪纳和戈佐岛上的城堡只布置了少量的分遣队。可利用的骑兵则全部驻扎在姆迪纳。

## 二 马耳他之围（1565 年）

公元 1565 年 5 月 18 日，一支约有 200 艘战船的土耳其舰队开到马耳他附近水域，向海岛逼近，然后绕过岛的南瑞，对西海岸进行侦察。当晚，土耳其舰队在西海岸一处小海湾过夜，次日拂晓，土耳其军队决定在马尔萨什洛克登陆。这座马蹄铁形的大海湾海岸线长达 10 公里，其中大部分地方都便于登陆，这就使得土耳其军队能够在一条较长的战线上对基督教徒发起进攻，从而充分利用他们在数量上的优势。而沿岸又未设置大型炮兵阵地。瓦莱特团长只得听任土耳其军队登陆，未做重大抵抗。

其后一连 3 天，土耳其军队大肆烧杀掳掠。一些农民未能逃入设防的城寨，大批牲畜因此落入土耳其军队手中。骑士团无力离开阵地进行全面决战，骑兵也因马耳他野外地形不利而大受束缚。

5 月 21 日，双方在比尔古附近发生一场短促的战斗，土耳其军队似乎即将进攻骑士团的各个主要防御阵地，但在 5 月 22 日却开始将部队调往塞伯拉斯半岛，准备攻打圣埃尔莫要塞。圣埃尔莫要塞早在大围攻之前 12 年左右，其防御工事即已修竣，而且是由一位精通本行的军事工程师设计的。圣埃尔莫乃是一座现代化的要塞，修筑有外围防御工事，在面向陆地的一方设置了大量炮兵阵地，大围攻一开始就已派进了好几百名兵士。圣埃尔莫阵地具有相当可观的防卫潜力这一点，土耳其军队很可能直到发动进攻之时还未充分认识。

土耳其军队就沿着塞伯拉斯高处修筑一道土石壁垒以掩护部队，此外，还设置了若干强大的炮兵阵地，来对付圣安格洛和圣埃尔莫要塞的大炮。但当时无论是谁，尤其是圣埃尔莫的守卫部队，也没有想到这个堡垒竟能在土耳其军队攻势下坚守一个月之久。

5月22日，土耳其军队开始配置炮兵，准备攻打圣埃尔莫要塞。为了修建大炮阵地，构筑壁垒，挖掘战壕，费去相当时日。在这段时间内，战斗时断时续。而激战的爆发却是由于基督教徒一方的主动。圣埃尔莫的守军在5月29日凌晨出击。前沿战壕中的穆斯林措手不及，陷入一片惊惶。后来，土耳其军队指挥官派来生力军，将守军逐回堡内，并在混战中占领了要塞的若干外围防御工事。

几天之后，仍是由于守军疏忽大意，土耳其军队又控制了要塞前方其余的外围防御工事。土耳其军队大为振奋，想一举拿下要塞主堡。但他们的准备工作没有做好，圣埃尔莫四周的城壕没有填平，爬城的云梯又太短。随之而来的是一场大屠杀。守军在实战中成功地试用几种武器，如沸腾的沥青、野火①等，并在土耳其军队到来之前加紧准备的，在几个星期中制造出一种杀伤力极大的绝妙武器：这是一个大圈，缠上大量棉布，注入化学燃烧剂。这种投掷武器可以迅速点燃，从城墙上投向攻城者，通常一圈可套住一小群人，使穆斯林的宽袍大袖立即着火燃烧。土耳其军队在这一天伤亡极大。守军则阵亡百人上下，其中包括20名骑士。

6月初，赫赫有名的海盗头子德拉加特率领1500人从北非

---

① 一称希腊火，是以前海战中用来焚毁敌船的一种燃烧剂。

海岸到达。他在海角上设置了一些新的炮队，另一炮队在圣埃尔莫前沿开阔地带与圣安格洛之间构筑了阵地，而又一处炮兵阵地也在绞架岬（今名里卡索里岬）筑成。至此圣埃尔莫乃从三个方面受到轰击，堡垒所遭的破坏加速了。

当时，堡垒四壁已出现了几处缺口，守军认为他们已经打了一场漂亮仗，荣誉上已经说得过去，如今已到了从一处必将陷落的阵地撤出的时刻。6月5日，一位英勇无畏、名震一时的骑士梅德兰诺爵士被派往骑士团执事会申述守卫部队的这种看法。但是瓦莱特团长却不以为然。他认为只要继续坚守其堡垒，就能为骑士团赢得极其珍贵的时间。由于他的威信，执事会支持了他的观点。梅德兰诺回到圣埃尔莫去传达执事会的决定。守卫部队听说竟然要求他们继续坚守一处显然短期之内即将失守的阵地，无不大为惊异。于是他们起草了一份由50多位骑士签名的声明。该声明说，他们准备为骑士团牺牲，如果团长再不下令让他们撤退，他们就要从堡内冲杀出来，同土耳其军队决一死战，在战场上光荣献身。

瓦莱特巧妙地处置了这种局面，他派出一个3人调查团前往调查圣埃尔莫的工事状况。调查团中有一位成员坚信其堡垒还可以再守一段时间，他自告奋勇担任指挥，率领一支援军进入圣埃尔莫，援军由志愿人员组成。瓦莱特给圣埃尔莫的骑士送去一封文笔犀利的短信，在信中告知他们从危险岗位撤退下去而由他人代替，这是任何骑士都不能容忍的耻辱。圣埃尔莫的骑士们请求团长允许他们继续留在堡内。瓦莱特表示同意，但要求守卫部队洗雪他们荣誉上的污点。

6月中旬，土耳其军队终于认清若要攻下圣埃尔莫，就必须完全截断堡内人员的给养线路。穆斯林已经把这座要塞置于炮火包围中，轰开了一些缺口，在外围阵地上布置了狙击手。土耳其军队的司令部于是决定将战壕一直延伸到大港边上，并用火力将

每晚从圣安格洛派来的船只所停靠的地点加以封锁。土耳其军队沿着毫无遮掩的海岸构筑新的工事，因而遭到重大伤亡。在此期间，德拉加特也被炮弹炸飞的一块岩石碎片击中，重伤致死。新的工事于6月19日完成，要塞于是陷入严密的包围圈中，援兵从此断绝。此后3天，土耳其军队的大炮不断轰击，接着在22日发动总攻。守军又一次鼓起勇气，拼死抵抗，总算再度打退了土耳其军队。但是，守军明白大势已去，当天晚上，他们举行了祈祷。次日清晨，受伤的和垂死的人都被运送到各缺口处，用东西支撑着，手执利剑，准备就义。

6月23日晨，土耳其士兵咆哮而来。他们一次次受挫、动摇、退缩，又一次次重新集结，凶猛地攻入堡内，把遍体鳞伤，已经垂危的基督教骑士均残酷杀害。有几个马耳他士卒游过大港，逃入圣安格洛，还有少数骑士幸而落入德拉加特带来的海盗手中（这些人懂得一个活着的骑士在市场上能值多少赎金），其余守军全部被杀。已死和垂死的骑士全部被斩首，尸体划上血淋淋的十字架以嘲笑戏弄，然后一一捆绑在木头上投入海港中。这些遗体被比尔古守军从水中捞起，以隆重的哀悼仪式葬入骑士团的修会教堂。于是，基督教军队中也爆发了类似的毫无理智的怒火，将土耳其战俘全部斩首，头颅被填入大炮炮膛，射向敌方阵地。从此以后，双方在战场上都不留战俘。

土耳其军队攻克圣埃尔莫，费了几乎整整一个月，而付出竟然达8000人的伤亡代价，包括最有将才的司令官德拉加特在内。穆斯林还丧失了他们的傲气与必胜的信念。在土耳其军队中，已经种下了失败的种子，况且这样一支大军的组织与给养问题也开始造成某些困难。

基督教徒方面丧失了1500名战斗人员，其中包括大约130名骑士。但他们打了一场英勇的牵制战，震惊当世。全体守军士气高昂，而圣埃尔莫陷落时发生的暴行，更激起了一股狂热的仇恨，进一步坚定了他们的战斗意志。圣约翰骑士团的骑士们追求荣誉，骑士们更是舍生忘死，英勇战斗。

圣埃尔莫陷落后，土耳其舰队驶入马萨姆希特，穆斯塔法调动部队主力进攻比尔古、森格莱阿各处阵地。圣埃尔莫遭围攻期间，两城的防御工事大为加强，整个防御体系也进行了精密的组织。穆斯塔法指示，土耳其军队的战壕应从科尔丁一直延伸到比希，从而将比尔古及森格莱阿完全包围。但在此项工事完成之前，从西西里派来了一支救兵，约有 700 士兵，50 名骑士以及若干西班牙步兵，于 6 月 29 日在马耳他北部登陆。这支部队得以穿过尚未合拢的土耳其战线进入比尔古。

土耳其的军工作业在大约两周之后完成，7 月 15 日开始进攻圣迈克尔要塞。这是一次联合作战，从陆上以及要塞侧翼的法兰西湾同时发动攻击。7 月初，土耳其军队也得到了增援部队，这是由德拉加特的女婿哈森从阿尔及尔带来的 2500 人，海陆两路都挑选他们打头阵。哈森指挥陆上的一路，他的副将则率领预定在法兰西湾登陆的船队。这次攻势一度近于成功，水陆两路都在圣迈克尔的城墙上插进了小小的楔子。骑士团的预备队从比尔古增援而至，土耳其军队则派出近 1000 名近卫军分乘 10 条战船前往加强海路攻势。近卫军在绕过森格莱阿时暴露了自己，被一支紧靠海边设置的圣安格洛的炮队打得落花流水，10 只船中有 9 只立即沉没，船上的近卫军绝大多数阵亡。这一损失决定了胜负，已经攀登上森格莱阿和圣迈克尔城墙的穆斯林都被扔了下去。基督教徒这一天的损失估计为 200～300 人，穆斯林则达2000～3000 人。穆斯塔法于是撤下了部队，在此后两个月中，他的炮兵不断轰击骑士团的各个堡垒，准备向森格莱阿和比尔古同时发起总攻。

土耳其军队曾两度胜利在望，但是，都由于骑士团英雄们的勇敢机智而使之功败垂成。8 月上旬，穆斯塔法的部队杀出一条血路，深深插入圣迈克尔的一个突破口，把自己的旗帜插上城墙。此时比尔古也正陷于苦战之中，看来土耳其依仗自己的优势兵力终于要占上风了。但穆斯塔法军队后方突然一片混乱，传言一支基督教救兵已从西西里开到，进攻土耳其设在马尔萨的大营的帐篷着火燃烧，浓烟烈焰遥遥可见。穆斯塔法只好传令收兵，全军向后转移，开赴马尔萨进行抵抗。其实是骑士团驻在姆迪纳的骑兵部队在战斗高潮时扑向警卫不严的营地，屠杀了伤兵，焚毁了营房的帐篷和给养，从而使穆斯塔法召回了自己的即将获胜的军队。

土耳其军队在 8 月 18 日本应夺得围城战的胜利。那一天，土耳其军队挖空了比尔古一座城堡的大部分地基，一声爆炸，城堡大部坍塌，守军措手不及，土耳其军队开始攻入城内。消息传到瓦莱特耳中，他当即亲自率领士兵反攻，一往无前，锐不可当，来犯者终于被击退。土耳其军队当晚又一次发动进攻，但又再度被驱逐出去。

接着，在 9 月 6 日，西西里总督派出的 9000 军队又在马耳他最北部一个叫梅利耶哈的海湾登陆。9 月 8 日，穆斯塔法命令部队在圣保罗湾重行登陆，向内地推进。但他的士兵在敌方生力军发动头一次冲锋时就掉头逃命。他们在圣保罗湾争相挤上把他们送往舰队去的小艇时，又有多人被杀。

这场战役基督教徒得以取胜的原因如下：

第一，骑士们都是受过高度训练的超群绝伦的战士。他们既献身十字军事业，以勇敢为最高的道德准则。他们总要坚持奋战直到战胜或是战死，而决不会有投降、失败或逃命的念头。他们的榜样必然也会影响其余的守军。

第二，瓦莱特团长的英明领导对骑士团的胜利关系甚大。瓦莱特深谋远虑，勇于决断。他所进行的防御准备之彻底，他对于圣埃尔莫一战虽然损失惨重，但却拖延了土耳其攻势有利于全局，以及他在使用骑士团的薄弱兵力时所施展的技巧，都显示了他的足智多谋。

第三，作为军事统帅，他的人格本身尤为重要。人人都深信瓦莱特在必要时也会为自己的骑士团赴死，而且死得英勇。当土耳其军队爆破了比尔古的一大段城墙，攻入城内时，瓦莱特遇见头一批从战场退下来的慌乱的人群，他善言加以安抚，提起长矛，大步走向突破口。人们立即群起效法，团结在他的周围，在他的领导下夺得了此役中又一次最重要的胜利。

1565年春天，马耳他有9000名武装部队，其中马耳他人超过5000名，他们在战斗中起了决定性的作用。他们虽然训练不佳，但是在瓦莱特的率领下，总是在紧要关头作出了重大的贡献。马耳他的妇女和儿童也起了重要作用。大批当地居民在战斗中牺牲，大多数不是由于战争波及，而是战斗的直接后果。马耳他妇女协同士兵重修城墙，为战士运送食物，救护伤员，到了后期更经常积极地参与战斗。

尽管基督教徒一方十分勇敢，穆斯林一方原来还是能够获胜的。战败之责必须算在土耳其司令官身上。土耳其军队的作战计划前后不一，滥用兵力，因而使士气一蹶不振。对圣埃尔莫实力的错误判断，以及后来未能阻击援军乘夜间源源进入该堡，这些错误枉送了数百人员的生命。

土耳其军队的大炮比骑士团多，土耳其军队只要把各处城防一一轰溃，然后利用自己的优势兵力冲击各处突破口，即可夺得胜利。但土耳其军队总是在各处防御工事受到足够破坏之前即投入攻击，结果使兵员受到不必要的牺牲。土耳其军队在战役中还忽略了若干细节，为此付出了极大的代价。战略误判和战术错误不能不使土耳其军队付出高昂的代价并导致失败。

马耳他之围是欧洲史上的一次重大的战役。如果说1565年还并不是欧洲和骑士团生死存亡的最紧要关头，但它却是马耳他近代史的奠基之年。骑士团获胜并从此留了下来,在其后的两个半世纪中,圣约翰骑士们挥金如土,修建堡垒要塞、军火作坊,以及新的城市、宫殿和别墅。而马耳他人即依赖这一开支而富裕起来。在骑士团统治期间,马耳他人口增加5倍,发展了新的贸易、新的工业,列岛成为欧洲最繁荣的社会之一。而这一切无不源于1565年的胜利。

### 三 圣约翰骑士团的统治(1565～1792年)

**骑**士团与马耳他人虽于1565年获得全胜,但面临的尚有许多问题亟待解决。战争使马耳他乡村一片荒芜,许多城镇与村庄遭到严重破坏。约有7000名马耳他人死于战祸,骑士参战者被杀几乎近半数。列岛当时曾遭受巨大破坏,居民普遍陷入艰难困苦之中。

骑士团的问题要更为复杂。教团在人力和物资上都受到惨重损失。大部分要塞夷为废墟,大围攻耗费了巨额资财。在这种情况下,昔日的意见分歧再度爆发,鉴于骑士团在岛上有限的一点产业已遭破坏,而土耳其军队又势必卷土重来,许多骑士主张舍弃马耳他。

曾一心想把马耳他定为骑士团大本营的瓦莱特团长,似乎也对是否应留驻本岛产生了怀疑。大围攻刚一解除,团长就请求教皇派遣一个能够在塞伯拉斯半岛设计一座新城的军事工程师。而当被选定的弗朗西斯科·拉帕雷里于1565年12月到达马耳他时,他发现骑士团的许多资产均已包装完毕,等待启运。拉帕雷里看到骑士团正处于不稳定与解体状态,便加紧进行工作。他察看了塞伯拉斯半岛,充分肯定了其防御与战略上的种种有利条件,并于数日之内向骑士团执事会提出了修建新城瓦莱塔的计划。尽管骑士们仍踌躇不决,拉帕雷里却已募齐工人,筹足物资,并把新城防御工事的基线标划了出来。拉帕雷里此举起了促进作用，1566 年 3 月 28 日团长瓦莱特就为这一以他的名字命名的新城瓦莱塔（Valetta）奠基。修建瓦莱塔的决定对骑士团起了稳定人心的作用，但它并没有使骑士团是否应留居马耳他的这一争议立即平息下来。

马耳他由于获得大捷而声名远场，大量旅游者和"冒险家"纷至沓来。人口的流入更加动摇了骑士团的教规，导致伤风败俗的行径变本加厉。无法无天的现象在拉·卡西埃尔统治期间（1572～1581 年在任）达到顶峰。团长竭力抵制一些下属这种过度的荒淫放荡生活，下令取缔城内所有娼妓。这一命令的颁布激怒了骑士团的许多成员。团长拉·卡西埃尔立遭拘捕，并在他企图迫害的妇女们的嘲笑声中被解往圣安格洛要塞囚禁起来。有人企图另立骑士团最有名的海军统帅之一罗米加斯为团长，但教皇进行了干预，把罗米加斯和卡西埃尔同时召往罗马以清查原委。最后，卡西埃尔得以复职。

瓦莱塔城就是在这种违犯清规、背离誓言、纵容异端和岛上纷争不息的背景下奠基和建立起来的。这座城市在许多岛民处于极度匮乏的时刻兴工修建，使大量马耳他人得到了工作。瓦莱塔的兴建也使骑士们从此不能轻易丢弃马耳他。拉·卡西埃尔事件后，教团终于安定下来，这对骑士团本身和对马耳他人民都是幸事，广泛的违法乱纪现象却普遍消除了。这时期的马耳他出现了安定、发展的局面。

在人口方面，圣约翰骑士团初至列岛时马耳他本岛居民约有两万人，戈佐岛居民估计有 5000 人，而科米诺岛则杳无人烟。在整个骑士团统治期间，马耳他的人口虽然不时地受到战争、饥荒和瘟疫的影响，但还是稳步增长。1590 年以后，马耳他的人口统计曾经不定期地进行。根据统计，1760 年仅马耳他岛上的居民约有 6.6 万人，到 1798 年马耳他诸岛的居民总数上升到大约 10 万人。其中，海港的市镇居民数量增长要比边远地区和乡村更快一些。瓦莱塔新城市 1590 年不过 3000 名居民，1632 年达到 9000 名。戈尔米的居民从 16 世纪末由 2000 名增加到 1766 年近 4000 名。比尔基卡拉从 1614 年 2000 名居民增加到 1766 年 3900 名居民。

在城镇和村庄方面，随着人口的增长，马耳他的居民点的分布，其结构和规模也发生了变化。马耳他居民区的发展有以下 3 个特点：

第一，人们仍然不愿在沿海和岛的北部定居。

第二，像戈尔米、比尔基卡拉、泽布吉与泽通等一些乡村居民点都得到相当大的发展，而较小的村落则极少发展，有些干脆消失了。1436 年马耳他大小村落有 38 个，而到 1798 年只存在 24 个。这些村落的结构也发生了很大的变化，它不仅成为居民的密集中心，而且也逐渐发展成为集市交易和商业活动的中心。戈佐岛的乡村居民点主要是在 18 至 20 世纪发展起来的。

第三，大港和马萨姆希特附近建立和发展了好几个新的城镇。1571 年，骑士团决定于 3 月 18 日从旧都城迁入瓦莱塔新都城。于是，新都城迅速地发展起来，接二连三地建筑了许多欧洲文艺复兴式和古典式的建筑物，以及与马耳他本地的建筑风格糅合在一起的建筑物。至 1582 年，瓦莱塔新都城已经大体建成，它拥有整齐的街道，宏伟的办公大楼、剧院、图书馆等公共建筑物，还拥有许多豪华的私人住宅。它从规模上和建筑风格上成为"欧洲的缩影"。

骑士团来到马耳他，给当地的社会以巨大的冲击。骑士团作为贵族的社会集团落脚马耳他后，与当地原有的上层和贵族等级相结合，进一步壮大了上层和贵族等级，从而巩固了马耳他封建的社会结构，同时也加深了马耳他贵族与平民的对立。在骑士团的统治下，官职仍然由马耳他人担任，但是则由骑士团团长从马耳他的上层和贵族中挑选。人民议会的权力有所削弱，到 18 世纪它主要负责马耳他列岛粮食的供应，其他的权力由骑士团及其团长来行使。

17世纪时，骑士团的历任团长已经不满足于管好国务，施行仁政，而且还为骑士团实行福利事业，如设置各种基金，发展许多福利事业，确保骑士团安居乐业。

在宗教方面，骑士团统治期间教会在马耳他的社会生活中起着越来越大的作用。教堂数量增加很快，旧教堂进行扩建，而且装饰得富丽堂皇。宗教节日的礼节仪式也越来越复杂和烦琐。老教区的地位日益重要，不仅成为军事防御体系的一部分，而且也成为居民的安居中心。许多村庄被提升为新教区，从而加速了马耳他城镇的形成和发展。

在经济方面，圣约翰骑士团到达马耳他前，岛上经济状况十分萧条，列岛所产粮食不能满足居民的需要，海盗又不断地直接危害马耳他的经济，截断通往西西里的海路。骑士团的到达改变了这种状况，从许多方面促进了马耳他经济的发展。首先，骑士团终于造成一种相对安定的局面，使列岛成为一个比较安全的投资场所。其次，骑士团在马耳他消耗的巨款，为马耳他人不但提供了工作，往往也提供了资金。再次，骑士团兴办了一些为他们的军事结构所必需的工业，这些工业又促进了辅助性生产活动的兴起。因此可以说，骑士团的军事机构对列岛经济产生了积极的影响。

在农业方面，虽然列岛对农业的依赖已较前略差，但就所雇用的人数来说，农业在马耳他经济中仍居主要地位。13世纪后期以来，当地农业已不仅供应当地需要，还有不少产品可供出口。整个农业主要生产粮食、棉花、茴香、葡萄与橄榄。葡萄业的衰落过程则略有不同。在15世纪头几十年中，葡萄仍是马耳他和戈佐的重要作物。在1429年期间，列岛遭到来自北非的大规模袭击，农田受到严重损坏，许多葡萄园被毁。19世纪以前，

岛上根本没有酿酒业。

17～18世纪期间，按照经济、社会和战略等方面的需要，马耳他对现有作物品种稳步地进行调整。自17世纪直至骑士团统治后期，棉花地位日益重要，种植面积也大量增加。棉花要求优质土地，所扩大的种植面积主要自小麦用地取得。但总的来看，谷物产量并未缩减，唯质量有所变化。在土质较差的田地上大量增加种植大麦与"米希亚托"（一种抗病性强的杂交作物），以供社会下层阶级食用，并用作饲料。每逢正常年景，列岛所产大麦和"米希亚托"足敷当地之需，但小麦则经常不足。大麦都用作青饲料。牲畜饲料主要为棉秆和棉籽，纤维则由农民纺纱，成为列岛主要的出口物资，棉花因而在乡村生活中占据了首要地位。

马耳他在骑士团到来以前的许多世纪里，一向以生产茴香闻名，科米诺岛实际上即以此种植物而得名。茴香的籽不仅可供药用，而且是一种调味品，有相当数量可供出口。马耳他列岛所产柑橘质量很高，颇负盛名。此种作物种植面积甚小，加之一般都围着篱笆以防风害，同时又因经常需要灌溉，因此更加显得稀少，种植高度集中在某些地区。亚麻与大麻的种植居次要地位。蒎草约在18世纪才引入，骑士团起初竭力反对，唯恐空气受到此种植物的污染，后来方允许种植。

马耳他列岛最重要的肉食来源是牛，其中许多是由西西里进口，然后在列岛催肥。主要奶源为山羊，绝大多数村庄均大量饲养奶羊。

马耳他列岛各处的耕作方式并不划一。地理条件、土壤类型以及居民区的特点互不相同，致使不同地区的使用方式与利用强度也往往互有差异。地处边远而人口稀少的马耳他北部，在17世纪初土地利用率很低，至骑士团统治期间开始大为提高，但若干石灰石山脊，虽然多次大力开发造田，仍然只能勉强用作粗放性质的牧场。对比之下，山脊之间充满土壤的低洼地带常常具有较便利的水源，遂发展起一批精耕细作的水浇园田，亦称为"格尼思"。马耳他中部及南部一些古老村落周围的土地，一般均精耕细作，闲置者极少。戈佐岛的人口远较马耳他稀少，在整个骑士团统治期间，一直向马耳他岛输出农产品。晚至 18 世纪末，当戈佐岛人口已有颇大增长之时，该岛农民每日仍然向瓦莱塔运送 5 ~ 6 船食品，其中主要是水果、蔬菜以及大量绵羊、山羊、猪、牛和家禽等。

四 圣约翰骑士团的衰落（1792 ~ 1798 年）

公元 16 世纪前后，欧洲民族主义潮流的兴起使骑士团陷入困境。教团此时已不再单纯代表整个基督教世界，因为其成员系来自若干不同的国家。这些国家对骑士团所采取的态度、他们之间的相互关系以及对土耳其所持的不同立场，势必成为不断发生摩擦的根源。骑士团之与土耳其相抗衡，就不再只意味着拼杀搏斗，胜败存亡而已，因为这一斗争触犯了欧洲国家的权益，骑士团一直在外交上受到压力，笼罩在各国利益之争的阴影里。

骑士团所扮演的角色愈来愈不合时宜，无论企图另辟新路再度发挥作用，或者在与其他欧洲列强的关系中保持其地位，都有着重重困难。教团本应与其他国家合作，但他们的团章规定禁止与任何一国结盟，以免与另一基督教国家发生冲突。团章并非不可变通，但假如骑士团加入某一不利于法国的同盟，那么骑士团在法国的产业就势必会被法国没收。既然跻身于较大的政治集团已属无望，骑士团的另一出路便是自行建立一个帝国。骑士团确实也曾企图一试，但终于由于资源贫乏，没有结果。

解决骑士团的种种问题还有另一条办法，就是将原来在欧洲各国的资金抽回到本土投资。这一办法也由于马耳他所处的地理环境所限而无法实行。从自然条件来看，列岛面积过小，无力进行大规模的发展，而当地经济也无法发展到所要求的水平。邻近又没有骑士团可以提出领土要求的地盘。

所有这一切因素，决定了教团与列岛在很大程度上对外部势力的依赖。随着1713年法国波旁王朝取代西班牙统治西西里，法国对马耳他的影响越来越大。18世纪，法国已经控制着马耳他。1789年，骑士团共有600名左右的成员，其中法国人占400名。在1780~1789年间，骑士团平均年收入的一半来自于法国。法国是其保护国。

骑士团的盛衰存亡主要取决于法国。法国在18世纪很长一段时期里总是大度宽容，为此付出若干代价亦在所不惜。骑士团在法国拥有大量地产，每年将大笔款项由法国调至马耳他，任何一个商业国家对此都很难泰然处之，无动于衷。但骑士团毕竟没有让马耳他落入敌国手中，毕竟有助于遏制北非海盗。此外，骑士团在法国内部朋友甚多，影响颇大。虽然如此，法国政界人士还不能不被18世纪后半期发生的若干事件所震动。最先是俄国再次对马耳他感兴趣，而波旁王室从来就不容任何人忽视他们对列岛的权利。给予马耳他骑士团沉重打击的是，法国大革命推翻了法国封建王朝的统治，没收了骑士团赖以生存的在法国的财产。在其他欧洲国家，骑士团的财产也相继被没收。在德国、西班牙、西西里和那不勒斯，骑士团的财产不是被接管就是被课以重税。骑士团的年收入从1788年的300万利弗①下降到1797年的100万利弗。

此外，马耳他人此时也动荡不安。随着骑士团在欧洲影响日益衰落，骑士团加紧了对马耳他列岛的控制。骑士团制定了一部十分严厉的新法典，规定13种罪行要判处死刑，从而激发了包

---

① 利弗（livre），法国古代的记账货币（或银币）。

括本地贵族和上层人物在内的马耳他人的愤怒。在平托团长
（1741～1773 年在任）统治下，虽然有过若干繁荣时期，但经济
上也同样遭到挫折。这位骑士团团长刚愎自用和专横独断，引起
当地人民的普遍不满。

　　骑士团与马耳他其他神职人员之间的摩擦，其剧烈程度是世
所罕见的。这种局面存在已非一日。教皇虽是骑士团在尘世的至
尊无上的领袖，但极少有哪一位团长甘心情愿地听任梵蒂冈插手
马耳他内政，或是让梵蒂冈听取岛上居民不经由教团而直接提呈的
请愿。事态发展往往引起双方尖锐的对立。从 16 世纪起，骑士团属
下人员与主教或宗教法庭裁判官的支持者之间发生了无数纠纷。

　　骑士团到底有何功劳值得法国付出如此代价，法国国内由于
这一问题引起了一场相当大的争论。随着法国大革命的进展，骑
士团这样一个贵族阶级的宗教团体也就越来越不得人心。在这一
时期，骑士团步步退让，且不时献出巨额款项。但这样的让步依
然无济于事，骑士团在法国的财产终于在 1792 年被没收。圣约
翰骑士团从此在经济上元气大伤，一蹶不振。

　　从此时起，骑士团的瓦解已成定局，剩下的只是时间问题
了。1797 年，法国督政府①讨论了马耳他局势，同意达来朗外交
部长的观点，即"在马耳他问题上，抢在奥、英、俄诸国之前
方为得计"。

　　法国人早就一直在列岛培植颠覆分子，至 1797 年，这种颠
覆活动加剧了。骑士团的司库、要塞总指挥以及许多法国籍的骑
士都私通法国。此时拿破仑远征埃及，于 1798 年 6 月 9 日行经
马耳他中途暂歇，要求允许其舰队开入大港上水。这一要求遭到
拒绝。次日，法国军队奉命登陆。守卫要塞的兵力本来不足，加

---

①　督政府，系根据法国共和三年宪法而建立的法国革命政体，前后持续 4 年
　　（1795 年 11 月～1799 年 11 月）。

之亲法分子的阻挠，骑士团团长霍姆佩施优柔寡断，抵抗力进一步受到削弱。马耳他人更派出一个代表团，向骑士团明白表示：当地人民不愿对法国作战。

军事上既然瓦解，骑士团团长只得于 6 月 11 日请求停火，派代表到"东方"号战舰上就骑士团投降一事与拿破仑进行磋商。拿破仑提出的条件异常苛刻：骑士团应放弃列岛以及岛上全部财产；答应给予骑士团团长"年金"；法籍骑士也可享受"年金"，并可留居马耳他或返回本国；骑士团成员在岛上的个人财产仍归个人所有；马耳他人则得到了他们通常想得到的那种保证，即其宗教信仰和各项权益都将得到保障。

过了几天，骑士团团长及其随从就全被驱逐出列岛。他们走时，骑士团的动产大部分不准带走，连档案都留下了。骑士团在俄国沙皇那里找到了暂时的寄身之地，虽然沙皇为他们进行了紧张的外交活动，企图使他们重新立足马耳他，但这一组织仍然很快就从欧洲外交舞台上销声匿迹。骑士团在组织上及职能上从此面目全非，但至今仍然存在，其总部设在罗马，在世界许多地区设有医院或派有代表。

岛上居民对骑士团早就极为反感，对他们的离开无不高兴。然而，骑士团却在列岛留下难以磨灭的烙印。在他们统治期间，列岛人口大约增加了 5 倍，新的市镇和村落成批涌现，原有的居民点也扩展而且繁荣起来，兴办了一整套的新工业。应该说，列岛的整个生活内容发生了重大的变化。

1530 年时的马耳他以农业为主，岛上多数居民散居穷乡僻壤，与外界不相往来。历时两个半世纪的骑士团统治改变了这种生活状况。至 1798 年，马耳他的大多数居民已从偏僻的乡村搬入骑士团在各港口附近成批新建或改建的居民点。马耳他人于是就与骑士们以及来自西欧的其他许多人发生密切联系。大港成了贸易中心，马耳他因而与欧洲社会有了频繁的往来。

## 第四节　英国殖民地中的马耳他

### 一　英国的占领（1800～1815 年）

当年拿破仑既已解决并收留了奄奄一息的骑士团，便力图按法国大革命的原则改革和影响马耳他社会和马耳他人的生活。当地封建制度被废除，贵族阶级被推翻，宣布所有的马耳他人，不分阶级和等级一律平等。法国还开办 15 所初级学校，讲授法语、法国宪法和法国公民道德，给马耳他青少年进行启蒙教育，灌输革命思想。拿破仑将代表封建制度和贵族等级的骑士团徽章销毁，骑士团机构中的珍品和物资也被悉数搬走。法国人接着便着手限制教会在马耳他的势力，教皇控制当地教会事务的权力被取消，从而直接危及罗马天主教在马耳他社会中的地位。外国神职人员奉命离境。每个教团只准设一个修道院，多余机构都必须关闭。任何教团不允许有一个以上的女修道会存在。任何人未满 30 岁不得宣誓担任圣职，现有教士在全部就职前，不得增设新的神职人员。法国还规定，当地人的婚礼改行世俗的而不是宗教的仪式。这些措施，以及其他一些反宗教的条令引起了当地教徒的不满。

法国当局对所征服的国家肆行劫掠。骑士团的财富大部都已运走，以应他处法军军需；马耳他当局不久即因经费支出问题而采取某些权宜之计，这就必然引起更大的骚动。法国人拒不偿付骑士团在列岛的债务，致使货主们在货物早已付出后也无法收回贷款。骑士团过去对忠诚的雇员均给以年金，而法国人对此却概不承认。官办当铺奉命提高利率，苛捐杂税层出不穷，当局更任意提高国有土地的租金。列岛已因法国侵略而遭到破坏，贸易与就业皆陷于混乱状态，教会和贵族已饱受凌辱，再加上贫困，于是列岛出现了一触即发的爆炸性局势。

拿破仑只在马耳他停留 7 天，接着便率领远征军急急向埃及进发。一支 4000 左右的军队在沃布瓦将军统率下留守列岛。岛上居民早已对新统治者产生了强烈反感。1798 年 8 月 24 日，得悉法国舰队已在埃及阿布基尔湾被英国皇家海军击溃时，[①] 马耳他人极其迅速地按军事编制组织起来。当 9 月 2 日法国人又准备洗劫姆迪纳的教堂时，教徒们奋起反抗，将城里为数很少的驻军全部杀戮。几个小时之内，全岛居民揭竿而起。沃布瓦将军不久就放弃了重新控制农村的一切尝试，他率部牢牢地据守大港周围的设防地区，深信装备低劣的非正规兵力绝不可能把他们从那里逐出。

马耳他人组成了自己的临时政府和国民大会，并且宣称他们自己是那不勒斯国王的臣民。他们立即派出使者向西西里以及正停泊在这里的英国舰队求援。英国海军上将纳尔逊正在寻求这种机遇，立即向列岛派去一支葡萄牙分舰队。不久，皇家海军鲍尔海军上校又率领一支小小的英国分舰队进行增援。10 月间，纳尔逊亲自从西西里来此商讨作战方案，决定对列岛实行全面封锁，以便阻止法国人获得补给和增援。

法国人虽然无力重新控制农村，但当地的起义者也同样不能驱逐据守设防城镇的法国军队。马耳他人装备很差，枪械不足，又缺乏能够在防御工事上轰开缺口的重炮。他们在几次英勇突袭皆未成功之后，便按兵不动，准备将法军围困饿死。然而，围攻者和被围攻者谁将首先饿死，尚难预料。1799 年 12 月，一支英国军队被派往马耳他。两个月后，又有 1000 多名军队从西西里王国调来。法国人拼命想突破封锁，运入给养和增援部队，但这一企图始终未能实现。

---

① 指英国海军上将纳尔逊（1758～1805 年）指挥英国舰队在埃及阿布基尔湾歼灭运送军队的法国舰队。

　　在此期间，贫困、疾病和饥饿使大批马耳他人死亡。但是，法国人的处境更糟，在1800年漫长的炎夏季节里，他们逐渐耗尽了剩余的给养，甚至把瓦莱塔的狗、猫和老鼠也都全部吃光。8月，法国的指挥官们终于认识到自己已处于绝境。到9月初，沃布瓦便向英国防军司令官皮戈特表示愿意投降了。9月5日，沃布瓦在投降书上签字，条件是法国人放弃他们在马耳他占据的全部设防地区，返回法国。

　　当时的马耳他与欧洲列强的关系十分错综复杂：首先，马耳他人及其临时政府一再明确表示他们要参与决定列岛的前途；其次，为围攻瓦莱塔提供人力财物的西西里王国，根据以往马耳他对西西里的附属关系也对列岛提出了要求；再次，圣约翰骑士团在俄国沙皇的支持下，认为他们对列岛享有权利。

　　鲍尔上校建议把大港作为英国在地中海进行贸易的重要集散中心。鲍尔还指出马耳他诸港能为海军作战提供可靠的基地，而且大港内还拥有一所规模虽小但设备齐全的造船厂。至于管理列岛的费用，则凭进口税和骑士团产业的岁入就足以开支，不必由英国国库支付。但是，在这期间，英国政府同法国进行的和平谈判已取得很大进展，停战的条件之一就是英国放弃马耳他。1802年3月25日签订了《亚眠条约》，其中的第10条对马耳他的地位做出新的规定。列岛将归还给圣约翰骑士团，但教团团章必须加以修改。英法两个分团应于解散，另成立一个马耳他分团。骑士团与北非之间应设法建立和平关系。列岛的独立则由英国、法国、奥地利、俄国、西班牙及普鲁士共同予以保证。马耳他诸港应在适当收费的前提下对各国船只开放。条约中也做出安排使马耳他人能有更多机会参加列岛的行政管理，规定文职官员至少有一半由他们担任。

　　这一条约从书面上看，对各方都有好处，各得其所，对马耳他人尤其如此，但能否得到贯彻却有赖于当时处于贫困和分散状

态的圣约翰骑士团。而且，拿破仑不久就又使高贵的骑士团更加陷入困境——他将骑士团在欧洲的大部分产业予以没收。《亚眠条约》的这一条款已成一纸空文。

马耳他人倒不一定清楚他们在《亚眠条约》下的前景究将如何，但却认为骑士团即将返回这一点是无法容忍的，于是到处组织了抗议集会。鲍尔向伦敦报告，他不仅预感到骑士团的返回势将引起骚乱，而且事实上"所有的英国商人已经离开列岛，他们对骑士团政府几乎毫无信任"。

1802年6月15，某些马耳他著名人士在一篇《人权宣言》中阐明了他们的观点。第1条就提出：

> 大不列颠及爱尔兰联合王国国王是吾人之君主。其合法继承人亦将永远被认为是吾人之合法君主。

宣言中还要求为马耳他人保留某些权力。岛上居民将拥有自己的议会——居民议会，它在英王陛下派驻马耳他代表的同意下，有立法和征税的权力。

由于英法两国不久就肆意违犯《亚眠条约》，1802年10月伦敦发出命令，停止为英国撤离马耳他所进行的准备工作。翌年5月，战争重新开始。这时英国政府开始认识到马耳他在地中海事务中具有重要的作用。骑士团的小小造船厂为英国皇家海军提供了一个有用的修船基地。马耳他还可用来对法国在列万特的利益加以排挤。列岛在商业上也逐渐成为英国日益重要的资产。

19世纪初，英国商界越来越对地中海地区感兴趣，而过去英国商业进入这个地区相对来说是比较少的。英国越来越认识到马耳他作为一个通商往来的基地的重要性，因而越来越对马耳他感兴趣。

此时，马耳他已经远远不仅是皇家海军的基地，它日益成为英国的一个货物仓库，各种货物从这里最后批发到意大利、莫里亚与列万特。马耳他除了可以用作往返货物的集散地外，也是一个方便和可靠的检疫港。

1806年，拿破仑发布了从经济上打击英国的《柏林敕令》，次年又颁布了《米兰敕令》，宣布不论何国船舶，不论所装何种货物，如系来自英国港口、或英国殖民地、或英军所占领的国家、或开往这些地区，一律缉捕。敕令还关闭了为英国装运货物的各欧洲港口，并宣布对联合王国进行封锁。这一措施，使马耳他和其他一些商业中心的贸易骤然间繁荣起来，它们因位置适宜而成为绕道与欧洲进行贸易的船只的基地。

英国人也以封锁港口回应法国的上述行动，但这一封锁却是有选择性的。任何商人，只要所经营的大部分是英国货物，他们仍被允许与欧洲大陆进行贸易。马耳他、直布罗陀、西西里等都成为发往欧洲的英国货物的装运点而迅速兴隆起来。马耳他尤为得天独厚，因为它是为给船只签发执照的中心之一。事实上，商船为了从英国海军手中取得航运许可，也必须到列岛来。

美国针对英国的《禁运法案》[①]，促使地中海和马耳他的贸易进一步兴旺，因为它使英国对列万特和西西里物产的需要增长了。载运货物来到马耳他的船只，现在往往能在返航时捎上有利可图的货物。大港周围的货栈堆满了等待转运的货物，马耳他、英国、意大利及希腊的进出口商行，都在列岛上经营商业，买进卖出，获利极大。

英国的占领引起了马耳他人的不满。1811年7月间，英王乔治三世接到马耳他上层人士的一份请愿书，指出马耳他人民正在英国政府的"恐怖、镇压和专制"的统治之下受到"欺骗、打击和虐待"。他们要求恢复圣约翰骑士团于1782年废除的马耳

---

① 美国杰弗逊总统为了美国资产阶级的利益，于1807年12月22日让议会通过《禁运法案》，断绝了与英国的贸易。

他人原有的权利，其中包括恢复人民议会，恢复出版自由以及恢复有权向议会上诉的陪审制度。当时的专员希尔德布兰德·奥克斯爵士及其委员会拒绝了这份请愿书，以强硬的措辞回答：

> 我们十分坚信，把任何一部分政治权力交给这样一个特别不适于享有这种权力的民族，一定会引起不良的后果，因此为了马耳他人的真正幸福，我们毫不迟疑地说：要求恢复昔日那种立法审议会的种种理由，实际上是模糊的和毫无根据的，即使恰恰相反，它们是明确的和无可争议的，我们也仍然感到，由于重新建立立法审议会是一个充满了极大危险和包含着极其严重后果的措施，我们有责任极其认真地对重建该会的要求，予以断然拒绝。[①]

马耳他已经成为皇家海军的重要基地，英国人当然不会允许这个军港的作用由于当地的政治压力而有所削弱。

接着，英国选中曾经在锡兰担任过行政长官的托马斯·梅特兰爵士担任马耳他总督兼总司令。梅特兰在 1813 年瘟疫流行期间来到马耳他就职。他以其特有的果断措施使瘟疫得到控制，到 1814 年已经可以解除对于在列岛周围行动的限制了。

梅特兰接着就开始改组列岛的行政机构。昔日的"尤尼佛西塔"此时仍然经管列岛谷物进口，由于工作效率过低而被撤销。对法庭进行了某些迫切需要的改革，教会法庭的权限范围受到限制，遗赠教会的财产必须于 1 年内全部转售。公证人和律师此后必须能在书面和口头上熟练地运用英语方为合格，所有请愿书及政府契约都必须使用英语，英语将代替意大利语而成为官方语言。各种决定都是由梅特兰独自做出，必然触犯马耳他社会中

---

① 查尔斯·欧文：《马耳他群岛》，四川人民出版社，1979，第 24 页。

的某些阶层和人民大众。梅特兰专横独断的作风使事情变糟，不久就给他取了个"托姆王"的外号。[①] 他降低关税、检疫和运输的费用，力图部分恢复马耳他昔日的贸易。为了给予逐渐衰落的棉纺工业以刺激，还开办了工厂。

## 二　英国的统治（1815～1940 年）

**在** 1814 年签订的《巴黎条约》中，欧洲强国承认了英国对马耳他的占领，从此，马耳他沦为英国的殖民地。

当时的马耳他作为英国在欧洲的主要殖民地像英帝国的一些更加遥远的殖民地一样落后。拿破仑占领马耳他的时间短促，并没有彻底摧毁这里根深蒂固的中世纪的土地制度，土地保留在原地主手里已近 500 年：1/3 的土地为外国占领者所有，1/3 的土地为教会所有，另 1/3 的土地为地主私人所有。拿破仑创办的初等学校没有坚持下去，普通教育几乎没有，大部分居民都是文盲。他们仅依靠传教士和绅士获得一些知识和消息。平等和正义只是一句空话。法律为上层人物和富人服务：

> 许多案件都是由于有人使用了大量的法律手段而得以无限期地拖延下来，结果总是最富有的人获胜；原告和被告都不能叫做见证人；道听途说却被当成真凭实据，就连警察出拘票也不需要地方法官批准。[②]

在经济方面，除了商业外，农业耕作制度经过若干世纪在征服自然方面取得了一定的成就，但是，生产关系的中世纪的传统

---

① King Tom，指托马斯·梅特兰专断独行，有如专制君主，故取了这个绰号。托姆是他的名字托马斯的简称。
② 查尔斯·欧文：《马耳他群岛》，四川人民出版社，1979，第 23 页。

也障碍了农业的进一步发展。

英国的军事占领，英国总督在政治和行政上的统治，以及英国保留和加强马耳他群岛上的封建主义的社会制度等，加深了英国占领者与马耳他人的矛盾和冲突。《马耳他群岛》的作者查尔斯·欧文不得不承认：

> 居留在群岛上的英国人及其朋友们，没有赢得马耳他人的爱戴和尊重。他们高高在上，常常以挂名职位领取高薪，往往轻浮地对待马耳他，把它看作是以廉价方式过舒适生活的地方。①

即便是在上层社会中，英国人和马耳他人也互相不来往。

英国占领者和马耳他人的矛盾及冲突主要表现在政治、宗教和语言等方面。

在政治方面，英国人要把马耳他作为在欧洲的殖民地，建立英国人的纯粹的统治，即建立英国总督制在行政上领导马耳他。而马耳他人、特别是马耳他的下层人民要求民族独立，马耳他的上层则要求某种程度上的自治。在英国统治期间，特别是在英国占领的初期，经济的萧条、瘟疫的发生、工人失业（1824 年达4000 人），使许多马耳他工人被迫露天过夜，并以果实、三叶草充饥。马耳他人民打着"要工作"、"要饭吃"的标语和口号，向英国占领当局示威。马耳他下层人民忍无可忍英国人及其军队的暴虐，多次举行游行示威，甚至拿起武器与英国占领军对峙，要将英国占领者赶出马耳他。

英国统治者与马耳他上层的冲突，主要表现在马耳他人民议会与英国总督的冲突方面。当地的贵族卡米洛·塞伯拉斯和乔

---

① 查尔斯·欧文：《马耳他群岛》，四川人民出版社，1979，第30页。

治·米特洛维奇等组成了一个要求成立代表机构的委员会，提出要求进行自由选举，建立一个有 30 位成员的议事机构。在遭到英国当局的拒绝后，他们又于 1836 年要求恢复人民议会。人民议会恢复后，他们不满足于人民议会已有的经济职能，他们还要求增加人民议会的政治职能。他们还要求马耳他居民在政府中享有发言权和出版自由。而英国只准许建立一个 7 名成员组成的咨询委员会，其中 3 个规定为马耳他人——一个大主教、一个地主代表和一个商人代表。在得不到满足的情况下，卡米洛·塞伯拉斯和乔治·米特洛维奇等继续为维护马耳他群岛的利益进行不屈不挠的斗争。

在宗教方面，主要是英国占领者与当地的天主教发生冲突。马耳他大主教决不甘心失去在群岛上的无上权力，要求教会与总督平起平坐，分享在马耳他的统治权。他要求教会法庭不仅处理教会事务，而且也要处理民间事务。他拒绝新教在马耳他的传播。英国占领者仅仅做了某些让步，但是在权力问题上立场决不后退。

在语言方面，马耳他原来的官方语言是意大利语言，英国占领者则要求改为英语。当地马耳他人之间在语言问题上一直与英国占领者进行着长期的斗争。

19 世纪 80 年代，英国占领者与马耳他人在政治和语言方面的矛盾越来越尖锐。英国被迫做出让步，于 1881 年组成了一个由 3 名官方议员的"备总督咨询并协助总督工作的"行政会议。英国还于 1887 年宣称，政府的目的就是：

> 使马耳他人民的代表首次获得决定财政问题和其他有关地方事务问题的特定的权力……①

---

① 查尔斯·欧文：《马耳他群岛》，四川人民出版社，1979，第 33 页。

但是，由于总督拥有对议会决定的否决权，议会形同虚设。何况，马耳他实行的是限制性选举，有资格参加选举的公民只有1万人，从而挫伤了广大人民参与政治的积极性。

20世纪初，马耳他推行一部经过修改过的宪法，但是当选"国民议会"的议员们继续坚持与英国当局相抗衡和不合作的立场。马耳他宪法运动的新领导人恩里科·米齐于1919年利用马耳他经济再度衰退和社会动荡之际再次掀起改革宪法的运动。正是在内外压力下，英国于1921年同意实行一部使马耳他人享有管理地方事务的宪法。根据规定，政府由立法院和参议院两院组成，议案必须经过两院通过才能成为法律。这样，在马耳他存在着两个政府：一个政府处理与英帝国有关的事务，接受大英帝国的领导；另一个政府则处理当地事务，它根据列岛上居民通过其民意机构所反映的意愿行事。

英国还在马耳他推行政党政治，随后在马耳他诞生了以米齐为首的亲意大利的国民党和以斯特里克兰为首的亲英的立宪党。这两个党在以后多次选举中轮流执政，在宗教和语言问题上展开激烈的较量。1936年，马耳他宪法再次进行修改，意大利语言被正式排除了，英语成为官方语言，而马耳他语则成为法庭使用的语言。

在统治初期，英国更注重马耳他的军事战略地位。当时的英国首相威灵顿在英国上院说：

> 马耳他是什么呢？它是一个要塞和一个海港……它是我们地中海舰队和部队的一个巨大的海军和陆军武器库。我们通过征服和征服后的条约而占有它。我们占有它，是把它当做一个重要的据点，一个巨大的陆军和海军武器库，而不是当做别的什么。①

---

① 查尔斯·欧文：《马耳他群岛》，四川人民出版社，1979，第32页。

　　因为地中海上的战略形势不断变化，英国担心法国可能企图把它从马耳他赶走。当法国唆使埃及的统治者穆罕默德·阿里（1769～1849年在位）采取与英国为敌的政策时，英国深为震惊。埃及横跨通往大英帝国最重要属地印度的陆上捷径，一个怀有敌意的开罗政府当然会给英国带来困难。

　　1837年，穆罕默德·阿里为在波斯湾获得立足点，派军队迅速开进阿拉伯，占领位于通往印度的另一条陆路上的巴格达，这时英国便做出了果断的反应。它于1839年攻占了亚丁，并着手为进攻埃及的地中海沿岸地区进行种种准备，以便在必要时采取强硬措施。法国也越来越对英国采取敌对态度。由于整个局势日趋紧张，马耳他列岛的防御体系也有所改变。配备了新武器，增加了驻军，修整了防御工事并使之现代化。瓦莱塔等市镇安设了新的给水系统，弗洛尔亚纳也挖掘了粮窖。为了供应皇家海军的需要建筑了一个大面包厂，英国海军部第一所干船坞也于1848年在马耳他开始使用，所有这些以军事为目的的活动才导致马耳他重新繁荣起来。克里米亚战争（1853～1856年）期间，英国军队支援土耳其对俄作战，马耳他又成为前方供应站和船舶修理港。

　　19世纪40年代末，英国在马耳他的军事费用平均每年达20万英镑左右，1854年超过40万英镑，1856年达到80万英镑。马耳他此时确已成为皇家海军的一个主要基地。1869年苏伊士运河的通航，更把马耳他的列岛置于大英帝国的主要航道（通往印度的地中海航道）之上。

　　随着英国的其他军事基地的发展，马耳他列岛日益成为这一帝国基地系统中的枢纽之一，又是地中海舰队司令部所在地，守卫着一条对英国利益生死攸关的航道。因此，19世纪下半叶英国进一步加紧对马耳他军事设施的建设：海军造船厂进行了巨大的扩建，港口改善了，新的固定防御工事修筑起来，兵营和军事医院也建立了。

19 世纪下半叶，英国对马耳他军事战略地位的提升以及对马耳他军事设施的建设和改造，带动了马耳他经济和社会的发展。圣约翰骑士团被逐出列岛时，岛上人口约 10 万。其后两年中，战争、饥荒、瘟疫相继而至，人口自然减少。19 世纪头 10 年末，人口因繁荣时期的来临而再次骤增。

1813 年发生的瘟疫，夺去了 4000 多马耳他人的生命，它不仅标志着一个繁荣时期的终了，也使 10 年来的人口增长宣告结束。从这时起，出现了持续多年的经济停滞，人口增长速度缓慢。1830 年天花流行，岛上居民死亡达 756 人，而 1837 年的霍乱又有 4253 人死亡。此外，马耳他列岛的工资水平过低，长期未能改善，也促使马耳他人移居国外，从而使人口数量下降。1842 年首次进行人口调查时，列岛人口总数才 114500 人，反映了 1813 ~ 1842 年的人口增长率相对缓慢。

1842 年以后人口增长加快，1851 年列岛居民总数为 123600 人，1871 年为 141770 人，进入 20 世纪后不久达到 20 万人，及至第二次世界大战前的几年，更超过了 25 万人。

19 世纪的行政官员对人口骤增所引起的种种问题十分关注，但要寻求出路却没有多少活动余地。在人口继续明显增长的情况下，唯一可能的权宜之计就是动员部分过剩人口移居他处。在 19 世纪初的高度繁荣年代里，很少有人想移居国外，但到 1820 年，少数马耳他人又开始离岛外出寻求机会。英国的行政官员们决定不使用公费进行移民，然而，对那些在国外不幸未能安家立业，处于困境的马耳他移民，却可动用公款资助他们返回故乡。这一保险措施，显然鼓励移民的积极性。

到 19 世纪末，分布在地中海沿岸的马耳他移民已经远远超过了 5 万人。阿尔及利亚、突尼斯、利比亚和埃及是最重要的移民地，在士麦拿、君士坦丁堡、直布罗陀、西西里与爱奥尼亚群岛，也建立了一些不小的马耳他人村社。到达北美洲和澳大利亚的马耳他人尚为数不多。第一次世界大战以后，移民的去向有所改变：地中海沿岸已不再为人向往，越来越多的马耳他人移居英国、美国和澳大利亚。第二次世界大战结束以来，澳大利亚接受了成千上万的马耳他移民。

在 1800 年英国人占领列岛时，居民点包括两种基本类型：一种是马耳他乡间人口密集的大村庄；另一种是骑士团在大港周围建立或加以扩展的一些城镇。沿海和边远地区则人烟稀少。英国统治期间，边远地区有居民出现，而在原有的港畔城镇周围又出现了一片片的郊区。19 世纪初，瓦莱塔人口约两万，到 1861 年则达 25000 人，这一数字标志着该城发展中的一个高峰。19 ~ 20 世纪，马耳他发展最为迅速的居民点当推郊区。斯利马在 1833 年还被描述为"主要供瓦莱塔居民避暑"的一个小村，到 19 世纪末已成为一个小城镇的中心区，类似的居民点也开始在姆西达和圣朱利安发展起来。斯利马的居民在 1861 年仅有 324 人，到 1957 年即超过 23000 人。圣朱利安在 1871 年才有居民 600 人，到第二次世界大战结束时已达 9122 人。现在，斯利马、圣朱利安、姆西达、皮埃塔和格齐拉等郊区已经彼此相连，成为马萨姆希特湾北岸的一大片城区。

斯利马地区发展起来的郊区，主要居民为自由职业者和商人阶层，而哈姆隆、帕奥拉和马尔萨主要是工人阶级聚居的郊区，发展更为突飞猛进。1871 年，在哈姆隆、马尔萨和圣维内拉这一带地区居民只有 3200 人，到 1948 年却一跃而为此数的 10 倍。帕奥拉 1861 年仅有居民 488 人，而 1948 年即达 14793 人。有些老村子如扎巴尔、戈尔米、比尔基卡拉等，由于地理位置适宜，无不发展成为港畔郊区，人口增长极为迅速。在边远海滨地区的圣保罗湾、马尔萨什洛克、比尔泽布贾和马尔萨什卡拉，也有一批居民点发展起来。这些村庄原不过是些小渔村，但在 20 世纪

中都已发展成为度假胜地。在马耳他西北部的梅利哈、姆贾尔，其居民点也随着 19～20 世纪这一地区的农业垦殖业的发展而发展起来。

20 世纪，建筑式样以及马耳他村庄的外貌都有了明显改变。传统的建筑方法已为更现代化的技术所代替，往昔人口密集的村庄，也沿着条条道路而成带状向四周扩展。马耳他居民点在数量和规模上的增长，在城镇规划上也带来了若干复杂问题。

在交通方面，马耳他岛的内陆交通也有所发展。某些道路由于军事需要得以改善，另一些则为了新居民点的需要而修筑起来。总的说来，马耳他列岛在若干个世纪以来逐渐形成的交通网，均为适应现代要求而加以改建。列岛的多数道路直到 1920年以后才铺设碎石路面。到第二次世界大战结束前，已建成了一些比较现代化的主要公路。

马耳他拥有铁路交通，但其历史较短，成效亦甚微。1880年马耳他铁路公司成立，1883 年在瓦莱塔与姆迪纳之间修筑一条铁路。1890 年，政府接管了这条线路并进行了全面大修，于1892 年重新通车。1903 年政府又准许另一家公司开始在马耳他修筑电车轨道，该公司所经营的 3 条电车线路把瓦莱塔与比尔基卡拉、科斯皮夸以及泽布季连接起来。

在农业方面，马耳他的农业经历了一系列深刻的变化。马耳他政府不断表示希望能提高当地农业生产力，既能减轻其他国家的封锁对列岛的威胁，也将使马耳他人有更多的就业机会。马耳他政府为改进当地农业生产，曾推行种种计划，但都未能获得完全成功。鲍尔所采取的最早措施之一是把马铃薯引进列岛，经过了一段时间的实践方为当地农民所接受，最后终于成为马耳他主要出口的农产品之一。

从 19 世纪 40 年代开始，在马耳他西北部的空旷土地上进行大规模的垦殖。这些土地都是民政当局的产业。这一地区大部分是由石灰岩构成，最好的地方也只是覆盖着薄薄的一层土壤。山谷里虽有好地，但绝大部分均已种植。大约从 1840 年至 19 世纪末，在马耳他西北部政府所有的土地，被划分为若干几何图形租给农民，租金低而租期长，但规定要加以开垦和种植。这一垦殖是经过周密筹划的，政府修筑了通往这一带的道路，还在姆贾尔和梅利哈建立了新村，供迁往西北部的农民居住，从而开垦出了一些新的农田。垦殖进行数年以后，发现西北部的某些地区地面表层以下不远处有可资灌溉的水源，潜力甚大，于是打了不少井以利用这些水源，从而开辟了若干个水源丰富、灌溉方便的农业耕作区。

葡萄的种植以往在马耳他列岛仅处于次要地位。大约在 19 世纪末，葡萄业得到迅速发展。但在 20 世纪初因发生虫灾而遭受严重挫折。后来由于向栽培者推广具有抗病能力的美洲葡萄种而获得解决，于是葡萄园的面积迅速扩大，其制酒业也开始日益发展。

生活水平的提高，英国侨民的增多，都促使新鲜水果及蔬菜的需要不断增长。结果马耳他列岛各处兴办了一大批引水灌溉的园艺场。

很早以前英国人即已引入奶牛以满足对鲜牛奶的需要。但直至近代，马耳他列岛主要奶源仍为大群山羊。第二次世界大战以来，以发给津贴为手段，促使乳牛饲养头数有所增加，山羊头数因而有所下降。

在工业方面，一般来说，凡与英国军事机构联系不大的马耳他工业都未能得到发展。那时期，使马耳他的许多手工业因为进口货物的竞争而衰落，受打击最重的是棉纺工业。英国人接管马耳他列岛时，这一工业已陷入困境，在整个 19 世纪期间更是每况愈下。但棉纺工业的衰落过程比较缓慢，因为产品在当地市场上仍有一定销路，还可以通过压低工资而降低产品价格。例如，

根据 1839 年的统计，一个妇女每日纺纱 17 小时，所得的报酬还不到 1 便士。到了第一次世界大战时，这一手工业实际上已经完全消失了。

英国人接管了骑士团的小船厂后，皇家海军拟定了扩大船厂的计划。然而，第一个干船坞却一直到 1844 年才动工修建，地点是在战舰湾头上（英国人将大港的这一部分改名为船坞湾），这个干船坞于 1848 年启用。为了应付日益增加的海军修理任务，不久又拟定了修建类似工程的计划。英国人决定以法兰西湾作为修建地点，于是动工兴修当时堪称规模巨大的萨默塞特船坞，该船坞于 1871 年竣工启用。1892 年，汉密尔顿船坞亦告竣工。1899 年又动工修建了另外两个干船坞。此后这种扩建工程继续进行，直到海军造船厂在战舰湾拥有 1 个船坞，在法兰西湾拥有 4 个船坞时为止，这些船坞配有大量的港畔工场及其他修配设施。在马萨姆希特湾也修建了若干海军修理场所，马耳他岛上建立了一所小船造船厂。与此同时，为修配潜水艇和驱逐舰也着手进行某些准备工作。第一次世界大战期间，海军造船厂雇用职工达 1 万名之多。

骑士团在大港修建的商业设施也获得了巨大扩展。随着蒸汽帆船的普遍使用，必须有大规模煤仓，因为来此添加燃料的不仅有皇家海军舰艇，还有一些私人船只。由于货运的扩大，有必要改善港口设施以供来者使用。1840 年前后，大港内部扩大，1859 年又在这个城区里动工新建了大量商用港口设施。1873 年，英国马耳他水船坞公司在马萨姆希特湾开设了一所商船修配厂，在许多年中生意一直兴隆。

在贸易方面，19 世纪前半期，马耳他列岛对外贸易经历了大幅度的波动。这个世纪初期的繁荣由于 1813 年的瘟疫而告中断，接着便是 10 年左右的困难时期，直到 1825 年贸易才又开始好转。然而，总的说来经济还是处于脆弱状态，大批马耳他人生活水平很低，未能改善和提高。19世纪40年代经济开始复苏，到克里米亚战争期间（1853～1856年）达极盛时期。经济繁荣不仅是由于军事开支的增加，也是由于这一时期地中海贸易的普遍增长。马耳他的半岛——东方运输公司经由地中海的货运量日益增加。1858年，该公司又修筑了一条从亚历山大港通往苏伊士运河的铁路，从而便于客运及货运通过介于地中海和红海之间的咽喉地带。

从1859年开始，在大港的深处修建了供商船使用的新设施。苏伊士运河开航后，前来马耳他列岛的船只数量骤增，不久马耳他的贸易便日趋繁荣。到1880年，大港已确立为往来于英国、印度与东方之间的船只的主要加煤站，集散贸易大为兴旺。这一年中来马耳他列岛的汽轮航船即超过3000艘，此外还有2000只帆船。成千上万吨的煤在港口周围各个煤仓频繁吞吐，港口工人几乎毫无空闲。

马耳他政府税收中很大一部分来自对各种港埠活动所征收的赋税，数量增长迅速。此外，瓦莱塔—姆迪纳之间铁路的修筑，以及海军部和皇家工兵部队所支出的大量费用，都有助于维持社会上的充分就业及优厚的劳动报酬，满足于兴修学校、排水系统、给水管道、医院、公路等等设施所需的费用。

进入20世纪后，马耳他在商业繁荣的同时已出现相当多的不祥之兆。政府岁入下降，失业人数增多。一些特殊因素使之有所缓和，如20世纪初海军部着手在大港入口处修筑庞大的防波堤。这项工程规模较大，所需劳动力之多，甚至必须从西班牙和意大利招工的地步。由于劳动力奇缺，工资在几年内增加了1倍。1905年，有9000多马耳他人受雇于海军机构。但1911年，海军部雇用的马耳他人减少到5000人左右，工资也随之下降。大约与此同时，由于英国加强英伦本岛的舰队，马耳他的防务因此削弱，若干海军部队从大港撤走，遂使马耳他列岛的困难进一步增加。

随着第一次世界大战的爆发，马耳他不仅为皇家海军所利用，特别是法国人的军舰，也日益加以利用。造船厂全力从事损坏船只的修理以及船只改装。马耳他也成了达达尼尔及萨洛尼卡两战役伤员的治疗中心，成千上万的伤员在列岛上接受治疗。马耳他人实现了充分就业，马耳他经济开始有了起色。

然而，第一次世界大战所带来的并不全是好处。贸易的中断使政府收入减少，食品价格也由于数量少运费高而日益上涨。结果生活费用迅速提高，某些日用必需品价格猛涨，而社会各阶层的收入却未相应增加。1917 年造船厂工人举行了象征性罢工。战争虽于 1918 年停止，局势并未缓和，生活费用依然很高，而军事机构的支出以及就业机会却急剧减少。1919 年 6 月 17 日，瓦莱塔发生了大规模的涉及马耳他各个阶层的暴动，对英国占领者进行袭击：亲英国的《马耳他记事报》报馆遭到洗劫，亲英国的政治家的住宅被捣毁。英国调动军队开入城内进行镇压，导致大量马耳他人伤亡。

三 第二次世界大战中的马耳他（1939～1945 年）

在第二次世界大战期间，马耳他经历了又一次大围攻，其间每一细节都表现了一如 1565 年之役那样的英勇顽强，而对于西方世界来说其重要性很可能有过之而无不及。两次围攻有很多相似之点：马耳他人都起了突出的作用。

第二次世界大战爆发后不久，墨索里尼于 1940 年 6 月 11 日再次把意大利拖进了战争。当天，马耳他即遭到了第一次空袭，意大利飞机轰炸了海军造船厂和一个机场。当时马耳他岛上的全部防空力量如下：重高射炮 34 门，轻高射炮 8 门，探照灯 24 只，雷达站 1 所和"角斗士"式战斗机数架。在塔阿利、卢加、哈尔法达三处有机场，在马尔萨什洛克的卡拉弗朗纳有一处水上飞机基地。

　　"角斗士"虽然是老式的双翼飞机，但操纵灵活，可靠耐飞。在 4572 米高度的最大时速虽然仅有 330 公里，但能迅速爬到这个高度，而且它的有效高度为 9906 米，与它的对手意大利战斗机高度相仿。敌机很难在马耳他上空把它打下来；最大缺点则是很难追上意大利于 1940 年 6 月期间用来对付马耳他的"S. M－79 型"轰炸机。"角斗士"在发动机经过改装速度提高后才能追击这种"S. M－79 型"轰炸机。可是，改装后的发动机损耗较快。

　　意大利对马耳他作战的第一天，"角斗士"就打下了 1 架敌机；虽然 4 架中有一架不久即遭损坏，无法收拾，但其余 3 架继续牵制敌机，很快博得了"忠诚"、"希望"、"博爱"的外号。3 架飞机无法与意大利在西西里拥有的 200 架相匹敌，但是"忠诚"、"希望"和"博爱"却迫使意大利人不得不从较高处投弹，因而准确性大为降低。有一段时期皇家空军甚至采取夜袭，并被迫派出大批战斗机为轰炸机护航。在马耳他上空作战的意大利飞行员估计岛上有防空战斗机 25 架之多。"角斗士"作用之大，由此可见一斑。有 1 架"角斗士"的驾驶员在大约 1 个月中 6 战 6 捷，于 1940 年 7 月初获"优秀飞行十字勋章"。

　　"忠诚"、"希望"和"博爱"孤军奋战，在于他们使马耳他守军和人民意识到他们正以某种方式反击敌人，毫不气馁。3 架"角斗士"孤军作战将近 3 周，直到 1940 年 6 月末才有 4 架"旋风式"战斗机（这是皇家空军用以替换"角斗士"的一种战斗机）于飞往中东途中在马耳他加油时留了下来。大约一个月以后从一艘由直布罗陀驶往马耳他的航空母舰上又飞来 12 架"旋风式"战斗机前来支援。

　　到 1940 年 6 月底，英国逐渐地结集起一支空军部队。除上述的"旋风式"战斗机外，又调来能携带水雷的"旗鱼式"双翼水上飞机，开始袭击意大利船只。1940年9月又调来"马里兰式"飞机进行迫切需要的空中侦察，还从亚历山大港调来了更多的"桑德兰式"战斗机。此后不久"威灵顿式"远程轰炸机进驻该岛，开始轰炸意大利海港及船只，效果显著。马耳他基地上的空军日益成为一支有效的战斗力量。

然而，1940年12月德国第10航空队进驻意大利南部与西西里。它在西西里拥有61架俯冲轰炸机、77架远程轰炸机、12架侦察机以及一支战斗机队，加上意大利的飞机，约有250架飞机可用以袭击马耳他。而马耳他总共只约有60架飞机。德国空军迅速取得了令人瞩目的成就。第10航空队初次出击就重创英国航空母舰"辉煌号"，迫使它驶离地中海进行修理。从此，马耳他所受空袭加剧，皇家空军受到越来越大的压力。

1941年4月初，德国人进攻希腊，那里的英国作战部队被迫撤退。德国人紧接着于5月底进攻克里特岛，并占领该岛。克里特岛进一步为德国人提供了几个扼制马耳他——亚历山大港供应线的机场。英国军队至此已在中东受到极大压力，马耳他也危在旦夕。所侥幸的是，德国人在1941年6月22日进攻俄国，因此不得不从地中海抽出部分兵力，投入这一新战场。从马耳他的角度来看，德国第10航空队大部分兵力调往他处是特别令人高兴的。

1941年5月，英国空军元帅休·劳埃德爵士调任马耳他空军司令，主要任务是集中力量击沉轴心国为北非运送物资的舰只。劳埃德到任时对这一空军作战基地准备不足的情况感到十分意外，然而由于岛上人员灵活机敏，富于主动精神，加之可资使用的飞机为数增多，空中作战空前协调。在最主要的几处机场周围修建了巨型跑道及飞机疏散网点，使敌方难以炸毁地面上的飞机。在劳埃德的指挥下，加紧轰炸轴心国轮船和港口。

轴心国船只的危险还不只是来自空中的攻击。1941年初，一支 U 级潜水艇队进驻马萨姆希特港。新来的潜水艇中有一艘由海军少校万克林指挥的"拥护者号"，游弋 24 次，击沉轴心国运输舰达 94900 吨，外加两艘驱逐舰和两艘潜水艇。"拥护者"还重创了一艘巡洋舰。

此外，还有几艘驻马耳他的潜水艇，击沉轴心国船只的吨数也为数不少。9 月，由意大利运往北非的战略物资中有 28% 未能到达，10 月为 21%，而 11 月竟超过 60%。其结果不仅使北非轴心国军队军需奇缺，而且船只损失也是任何国家难以承担的。因此，造成轴心国在北非的进展停滞不前，而盟国军队则得以准备反攻。11 月，第 8 军发动了一次"十字军"攻势，轴心国军队立即迅速撤退。同盟国在北非获胜似乎已成定局。1941 年 12 月，德国人被迫从其他战场上抽调若干个飞行中队以加强轴心国在西西里与北非的空中力量。

1942 年头几个月，马耳他领土频遭空袭，几无间断。2 月，有 1000 多吨炸弹倾泻在列岛上，3 月超过了 2000 吨，至 4 月时总数竟达 6700 吨的惊人数字。频繁轰炸使岛上的空军活动受到很大限制。一段时间之后，已很少考虑轰炸机出击，而只是全力以赴使剩下的战斗机能起飞作战。"威灵顿式"远程轰炸机撤到埃及，最后连潜水艇也被迫迁往亚历山大港。但英国无意轻易放弃马耳他岛，3～5 月间有数量可观的"喷火式"战斗机从航空母舰上飞来。航空母舰深入地中海西部海盆，直达撒丁岛南面某处，"喷火式"战斗机即从此飞往马耳他。这些飞机在战斗中很快耗尽，但却使轴心国空军遭到严重挫败。马耳他的战斗机中队逐渐增加。至 1942 年 7 月 1 日，从马耳他起飞作战的飞机有 200 多架，其中 100 多架是"喷火式"战斗机。"喷火式"战斗机使皇家空军在武器上重占优势。

1942 年 7 月，轴心国攻势被阻于阿拉曼之时，马耳他的空军不仅重新开始掌握该岛制空权，而又再度袭击敌船，并且卓有

成效。7月，潜水艇重返马耳他。为了不让马耳他岛恢复实力，轴心国加紧轰炸，但马耳他此时已拥有一支强大的战斗机队，击落的轰炸机比率也较前为高。8、9两月，空袭持续不断，而轴心国损失的飞机数亦不断增加。与此同时，马耳他部队所击沉的敌方军需船只吨数又一次达到高水平。1942年10月，轴心国空军在马耳他上空已处于劣势，通往北非的海路再度处于盟国的经常监视和威胁之下。

马耳他在盟军部队在北非争夺战中起着决定作用，战斗主要是围绕着后勤供应展开。每当地中海中部海路为马耳他所控制时，盟国在北非的军事行动几乎无往而不胜。由于该岛地理上固有的不利条件，以马耳他为作战基地费用高昂。岛上面积有限，目标必然集中，当地粮食产量不足，加以工业力量薄弱，这就迫使守军不得不运进大量物资。所以，马耳他的给养问题与北非轴心国军队同样紧张。争夺北非及地中海中部的战斗乃是一场争夺军需品的战斗。马耳他的盟国部队竭力扼制轴心国的运输线，同样，德国潜水艇也协同德意空军袭击为马耳他供应物资的船只。盟国的船只损失巨大，例如在军舰护航下开赴马耳他的船队全军覆没或被迫返回出发港的情况屡见不鲜。1942年上半年，岛上几乎发生饥慌，飞机燃料供应下降到非常低的水平，马耳他处于危机状态。

1942年年终，马耳他很快就退出了战场。1943年，盟军攻打西西里，马耳他是作战司令部初期所在地。岛的面积过小，难以容纳全部进攻部队，于是被用作战斗机基地，以便为进攻主力提供空中掩护。但仅为此目的，马耳他仍嫌不够大。挤在本岛的战斗机，连同驻在戈佐岛专门修筑的跑道上的3个中队，共达30个中队之多，但他们是否足以取得制空权尚属疑问。幸而结果一切顺利，制空权始终得到保持并终于占领西西里机场。西西里一旦落人盟军手中，马耳他的战略价值即随之减小，轴心国从此已无力与盟国争夺通过地中海中部的狭窄航道。

　　战前时期不仅岛上的军事体制受到忽略，同样也未设法建立有效的民防体系。马萨姆希特及大港周围那些人口稠密、拥挤不堪的城市如遇空袭必遭严重破坏，而且由于缺乏防空洞，问题更加严重，后来事实果然如此。起初空袭尚不猛烈，1940 年 11 月底，战争进行已大约 6 个月，遭炸被毁或部分损坏的住房大约只有 200 幢。在此期间防空洞的修建加紧了。幸而马耳他有可能修建高度有效的防空洞，在质地较软的抱球虫石灰岩里挖了数以百计的坠道和石室。工程当然浩大，需要大量劳动力，而此时劳动力缺乏，有经验的矿工不多，当然也没有诸如自动钻和气钻等必不可少的工具。至 1941 年 5 月，已为 165900 名居民每人提供了两平方英尺的最起码的防空洞面积，经常有 18000 人睡在瓦莱塔、招洛尔亚纳和三镇的防空洞里。船厂许多车间也迁入就岩石凿成的洞穴里。

　　马耳他大部分地区的居民生活全被打乱。当地住房主要用石块修成，遭炸倒塌，许多街道不久即为碎石瓦砾所堵塞。如果说1940 年 11 月还只有 200 幢住房被毁或严重损坏，一年以后，这个数字即达 2552 幢。1942 年 4 月这一个月里就有 11450 幢房屋被毁。至 1941 年 11 月为止，有 344 名平民死于空袭。伤亡数字如此之小，一半是由于修建了防空洞，一半则是由于居民都已疏散到较为安全的地区。1941 年 5 月时已有 55000 人离家外出。大量居民自港口地区搬到农村。姆迪纳是传统的避难地，自战争开始以来该地的居民几乎增加一倍。由于疏散，许多家庭住房拥挤，无数疏散的居民只得住在木棚子里。

　　岛上商业大部分瘫痪，但还没有失业现象。实际情况是工人奇缺，劳动力不得不做统一调配。施行了国民义务兵役制，凡年18 至 41 岁的男子均有义务在马耳他军队里服役。入伍的马耳他人，包括志愿人员，总数为 14650 名。

在商业系统中，银行界进行着一场特殊的战争。大战爆发时一家法国银行和罗马银行实际都破产了。此种事态使人们对银行普遍失去信心，出现私人囤积现象，不得不采取措施防止人们从银行挤兑。一段时间之后英国钞票停止流通，岛上另外发行一种专用钞票。其原因有二：

第一，即使马耳他列岛万一陷落，轴心国也不致得到大量英镑；

第二，旧钞票已不敷流通。马耳他一经实现充分就业，工资即迅速上升，这就需要增加纸币发行额以便支付工资。当局一再印发钞票，纸币最后甚至取代了不少银币。战争一结束，战时通货自然全部回收。

第二次世界大战期间，岛上积累了相当多的资金。一方面进口急剧削减，另一方面，由于军事部门的工资支出款项越来越大，储蓄额自然增长。财富趋向于集中到有货可售的人们手里，尤其是农民，其中很多人在战时都发了财。虽然采取强有力的措施防止黑市发展，黑市仍然存在，物资奇缺期间一个鸡蛋竟能卖到两先令6便士。

在1942年的大半年时间里，马耳他人口的绝大部分均在饥饿线上挣扎。现役军人每人每天应得4000卡热量，而在马耳他则只有2000卡。马耳他成年男工每人只能得到1690卡，而成年女工是1500卡。至1942年5月，许多基本物资、包括做饭用的燃料都异常缺乏，不得不开办一些为平民提供集体伙食的食堂，即所谓胜利食堂。人们从荒地里拾柴草来烘烤面包，从炸毁的住房中收集木头供胜利食堂做燃料。1942年6月，岛上特有的山羊群很快被屠宰掉，嫩羊肉成了胜利食堂的主食，还吃掉了大量马肉，当地的马匹也都宰掉。尽管采取这些权宜措施，居民仍然日见消瘦。1942年8月，军队指挥官对士兵体重下降的速度感到担心。1942年夏末，在取得空中胜利后很久，物资仍继续缺乏。运输舰队已经恢复航行，但是，这些船只运来的东西仍仅足以勉强维持居民和战斗部队食用。直至 1943 年初，食物供应才真正较为充足。

1943 年 6 月，盟军在西西里岛登陆，马耳他实际上从此退出第二次世界大战。列岛上的战争时间虽然不长，但很激烈。马耳他经历了第二次世界大战中几次最剧烈的轰炸，一些地方损失惨重。幸而马耳他房屋主要用石头建筑，燃烧弹不起作用，没有像北欧城镇那样大片焚毁。死于战争中的平民，除在英国军队中服役的马耳他人外，只有 1490 名，为数尚不多。总的来说，马耳他及其人民与英国军队一起，在第二次世界大战中发挥了不可忽视的作用。

## 第五节　走向独立与共和

### 一　民族自治（1945～1963 年）

第二次世界大战结束不久，亚、非、拉三大洲的民族民主解放运动风起云涌，汹涌澎湃，而处于欧洲的这块英国殖民地——马耳他也被卷入了要求民族解放和独立的运动洪流中。

1943 年 7 月 7 日，马耳他总督宣布，英国政府有意于战后恢复马耳他内部自治，但"与马耳他作为帝国堡垒相关的一切事宜"的处理权限，则仍将依照战前宪法规定予以保留。

马耳他人成立了国民议会，与同时联合王国派来一个制宪委员会一起，共同制定了一部新宪法。新宪法于 1947 年开始实施。1947 年宪法规定：马耳他将建立一个由选举产生的、包括 40 名议员组成的立法议会，但是议会的权力不得涉及某些仍将属于英国总督特权的政策范围；建立一个内部自治政府，总理和内阁从

立法议会的议员中挑选和任命；总督保留的权力包括防务、民航、移民、物价和国籍等。

根据 1947 年宪法，9 月马耳他举行了首次立法选举，马耳他工党在保罗·博法博士（Paul Boffa）领导下赢得了压倒的多数，并于 9 月 5 日成立自治政府。保罗·博法博士为首的工党政府执政至 1949 年，总理同公共工程及建设部长多米尼克·明托夫（Dominic Mintoff）在如何与英国进行谈判以解决海军造船厂多余工人的问题上发生了分歧。由于工党支持明托夫，总理于是辞职，另行成立了独立工党。在 1950 年的选举中，国民党虽未得到超过半数的选票，但获得议会的多数。于是，思里科·米齐博士组成了国民党政府。但他执政几个月后即逝世，由乔治·博格·奥利维埃（Georgio Borg Olivier）接任总理。这个国民党政府只存在了很短一段时期，1951 年又举行新的选举，这次仍无任何政党取得超过半数的选票。但是，国民党人在保罗·博法博士的支持者的帮助下组成政府。1953 年再次举行选举，结果仍与此相仿。在此期间，马耳他成为北大西洋公约组织地中海辖区的司令部。同年，国民党议员们在议会中提出动议：马耳他应该取得自治领的地位。英国政府以马耳他没有达到充分的自给自足能力为理由拒绝了这一建议。

1955 年的选举中，多米尼克·明托夫所领导的马耳他工党获得绝对多数选票。于是，明托夫开始制定一整套雄心勃勃的纲领。社会福利事业和教育事业的发展加快了，新政府着手致力解决马耳他长期存在的经济问题，并与英国政府就马耳他并入联合王国的可能性进行了讨论。结果在两个主要的问题上未能达成协议：

第一，英国政府不愿让马耳他人不付相应代价而分享联合王国种种社会福利待遇；

第二，马耳他原为一个极度信仰罗马天主教的国家，如果成为以新教为国教的国家，必然产生复杂的宗教问题。

在 1956 年马耳他公民投票中，马耳他人也只有 45% 表示赞同，未取得多数马耳他人的支持。即便是马耳他两个主要政党——国民党和工党，在马耳他前途问题上也出现严重的分歧：前者谋求马耳他在英联邦内部的完全独立；后者希望某种形式的联合，即马耳他政府的代表能在英国议会中占有席位。

在这期间，由于意大利与联合王国都终于成为同一防御条约——北大西洋公约组织的成员国，这就减少了马耳他基地的战略重要性。当然，这些长期因素尚未能产生直接的经济影响，冷战使军费继续保持在一个高水平上。英国军队继续雇用大批马耳他人，不仅为修理战时被破坏的军事设施，而且还为弥补防务上原有的某些弱点花费巨额金钱。在战后英国为维护殖民地利益的一系列军事行动中以及在中东的紧张局势中，马耳他都起了重要的作用。但 1957 年，邓肯·桑兹彻底整顿英国防务，决定减少某些海外基地——包括马耳他在内——的驻军和装备。从这时起，英国在马耳他的驻军不断地减少，马耳他在英国防御结构中仅列为辅助基地，其战略地位明显的下降。

20 世纪 50 年代的前 5 年，为使经济多样化作了更大的努力。1955 年，英国政府宣布愿意为马耳他的经济多样化承担义务。英国殖民部的专家前来马耳他考察当地资源，对农业、林业和奶品制造业都认真进行研究，并对总的经济状况提出大量报告。由此制订出发展计划，其大意是要求政府提供资金鼓励工业、旅游业和农业的发展。发展资金的绝大部分将用于鼓励建立新工业。当局在马尔萨划出了一个工厂区，厂商享有免税期，工厂所付房租极低，还采取了关税保护、赠款或贷款等措施。于是，马尔萨工厂区以及其他地方建立的工厂迅速开工投产。

马耳他岛内一直存在着人口增长过快的问题，但重新实行移民政策以及第二次世界大战缓和了这一压力。但至 1946 年，这一趋势被颠倒过来，人口增加 9000 人。从 1947 年起，对已经批准的移民，马耳他政府开始承担其费用的 75%，这就促使了人口增长率的下降。1949 年，马耳他与澳大利亚签订了旅费援助协定。同年，3500 名马耳他人移居该地。1950 年，又有 5000 名马耳他人前往澳大利亚，人口增长于是停止。1954 年，11000 多人离开马耳他，于是人口下降了 4500 多人。1955 年，又有 9000 多人移居国外，但到 1956 年，由于马耳他与联合王国的合并大有希望，加之列岛经济状况较为繁荣，这就诱使大量马耳他人从澳大利亚返回国内。1956 年标志着向外移民时期的结束。移民政策也有其严重不利之处，马耳他在 20 世纪 50 年代中期因之出现缺乏技术工人现象。

二　走向独立（1963～1964 年）

1956 年马耳他与英国合并的建议失败后，马耳他政府与英国政府的关系迅速趋于紧张。1958 年 4 月，明托夫政府辞职。接着，马耳他列岛上群众的不满情绪与日俱增，并爆发了一系列的游行示威。当时的总督罗伯特·莱柯克爵士宣布了紧急状态，接管了政权。宪法在 1959 年被废止，马耳他列岛再次被置于殖民统治之下。马耳他的民族民主解放运动受到了严重的挫折。

尽管如此，马耳他人民要求民族独立的呼声和所从事的斗争从来没有停止过。1960 年 7 月，在希拉里·布拉德爵士的领导下组成了一个制宪委员会，并在次年 2 月公布了他们提出的建议。建议马耳他实现完全的自治，认为过去依照战前宪法规定所作的保留已无必要，马耳他政府应能对所有问题进行立法，但对某些范围内的问题则应与联合王国进行磋商，而在必要时由英国裁决。布拉德的报告得到采纳，马耳他再度取得某种程度的自治。新宪法勉强地被马耳他人民所接受，并于 1962 年开始实施。

国民党和工党对新宪法都有所保留。

　　1962 年 2 月举行大选，乔治·博格·奥利维埃博士领导下的国民党获得 25 席，而工党仅获得 16 席。国民党获胜，并组成国民党政府。同年 8 月，这位新首相告知英国殖民大臣，马耳他人期望获得全部独立。第二年夏天，在邓肯·桑兹先生主持下在伦敦召开了独立大会。两个主要政党——国民党和马耳他工党均赞同独立，但出席大会的几个较小的政党，如基督教工人党、民主国民党和进步立宪党则表示反对。尽管这样，殖民大臣最后还是接受了如下的论点：既然这两个主要政党在上次选举中获得 76% 的选票，又都把要求独立列入竞选宣言，那么，就应当根据他们的愿望给予独立。但是，英国和马耳他双方在许多问题上没有达成协议：马耳他作为联邦成员的资格、教会的地位、马耳他实行君主立宪制还是共和制。

　　1963 年，马耳他人民就宪法和独立问题举行公民投票，要求公民回答："你赞成目前提出的这部争取独立的宪法吗？"投票结果，66000 票赞成，55000 票反对，36000 票弃权。马耳他争取独立的宪法终于获得通过，反映了马耳他大多数人民的意愿。1964 年 2 月，马耳他自治政府与英国当局举行制宪和独立谈判，7 月达成协议。1964 年 7 月 21 日颁布的独立宪法规定，马耳他实行君主立宪制的政治体制，英国女王为马耳他国家元首，马耳他为英联邦成员国，保留总督作为英国女王的代表。协议还规定，英国军队可以留驻马耳他 10 年，直到 1974 年为止。1964 年 9 月 21 日，马耳他正式宣布独立，马耳他人民经过长期的和不屈不挠的斗争终于开花结果，最终赢得了胜利。这一年，马耳他加入联合国。

　　马耳他从 1959 年开始实施第一个五年计划。计划规定1959~1964 年将支出 3225 万英镑，其中 2200 万英镑由联合王国以贷款和赠款形式提供。后来，这一计划 1961 年进行修改。主

要因为当地经济的发展速度不足以吸收扩大了的投资，头几年预定的支出计划未能完成。但是，实施第一个五年计划的结果使马耳他列岛上的经济结构发生了很大的变化。

在工业方面，由于马耳他战略地位的下降，在第一个五年计划中纷纷将军用工业和军事设施转变为民用。第一个五年计划期间，马耳他当局打算把皇家海军马耳他造船厂改为民用，以免由于企业关闭而引起的大量劳动力过剩。把这家造船厂由军用改为民用本来就有许多困难亟待克服。1959 年，C. H. 贝利股份有限公司在马耳他成立了一个公司，贝利公司是其主要股东。这个新公司称为贝利（马耳他）有限公司。同年，它从英国海军部承租船厂，租期长达 99 年，船厂所有权在马耳他独立时已转移给马耳他政府。贝利公司出资 75 万英镑，并取得了具有监督权的股票。

与此同时，英国殖民部承担以贷款方式提供 600 万英镑（后来增加到 725 万英镑），主要用于将船厂改建为民用船厂。贝利公司同殖民部对若干财政问题意见分歧，经过长期争论未能解决，船厂乃于 1963 年由一个管理委员会接收，贝利公司对这一企业的经营自此告终。管理委员会不久即着手与若干英国造船公司接洽，后来确定由斯旺·亨特和威格姆·理查逊股份公司承担了船厂的经营管理（史密斯船舶股份公司和斯旺亨特公司自此合并）。在斯旺·亨特的经营下，船厂的改造、现代化及多种经营等均取得较好的进展。这些事件对列岛很有影响。除船厂由军用改为民用见效甚慢一事外，还使人们看到，在马耳他的多样化经济中，新工业诚然能占有一定地位。

马耳他的农业结构很可能是园艺发展的最大障碍。马耳他的农村基本上是小本经营，而且采用传统的耕种方法，农民并不习惯于为口味极高的市场生产高质量的产品。尽管存在着这些问题，农业还是取得了一些进展。一个英国大园艺公司在塔阿利机场旧址附近繁殖供插栽的菊花。整个插枝生产全供出口，插枝裹以塑料薄膜，空运到联合王国。马耳他政府对设立温室的农户给予资助，其主要作物为番茄。马铃薯是马耳他列岛唯一的出口量最大的农产品。农业的发展在促进列岛经济多样化方面是起了重要作用的。

旅游业是马耳他列岛经济中最有发展潜力的领域。新兴产业的发展部分是由于马耳他人的努力，但外国公司同样也有贡献，例如，许多房地产公司发现马耳他有利可图，于是马耳他几乎出现了一个买卖土地修建假日寓所和住房的热潮。一段时期以来，旅游者飞往南方度假显然已成风气。马耳他与北非、西西里、西班牙南部日益受到欢迎。作为一个游览胜地，除了良好的气候和优良的游泳设备外，马耳他确实具备一些有利条件，其中最重要的就是它同英国的关系。到目前为止，绝大部分游客来自英国。列岛是英镑区的一部分。没有货币限制，列岛成为购买假期寓所的英国人的理想之地。飞机票价较低，包租飞机一旦广泛实行，票价将会更低。

此外，马耳他列岛遍布历史遗迹，可供游览参观之景物比比皆是。马耳他游客迅速增加，1966 年游客总数达 72791 人，其中有 21647 人是游艇在马耳他短期停泊期间来岛上小住的旅行者。为此，马耳他列岛上开设了一些新的旅馆，许多原有设施也进行了扩建。

三　走向共和（1964～1974 年）

**在** 1966 年 3 月，马耳他举行独立后第一次立法选举。在选举中，国民党获得议会多数，并组成首届内阁，乔治·博格·奥利维埃博士任总理。最大的反对党依然是马耳他工党，而一些小的政党则未在立法机构中获得任何席位。1971 年，马耳他举行独立后的第二次立法选举。在选举中，工党获得

议会多数席位，并组成以多米尼克·明托夫为首的工党政府。

在工党执政期间，马耳他政府于 1974 年收回英国租借的科米诺岛 90% 的土地。同年 12 月 13 日，马耳他议会通过宪法的修改案，将马耳他立宪君主制的政治体制改革为共和制的政治体制。从此，马耳他成为共和国，总统为国家元首，并由议会选举产生。

1964 年标志着第一个五年计划的结束。在第一个五年计划期间，马耳他建立了一些新的工业，船厂营业总算有了希望，旅游业也开始好转，列岛工业的基本结构得到了极大的改善。在大港岸边修建了一个深水码头，增修了一些公路，许多值得游览的地方得到了开辟，一个新的发电站和蒸馏水厂开始施工。在第一个五年计划期间，人们接受了许多教训，并把这些经验运用于 1964 ～ 1969 年的第二个五年计划中去。制造业虽然仍是第二个五年计划中独一无二的最大部门，但也为游览业和农业适当让路，后两个部门的发展资金大大增加。

从经济上看，马耳他列岛此时正处于战后最困难的时期。英国军费继续削减，而同时列岛却未能提供新的就业机会以安排全部失业者。马耳他还存在着国际收支巨额逆差的问题。1966 年进口为 3890 万英镑。出口虽由于新工业的推动，而在前几年出现上升的趋向，也不过只赚得 780 万英镑。这一逆差一向由英国军费开支及国外投资来弥补，而今后则必须由出口工业及旅游业赚取更多的外汇。

马耳他独立时曾与联合王国签订共同防御及互助协定，该协定规定，英国政府从 1964 ～ 1974 年的 10 年期间向马耳他提供 5000 万英镑作为使用岛上军事设备的补偿。在执行协定的前 5 年中，英国所提供款项应略高于总数之半，其中，75% 属于赠送，25% 则为按联合王国财政部当时通行的利率提供的贷款。在执行协定的后半期中，贷款与赠款的比例则将另行讨论决定。除此之外，联合王国另拨款 100 万英镑用于修复英国军队征用的历史建筑物。

<h2 style="text-align:center">第六节 马耳他共和国简史</h2>

### 一 工党执政时期（1974～1987 年）

马耳他工党自 1971 年第二次立法选举上台执政以来，经过 1976 年和 1981 年立法选举，已经连续执政长达 16 年之久。

在这期间，马耳他政府在多米尼克·明托夫总理的领导下，对马耳他的政治体制进行改革，将君主立宪制的政治体制改革为共和制的政治体制。他还与英国进行艰苦地谈判，于 1979 年 3 月 31 日收回英国在马耳他的军事基地。他还从 1980 年起将 3 月 31 日定为国庆日。在 20 世纪 70 年代，明托夫政府还与天主教会进行斗争，要求取消天主教会的特权，交纳土地税和其他赋税，要求政教分离等，但是工党政府遇到天主教会的顽强抵制。执政党与教会的关系日益恶化。在这期间，诞生了许多小政党和政治组织，从而使马耳他的政党政治有所发展，但是，工党和国民党仍然是马耳他的主要政党，左右着马耳他的政坛。特别是在 1981 年立法选举中，国民党赢得多数选票，但是工党却获得议会多数席位。于是，国民党指责工党在大选中有舞弊行为，要求重新进行选举，但是遭到工党政府的拒绝。在野的国民党与执政的工党之间斗争越来越激烈。

鉴于马耳他资源贫乏和依赖进口，工党政府执政后努力发展民族经济，大力吸收外资，扩大出口，发展旅游业，力图改变马耳他在英国殖民地期间的经济结构。在 1973～1980 年"七年经济发展计划"期间，经济有较大的发展。1970～1978 年，马耳他的经济年增长率为 11.2%。1980 年国民生产总值为 42389 万马耳他镑（简称马镑，约合 119536 万美元）。1979 年通货膨胀率 11.7%。失业率为 2.4%，是 25 年来最低水平。1981 年 7 月工党政府公布的 1981～1985 年发展计划所规定的指标，由于受到西方国家经济衰退的影响，完成得并不理想。

但是，经过工党政府的不懈努力，马耳他的经济结构发生了根本性的变化，它已经从"基地经济"走向"自主和自决的经济"。在马耳他经济结构中，工业以修船和造船为最重要产业；农业以小麦、大麦、马铃薯、洋葱、豆类、蔬菜为主，但是粮食不能自给自足，主要仍依赖进口；旅游业已成为马耳他经济的支柱产业。

在这期间，马耳他人均收入有了较大的提高。中、小学实行免费教育，全民实行免费医疗，推行社会保障制度。在这期间，马耳他的文化教育、新闻出版事业都有较大的发展。

在对外关系方面，根据宪法的规定，马耳他奉行"积极中立和不结盟外交政策"，以"促进世界持久和平，特别是地中海的和平"，"为提高本国生活水平服务"，不允许外国在马耳他设立军事基地。在苏、美关系方面，马耳他推行等距离的外交。它认为超级大国在地中海的争夺是地中海不安宁的原因，主张地中海国家联合起来，摆脱超级大国的控制，要求苏、美以及地中海南北邻国在安全上和经济上共同保证其中立的地位。在与欧洲经济共同体方面，工党政府接受欧洲经济共同体给予的优惠和援助，对马耳他经济的发展起了积极的作用。明托夫总理于 1981 年建议马耳他与欧洲经济共同体建立"特效关系"。工党政府努力发展与第三世界的关系，特别是与阿拉伯国家的关系，积极地争取石油生产国的投资和经济援助。明托夫总理及其政府还积极地发展与中国的关系，导致 1972 年 1 月 31 日马耳他与中国建交。此后，马、中两国领导人互访不断，从而使两国关系有了进一步的发展。

## 二 国民党执政时期 (1987~1996 年)

在 1987 年立法选举中，工党及其政府由于经济不景气、通货膨胀和失业压力增加、贪污腐败以及与教会关系恶化而败北，国民党获得议会的多数而上台执政。以国民党的领袖埃迪·芬内克·阿达米 (Eddie Fenech Adami) 为总理组织了多届内阁。

在这期间，国民党政府在政府机构、议会、经济结构、财政、税收和金融体制等领域推行了一系列变革，进行了公务员制度、选举制度、政党财政制度的改革及公司董事会成员行为规范等 4 个反腐败常设委员会，对执政党及其政府改善形象和争取民心起到了一定的积极作用。工党除了继续进行自身组织建设和政策修订外，加强了宣传力度和舆论攻势，在加入欧洲联盟、实行增值税、反腐败和缉毒等问题上与国民党政府针锋相对，朝野两党斗争日益激烈。在 1992 年 2 月 22 日的立法选举中，在总共 65 席中，国民党获得 34 席，工党获得 31 席。马耳他两个主要政党之间的席位相差不大，从而增加了国民党执政的难度。

在这期间，国民党政府进一步对马耳他经济进行广泛的改革，造就马耳他市场经济的模式。它高度重视外贸和旅游业，发展服务业和商业，加速地进行经济结构调整，从而促进了马耳他经济的发展。国民党政府进行了税制改革，议会通过了新的银行法案，成立了国际性的金融服务中心。马耳他政府继续放松汇率的管制以及对私营部门的控制，从而进一步活跃了金融市场，促进了马耳他经济的发展。在这期间，马耳他同 100 多个国家和地区发展贸易关系。欧洲联盟则是马耳他最主要的贸易对象，其中意大利和英国是马耳他第一、第二大贸易伙伴。

在这期间，马耳他的人民生活进一步提高，教育和文化事业有了长足的发展，新闻出版事业兴旺发达。

在对外关系方面，随着世界两极的解体和东西方冷战的结束，国民党政府认为马耳他推行的中立不结盟政策已经毫无意义。进入 20 世纪 90 年代以来，马耳他以新的姿态，积极地开展大国外交、国际组织外交和经济外交。马耳他重视联合国等国际组织的作用，并积极参与国际事务。马耳他视英联邦为连接欧洲、亚洲、非洲和北美洲的一条纽带，注意发挥在该组织中的作用和影响。马耳他政府于 1990 年正式申请加入欧洲联盟，并把加入欧洲联盟作为对外关系的首要目标。在全力争取加入欧洲联盟的同时，积极参与欧洲政治与安全进程。在中东，马耳他一贯支持巴勒斯坦事业，希望通过和平对话方式促进阿、以之间的和解。在这期间，马耳他与中国在政治、经济、科技等方面的友好合作关系稳步地在发展。

### 三 工党第二次执政时期（1996～1998 年）

在 20 世纪 90 年代，马耳他经济的下滑，加上政府大力实行增值税，使执政的国民党越来越不得人心。而马耳他工党，在阿尔弗雷德·桑特（Alfred Sant）领导下经过组织上的整顿，其面貌焕然一新，俨然以"新工党"的姿态出现在公众面前。在 1996 年 10 月的立法选举中，工党战胜国民党赢得选举的胜利，再次上台执政。

阿尔弗雷德·桑特组织了一个精干的工党内阁。他对马耳他内外政策作了较大的调整：对内调整经济结构，并在财政、金融、税收、司法、教育和医疗等各个领域进行了一系列的改革，更加重视中下层人民的利益和扶持中小企业，特别是私营企业的发展。对外宣布退出北约和平伙伴关系计划，并停止与欧盟关于加入欧盟的谈判，重申中立原则，强调与地中海南北两岸国家的关系。但是，由于阿尔弗雷德·桑特总理冻结了马耳他申请加入欧洲联盟的进程，并实行了一个严厉的年度预算，导致了内阁中主要成员的不满，个别阁员辞职，从而在工党内部引起连锁反应，"新工党"开始出现裂痕。

阿尔弗雷德·桑特政府采取措施，提高行政机构的办事效率，遏止马耳他经济的衰退，并使之现代化。但是，他的领导方式和工作作风没有被官员所认同；他的经济措施损害了职工的利益，从而激起广大劳动人民的不满。当时，作为议会中普通议员、80 岁高龄的多姆·明托夫也起来与阿尔弗雷德·桑特政府作梗，反对内阁的法案，从而导致了"新工党"的进一步分裂。在内外夹攻的情况下，阿尔弗雷德·桑特总理被迫于 1998 年解散议会，提前进行立法选举。

四 国民党第二次执政时期（1998 年~）

**在** 1998 年 9 月的立法选举中，国民党击败工党再次上台执政。埃迪·芬内克·阿达米组成了马耳他新一届内阁。

国民党及其总理埃迪·芬内克·阿达米一旦上台执政，立即对马耳他的内外政策作了大幅度的调整。在内政方面，继续在财政、金融、税收、司法、教育和医疗等领域推行了一系列的改革措施。在对外关系方面，埃迪·芬内克·阿达米总理认为加入欧洲联盟是捍卫马耳他群岛利益最稳妥的方法，因此，他重新恢复加入欧洲联盟的申请，2000 年与欧洲联盟重开入盟谈判并取得重大的进展，于 2002 年底，与欧洲联盟结束了关于马耳他加入欧洲联盟的谈判。2003 年 3 月，马耳他举行公民投票，53.6%的民众支持加入欧洲联盟。

在 2003 年 4 月 12 日的议会提前选举中，国民党再次蝉联执政，4 月 15 日国民党组成新一届内阁。在这期间，国民党及其总理埃迪·芬内克·阿达米继续对内诸多领域进行一系列的改革，对外于 4 月 16 日与欧洲联盟正式签署加入欧盟条约。2004

年 3 月，埃迪·芬内克·阿达米总理辞职，劳伦斯·冈奇
（Lawrence Gonzi）接任总理兼财政部长，并对内阁进行调整。新
内阁由总理、副总理、11 位部长和 7 位国务秘书共 20 名成员组
成。2004 年 5 月 1 日，马耳他加入欧洲联盟。

在这期间，国民党政府对马耳他经济政策和经济结构进行调
整。它于 2001 年通过《商业促进法》，以便以更加优惠的政策
鼓励和促进投资，并扶持中小企业的发展。它通过对马耳他干船
坞和造船厂进行结构调整。2002 年，马耳他经济出现恢复性增
长，走出低谷。自此，马耳他经济保持增长的势头。

在这期间，马耳他的社会保障制度又有了新的发展，人民生
活水平进一步提高，文化和教育事业进一步繁荣。

自国民党上台执政以来，马耳他政府积极参与国际事务，重
视联合国等国际组织的作用。主张振兴联合国，倡导联合国改
革，力主提高和增强联大的作用，加强联大同联合国其他主要机
构特别是安理会的联系，主张安理会应逐步建立一个多数表决机
制。另外，马耳他政府还建议增加托管理事会职能，并认为联合
国要关注经济和社会发展问题。

马耳他政府重视发展和加强与美、俄、中等大国的友好关
系，特别是在与大国经贸合作方面迅速发展。马耳他政府主张欧
洲和地中海并重，重视地中海的安全与稳定，积极推动欧洲－地
中海合作的进程。马耳他政府还努力发展同地中海周围各国的关
系，特别是同利比亚、埃及和突尼斯等主要的地中海邻国之间的
友好合作关系。马耳他关注中东局势，一贯支持巴勒斯坦事业，
积极支持巴以和平进程，主张通过和平对话解决中东问题，希望
中东地区早日实现和平和稳定。马耳他于 2007 年 1 月 1 日起正
式加入欧元，成为第 14 个采用欧元的国家。

# 第三章

# 政　治

## 第一节　宪法、国体和政体的演变

### 一　英国统治初期的宪法、国体和政体

**马**耳他有史以来就是外来入侵者的殖民地，由于入侵者自我生存的需要或入侵国政治和经济的需要，马耳他长期以来都是被作为军事基地，经济的畸形发展和政治上的不独立，使马耳他人民饱尝牺牲、屈辱和压迫。

1814 年签订的巴黎条约中，欧洲列强承认了英国对马耳他的占有，马耳他列岛又沦为英国的殖民地，其政治制度、宪法、国体和政体受英国君主制度的影响和统治。

早在巴黎条约签订以前，英国就在事实上把马耳他作为它的殖民地。英国于 1813 年为马耳他制定了一部宪法，即《巴瑟斯特宪法》（*The Bathurst Constitution*）。这是一部典型的英国殖民地宪法。《巴瑟斯特宪法》规定，马耳他是英国的殖民地，由英国派驻总督进行统治。马耳他总督是英国宗主国权力机构的最高代表，在马耳他集军权、政权和经济权于一身。1813 年首次向马耳他殖民地派驻的总督是陆军中将托马斯·梅特兰。梅特兰只服从英国政府的管理和训令，其权力不受当地任何机构的限制，

实行独裁统治。从 1813～1962 年，英国作为宗主国，先后向马耳他派遣了 34 位总督。马耳他的国家机构完全按照英国宗主国的模式建立起来，梅特兰废除了存在已久的人民议会，规定：

> 按照国王陛下的意旨，群岛政府所应奉行的重大原则是，行政、立法和司法这三权应完全分立……①

正是按照这些原则，梅特兰在马耳他建立起政府、高等法院，建立政府专卖机构来替代人民议会。

马耳他人民不能容忍英国在马耳他的专制和暴虐，掀起了改革宪法的运动，要求自治和独立。1835 年，英国被迫修改马耳他宪法，规定由副总督和 7 名议员组成顾问议会，其中 3 名必须是马耳他人。顾问议会只不过是咨询机构，并不能制约总督的权力。在马耳他改革宪法运动进一步高涨的情况下，英国当局再次于 1848 年修改宪法。根据新修改的宪法，增加了顾问议会的人数，即由 8 名增加到 18 名，除了副总督、9 名官方议员外，还有 8 名民选的议员。

但是，1848 年宪法又规定，总督在必要时可以超越议会而行动。顾问议会中的民选代表则认为，议会应当拥有管理群岛事务的权力，不应该受到议会内官方多数的约束。每当民选代表反对总督的措施时，官方指定的议长以摇铃方法结束辩论，以官方代表多数通过总督的措施，从而使英国当局与民选代表和马耳他人民之间的矛盾进一步加深。

二　走向自治的宪法、国体和政体

经过马耳他人民的长期斗争，英国殖民当局被迫于 1887 年 12 月为马耳他制定新宪法，允许马耳他成立

---

① 查尔斯·欧文：《马耳他群岛》，四川人民出版社，1979，第 25 页。

不完全的代议制政府，议会在有关列岛内部事务的多数问题上享有立法权和财政权，民选议员在议会中占有多数。1903 年经过修改的宪法规定，减低了马耳他公民参加选举的年龄和资格的限制，从而扩大了选民的数量。

第一次世界大战期间，马耳他面临严重的经济和政治调整问题，与英国矛盾激化，导致了 1919 年 6 月 7 日发生著名的反英骚乱。1920 年由保罗·布法创建的马耳他工党和 1921 年建立的马耳他国民党，领导马耳他人民为争取民族独立进行了长期的英勇斗争。这次危机迫使英国于 1921 年再次为马耳他制定宪法，即所谓的《阿梅里·米尔内尔宪法》（*The Amery Milner Constitution*）。该宪法规定，马耳他国家管理权分归两个政府拥有：一个是"马耳他政府"，主要管理纯粹的当地事务；另一个是"马耳他皇家政府"，主要管理国防、铸币和对外关系等"保留事务"（Reserved Matters）。每个政府都在自己职权范围内独立进行立法和行政工作。

"马耳他政府"对一个由两院组成的议会负责。两院包括：立法议会，由 32 名民选议员组成；参议院，由 17 名议员组成，其中，10 人来自教士、贵族、大学毕业生、商会和贸易联合理事会，7 人是有特定公民权的人，从具有特别条件的人员中选出。这是马耳他历史上第一个由马耳他人组成的议会。目前马耳他使用的单一可转让投票的比例代表选举制即是从那时开始的。工党在两个议院各可获得 7 个席位，在马耳他首届联合政府中有两人担任部长职务。

1926 年，工党与宪政党结盟，在 1927 年选举中获胜，组成联合内阁。1929 年，维护英国殖民主义利益的教会势力开始对工党的政党联盟施加压力，1932 年，国民党得到教会的全力支持，选举获胜，上台执政。但这届政府在任仅 10 个月，英国政府就又中止了宪法的实施。

马耳他

1936 年 8 月，英国政府又为马耳他制定新宪法，对总督咨询会议成员的任命作了规定，1939 年 2 月，英国政府又修改马耳他宪法，允许选举产生总督领导下的政府委员会成员。直到 1943 年 7 月在马耳他人民的强烈要求下，英国政府才又被迫同意恢复马耳他内部自治。

在第二次世界大战后马耳他民族解放运动进一步高涨的情况下，英国于 1947 年 9 月允许马耳他颁布新宪法，但是，1947 年宪法规定马耳他依然实行双头政治，即重新确定了在同一疆界内两个独立自治的政府：一个是处理内部事务或非特定事务的"内务政府"和一个处理对外或特定事务的"总督政府"。"内务政府"实行一院制，议院由 40 名议员组成，任期 4 年；"总督政府"内设立一个提名理事会和一个由总督和部长组成的执行委员会，提名理事会和执行委员会构成了马耳他枢密院。1947 年宪法废除了受资格限制的投票制度，开始实行全民投票原则，第一次给予妇女以投票权。

1947 年 9 月，马耳他举行了第一次大选，由保罗·博法博士为首的工党获胜上台执政，正式成立内务政府。在 1950 年的议会选举中，国民党获得相对多数票，并组成以思里科·米奇博士为首的国民党政府，这个少数党政府只存在一个短暂时期。在 1951 年、1953 年，都曾经进行了新的议会选举，但无任何政党超过半数票。在 1955 年大选中，明托夫所领导的马耳他工党获多数票当选。

在以明托夫为首的工党执政期间，采取反英路线，得到"左派"和进步力量的支持，力量得以迅速壮大。为了进一步争取实现马耳他人民的民族自治权利，此届政府向英国政府提出了两种解决马耳他问题的思路，结果未能达成协议，马、英关系由此紧张起来，罢工与暴动时有发生。1958 年 4 月，明托夫工党政府辞职。紧接着 1959 年英国政府宣布废除宪法，由英国总督直接接管政权，马耳他人民再次被置于殖民统治之下。

　　1961 年 10 月 24 日，马耳他颁布新宪法，即现行宪法，规定成立自治政府，议会获得完全的立法权，马耳他重新取得某种程度的自治。1962 年 2 月举行大选时，教会势力认为工党太"左倾"，便左右天主教徒的投票选举，结果工党在大选中失利，以乔治·博格·奥利维埃博士为首的国民党获胜上台。

　　三　走向独立的宪法、国体和政体

　　**进**入 20 世纪 60 年代后，马耳他国内支持独立的呼声高涨，马耳他的两个主要政党——工党和国民党又都赞同马耳他独立，1963 年，在伦敦召开制宪和独立大会，英国政府宣布同意马耳他在下一年独立。1964 年，以乔治·博格·奥利维尔为首的国民党政府，就新宪法条款与英国政府达成协议，同意马耳他独立。独立后的马耳他成为英联邦成员国。于是 9 月 21 日，马耳他正式独立，同日新宪法正式生效。独立后的宪法规定，马耳他是一个君主立宪国家，属英联邦，英国女王是马耳他的合法君主，女王任命的总督为其代表。议会由女王和众议院组成，行使国家最高立法权。马耳他的行政权属于英国女王，由总督代其行使。内阁由总督从众议院多数党议员中任命，对众议院负责。法院行使司法权。

　　1966 年，马耳他举行独立后的第一次大选，国民党获胜执政，由于教会势力的继续反对，工党仍未获胜，但所得议席比上届大选略有增加。为了改善与教会的关系，工党同教会举行了长时间的谈判，双方最后于 1969 年 4 月达成协议，教会答应不再干涉政治。

　　四　共和国宪法、国体和政体

　　**在**1971 年 6 月大选中，工党获胜，组成独立后的第一届工党政府。在执政期间，为争取使马耳他成为共和国，曾多次提议修改宪法，议会最后通过了工党提出的修正案。1974 年 12 月 13 日修改宪法，马耳他成为英联邦内的共和国，1964 年的马耳他独立宪法改变为马耳他共和国宪法。马耳他共和国宪法又于 1994 年和 1996 年两次修改，以便适应马耳他申请加入欧洲联盟的要求。

马耳他独立和成为共和政治体制之后，作为与现代化嫁接的结果，其政治结构和社会文化均按照英国的模式进行变革，因此，除表现出一种明显的英国色彩外，同时，又呈现出马耳他自身的传统和特色。

《马耳他共和国宪法》包括国家、原则、宣言、国籍、个人的基本权利和自由、议会、行政、司法、财政、公共职务和其他条款等共 11 章 126 节及其附表。①

马耳他共和国宪法第 1 章第 1 节第 1 条开宗明义地规定，"马耳他是一个民主共和国"，实行民主共和的政治体制，推行主权在民、三权分立和相互制衡、法治、自由平等、保护人权和私有财产神圣不可侵犯的原则，实行议会民主制，行政由国家元首、总理及其政府组成，实行多党制，司法系统享有独立行事的权力，执行任职时不受行政部门的控制。

马耳他共和国宪法，其中，第 1 章第 1 节第 1 条开宗明义地还规定：

> 劳动以及对个人基本权利和自由的尊重是立国的基础。马耳他共和国宪法专门开辟第 4 章共 16 节（每节若干条）来规定个人的基本权利和自由，及其保护个人基本权利和自由的措施。第 1 节确定了公民拥有的政治、经济和社会等基本权利：

---

① 世界宪法大全编委会：《世界宪法大全》，第 852～876 页。

马耳他境内每个人都享有个人的基本权利和自由，也就是说，不分种族、出生、政治观点、肤色、信仰和性别，在尊重他人的权利和自由以及公共利益的条件下，人人享有下列权利：

（1）个人的生命、自由、安全、享有财产和受法律保护；

（2）思想、言论、和平集会与结社的自由；

（3）私生活和家庭生活受到尊重。

第4章共用了15节来规定对个人的基本权利和自由的保护，其中，包括生命权的保护、免受任意逮捕或拘留的保护、免受强制劳动的保护、免受非人待遇的保护、免受无偿剥夺财产的保护、私人住宅及其他财产的保护、信仰自由的保护、言论自由的保护、集会和结社自由的保护、迁移自由的保护、不受种族歧视及其他歧视的保护等。

在马耳他共和国宪法中，其第1章第3节和第4节规定了马耳他共和国的国家标志如下。

（1）国旗。国旗自左至右由白红两个垂直相等的长方形组成。白色象征纯洁。红色象征烈士的鲜血。在白色旗左上方绘有一颗镶着红边的银灰色乔治十字勋章图案。该勋章是英国国王乔治六世为表彰马耳他人民在反法西斯斗争中的勇敢精神，于1942年4月15日授予马耳他政府。1964年马耳他独立时，在乔治十字勋章图案的四周又加上红色线条。

（2）国徽。国徽中央为盾形，盾面为与国旗相似图案，寓意同国旗。盾面上方为一个堡式王冠，王冠呈金黄色，下部有一个较突出的拱门，上部是8个角楼（8个中只能看见5个），代表马耳他防御工事，也代表马耳他城；盾面左右两侧分别饰以一支相互交叉的橄榄枝和棕榈枝，象征和平；树枝是交叉点以一条涡卷饰带系扎，饰带上写着"马耳他共和国"字样。

（3）国歌。国歌《马耳他颂》原是一首校歌，用罗伯特·萨姆特的曲调填词。词作者卡尔姆·赛特是马耳他的著名诗人，他当时的意图是想用赞美诗的形式，为马耳他写一首颂歌，以宗教和爱国的观点来团结各党各派。1923 年 2 月 3 日首次演唱，1941 年 4 月 7 日定为国歌。歌词为：

上帝赐保佑，你一贯保护这块土地，祖国的亲爱的名字，我们永远铭记！是你把我们的祖国造得这么美丽。

# 第二节　行政

## 一　总统

马耳他共和国宪法第 5 章第 49 节第 1 条规定，马耳他共和国设置总统职位。总统是马耳他共和国的国家元首，由众议院以绝对多数票选举产生。总统任期 5 年。现任马耳他共和国总统埃德华·芬内克·阿达米就是于 2004 年 3 月 29 日由众议院进行投票选举产生的。在全体 65 名议员中，33 名议员投了赞成票，29 名议员投了反对票，3 名议员缺席，所以埃迪·芬内克·阿达米以绝对多数票当选为总统。

根据马耳他共和国宪法第 49 节第 2 条规定，下列人员无资格担任总统：

（1）非马耳他公民；

（2）现任或前任最高法院首席法官或法官；

（3）在其任期届满后 3 年内的文官委员会成员；

（4）在其离任之日起 3 年内的广播局的成员；

（5）在其任期届满后 3 年内的就业委员会委员。

根据第 49 节第 3 条规定，总统位置在下列情况下出现开缺：

（1）自任命总统之日起届满 5 年；

（2）议会以总统无能力履行其职务（无论是由于身心虚弱还是其他原因）为理由通过决议免除其职务；

（3）自本节生效之日起，至议会在该日后第一次解散举行普选的结果正式揭晓时止的 3 个月期间，总统职另由该日前夕任总督的人担任。如果此人停止担任总统职务，由议会依照本节第 1 条的规定任命 1 人担任；依照上述规定任职者为临时总统，应在上述 3 个月期限届满时停止担任总统职务。

如果总统缺位而尚未任命新总统，或者总统离开马耳他、休假或其他原因而无法履行宪法赋予的总统职责，总理应在同反对党领袖协商后任命一人暂行总统职责。如果没有合适的人能够暂行总统职务，应由首席法官暂行总统职务。在马耳他共和国政治史中，曾经发生过两次代理总统的情况：

一次是 1981～1982 年，曾经由阿尔贝特·伊斯莱尔（Albert Hyzler）临时代理国家元首的职务；

另一次是 1987～1989 年，曾经由保罗·舒雷布（Paul Xuereb）临时代理国家元首的职务。

根据马耳他共和国宪法第 5 章第 51 节规定，受命担任的总统职务的人在就职前，应按照宪法附表二所规定的誓词宣誓并签字。依据宪法第 49 节第 4 条而担任总统职务的人以及依据同节第 1 条而被任命为总统的人，都必须在议会面前举行就职宣誓。马耳他总统的就职誓词是：

*我……庄严宣誓：我愿忠诚地实施总统的职务，履行马*
*耳他总统的职责并愿尽我最大的努力维护、保护及保卫马耳*

他的宪法。(上帝助我)①

马耳他的行政权属于总统,由总统直接或通过其下属官员来行使。具体地说,总统应根据内阁或全权代表内阁的部长的建议行使其职权,这些职权主要有:

(1)解散议会的权力;

(2)任免总理的权力;

(3)根据总理建议任免内阁部长和国务秘书;

(4)任免反对党领袖的权力;

(5)指定议会开会的时间和地点,根据总理建议随时宣布议会闭会;

(6)根据总理建议,在征询反对党领袖的意见后,任命选举委员会成员;

(7)在选举委员通报大选结果后,宣布新一届议会开幕时间;

(8)批准议会通过的法案;

(9)根据主管部长提议,向议会推荐讨论财政议案和建议,或接受财政方面的请愿书;

(10)总统还拥有赦免权。

由此可见,马耳他总统拥有一定的权力,但是,他必须根据总理的建议行事。

马耳他总统设置总统府,作为总统的办事机构。马耳他总统府的地址是首领宫(The Palace of the Grandmasters),原称圣安东尼奥宫,位于首都瓦莱塔中心,建于 1571 年。英国统治时为英国总督府,1974 年后,改为马耳他总统府和议会所在地。

---

① 世界宪法大全编委会:《世界宪法大全》,第 876 页。

　　总统府总体布局是马耳他的传统风格，中心为院落，呈长方形，四周为两层房屋，其四周共有五个门，即正面是两个门，其余三面各有一个门。总统府高两层，一层原为厨房、马厩和仆役的住处，主要的厅室在二层。二楼主要分为两部分：一部分为总统办公室、大议事厅、大使厅和侍从厅等，在这些厅和室内安置总统的办公室、总统府秘书处、总统私人秘书处、外事办公室、通讯处、侍从副官处等；另一部分为新老两个议会厅。

　　大议事厅又称圣麦克尔和圣乔治厅，是骑士团首领的国事厅，也用于举办舞会及其他活动。该厅四周墙壁中楣的壁画描绘了1565年马耳他大围困的场面，厅内的小阳台是骑士团最初抵马时所乘船只嵌于壁上作成，供骑士团首领在上面欣赏厅内举行的活动之用。

　　大议事厅隔壁是大使厅，又称红厅，是当时骑士团首领接受各国特使国书的场所。现在马耳他总统也在此接受各国大使递交国书和会见外国政要人士。大使厅四周的墙壁中楣上的壁画描绘了骑士团的早期历史，墙上所挂的画像多是欧洲君主的画像，包括沙俄的叶卡捷林娜二世和法国的路易十四、路易十五和路易十六，还有一幅是骑士团来马耳他时第一个首领拉亚当的画像。

　　侍从厅在大使厅之外，也称绿厅，墙壁中楣壁画描绘了骑士团自耶路撒冷撤退以来的历史，墙壁上有一幅建造瓦莱塔城的骑士团首领瓦莱特的画像，厅中间摆有绿宫（总统夏宫）的模型，四周摆设中有中国明朝的瓷器。

　　新议会厅由外国提供资金和设计改建而成，配有现代化设备，是现在议会开会的场所；老议会厅（已不再使用）四壁挂满了路易十四赠给骑士团首领的大壁毯，十分珍美，专供游人观赏。总统府内通往侍从厅的走廊墙壁上挂着部分骑士团首领的画

像，通往新老议会厅的走廊排列着中世纪骑士穿戴的全身胄甲，看上去犹如一个个栩栩如生的骑士。其他装饰也保留了原来古色古香的特色。

二　总理和中央政府

**根**据马耳他共和国宪法第 7 章第 80 节第 1 条规定，马耳他设内阁，由总理和各部部长组成。因此，马耳他共和国总理是政府首脑，领导一个内阁。内阁对马耳他政府有全面指导与监督权，并直接对议会负责。

总统在任命总理时，应该遴选他认为最能获得议会多数支持的议员为总理，并根据总理的建议从议员中任命各部部长。如果在议会解散期间出现需要任命总理或部长的情况，业已解散的议会议员可以视同现任议员而被任命为总理或部长。但是，这样任命的总理或部长，如果在下届议会召开时不再是议员，应立即离职。另外，如果议会以全体议员的过半数票通过对政府的不信任案，总统得免去总理的职务。

总理不在国内、外出度假或因故无法履行职责时，总统可授权内阁中任何成员代理总理职务，至总统撤销上述授权时为止。任何部长如因病或出国，不能履行其职务时，总统得根据总理的建议指定一名众议院议员担任临时部长。但是，如果在议会解散期间出现需要任命临时部长的情况，业已解散的议会议员可以视同现任议员而被任命为临时部长。这样任命的临时部长在下届议会召开时如不再是议员，便立即离职。因不能履行职务而由他代理的部长已恢复履行职务，或者任职至由他代理的部长正式去职时为止，临时部长在获得总统通知后便立即离职。

总理、部长和议会秘书在就职前，必须进行宣誓效忠并签字。就职誓词是：

　　我……庄严宣誓：我愿忠诚地和清醒地履行我的责任，作为（总理、部长、议会秘书）公正地与宪法和马耳他的法律一致。（上帝助我）①

效忠的誓词是：

　　我……庄严宣誓：我愿对人民和马耳他共和国及其宪法表示真正的忠诚及信任。（上帝助我）②

　　总理领导一个内阁，对政府进行全面指导和监督。总理必须向总统介绍有关政府的问题，使总统充分了解马耳他政府的总体形势和运作状况，了解马耳他政府的一切情况。总统根据总理的建议可从议员中任命一名议会秘书，协助部长行使职权。总理有权向总统推荐国家总检察长和法官人选。政府各部中设常务秘书，监督两个以上政府部门的工作情况。总理向常务秘书分配任务。总理还可以任命一个内阁秘书，而内阁秘书则依照总理的指示负责安排内阁会议的事务和作记录，向有关人员或机构传达内阁的决定，并执行总理给予的其他指示。

　　马耳他共和国宪法第7章第87节规定，总理没有义务根据他人或任何机构的建议行使自己的职权。如果根据任何个人或机构的建议行使权力时，总理必须遵照规定行事。但是，在行事之前，他可以将建议退回提供建议的个人或机构重新考虑，并以一次为限；如果重新考虑后提出另一建议取代原建议，总理仍然要遵照规定行事；任何法院，不得对总理是否接受任何个人或机构的建议行事进行调查。

---

① 世界宪法大全编委会：《世界宪法大全》，第876页。
② 世界宪法大全编委会：《世界宪法大全》，第876页。

马耳他总理设置总理府，作为总理的办事机构。马耳他总理府的地址是由卡斯蒂尔骑士的旅馆（Auberge de Castille）改建而成。该旅馆建于1574年，坐落于瓦莱塔的最高处，当时可俯瞰全城，为圣约翰骑士团八支骑士团之一的卡斯蒂尔（西）、里昂（法）和葡萄牙语骑士所有。最初为在马耳他没有住所的骑士的临时用房，同时也招待一些过往贵宾。旅馆在法军占领时期和第二次世界大战期间曾遭到过严重损坏，后修复，现为18世纪巴洛克风格，正面虽有所装饰，但不过分。骑士团1798年从马耳他败走后，旅馆曾被法军当作司令部，后又成为英军司令部。1972年成为马耳他总理府所在地。

　　总理府内设置为总理直接服务的部门。这些服务部门是根据每届总理的需要而设置的，所以变动比较大，但是，内阁秘书局、整顿和人事处、信息处则是常设机构。根据2007年8月22日的资料，总理府设置有：主要常务秘书厅、内阁秘书局、总理秘书处、议会秘书处、欧洲联盟秘书处、支援部队的内阁委员会、总务处等。

　　主要常务秘书厅由秘书长领导，下设总理府常务秘书；财政常务秘书；司法与家庭事务常务秘书；教育、青年与就业常务秘书；旅游与文化常务秘书；网络与通讯常务秘书；资源与基础设施常务秘书；戈佐岛常务秘书；健康与公共卫生常务秘书；投资、工业与电子常务秘书；农村事务与环保常务秘书；城市发展与道路常务秘书；家庭与社会团结常务秘书；外事常务秘书等。主要常务秘书长还间接领导马耳他经济与社会发展委员会、马耳他科技委员会等。

　　总理府常务秘书也称为"战略与行动"常务秘书，他指导马耳他武装部队、总理府行动总局等重要的战略机构。总理府的机构是沟通总理与内阁各个部门之间的桥梁，是实行行政领导的大本营，是内外政策的决策中心，因此，总理府又被称为"小内阁"。总理府的人员编制保持在 300 名工作人员左右，最高可达到 1500 名左右。

2003 年 4 月 15 日，国民党连任后组成新一届政府。2004 年 3 月，前总理埃迪·芬内克·阿达米辞职后，劳伦斯·冈奇（Lawrence Gonzi）接任总理，并对内阁进行了调整。新一届内阁共 14 个部门（含总理府），总理兼任财政部部长。撤销财政经济部、青年和文化部、社会政策部。新成立了财政部、城市发展和道路部、家庭和社会团结部。外交部增加投资促进和对外贸易的职能，故改名为外交和投资促进部；小企业服务、竞争等职能放在交通部，故改名为竞争和通信部；文化职能放在旅游部，故改名为旅游和文化部；青年和运动的职能放在教育部，故改名为教育、青年和就业部；老龄和社区事务的职能放在卫生部，故改名为卫生、老龄和社区服务部。

新内阁由总理、副总理、11 位部长和 7 位国务秘书（相当于副部长）共 20 名成员组成，主要成员如下。

总理兼财政部部长：劳伦斯·冈奇；

副总理兼司法和内政部部长：托尼奥·博奇（Tonio Borg）；

教育、青年和就业部部长：路易斯·加利亚（Louis Galea）；

外交和投资促进部部长：约翰·达里（John Dalli）；

旅游和文化部部长：弗朗西斯·所扎密特·迪麦克（Francis Zammit Dimech）；

竞争和通讯部部长：山苏·加利亚（Censu Calea）；

资源和基础设施部部长：尼努·扎密特（Ninu Zammit）；

戈佐部部长：吉奥瓦纳·德波诺（Giovanna Deguara）；

卫生、老龄和社区服务部部长：路易斯·德古阿拉（Louis Deguara）；

信息技术和投资部部长：奥斯汀·盖特（Austin Gatt）；

农村事务和环境部部长：乔治·普利奇诺（George Pullicino）；

城市发展和道路部部长：杰斯蒙（Jesmond Mugliett）；

家庭和社会团结部部长：多洛蕾斯·克里斯蒂娜（Delores Cristina）。

### 三 内阁的职能部门

马 耳他内阁部门的数目和部门的职能，在马耳他共和国宪法和法律中没有硬性的规定，根据执政党在组织内阁时的需要，随时进行增添或者减少。目前，劳伦斯·冈奇内阁的部门及其职能如下。

**（一）司法和内政部**

负责议会事务；法院和检察官事务；地方政府、警察、移民、机场安全、感化服务、公民保护、护照、身份证、公民权利和外出移民等事务；陆地和协会等事务；政府公证、公共注册、地震、公民注册等事务。

**（二）财政部**

负责财政、预算、国库、税收、间接税、进口税和消费税等事务；缔结合同；经济政策；联系中央银行；制定金融规则，领导马耳他统计局等单位。

**（三）教育、青年和就业部**

负责教育、高等教育、科学和技术政策、考试、青年、运动、就业和培训、产业和就业联系、职业卫生和安全、合作、图书和档案等事务，领导博物馆局等单位。

**（四）外交和投资促进部**

负责联系欧盟、联系外国、联系国际机构、国际经济联系、对外贸易、促进投资、欧盟信息、马耳他企业对外事务等。

**（五）旅游和文化部**

负责旅游、文化和艺术、文化遗产、剧场和地中海会议中心、国家管弦乐队等。

**（六）竞争和通信部**

负责竞争政策、小企业和就业、贸易服务、消费者保护、知识产权、民用航空、无线电报等事务，领导马耳他标准局、马耳他海事局、马耳他通信局等单位。

**（七）资源和基础设施部**

负责石油开发、制造业和维修、建筑和维护、公共清洁等事务，领导马耳他资源局、建筑工业咨询委员会等单位。

**（八）戈佐部**

负责戈佐岛上的事务。

**（九）卫生、老龄和社区服务部**

负责健康和卫生、老龄和社区的工作。

**（十）信息技术和投资部**

负责政府投资、国营广播服务、私有化、信息和通信技术、数据保护等事务，领导马耳他航空公司、马耳他网络公司、马耳他造船所、水务公司、能源公司、马耳他自由港公司等单位。

**（十一）农村事务和环境部**

负责农村发展、农业、园艺、渔业、水产业、兽医服务、环境、废物管理策略执行等事务，领导马耳他环境和评估局等单位。

**（十二）城市发展和道路部**

负责城市发展项目的协调等事务，领导马耳他运输局等单位。

**（十三）家庭和社会团结部**

负责社会政策、家庭政策、儿童政策、团结一致政策、社会安全、住房、平等政策等项事务。

四 国家统计局

根据国家统计机构法律的规定，马耳他于 1947 年 3 月成立"国家统计局"。国家统计局虽然是财政部领导

下的机构，但又是独立的国家机构。它的主要任务是为中央和地方政府，议会以及公众提供有关马耳他人口、经济、社会、文化等方面的调查和统计资料，并为领导机构和议会提供上述情况的咨询和建议。

在此以前，马耳他有关部门已经做了许多调查和统计工作，先后出版过《1842 年马耳他人口调查蓝皮书》、《1851 年马耳他人口和经济统计蓝皮书》。《马耳他蓝皮书》（1863 ~ 1872）统计了 10 年有关马耳他人口、教育、财政、公共部门销售、进出口贸易、国际贸易等方面的概况。进入 21 世纪以来，马耳他国家统计局每年都要公布和出版有关马耳他年度人口、经济、社会、文化、劳动力状况、居民生活质量的信息、资料和调查报告。

国家统计局由局长统一领导，2006 年拥有 137 名工作人员。国家统计局下设 6 个处和处以下设若干科室。它们是：

●社会统计处。下设人口科、信息科、劳动市场科、社会和生活条件科；

●分类统计处。下设商业和企业科、农业和渔业科、旅游和交通科、环境和资源科；

●经济统计处。下设全国经济科、政府财政科、国际收支科、国际贸易科、价格科；

●信息和新闻处。下设宣传科、书籍科、出版科；

●研究、手段支持和服务处。下设集中服务科、特殊服务科、探索科；

●合作处。下设行政科、人力资源科、国际关系科、法律科等。

五　就业委员会和审计长

**马**耳他共和国宪法第 11 章第 123 节和第 111 节规定，马耳他设置马耳他就业委员会和审计长。

## （一） 就业委员会

马耳他就业委员会由主席和 4 名委员组成。总统应根据总理在与反对党领袖磋商后提出的建议任命就业委员会主席，并按照总理的建议任命 4 名委员中的两名；另两名应按照反对党领袖的建议任命。部长、议会秘书、议员、议员候选人、地方政府官员或公职人员均无资格出任就业委员会的成员。就业委员会的成员在离任之日起 3 年内，不得被任命或担任任何公职。

就业委员会的职责：保证在就业方面，任何人不因为个人的政治观点而受到不符合民主和社会公正准则的歧视、排斥或偏袒。凡是有蒙受上述歧视、排斥或偏袒损害的任何个人，可在规定时间内按规定方式请求就业委员会予以纠正。

就业委员会还可以从议会获得必要和适当的权力，以使就业委员会能够有效地采取适当的补救措施，并履行宪法所规定的各项职责。

## （二） 审计长

马耳他设置审计长，审计长为文官，由总统根据总理的建议任命之。审计长没有任期的年限，可以任职至年满 60 岁为止。

审计长有权对马耳他所有政府部门和机构、包括文官委员会和议会秘书以及高等和初等各级法院的账目进行审查，并提出年度审计报告。审计长行使与马耳他政府的账目及其他公共机构及马耳他其他公共基金管理部门的账目有关的职责，还行使与监督和控制马耳他公共基金支出有关的职责。为此目的，审计长或由他授权的任何人有权查阅与上述账目有关的簿册、记录、报表以及其他文件。

审计长将年度审计报告提交财政部长，财政部长应在接到报告后 30 天内提交议会。如果议会正在闭会期间，应在议会下次会议开始后 30 天内提交。

审计长在行使其职责时，不接受任何其他人或机构的指示或监督。

六　地方政府

耳他中央政府领导的地方政府有大区和地方市政委员会两级。

至今，马耳他群岛大区的行政机构还未完全建立，大区的权力和职责又与地方市政委员会重叠，因此，大区的权力和职能主要由它所管辖的地方市政委员会行使，大区地位的重要性不及地方市政委员会，所以大区的作用往往被忽略。

目前只有地方市政委员会在行使自己的职能。地方市政委员会共有 68 个，其中 54 个在马耳他岛上，14 个在戈佐岛上。根据"地方市政委员会法"，地方市政委员会设置委员、市长、书记等职位。

每一个地方行政单位设置一个委员会，作为该地方行政单位的议事机构。委员会委员的数量由该委员会所在地的居民数量决定之。凡有 5000 名居民设 5 个委员，5000~10000 名居民设 7 个委员，10000~15000 名居民设 9 个委员，15000~20000 名居民设 12 个委员，20000 名以上居民设 13 个委员。委员任期 3 年，每年改选 1/3，也就是说，每年有 22~23 个左右的地方市政委员会要进行委员的选举。选举采取普遍和直接的选举，由参加竞选的政党提出候选人名单，选民按名单投票，委员根据所得的选票按比例制产生。

委员会讨论地方市政的工作，审查财政年度预算执行的情况，决定来年的财政预算，任命书记和办事机构成员，根据 1/5 居民的请求讨论居民关心的问题。委员会的各种会议公开和透明，向全体居民和当地的媒体敞开大门。

市长是地方市政委员会的政治代表，任期 3 年。2005 年以前市长由新选出的委员会在举行第一次会议上从委员中选举产生。2005 年修改选举法，市长由普遍和直接选举产生。如果委员会拥有 7 个和 7 个以上的委员，则还要选出一个副市长，协助市长工作。市长作为中央在地方的代表，贯彻中央政府的方针和政策，完成中央委托的任务。

书记是地方市政委员会的行政长官，由委员会与中央政府有关机构协商后任命。书记任期 3 年。书记领导书记处，收集和反映地方公众意见，安排委员会议日程，筹备委员会各种会议，整理会议记录，为市长提供年度财政报告，负责土地和城镇化，垃圾处理，维护道路交通，负责卫生、社会事务、教育、文化、体育和休闲，完成市长委托的工作。凡规模较大的地方市政委员会，还可以任命一个副书记，协助书记工作。

此外，中央政府在戈佐岛上派驻一名专员，统一管理戈佐岛的事务。马耳他中央政府还在马耳他群岛上设置 6 个统计区和 13 个选区（Electoral Constituency）。①

## 七 文官

在马耳他共和国宪法中，专门设置第 10 章来规定马耳他文官系统②中的文官制度。

马耳他文官由文官委员会管理，文官制度的实施也是由文官委员会负责。根据马耳他共和国宪法第 10 章第 112 节规定，马耳他设置文官委员会。文官委员会由 1 名主席、1 名副主席和 1 至 3 名委员组成。其成员由总统根据总理在与议会反对党领袖磋

---

① 选区在每次大选前都要重新划定。
② 根据马耳他共和国宪法第 11 章第 126 节用语解释，"文官系统"指的是马耳他政府的文职官员，还包括高级法院法官、初级法院法官和马耳他警察官员，但是不包括总统、总理、部长、议会秘书、议长、副议长、议员和根据宪法设立的委员会成员，也不包括大使、高级专员、驻外的主要代表等高级官员。

商后提出的建议任命。部长、议会秘书、议会议员、议员候选人、地方政府成员或公职人员不得担任文官委员会成员。文官委员会成员在任期届满3年内不得被任命或担任任何公职。文官委员会内设置秘书处,拥有17名工作人员。他们管理着马耳他政府中约为8000名的文职官员。

文官委员会负责文官的招聘,在招聘的考试中对考卷评分,择优录取并将挑选的未来文官向总理推荐和审核。关于从文官系统以外招聘公职人员[①],除了在政府公报上发表关于公开招考的公告外,都应通过由公共基金提供经费的就业机构进行,以保证任何人不因其政治观点不同而受到歧视和排斥,从而使招聘工作完全符合文官制度的需要和国家的需要。然后,总理根据文官委员会的建议,以书面委托任何文官或其他权力机构,按照委托书所规定的条件,代行总理的这种权力。

文官委员会负责对在职文官的培训工作,对在职文官进行分期分批的轮训,以便提高马耳他文官的素质、知识水平、技能和办事效率。

文官委员会负责对在职文官的定期考核和鉴定,并根据考核的成绩和鉴定进行表彰或者晋升。文官委员会每年就晋级和晋升向总理提出名单以及意见和建议。这里列举几年文官委员会提出晋级和晋升的人数:2004年为1669人,2005年为2573人,2006年为1587人。

文官委员会就各级文官的调动向总理提供名单,并就所提供的名单提出意见和建议。

如果任何文官在免除公职时认为受到不公正的待遇,被免职

---

① 根据马耳他共和国宪法第11章第126节用语解释,"公职"指的是文官系统中有报酬的官职,"公职人员"指的是担任公职或被任命担任这种职务的人。

者经过文官委员会的认可，可以向总理提出申诉。任何文官有权在文官委员会对其申诉进行审议时本人直接或由其所属工会的 1 名代表协助向委员会进行陈述。

文官委员会执行文官制度的纪律，对文官所犯的过失或罪行进行认定，并就惩处向总理提出意见和建议。2006 年，文官委员会曾经处理过 52 起这种类型的案件。

文官每月领取由统一基金发放的文官报酬，统一基金还按服务年限发给现任或前任文官及其遗孀、子女、赡养人或私人代表的各种法定养老金、恩俸或补贴。

# 第三节　立法

## 一　议会的组成

马耳他共和国实行议会制，议会则实行一院制。根据马耳他共和国宪法第 6 章第 52 节规定，议会由总统和众议院（House of Representatives）组成。

马耳他共和国宪法规定，众议院由各选区根据按照分配名额选出的议员组成，因此，议员称为"议会议员"。议员根据所规定的选区按同等比例选举产生，每一选区应选议员名额由众议院以法律规定，至少 5 名，至多 7 名。议员总数必须为奇数，具体数字由众议院以法律形式规定之。马耳他现在有选区 13 个，每个选区选出 5 名议员，故总数为 65 人。如果非众议院议员当选为众议院议长时，他将由于职务而成为当然议员，其名额另计。但在审议法案时，非议员议长无表决权。

1985 年以前，马耳他共和国宪法规定大选中在众议院获得多数议席的执政，而不考虑该党得票情况。1981 年马耳他大选中，国民党获得了 50.92% 的选票，但工党在议会 65 席中获得 34 席，因此由工党执政。于是在野党提出了抗议，也因此促使马耳他众议院在 1987 年对宪法进行修正，规定由大选中获得超半数的选票的政党执政。为了确保执政党在议会中议席优势，修正案同时规定，大选中如获得超过半数的选票，在当选议员不足半数时，该党议席数量可以增加，直到超出反对党 1 席。如在 1996 年 10 月 26 日的大选中，工党获得有效票数的 50.7％，但在议会中只获 31 席，因而增加 4 席共 35 席，比反对党——国民党的 34 席多 1 席，因而组成议会多数党。

2007 年 9 月 26 日，马耳他议会一致表决通过有关选举制度的宪法修正案。该修正案主要内容如下：

（1）在划分选区时，整个戈佐岛将被视为一个选区；

（2）如出现只有两个政党赢得议会席位而其中之一（据实际得票）代表性不足的情况，后者将获额外议席，以反映其第一轮计票所得选票数；

（3）如两个以上政党赢得议会席位，其中之一获得绝大多数选票但代表性不足，该党将被分配给额外议席以反映其实际得票数。

上述议席的分配均以第一轮计票为准。议会席位必须保持单数。所有变化将在下届大选前生效实施。

1921～2003 年，马耳他主要政党在各届议会中所占有的席位，参见表 3－1。1921～2003 年，马耳他主要政党的席位在各届议会中所占的比例参见表 3－2。

议会任期为 5 年。总理可以建议总统提前大选。如遇战争，任期可以延长，每次延长 12 个月，但延长以 5 年为限。

本届议会于 2003 年 5 月 24 日组成，共 65 席。其中，执政的国民党占 35 席，反对党工党占 30 席。议长安东·塔博恩，系国民党议员。

表3-1 1921~2003年马耳他主要政党在各届议会中占有的席位

单位：席位

| 年份 | 立宪党 | 民主国民党 | 马耳他工党 | 马耳他政治联盟 | 国民党 | 琼斯党 | 民主行动党 | 戈佐党 | 马耳他工人党 | 进步宪政党 | 基督教工人党 | 独立人士 | 总计 |
|------|--------|------------|------------|----------------|--------|--------|------------|--------|--------------|------------|--------------|----------|------|
| 1921 | 7 | 4 | 7 | 14 | | | | | | | | | 32 |
| 1924 | 10 | 5 | 7 | 10 | | | | | | | | | 32 |
| 1927 | 15 | | 3 | | 13 | | | | | | | 1 | 32 |
| 1932 | 10 | | 1 | | 21 | | | | | | | | 32 |
| 1939 | 6 | | 1 | | 3 | | | | | | | | 10 |
| 1945 | | | 9 | | | | | | | | | 1 | 10 |
| 1947 | | | 24 | | 7 | 2 | 4 | 3 | | | | | 40 |
| 1950 | 4 | | 11 | | 12 | | 1 | | 11 | | | 1 | 40 |
| 1951 | 4 | | 14 | | 15 | | | | 7 | | | | 40 |
| 1953 | | | 19 | | 18 | | | | 3 | | | | 40 |
| 1955 | | | 23 | | 17 | | | | | | | | 40 |
| 1962 | | 4 | 16 | | 25 | | | | | 1 | 4 | | 50 |
| 1966 | | | 22 | | 28 | | | | | | | | 50 |
| 1971 | | | 28 | | 27 | | | | | | | | 55 |
| 1976 | | | 34 | | 31 | | | | | | | | 65 |
| 1981 | | | 34 | | 31 | | | | | | | | 65 |
| 1987 | | | 34 | | 31 + 4 | | | | | | | | 65 + 4 |
| 1992 | | | 31 | | 34 | | | | | | | | 65 |
| 1996 | | | 31 + 4 | | 34 | | | | | | | | 65 + 4 |
| 1998 | | | 30 | | 35 | | | | | | | | 65 |
| 2003 | | | 30 | | 35 | | | | | | | | 65 |

表 3-2  1921～2003 年马耳他主要政党的席位在各届议会中所占的比例

单位：%

| 年份 | 立宪党 | 民主国民党 | 马耳他工党 | 马耳他政治联盟 | 国民党 | 琼斯党 | 民主行动党 | 戈佐党 | 马耳他工人党 | 进步宪政党 | 基督教工人党 | 独立人士 |
|---|---|---|---|---|---|---|---|---|---|---|---|---|
| 1921 | 21.9 | 12.5 | 21.9 | 43.8 | | | | | | | | |
| 1924 | 31.3 | 15.6 | 21.9 | 31.3 | | | | | | | | |
| 1927 | 46.9 | | 9.4 | | 40.6 | | | | | | | 3.1 |
| 1932 | 31.3 | | 3.1 | | 65.6 | | | | | | | |
| 1939 | 60.0 | | 10.0 | | 30.0 | | | | | | | |
| 1945 | | | 90.0 | | | | | | | | | 10.0 |
| 1947 | | | 60.0 | | 17.5 | 5.0 | 10.0 | 7.5 | | | | |
| 1950 | 10.0 | | 27.5 | | 30.0 | | 2.5 | | 27.5 | | | 2.5 |
| 1951 | 10.0 | | 35.0 | | 37.5 | | | | 17.5 | | | |
| 1953 | | | 47.5 | | 45.0 | | | | 7.5 | | | |
| 1955 | | | 57.5 | | 42.5 | | | | | | | |
| 1962 | | 8.0 | 32.0 | | 50.0 | | | | | 2.0 | 8.0 | |
| 1966 | | | 44.0 | | 56.0 | | | | | | | |
| 1971 | | | 50.9 | | 49.1 | | | | | | | |
| 1976 | | | 52.3 | | 47.7 | | | | | | | |
| 1981 | | | 52.3 | | 47.7 | | | | | | | |
| 1987 | | | 52.3 | | 47.7 | | | | | | | |
| 1992 | | | 47.7 | | 52.3 | | | | | | | |
| 1996 | | | 47.7 | | 52.3 | | | | | | | |
| 1998 | | | 46.2 | | 53.8 | | | | | | | |
| 2003 | | | 46.2 | | 53.8 | | | | | | | |

二 议会的选举

议会大选应在议会解散后 3 个月内，在总统根据总理的建议以公告规定的日期举行。

**（一）选区的划分**

选区的数目由议会随时决定，但必须是奇数，至少 9 个选区，至多不超过 15 个。目前，马耳他全国划分为 13 个选区，每个选区选出 5 名议员。

选举委员会应 2～5 年一次对选区的划分进行复查，并且有权按照它认为理想的方式调整选区划分。但是，每当议会作出调整选区数目的规定时，选举委员会必须进行复查，并调整选区划分。另外，在依法进行人口普查后，选举委员会得随时根据普查结果进行复查，并按照它认为理想的方式调整选区划分。

每当选举委员会作出调整选区划分的决定时，必须执行下列行为：

（1）首席选举专员应尽快将此方案通报总理和反对党领袖；

（2）总理应在收到上述通报后两个月内将调整选区划分的方案提交众议院审议；

（3）众议院应在总理收到上述通报后 5 个月内通过决议，或者予以批准，或者予以退回复议；

（4）在调整选区划分的方案通知总理 6 个月之后，或者在该方案被议会批准或退回选举委员两个月以后，首席选举专员应将原方案在政府公报上发表（如经选举委员会纠正，则将修正文本在其公报上发表）；

（5）调整选区划分方案在政府公报上发表后，如有在下次众议院选举时采用的，选民登记也按新方案进行。

选举委员会在对选区划分进行审核时，应保证各选区的选民

总数（依据当时选民登记的数字）除以各选区应选众议员数所得的商大体上相等于当选系数。但是选举委员会在进行审核时，应考虑交通便利、人口密度等其他有关因素，使调整后的各选区的选民人数大于或少于当选率数①乘以应选众议员名额之和，但不得超过5%。

**（二）选民的资格**

凡年满18岁的马耳他公民，并且在选举登记前18个月内曾连续在马耳他居住满6个月或者居住时间累计满6个月的，均有资格在选举众议院议员时登记为选民。但马耳他政府驻外工作人员或国外服役的受训部队成员，不受居住期限的限制。未登记为某一选区的选民，不得在选举众议员时在该选区投票。

下列人员没有资格登记为选民：

（1）因精神失常，被马耳他任何法院宣告为禁治产者②或无行为能力者，或者在马耳他被认定为精神不健全者；

（2）被马耳他任何法院判处死刑者，或被上述法院（无论以何种罪名）判处12个月有期徒刑以上刑罚者，或被判处上述徒刑缓期执行者；

（3）因被判定在选举众议院议员时有违法行为，根据马耳他现行法律取消其登记为选民的资格者。

**（三）候选人资格**

根据马耳他共和国宪法第6章第54节规定，具有马耳他选民登记资格，方可当众议院议员，如不具备此项资格则不得当选为众议院议员。候选人必须获得4个以上已在本选区登记的选民提名，每个议员候选人要提交相当于100美元的押金。如果候

---

① "当选率数"指马耳他全国选民总数（根据行选举委员会进行审核时有效的选民登记统计）除以议会下次大选时应选众议员总数所得的商。

② "禁治产者"指因心神丧失或精神耗损，不能治理自己的财产，经有关人员的申请，由法院依法宣告为无民事行为能力的人。

选人获得本选区 1/10 以上有效票，就可以将押金退回。

下列人员无资格当选马耳他众议院议员：

（1）无选举权者；

（2）自愿取得他国国籍或宣布效忠他国者；

（3）除议会另有规定外，马耳他政府的现任或代理公职人员及军人；

（4）作为同马耳他政府就公共事业签订合同的一方，或者是合股企业有无限责任的合股人，或者是合股公司的董事或经理且未在选举日前一个月在政府公报上公布与政府签署合同的性质、他本人以及合股企业或公司方面所享有的股权；

（5）根据马耳他现行法律被判决或宣告为破产人而尚未清偿债务者；

（6）因精神失常或挥霍被马耳他任何法院宣告为禁治产者或无行为能力者，或按马耳他其他法律被认定的精神不健全者；

（7）被马耳他任何法院判处死刑者，或被上述法院（不论以何种罪名）判处有期徒刑 12 个月以上的徒刑者，或由主管当局改判其他刑罚者，或被判上述徒刑缓期执行者；

（8）担任或代理负责组织众议院议员选举、编制或审核选民登记册或与之有关的职务者；

（9）因被判定在选举众议院议员时有违法行为，根据马耳他现行法律取消其当选众议院议员资格者。

**（四）选举方式**

众议院议员的选举应采用投票方式，并应采取不泄露任何选民所投的选票的方式进行。任何人不得代他人投票，但是，法律可以作出规定，以使由于失明、身体原因或文盲而不能填写选票的人由投票点的选举监督官员代表他们，并且按照他们的意志代为填写选票。选票的制作应使不识字的选民能够辨别候选人所属的政党。

选举按照比例代表制原则，以单名可转让选票方式在各选区同时进行。也就是说，将各候选人名字按字母先后顺序排列于该党候选人名单上，选民排列出对候选人的支持顺序，若其支持的第一候选人所获选票未达当选最低限额票数或未当选，这一票即转移给第二候选人。如此依次转移，直到该选区的所有席位被选出为止。这一制度不能保证各正常按其所获选票比例取得相应的议席，目前世界上只有极少数国家采用这一投票方式。投票是非强制性的。

马耳他议员虽然只经过一次投票，但分两批或3批当选，第一批当选的是未获任何转移票就当选的议员。第二批是经过选票转移后，在该选区得票名次为前5名（如已有1名议员在第一批中当选，则为前4名当选，以此类推）。第三批当选的，即是前文所述的通过增加议席方式当选的议员。该议员产生办法为，将需要增加议席数的政党所获票数在全国范围内进行转移，排前几名的当选。

**（五）选举委员会的管理和监督**

根据马耳他共和国宪法第6章第61节规定，马耳他设置选举委员会。

选举委员会由主席1人和委员若干人组成。主席必须从政府公职人员中遴选任命的现任首席选举专员来担任。委员人数有法律规定，但不得少于4人。选举委员会委员由总统根据总理在同反对党领袖磋商后提出的建议任命。部长、议会秘书、众议院议员或议员候选人以及政府官员，均无资格担任选举委员会委员。

除法律另有规定外，选举委员会委员在下列情况下应立即离职：

（1）自任命之日起3年期满或任命书本身规定的较早期限届满；

（2）如果被选举的委员会委员，无能力行使其职务（无论是因为精神或身体不健全或是其他原因），或有行为不端等情况，总统可根据总理的建议，免除选举委员会委员的职务。

如选举委员会委员职位出缺，或由于任何原因无能力履行其职务，总统得根据总理在同反对党领袖磋商后提出的建议，任命一名合格人士担任临时委员。临时委员任职至任命新委员补缺或无能力履行职务的委员恢复履行职务能力时止。选举委员会在行使宪法赋予的职权时，不接受任何个人或机构的指挥或控制。

各选区的选举及投票活动应受选举委员会的指导和监督。如果选举委员会有足够根据认为，在所有选区内或一个或几个选区内，选举舞弊或违法行为十分普遍或者其性质足以影响选举结果，选举委员会必须终止该选区的选举活动，首席选举专员应立即将此问题提交宪法法院裁决。

如在某选区内存在选举舞弊或违法行为而选举并未被终止，或者如果有理由怀疑该选举有舞弊和违法行为业已影响本选区的选举结果，该选区的任何合法选民均有权在本选区的选举结果正式公布后3天内，将案件提交宪法法院裁决。

任何提交宪法法院的案件，应由该法院审理并根据马耳他现行法律作出裁决。宪法法院在不妨碍其他任何权力的情况下，有权根据上述条款所说的理由，取消有选举舞弊和违法行为的选区的选举活动。宪法法院还有权发布指示及命令，规定其认为合适的补救措施，特别是确保迟早举行自由选举，以代替被取消的选举。只有在有效选举结果正式公布后，选举才完成。

为保证对有选举舞弊和违法行为的人进行严惩，马耳他宪法还规定，除非经众议院2/3以上议员赞成，不得对任何法律作如下修改：

（1）使任何作为或不作为不再属于舞弊和违法行为；

（2）改变或增添有关认定选举舞弊和违法行为的规定情况或条件；

（3）减轻对任何舞弊和违法行为责任人的惩罚。

#### （六）选举种类

马耳他议会选举分大选和补选两种。议员因辞职、晋升、病故等原因不能继续任职时，在其所属选区该党候选人中补选。

### 三 议会的组织

#### （一）议长

议院设 1 名议长，1 名副议长。议长和副议长都必须在众议院普选产生后的第一次会议上在其开始处理任何事务前选出。如果议长、副议长在议会下一次解散前职位空缺，众议院应尽快补选。议长和副议长的选举公开进行，采用一轮投票制——"简单多数制"方式。① 议长选举由众议院干事主持，宣读选举结果并负责监票。选举结果是终局性的。

所有众议院议员除内阁成员和议会秘书外都有资格当选议长；非众议院议员中有资格当选为议员的人士也可以当选为议长。自 20 世纪 80 年代以来，议长习惯上由非议员担任；而副议长则必须是议员。在一般情况下，议长由执政党提名，副议长由反对党提名，以示议会民主。但是，如果反对党拒绝提名，执政党也可自行提名。

议长任期 5 年，与众议院议员任期相同。从议员中选举产生的议长，其职务因丧失议员资格、被任命为部长或议会秘书、死亡、辞职或者众议院解散而解除。

从非议员选举产生的议长，其职务因丧失议员被选举权、被法院宣布为无行为能力者、被判处 12 个月以上有期徒刑、因在选举中作弊而丧失选民资格、辞职、死亡或者众议院解散而解除。

---

① "简单多数制"是指得到选区总选票的相对多数的候选人即当选。这种选票统计方法对大党候选人极为有利，而不利于小党的候选人和独立候选人。

如果议长被要求停止其议员职务则应同时停止其议长职务，在离职前和恢复履职前的期间，应由副议长代理其职务。如果副议长缺位，则众议院从其议员中（非部长和议会秘书）选出1人代理议长的职务。如果副议长被要求停止其议员职务则应同时停止其副议长职务，在离职前和恢复履职前的期间，可由众议院选举1名议员（非部长或议会秘书）代理其职务。

议长对外代表众议院，在国家中位列第五，排在总统、总理、大主教、首席大法官之后。议长一般在副议长的协助下完成其职责：与副议长一起召集众议院特别会议，决定是否接受议案或议案修正案；召集会期内的全体会议；保证众议院活动遵守宪法与议事规则；发表有关众议院的声明；维护会场秩序，必要时可采取强制手段；决定发言顺序，允许或拒绝议员发言；制定修正案审议顺序，并决定那些修正案提交辩论；组织投票，在投票程序违法时宣布投票无效；检点到场议员数；确认议员通过的法律文本及辩论记录；解释议事规则；组织自由辩论；编制和批准众议院预算；决定众议院内部工作人员的录用及晋升；组织向众议院提供的服务；负责与外国议会的交往；负责众议院安全保卫；在议案送交总统批准前签署议案。议长年薪相当于部长，还可享受公派的轿车和司机及私人秘书。

**（二）议员**

议会议员任期5年，连选可以连任。当选的议会议员必须进行宣誓的仪式，其誓词是：

> 我愿对人民和马耳他共和国及其宪法表示真正的忠诚及信任。（上帝助我）①

---

① 世界宪法大全编委会：《世界宪法大全》，第876页。

议会议员不得因其在众议院或其委员会上的发言、书面报告或以请求、提案、决议、建议或其他形式提出的事项而受民事或刑事追诉。在议会会议期间，议员不因任何民事债务而被逮捕，但构成刑事犯罪的债务除外。议员开会时，任何法院不得在议会辖区内行使或执行其民事管辖权，也不得通过议长、秘书或其他议会官员行使或执行上述管辖权。

议员在下列情况下丧失议员资格：

（1）当选后的下一次议会被解散；

（2）以亲笔辞呈向议长提出辞职。议长缺位或离开马耳他时，向副议长提出；

（3）作为同马耳他政府就公用事业签订合同的一方，或者以合股企业有无限责任的合股人、合股公司的董事或经理的身份同政府签约而成为上述合同的一方、有无限责任合股人或公司董事或经理。但是，如果他在成为合同一方之前，以及在成为合同合股人（无论是作为有无限责任的合股人还是公司董事或经理）之前，或在此之后，尽早向议长报告了此合同的性质以及他本人、合股企业或公司的股权，经议会通过决议同意他不受本款规定的限制者除外；

（4）在众议院开会期间，缺席的次数、时间或者理由都违反了众议院议事规则的规定；

（5）丧失马耳他公民身份；

（6）丧失众议院选举的选民登记资格；

（7）众议院任何议员如因判处死刑或监禁，依法宣告为禁治产、无行为能力或精神不健全，依法判决或宣告破产，或者由于犯有违反选举法规罪而被剥夺选举权时，应即停止其议员职务。但是该议员的议席应在此后的30天内继续保留。

但是议长可以随时延长上述期限，每次延长期为30天，以使该议员对上述判决提出上诉。但是延长期限累计超过150天后，非经众议院通过决议许可，不得再予延长。

如果法院对上诉作出裁决后，上述情况依然存在，而该议员不得再次上诉，或因提出或告知上诉的期限届满，或因上诉驳回或其他任何理由该议员不得上诉时，其议席应即空缺。

（三）委员会

1995 年以前，议会不设委员会，议案由副议长领导下的众议院委员会审议。从 1995 年开始，议会设立了几个常设委员会，分别处理相关事务。所设立的常设委员会如下：

议院事务委员会，主要负责处理议会相关事宜；

特别委员会，对于法案和提案、议事程序、议会领导人、召集人员、指定文件有特殊权利；

公共统计委员会，对公共账目、支出、审计负责并向议会报告；

外交及欧洲事务委员会，负责处理马耳他对外事务，处理与欧盟、欧洲议会、欧洲理事会等欧盟机构的关系；

社会事务委员会，负责社会政策、社会援助，家庭事务等。

此外，还有法案和提案审查委员会、发展计划委员会、国家审计委员会等。在必要时，议会还可以设置特别委员会或专门委员会，调查处理专门或特殊事务。

（四）议会党团和反对党领袖

议会设议会党团和反对党领袖。反对党领袖由总统任命。如果众议院中存在一个力量大于任何其他反对党的最大反对党时，应任命身为议员的该党领袖为反对党领袖；如果议会内各反对党力量相等或没有反对党时，应任命总统认为能得到议会反对派别中最大派别支持的议员为反对党领袖；如果总统认为并非反对党领袖的另一名议员已成为议会中力量最大的反对党领袖，或者现任反对党领袖不再享有议会中最大在野派别的支持，总统得撤销对该反对党领袖的任命。

四 议会的职能

议院是马耳他共和国最高立法机构，马耳他共和国宪法第6章第66节第1条规定：

除本宪法另有规定者外，议会得为马耳他的和平、秩序和良好的治理而立法。

议会和总统、政府均有提案权。国家的每一项法律都要经议会三读通过，并由总统批准颁布后方能生效。宪法还赋予议会审议财政法案和监督政府的权力。议会有权以法律形式规定众议院及其议员的特权、豁免权及其他权力，议会还可以自行制定议事规则和内部管理条例。在国际事务上，与其他国家或国际组织签署的国际条约也要经过议会的批准方可生效。

但是，除非由总统提出并由1名部长签署的建议，议会不得审议为下列目的作出规定的法案或有关的建议和请求：

（1）课征或增加税收；

（2）规定或增加国家收入，或马耳他其他基金拨付的款项；

（3）增加由国家收入或马耳他其他资金拨付的款项或改变上述拨款数额（减少拨款数额者除外）；

（4）减免欠马耳他的债务。

根据马耳他宪法第6章第67节规定，议会还有权修改宪法以及1964年马耳他独立法（就其中构成马耳他法律的部分而言）的任何条文，但是必须在全体议员2/3的多数票方能通过。

五 议会的议事规则和程序

议院有权自行规定其议事规则和程序。

议会例会每年至少应召集一次，上次会期最后一次会议和下次会期第一次会议的间隔不得超过 12 个月。议会的每次会期应在总统以公告指定的日期和地点举行，或在议会指定的它认为合适的时间和地点举行。众议院第一次会议，必须在选举委员会于总统指定的日期正式公布大选结果后至迟两个月内召集。

众议院的活动不受个别议员缺席的影响，包括众议院在规定日或规定日后举行第一次会议以及议会解散后的第一次会议。即使有无资格出席会议或参加议会活动的人出席或参加，也不影响议会活动的有效性。但是，议会召开的法定人数（不计会议主持人）必须为 15 人。会议一般由议长主持。议长缺席时由副议长主持，副议长也缺席时，由会议从议员中推选 1 人主持，但不得推选部长或议会秘书来主持。如果在议会任何会议中，任何出席会议的议员提请主持人注意出席人数不够法定人数，在根据议会议事规则的规定等待一段时间后，如会议主持人确认出席人数仍不足法定人数，议会则应休会。

提交议会作出决定的所有问题，应以实际出席会议并参加投票议员的过半数赞成票通过。议长不参加投票，但如表决时票数相等，议长行使决定性投票权。除议长、副议长以外的任何其他人主持议会会议时，可保留其作为议员的投票权。如果票数相等，也可行使决定性投票权。

议会的立法权应以由议会通过、并经过总统同意的法案行使。任何法案提请总统同意时，总统应及时签署表示他同意该法案。任何法案在总统批准后即成为法律。总统签署后的法律应立即在政府公报上发表，并自发表之日生效，但议会可以推迟任何法律的生效日期，并得制定具有追溯性的法律。

马耳他所有的法律均使用马耳他语和英语两种语言制定，如果任何法律的马耳他语文本与英语文本不一致，以马耳他语文本为准。

总统可以在任何时候以公告宣布议会闭会或解散议会。议会每届任期5年，自上次解散后的第一次集会之日起算，5年期满后自动解散，但被总统提前解散除外。

在马耳他处于战争时期间，议会可延长任期，但每次延长不得超过12个月。如果在议会解散后至下次议会大选前出现紧急情况，总理认为有必要召集议会，总统得以公告形式召集已解散的议会开会。此时，应视为议会尚未解散，其任期延至下次大选投票结束之日。

根据马耳他共和国宪法第6章第77节第5条规定，议会以全体议员过半数票通过一项对政府的不信任案，而3天之内总理既不辞职也不建议解散议会时，总统得解散议会。如果总理缺位，而总统认为他无法在合理的时间内任命一个可以得到议会多数人支持的人出任总理，总统得解散议会。如果总理建议解散议会，但总统认为政府可以继续执政而无需解散议会，并且解散议会不符合马耳他的利益，他可以拒绝解散议会。

因为普通议员无薪俸，必须从事自己的私人工作，故除特殊情况外马耳他议会都安排在晚间5点到9点开会。每周至少3次，而且多在每周一、二、三晚间。如15名以上议员提出，议会可另定时间。一般每年夏季6月至10月上旬、冬季的圣诞节期间和复活节期间休会。

# 第四节　司法

一　法律体系

马耳他共和国的法律体系，由于历史的原因出现了曲折而复杂的发展和演变过程。在罗马人统治长达千年中，罗马人给当地人带来了罗马法（即大陆系法）。以其务实的、淡于思辩的精神而创设的集"实然法"与"应然法"于一体的"罗马法"体系及相应的法律理念，已经深深地在马耳他扎下了根，所以，在罗马人结束在马耳他的占领后罗马法依然在马耳他保持着旺盛的生命力。它不仅渗入了 1090～1194 年期间在马耳他适用的诺曼底法规中，也渗入了 1530～1789 年在马耳他颁布的圣·约翰骑士团的法律中。法国拿破仑军队的占领时间是比较暂短的，但是他带来的"依法治国"的理念、尤其是《法国民法典》对马耳他的法律体系和司法制度的影响确是非常深刻的。即便是马耳他成为英国殖民地之后，1868 年，马耳他历史上首次颁布的《马耳他民法典》，就是以《法国民法典》为范本进行编纂的。可见，大陆系法对马耳他的法律体系和司法制度影响之大和如此之深刻，也就是说，马耳他在沦陷为英国殖民地前和在英国统治的初期，其法律体系和司法制度还是属于大陆法系的。

马耳他沦陷为英国殖民地后，其法律体系和司法制度的属性才逐渐地发生变化。英国宗主国于 1865 年颁布的《殖民地效力法》第二条规定，一切与英国法律相抵触的殖民地立法无效，同时，英国枢密院司法委员会还握有对殖民地案件的最终上诉管辖权。这种上诉分为两种，一是殖民地法院酌定的上诉，二是英王特许的上诉。对于后者，殖民地法院无权变更。此外，英国上议院乃至高等法院的判决也对殖民地的法院具有拘束力。

因此，英国法律体系和司法制度向殖民地的移植带有很大的强制性。这一点连英国的法学家也坦率承认，若非英国的强制性灌输，"不会有英帝国以外的部分自愿接受普通法"。这是因为，英国法律体系中庞杂的判例体系、繁琐的诉讼形式（特别是在 1875 年以前）和晦涩难懂的名词术语对于生活在大陆法系中的马耳他，接受起来是十分困难的，有一个长期的融入过程。而正是英国统治的两个多世纪中，英国通过《殖民地效力法》等措施给它的殖民地马耳他强制性输入英法系（即普通法系），并逐渐地渗入到马耳他存在已久的大陆法系的法律体系和司法制度中。1942 年 12 月 31 日起，由马耳他官方组织汇编的《马耳他法规汇编修订本》正式开始发行，各种法规按年代顺序编排，每项法律为一"章"，且连续编号。从 1943 年起，每年出版一卷年鉴，以收录当年所颁布的法规，这些法规按使用编号和颁布年份引用。

马耳他独立和成立共和国之后，仍然属于英联邦成员国之一。根据 1971 年的《英联邦宣言》，英联邦成员国的独立的主权国家的自愿联合，各国对自己的事务有决定权，但同时也强调要维护共同传统和法制的重要性。英联邦客观上成为加强普通法系成员国互相联系和维护统一的纽带。

正是上述的历史背景，马耳他的法律体系和司法制度在大陆法系的基础上吸收了普通法系的内涵，从而弥补了大陆法系的缺陷，促进了马耳他法律体系的多元化。今天，马耳他的法律体系和司法制度既具有大陆法系的特点，又拥有普通法系的特点，属于混合型的法律体系和司法制度。这种混合型的法律体系和司法制度主要体现在《马耳他法规汇编修订本》中，它到今天已经收录了 480 多部法规，从而向世人展示了马耳他在历经沧桑之后，在现代法治文明的建设中所取得的显著的成果。

## 二　司法机构

### （一）高级法院

高级法院有如下几种：

（1）民事法院，分为第一庭和第二庭。第一庭对争议案件有管辖权，第二庭对诉讼案件有管辖权；

（2）商事法院，也是海事法院；

（3）上诉法院；

（4）刑事法院，由一名法官组成，同陪审团一起开庭；

（5）刑事上诉法院，审理并裁决不服民事法院第一庭和商事法院判决的上诉案，当事人如不服民事法院第二庭的判决，也可向民事法院第一庭上诉。刑事上诉法院由 3 名法官组成，审理不服刑事法院判决的上诉，但不受理无罪判决之上诉。

最高法院为最高司法机构，由一名大法官和八名法官组成，由总统根据总理的提名任命。只有在马耳他担任过 12 年以上律师或地方法官的人，才有资格成为高级法院法官。最高法院法官任职直至 65 岁退休时止。最高法院法官，除非本人同意，不得加以解除，除非由总统根据议会以全体议员的 2/3 多数票通过决议，以该法官经证实无能力履行其职责（无论是由于身心虚弱或其他原因）或行为不端为由免除其职务外，不得将其免职。1995 年 7 月 18 日就任的大法官是约瑟夫·赛德·普利切诺（Dr. Joseph Said Pullicino）。

**（二）宪法法院**

宪法法院也属于高级法院，是马耳他宪法监督机构。由 3 名根据法律有资格组成上诉法院的法官组成，有权审理并裁决下列问题：

（1）审理和裁决有关众议员是否合法当选的争议，有关众议员席位是否已经空缺，或者该议员是否应该停止其议员职务的争议；有关从非议员中选出的议长是否合法当选，或者这样选出的议长是否已经离职的争议。

（2）审理和裁决对民事法院第一庭提出的上诉。

（3）审理和裁决马耳他任何初审法院关于解释宪法的裁决提出的上诉。如果议会选举期间及选举后 30 天内，没有设立宪法法院，在该法院依法建立之前，成立即设立由 3 名当时在职的最资深法官，包括首席法官或代理首席法官组成的宪法法院。

（三）初级法院

初级法院有如下两种：

（1）马耳他岛的法警治安官法院；

（2）戈佐岛和科米诺岛的治安官法院。

在民事方面，对于上诉的规定如下：

（1）由马耳他岛治安官法院可上诉到由一名法官组成的上诉法院；

（2）由戈佐岛和科米诺岛治安官法院可上诉到戈佐的由3名治安官组成的法院，或者可上诉到马耳他上诉法院。

在刑事方面，规定上诉由一名法官组成的马耳他刑事上诉法院受理，无须陪审团。非在马耳他担任律师7年以上者，无资格被任命为初级法院法官。初级法院法官由总统根据总理的建议任命，一般任职至60岁退休时止。

（四）行政法庭

在马耳他，同其他地方一样，第二次世界大战以后，由于政府对一般社会福利的活动和责任范围不断扩大，导致行政法院在数量上和重要性上都有很大的发展。事实上，由于它们在组织结构、职能、程序上变得如此错综复杂，以至不可能对其作出一个简明而令人满意的分类。

（五）检察院

马耳他设总检察长，总检察长为文官，由总统根据总理的提议任命之。有资格担任高级法院法官者，始可担任总检察长。

总检察长在行使其提起、立案、办案、撤销等刑事诉讼的法定权力，以及法律授予并明文规定由其根据个人判断行使的其他权力时，不受任命个人或机构的指示或监督。

总检察长任职至年满60岁时为止。1990年就职的总检察长是博奇·巴德（Borg Barthed）。

## 第五节 政党与社会团体

一 政党

马耳他共和国宪法规定，马耳他公民享有信仰的自由和结社的自由。从 20 世纪 20 年代起，马耳他才诞生了具有现代意义的政党（马耳他工党于 1920 年诞生），它要比欧洲其他国家的政党来得晚。这是由于英国作为马耳他的宗主国，给予马耳他自治的权利比较晚，给予马耳他人民的政治权利也来得迟，所以马耳他政党诞生要比欧洲其他国家来得晚。

自马耳他第一个政党诞生起，以后相继出现了许多大大小小的政党，他们参加议会选举和其他政治活动，并逐渐地形成了马耳他的政党政治和政党制度。马耳他共和国时期，马耳他政党制度具有如下的特点：

第一，马耳他的政党制度受到英国的政党制度模式的深刻影响，但是，也呈现出自身的特点。

第二，马耳他的政党制度属于两党制，也就是说，自 20 世纪 20 年代以来，马耳他一直存在着两个主要政党——马耳他工党和国民党。他们占据马耳他政坛、操纵马耳他议会、轮流上台执政，其他小政党无力与之抗衡。①

第三，除了工党和国民党两个主要政党外，马耳他还同时存在着许多小政党。根据表 3 - 1 和表 3 - 2 的统计，1921 ~ 2003 年参加议会选举的政党前前后后总共有 11 个。英国也是实行两党制，也存在一些小政党，但是，英国小政党的数量小，马耳他

① 请参阅表 3 - 1 和表 3 - 2，马耳他工党和国民党在各届议会中的席位及其席位所占的比例。

小政党的数量则要大得多。

第四，马耳他小政党变动大，旧的小政党经常消失，例如，立宪党、马耳他政治联盟党、琼斯党、民主行动党、戈佐党、基督教工人党、民主基督教党等，都在马耳他共和国成立以前逐渐消亡了。新的政党不断地在诞生，例如，2007 年 8 月诞生了 AZ 党（Azzjoni Nazzjonali）等。

当今马耳他主要政党如下。

## （一）马耳他国民党（Nationalist Party-NP）

现为执政党。1921 年成立，党员约有 3.2 万人，主要成员为工商业者、教职员、律师、农民等。领导人为埃迪·芬内克·阿达米。

该党前身为成立于 1888 年的政治组织，据说与 19 世纪意大利的复兴运动有关，曾反对英国企图使马耳他文化英国化的做法。1887~1903 年，英国在马耳他设有代理政府，该党曾占据代理政府期间会议的全部民选席位。第一次世界大战后，英国被迫给马耳他某些自治权，1921~1927 年，该党占自治政府会议大部分席位。1933 年又获大部分席位，但这一年英国废止了马耳他自治宪法，恢复直接殖民统治。第二次世界大战爆发后，该党领导人多人被捕或流放。1950~1955 年同工党联合执政。1961 年 3 月拒绝接受英国成立的三人制宪会议提出的宪法草案，主张马耳他成为英联邦内的自治区。1962 年进一步要求在英联邦的范围内独立。1964 年 2 月国民党政府首席部长奥利维尔就该政府提出的宪法草案同英国大臣达成协议，并经公民投票通过。当年 9 月 21 日马耳他独立。但协议同意马耳他为英国提供军事基地以换取经济援助。

马耳他独立后，该党组织第一届政府直至 1971 年。1971 年、1976 年和 1981 年的议会选举中均败于马耳他工党，成为反对党。1981 年议会选举中该党虽获得 50.9% 的选票，却未获得相应的过半数席位，因而提出了修改宪法和选举法的要求。

马耳他国民党对内主张捍卫罗马天主教和马耳他的欧洲传统，建立自由和正义的社会，实行社会均等，通过协作和对话来管理国家。该党对外主张与地中海其他国家合作，支持北约，赞成加入欧盟，同英、美和其他西方国家建立紧密的联系。该党为世界基督教民主联盟、欧洲基督教民主联盟和欧洲民主党联盟成员。

1987年工党和国民党达成协议：在大选中获多数选票者执政。随后在5月举行的第5届议会选举中，国民党获胜。1987年以后，国民党多次蝉联执政。国民党上台执政后对马耳他内外政策作了较大调整，在财政、金融、税收、司法、教育和医疗等领域推行一系列改革措施。在2003年4月12日大选中，由于国民党入盟政策顺应民意，发展经济、提高就业的一系列措施得到民众认可，国民党得以在大选中击败对手（国民党获51%选票，工党和其他党派分获47%和2%选票），蝉联执政。

马耳他国民党最高权力机构是全国委员会，约有500名成员的总委员会，在城、乡和地区均有委员会组织，党的政策由党的执行委员会制定。国民党办有党报——《祖国报》，机关刊物——《人民》周刊。

**（二）马耳他工党（Malta Labour Party-MLP）**

现为主要反对党。1920年成立，党员3万多人，创始人是保罗·布法，主要成员以工人居多。

马耳他工党从创建开始就领导人民同英国殖民主义展开了长期的英勇斗争，在马耳他人民中有较大影响。1921年工党在马耳他的上下议院各获得7席，在马耳他首届联合政府中有两人担任部长职务。1926年工党与宪政党结盟，在1927的议会选举中获胜，组成联合内阁。马耳他工党在执政期间提出了一些保障人民利益的立法，在工党的提议和坚持下，马耳他语被正式列为官方语言之一。

　　1929年，工党－宪政党联盟受到维护英国殖民主义利益的教会势力的攻击，终于在1932年大选举中失败。1947年，根据新宪法，马耳他举行第一次大选，工党在议会40个席位中获24席，上台执政。工党领袖保罗·布法任总理，多米尼克·明托夫任副总理。工党执政期间，推行了所得税法并发展社会福利事业。1949年，两位工党领导人就如何与英国进行谈判以解决海军造船厂多余工人的问题发生分歧，工党大会支持明托夫的意见，选举他为工党领袖，取代了布法。20世纪50年代初，以明托夫为首的工党，采取反英路线，得到右派和进步力量的支持，力量迅速壮大。

　　到1955年，工党已经发展成为一个大党，其党员由1947年的600人猛增到5000人。在这一年的大选中，工党获得绝对多数的选票，再度上台执政。此届工党政府开始制定一整套纲领计划，打算不惜一切代价结束英国在马耳他的殖民统治：提出要么马耳他与英国合并，使两者之间的关系像北爱尔兰和英国的关系一样；马耳他应在英国议会中有发言权，由马耳他选举三位议员参加英国议会，在外交与国防上英国议会仍保留其管辖权，但在其他一切事务上应由马耳他实行地方自治；在经济方面，要求取消马耳他人人皆知与英国人之间存在的工资的不平等待遇，马耳他人民和英国居民在纳税和社会服务方面应完全平等。要么让马耳他有自决权。随后，马耳他工党与英国政府就马英两国合并的可能性问题进行了讨论，结果未能达成协议，而马、英两国关系由此紧张起来。

　　此后又在1971年6月、1976年9月和1981年12月的三次大选中获胜，连续执政，明托夫蝉联总理之职。工党在执政期间，为争取使马耳他成为共和国，曾多次提议修改宪法，议会最后通过了工党提出的修正案。1984年12月明托夫宣布辞职，总

理一职由原工党副领袖，政府副总理兼教育部部长乌戈·米夫苏德·鲍尼其接任。1987 年 5 月大选，工党以一席之差败给国民党，结束了连续执政 16 年的历史。

工党的理论基础是基督教社会主义，对内主张"公民第一"，权利一律，所有公民不分种族、肤色和信仰都享有平等权利，逐步削弱宗教势力和增加社会福利等，对外主张独立自主、中立和不结盟，不参加任何军事集团，反对马耳他加入欧盟，但在马耳他加入欧盟后随即表示尊重人民的选择。重视同地中海国家关系。主张建立自主经济，改变因英国军事基地的影响而形成的畸形经济，实行企业国有化、工人参加企业管理和发展福利事业；鼓励私人企业增加投资以创造更多的就业机会。它与总工会的关系非常密切，自 1949 年以来，总工会在政治上，特别是在大选中，一直作为工党的一部分发挥积极作用。1978 年，工党政府更以宪法形式确定工党与工会的密切关系。

工党现有党员 3 万多人，主要成员是工人、城镇小资产者和进步知识分子，是马耳他组织性最强、群众基础最广泛的政党。现任领导者为阿尔弗雷德·桑特（Alfred Sant）。

### （三）民主选择运动（Alternattiva Demokratika-AD）

民主选择运动是在野党，1989 年成立，党员 700 人，是欧洲绿党联合会的创始成员之一。该党十分注重反对一切腐败现象，力主社会公正和大力保护环境等。该党在议会尚无议席。主席哈里·瓦萨洛（Harry Vassallo）。

### （四）独立工党（Independent Labour Party）

1949 年 10 月，马耳他工党领导人之一保尔·布法，由于主张马耳他由英国内政部或联邦关系部直接管辖，与工党另一领导人明托夫尖锐对立，带领部分党员分裂出来另成立的新党，又称马耳他工人党。1950 年参加议会竞选获 11 席，1951 年以马耳他工人党名义参加竞选获 7 席，1953 年获 3 席。此后再未参加竞选。

**（五）进步宪政党（Progressive Constitutionalist Party-PCP）**

1953 年成立，有党员数十人，办有机关报——《马耳他时报》和《星期日时报》。

**（六）民主国民党（Democratic Nationalist Party）**

1958 年 4 月，英国封闭马耳他海军船坞，解雇大批工人，英政府拒绝履行 1955 年承诺的保障马耳他人民生活的保证，引起政局动荡。随后，举行英国和马耳他政治领袖关于独立问题的谈判陷于破裂。

国民党由主张自治改变为在英联邦范围内独立，1958 年 10 月，一部分人从国民党中分裂出来组成民主国民党。

**（七）马耳他共产党（Communist Party of Malta）**

1969 年 11 月 12 日成立，主张与国内其他政治力量就社会发展和其他共同关心的基本问题达成协议；对外主张反对帝国主义和殖民主义，要求在世界范围内进行裁军，各种社会制度国家和平共处。

马耳其共产党约有 150 名党员。其党刊是《我们的时代》。

## 二 主要社会团体

马耳他全国存在着大约 2000 个社会团体。以 2001 年抽查结果推算，全国 14.5% 的人是非政府组织的成员，而且兼职的人员出现了显著的增长，较前年增长率达 240%。下面介绍马耳他主要的社会团体。

**（一）总工会**

1943 年成立，下属 9 个分会，会员近 4 万人，在政治上是马耳他工党的主要支持力量。1978 年宣布与工党合并，但仍保留其组织并独立开展活动，其主席和总书记曾参加工党执政时的内阁会议。

**（二）工会联合会**

该会于 1959 年成立，会员两万余人，政治上受国民党的影响而倾向于国民党。

**（三）马耳他劳动青年论坛**

该社会团体，源于 1951 年成立的"劳动青年团"，1975 年曾改名为"社会主义青年团"，1993 年 9 月在其年度大会上定为现名。有成员 1000 人左右，设有代表大会、中央管理局、执行委员会和地方机构。中央管理局由 16 人组成，其中主席、副主席和秘书长各 1 人，书记 5 人，分管国际、教育、财政、组织和公共关系。执行委员会由中央管理局和每个地方机构的两名代表组成。地方机构由基层的各个委员会以及参加年度代表大会的代表和该组织的成员组成。

该社会团体，政治上积极支持马耳他工党的方针政策，主张保护中下层人士的经济利益，反对马耳他加入欧洲联盟，主张保持马耳他的中立国地位并使马耳他成为共和国；对外主张采用和平方式解决国际争端。自 20 世纪 50 年代起，就成为社会党青年国际正式成员，1992 年成为"欧共体社会主义青年组织"的联系成员，与"不结盟运动青年和学生组织"以及欧洲和阿拉伯进步组织关系较好。对中国友好，曾于 1985 年应邀派团参加中国主办的"亚太地区青年友好会见"活动。更名后又以函件通报，希望同中国保持友好互惠关系。

**（四）其他社会团体**

马其他还存在着参与人类健康活动的社会福利组织（提供非营利性医疗帮助的组织，如住院和门诊）、参与提供住宿的社会活动的社会福利组织（提供诸如心理咨询、课程、康复帮助之类社会工作的组织，服务内还包括永久性或暂时的住宿服务）、参与不提供住宿的社会活动的社会福利组织（提供诸如心理咨询、课程、康复帮助之类社会工作的组织，服务内不包括永

久和暂时的住宿服务）、参与支持和强制活动的社会福利组织
（提供对某些特殊生活情况的教育并唤起关注的组织）等 4 大类
社会团体。以 2001 年的数据计算，这 4 大类组织分别占总数的
7.1%、32.6%、34.5% 和 25.8%，范围涉及文化、体育、教
育、宗教等诸多方面。

根据马耳他国家统计局统计：2004 年，这类社会团体又有了
发展，总共有 149 个，其中慈善事业性的 46 个、家庭事务性的 33
个、宗教性的 25 个、球迷协会 18 个、教育性的 10 个、治疗性的
8 个、压力集团 8 个、体育性的 1 个、国际性的 1 个、其他性质的
10 个。这些社会团体的活动为马耳他社会起着提供服务、维护权
利、反映诉求的作用，对政府的决策也能起到相当的影响。

上述的 4 大类社会团体与政府、私营部门关系良好。它们在
履行社会管理职能的时候，和政府配合默契，主动或被动地承担
了一些政府交与的职能，例如，马耳他公民社会资源中心努力为
全国其他非政府组织提供服务，增强自身的能力建设，帮助文
化、卫生等社会发展领域的社会团体获得欧盟的资金，加强社会
团体与私营部门联系，获取私营部门的资金支持。它们还建立了
全国志愿者的数据库，提供社会团体获取服务的平台，并参加国
家改革，涉及残疾人领域、难民、受虐待等社会领域的研究。而
马耳他政府在以下几方面对社会团体提供资助：

（1）人力支持。马耳他政府计划 2~3 年组织人力到非政府
组织中去工作，工资由政府资助。

（2）提供一些物质支持。如提供一些住房和住房维修经费
给公益类非政府组织。

（3）就业计划。政府为劳动力提供技能培训，培训完成后
在社会团体中工作。

（4）残疾人培训计划。残疾人的培训由社会团体承担，但
经费由政府提供。

（5）政府提供资金，促进社会团体的能力建设。马耳他社会团体如要参加欧盟培训，政府提供资金。

（6）政府发行的彩票中，有一笔用于良好目的的经费，可由社会团体来申请。同时，私营部门也对社会团体进行了大力支持，有时一场筹款活动就能为马耳他社会团体可以筹集款项130万里拉。

总之，社会团体每年有 80% 的项目受到政府的支持，其他 20% 由私营部门来资助。此外，私营部门也在人力资源等方面为非政府组织提供了大量的服务。

**（五）马耳他－中国友好协会**

1975 年 4 月 19 日成立。1982 年 11 月协会主席克莱洛率代表团访华。

# 第六节　重要人物

## 一　总督

**马** 耳他主要总督如下。

莫里斯·亨利·多尔曼（Maurice Henry Dorman，1964 年 9 月~1971 年 7 月在任）；

安东尼·约瑟夫·马莫（1971 年 7 月~1974 年 12 月在任）。

## 二　历任总统

**马** 耳他共和国历任总统如下：

安东尼·约瑟夫·马莫（1974 年 12 月~1976 年 12 月在任）；

安东·布蒂吉格（Anton Buttigieg，1976 年 12 月 ~ 1981 年

12 月在任）；

阿尔贝特·易兹勒（Albert Hyzler, 1981 年 12 月～1982 年 2 月任代总统）；

阿加塔·巴巴拉女士（Agatha Barbara, 1982 年 2 月～1987 年 2 月在任）；

保罗·舒雷布（Paul Xuereb, 1987 年 2 月～1989 年 2 月任代总统）；

文森特·森苏·塔博恩（Vincent Censu Tabone, 1989 年 4 月～1994 年 4 月在任）；

乌戈（卡尔梅洛或阿尔弗雷德）·米夫苏德·鲍尼其［Ugo (Carmelo or Alfred) Mifsud Bonnici, 1994 年 4 月～1999 年 4 月在任］；

圭多·德马尔科（Guido de Marco, 1999 年 4 月～2004 年 4 月在任）；

埃迪（埃德华）·芬内克·阿达米［Eddie（Edward）Fenech Adami, 2004 年 4 月起在任］。

三  历任总理

耳他历任总理如下：

乔治·鲍格·奥利维尔（Georg Borg Olivier, 1962 年 3 月～1971 年 6 月在任）；

多米尼克（多姆）·明托夫［Dominic（Dom）Mintoff, 1971 年 6 月～1976 年 9 月、1981 年 12 月～1984 年 12 月在任］；

乌戈·米夫苏德·鲍尼其（1984 年 12 月～1987 年 5 月在任）；

埃迪·芬内克·阿达米（1987 年 5 月～1996 年 5 月在任）；

阿尔弗雷德·桑特（1996 年 5 月～1998 年 9 月在任）；

埃迪·芬内克·阿达米（1998 年 4 月～2004 年 3 月在任）；

劳伦斯·冈奇（2004 年 3 月起在任）。

## 四 历任议会议长

耳他历任议会议长如下：

保洛·帕斯（国民党，Paolo Pace，1962～1966年在任）；

阿尔弗雷德·鲍尼其（国民党，Alfred Bonnici，1966～1971年在任）；

埃马纽埃尔·阿塔尔德·贝兹齐纳（马耳他工党，Emmanuel Attard Bezzina，1971～1976年在任）；

奈斯蒂尤·拉维埃拉（马耳他工党，Nestu Laviera，1976～1978年在任）；

卡尔西东·阿吉尤斯（马耳他工党，Kalcidon Agius，1978～1982年在任）；

达尼埃尔·米卡勒夫（马耳他工党，Daniel Micallef，1982～1986年在任）；

保罗·舒雷布（马耳他工党，1986～1987年在任）；

约瑟夫·M.巴尔达斯诺（马耳他工党，Joseph M. Baldaccino，1987年在任）；

吉米·法鲁吉亚（国民党，Jimmy Farrugia，1987～1988年在任）；

劳伦斯·冈奇（国民党，1988～1996年在任）；

米里安·斯皮特里·德博诺（马耳他工党，Miriam Spiteri Debono，1996～1998年起在任）；

安东·塔博内（国民党，Anton Tabone，1998年起在任）。

## 五 重要政治人物简介

耳他重要的政治人物生平简介如下。

### （一）安东尼·约瑟夫·马莫（1909 年～）

马耳他第一任总统兼大法官。1909 年 1 月 9 日生于比尔基卡拉。曾先后就读于马耳他神学院、马耳他大学和马耳他皇家大学，获得法学博士学位。1939 年与玛格丽特·阿格尤斯结婚。1936～1942 年曾任法规修改委员会委员。1942～1951 年从事律师工作。1943～1957 年任马耳他大学刑法教授。1952～1954 年任副检察长，1955 年任总检察长。1957～1971 年先后任马耳他大法官、皇家刑事诉讼法院院长、立宪院院长等职务。1971～1974 年任马耳他总督。

### （二）乔治·鲍格·奥利维尔（1911～1980 年）

马耳他国民党前领袖，政府前总理。1911 年 7 月 5 日出生于瓦莱塔。毕业于马耳他皇家大学，1937 年获得法学博士学位。1939～1945 年任政府会议委员。1947 年起当选为议会议员，为反对党副领袖。1950～1977 年 4 月任国民党领袖。1950～1955 年国民党和马耳他工人党（独立工党）在自治政府内联合执政，他先后出任首席部长兼公共工程和重建部长、教育和司法部长。1955 年曾经率领国民党代表团到伦敦参加圆桌会议，尔后多次率领代表团出席关于马耳他独立问题的谈判。1962～1971 年国民党单独执政期间，他出任马耳他总理兼联邦外交部部长。1962 年 8 月向英国提出独立的要求。1964 年 2 月，他与英国殖民大臣就实现独立和制定宪法问题举行会谈。同年 7 月，英国被迫同意马耳他独立。同年 9 月 21 日，马耳他正式宣布独立。在他任内，马耳他于 1964 年获得独立。1971 年 6 月在马耳他第二次大选中国民党败北，奥利维尔任国民党领袖。1976 年马耳他第三次大选，国民党再次败北，奥利维尔因为党内分歧问题而辞去国民党领袖职务。

乔治·鲍格·奥利维尔于 1943 年与亚历山大德拉结婚，有两子一女。

**（三）安东·布蒂吉格（1912～1983 年）**

马耳他工党前主席，1976 年 12 月～1981 年 12 月任马耳他第二任总统。1912 年 2 月 19 日生于戈佐岛。毕业于马耳他皇家大学，1940 年获得法学博士学位。第二次世界大战期间任巡警警官。1944～1948 年任《马耳他时报》法律专栏记者和主要撰稿人。1955 年任地方法院代理推事。1955～1976 年当选为议员。1958～1964 年作为工党代表参加在伦敦召开的马耳他制宪会议谈判。1959 年起任《马耳他之声》主编。1959～1961 年当选为马耳他工党主席。1962～1976 年任工党副领袖。1967 年起任欧洲委员会咨询议会代表，1967～1968 年任欧洲委员会咨询议会副主席。1971～1974 年任马耳他副总理。1971～1976 年任司法和议会事务部长。1976 年 12 月～1981 年任总统。

他还是马耳他著名的诗人，曾经获得政府颁发的诗歌一等奖和银牌奖。作品有《我年轻时代的阳台之歌》、《晚灯》、《风中芦苇》、《在竞技场内》、《让我们笑一笑》、《马耳他民谣》、《六旬老人之歌》和《灯光》等。他的诗集《燃灯者》由中国著名作家谢冰心译成中文，并于 1981 年出版。

安东·布蒂吉格曾经 3 次结婚，有两子一女。

**（四）文森特·森苏·塔博恩（1913 年～）**

文森特·森苏·塔博恩；1989 年 4 月 4 日～1994 年 4 月，任马耳他第四任总统。前国民党领袖。1913 年 3 月 30 日生于戈佐岛。曾就读于马耳他大学和英国牛津大学。第二次世界大战期间在马耳他皇家炮兵部队服役。曾在马耳他国立医院任高级眼科医师。1961 年任国民党执行委员会委员。1962～1972 年任国民党总书记。1966 年起当选议员。1972～1977 年任国民党第一副领袖。1978～1985 年任国民党领袖。1987～1989 年出任马耳他外交部长。1989 年 4 月 4 日就任马耳他总统。曾于 1978 年随该党领袖阿达米率领的代表团访问中国。塔博恩是马耳他国民党第

一个主张与中国发展关系的领导人，并重视发展与中国的关系，对华一贯友好，始终坚持一个中国的立场。

### （五）多米尼克·明托夫（1916 年～）

多米尼克·明托夫，马耳他工党前领袖，政府前总理。1916年 8 月 6 日生于马耳他岛瓦莱塔市郊考斯皮夸镇。早年就读于政府实验学校和大学预科学校，1933～1937 年在马耳他皇家大学攻读建筑和土木工程学。1934 年去英国牛津大学深造。学生时代加入马耳他工党。1934 年任工党考斯皮夸镇委员会委员，不久任助理书记。1936～1937 年任工党总书记，后因政见分歧而退党。1941～1943 年在英国当土木工程师。1943 年回国，重新加入工党，协助工党领袖保罗·布法进行党的重建工作，不久重新担任总书记。1945 年被选入马耳他自治政府政务委员会，1946 年辞职。1947 年当选为议员。同年出任马耳他自治政府工程和建筑部部长，并当选为工党副领袖。1949 年 8 月同工党自治政府在对英国政策问题上发生分歧，退出自治政府。同年工党发生分裂，布法另立独立工党，他接任工党领袖。1955～1958年任自治政府首席部长兼财政部长。1958 年 4 月因不满英国殖民统治，辞去政府职务。1971 年 6 月、1976 年 9 月和1981 年 12月工党在大选中接连获胜执政，他连任总理，兼外交部长和联邦事务部长（1971～1981 在任）、内政部长（1976～1981 在任）。1984 年 12 月 22 日辞去总理职务。

多米尼克·明托夫在任内主张建立独立自主的经济，逐步削弱宗教势力，工人参加企业管理，改革卫生、教育和司法部门，增加社会福利及其他辅助设施，将君主立宪制改为共和制。对外奉行中立和不结盟政策，提出了使"马耳他成为马耳他人民的"口号，发展同第三世界，特别是同阿拉伯国家的关系，主张在地中海建立和平区，重视发展同中国的关系，1972 年 4 月、1975 年1 月、1977 年 1 月、1982 年 6 月和 1984 年 8 月曾 5 次访问中国。

**（六）阿加塔·巴巴拉女士（1923 年 ~ ）**

阿加塔·巴巴拉，1982 年 2 月 ~ 1987 年 2 月任马耳他第三任总统，她是马耳他共和国历史上第一位女总统。1923 年 3 月 11 日生于马耳他扎巴镇。早年就读于首都瓦莱塔公立文法学校，毕业后曾任教师。第二次世界大战期间任马耳他防空委员会委员、自由出版社会广告部经理。第二次世界大战后进入政界。1946 年起参加马耳他工党，曾任工党扎巴镇妇女俱乐部主任和工党妇女运动执行局主席。1947 年当选为马耳他第一位女议员，后连选连任。1955 ~ 1958 年和 1971 ~ 1974 年任工党政府教育部长，是马耳他政府里第一位女部长。1958 年因反对英国殖民当局而被捕入狱，释放后继续致力于马耳他的独立事业。1974 年起历任工党政府劳工、福利和文化等部部长，并多次任代总理。1982 年 2 月 16 日成为马耳他实行共和制后由议会选举产生的第四任总统，也是马耳他第一位女国家元首。1985 年 8 月曾访问中国。

阿加塔·巴巴拉爱好音乐、集邮、体育、文学和艺术。

**（七）保罗·舒雷布（1923 年 ~ ）**

保罗·舒雷布，1987 年 2 月 ~ 1989 年 2 月任马耳他代总统。1923 年 7 月 21 日生于拉巴特。曾就读于伦敦市文学院和摄政街技校。1962 ~ 1983 年当选为议员。曾任总理办公厅议会秘书。1971 ~ 1976 年任贸易、工业部长。1986 ~ 1987 年任议长。

保罗·舒雷布著有多部短篇小说和历史参考书。

**（八）乌戈·米夫苏德·鲍尼其（1933 年 ~ ）**

1984 年 12 月 ~ 1987 年 5 月，任马耳他政府总理，现任马耳他工党领袖。1933 年 7 月 17 日生于马耳他岛首都附近的科斯皮夸镇。曾经就读马耳他皇家大学和英国伦敦大学，1958 年获法学博士学位并从事律师职业。1967 ~ 1968 年到伦敦大学专修工业法和税法。1969 年起任马耳他皇家大学工业法和财政法讲师。

1969 年任马耳他总工会法律顾问。1980 年 5 月当选为工党领袖。1983 年 5 月补选为工党议员，并任第一副总理兼劳工、社会福利部部长，9 月改任第一副总理兼教育部部长。1984 年 12 月 22 日就任总理兼内政、教育部部长。1985 年 6 月，工党年会以全票确认其为工党领袖。1987 年 5 月，连续执政 16 年的马耳他工党在议会选举中败于国民党，鲍尼其下野。

**（九）圭多·德马尔科（1931 年～）**

1999 年 4 月～2004 年 4 月，任马耳他第六任总统。1931 年生，1955 年毕业于马耳他皇家大学，获法学博士学位。1966 年当选议员，同年任国民党议会党团秘书。1972 年起出任该党总书记，1977 年当选副领袖。1987 年任副总理兼内政、司法部长。1990 年 5 月任副总理兼外交、司法部长。1992～1996 年任副总理兼外长。1998 年 9 月大选后任副总理兼外长。1999 年 3 月 29 日当选为总统，4 月 4 日正式就职。曾 4 次访华。

圭多·德马尔科已婚，有一子两女。

**（十）埃迪·芬内克·阿达米（1934 年～）**

马耳他第七任总统，也是现任总统。1934 年 2 月 7 日生于马耳他岛比尔基卡拉市。早年曾经在基督教圣·阿洛伊西斯学院学习。1958 年毕业于马耳他皇家大学，获法学博士位。1961 年开始从事政治活动，同年被选为国民党全国执行委员会委员。1962～1975 年任国民党总书记助理，后任国民党全国执行委员会主席。20 世纪 60 年代从事律师职业的同时任国民党机关报《人民》的主编。1969 年在补缺选举中当选议员，此后在历届大选中均当选并连任议员。1971～1977 年任国民党影子内阁①劳工和社会福利部长，国民党执行委员会委员。1975～1977 年兼任

---

① 所谓影子内阁，是指某些资本主义国家的在野党为争夺政权而组成的准备上台执政的预备内阁班子。

国民党总务委员会和行政管理委员会主席。1977 年 4 月 11 日起一直任国民党领袖。1979 年出任基督教民主党欧洲联盟副主席。1987 年 5 月～1996 年 10 月任总理。1998 年 9 月再次就任总理。2003 年 4 月连任总理。2004 年 2 月和 3 月，先后辞去国民党领袖和政府总理职务。4 月，由国民党提名并经议会高票当选马耳他第七任总统。1978 年、1994 年和 2002 年曾三次访华。酷爱读书及古典音乐，对中国手工艺术及民间歌舞兴趣浓厚。

埃迪·劳内克·阿达米已婚，有 5 个子女。

**（十一）劳伦斯·冈奇（1953 年～）**

马耳他现任总理。1953 年 7 月生。1975 年毕业于马耳他大学，获法学博士学位。1975～1988 年从事律师职业。1989～1997 年任一家私营大公司董事长。1976～1986 年任马耳他天主教行动委员会主席。1988 年，当选为议会议长。1996 年，任议会反对党议会督导和党团秘书及社会政策部部长。1997 年起，任国民党总书记。1998 年，当选国民党副领袖，并出任副总理兼社会政策部部长。2004 年 3 月，当选国民党领袖，任政府总理。对华态度友好，曾于 1996 年和 2000 年先后作为议长和国民党副领袖率团访华。

劳伦斯·冈奇已婚，有两子一女。

# 第四章

# 经　济

## 第一节　概述

### 一　经济发展简史

#### （一）畸形的"基地经济"

马耳他虽然缺乏许多自然资源，如缺乏除了岩石以外的矿物，土壤贫瘠且薄，雨量小且少，没有河流和天然湖泊等，但是却拥有十分优良的天然港湾和充足的劳动力，又地处地中海有利的中心位置，从而成为空中和航海交通枢纽，使之能够发挥自己的长处和克服自己的短处，发展具有马耳他特色的经济形态和模式。

但是，马耳他长期地沦为英国的殖民地后，英国把马耳他当作军事战略的要冲，扼守地中海及其周边地区，保护英国在地中海周围的利益和英国通往东方的商业航线。为此，英国长期以来在马耳他岛屿上大规模地改造和新建军事设施，特别是海军军事设施和装备，发展为军事服务的产业，派驻为数众多的部队，于是，英国在马耳他的军费开支和英国军人及其家属在马耳他的消费，构成了马耳他经济收入的主要来源，从而形成了"基地经济"。

当英国增加对马耳他的军费投入和从事大规模军事建设时，马耳他地方当局财政收入立即增长，当地人民也就实现了充分就业，从而使马耳他经济出现繁荣的景象。而当英国削减在马耳他的军费开支，或者减少在马耳他驻军，或者停止军事设施的建设时，马耳他地方当局的财政收入就会大幅度地减少，当地居民就会出现失业甚至严重的失业现象，从而使马耳他经济陷入萧条甚至出现危机。例如，在第二次世界大战中，英国政府对马耳他防务的大量投入和英国驻军的巨大开销，造成了马耳他经济的繁荣。1957年，英国政府决定整顿防务，减少包括马耳他在内的某些海外基地的驻军和装备。从那时起，英国在马耳他的驻军不断减少，大量受雇于军事机关以及专靠英国军人及其家属的消费为生的马耳他人因此面临窘境，失业现象严重。

当然，在英国殖民统治时期，旅游业成为马耳他财政收入的重要来源，也是马耳他经济的重要组成部分，但是它与"基地经济"比较而言，"基地经济"对马耳他经济具有决定性的意义。也就是说，马耳他经济的枯荣与英国的军事基地直接关联。这就是畸形的"基地经济"。

### （二）走向"自主"的经济

在民族自治时期，马耳他政府意识到畸形的"基地经济"对马耳他国民经济的危害性，为了改变这种状态，确定重点发展工业、旅游业和农业，并编制了第一个五年计划。计划规定1959～1964年将支出3200万英镑，其中2200万英镑由联合王国以贷款和赠款形式提供，用于重点支持所确定的发展项目。

马耳他执行第一个五年计划（1959～1964年）所要实现的3大具体目标是：使船舶修造厂转而改为商业服务；以生产出口货物为重点扩大工业化生产并使之多样化；鼓励旅游事业发展。多样化和扩大生产一直是马耳他发展经济的主要方向，新的大胆尝试一直受到很大的鼓励。但是，在扩大生产中，特别是较小企

业的扩大生产中，存在着 3 大障碍：缺乏工厂设备和仓库设备；资金不足；在传统的家庭作坊中一成不变的经济管理方式严重地阻碍了工业生产的扩大和发展。因此，一度是马耳他经济发展希望所在的制造业，在第一个五年计划期间并未能成为真正的经济增长点。

第一个五年计划结束后，政府总结得失，为草拟第二个五年计划做准备。总的来说，马耳他建立了一批新工厂，船厂营业总算有了希望，旅游业也开始好转，群岛工业的基本结构初步建立，从而使"基地经济"在马耳他国民经济中的比重下降，使"自主经济"在马耳他国民经济中的比重上升。马耳他开始改变畸形的"基地经济"的面貌。

第二个五年计划（1964～1969 年）开始实施。在这个计划中，政府吸取了第一个五年计划的经验和教训，为旅游业和农业适当让路，把资金的大部分分配给工业、旅游业和农业这 3 大类，少部分用于船舶修造厂。凡是可以帮助解决因部队削减而带来过剩的男性劳动力的工业，都将优先发展。对地方工业的投资将给予更多的优惠，对新企业的补助将大量代之以无息贷款。马耳他政府通过这些手段，希望能够建立效率较高的公司企业。政府先后成立了一个开发合作署和一个产品规格评议会，前者负责考虑怎样最有效地利用这些财源，而后者则负责监督工业产品的质量。

在早期建立的工业体系中，纺织品的生产仍然保持了它作为马耳他主要工业部门的地位，并且在出口方面取得了相当大的成功。20 世纪 60 年代中期，制造业产品的出口一年所赚的外汇总额为 450 万英镑，其中有一半系来自纺织品、服装和纱线，从而使这一部门成为马耳他经济不可缺的一宗财富。轻型精密机器的制造，以及各种洗涤剂、塑料包装用品和皮革制品的生产等，都受到欢迎。啤酒和不含酒精的饮料的酿造业已日趋兴旺。

旅游业是马耳他发展最快的一个行业，也成了税收和生活的一项主要来源。作为一个旅游胜地，马耳他除了宜人的气候和优良的游泳设备外，还具备一些其他有利条件。其中最重要的就是它同英国的关系密切，岛上广泛使用英语，英镑可直接流通，而且飞机票价较低，此外，群岛遍布历史遗迹，游览景点比比皆是。第一个五年计划实施期间，每年到马耳他的外国旅游者以 5 位数来计算，而到了第二个五年计划完成时，外国旅游者已达到 6 位数字。大多数旅游者都仍然来自英国，这既反映了感情因素，也反映了语言和货币的便利。除了英国旅游者外，还有来自德国、法国和意大利等国的旅游者。

马耳他工党于 1971 年 6 月重新执政后，马耳他经济发展有了新的起色。工党制定了七年经济发展计划（1973 ~ 1980 年）。主张由国家投资建立大型国有企业以吸收劳动力，例如，国家在马耳他的天然港口基础上建立了大型的港口，一下吸收了 5000 多人的劳动力，同时，带动了周边造船业和轮船修理业。这期间还创建了马耳他海运公司、航空公司、广播电台、瓦莱塔银行等一些国有企业。工党政府还对卫生、教育和司法部门进行了改革，鼓励工人参加企业管理，从而大大促进了马耳他经济的发展。

在 20 世纪 70 年代，马耳他国内生产总值年平均增长率高达 10% 以上，10 年间生产总值增长了 3 倍，游客人数增长 3.7 倍，新建工厂 235 家，失业率不到 3%，物价虽有上涨，但工资增加近 9 倍，外汇储备增长了 4 倍。1979 年英国撤出在马耳他的全部军事基地之后，马耳他彻底地从"基地经济"走向了"自主经济"。

**（三）宏伟的经济发展目标**

进入 20 世纪 80 年代，受世界经济衰退的影响，国内生产总值增长率下降，出口低于 70 年代水平，失业人口猛增，通货膨胀率上升。马耳他经济遭遇到极大的困难。

1987 年，国民党上台后，为了刺激经济增长，提出"福利

和自由"的口号，采取冻结物价和工资、不得随意解雇工人、不增加所得税和国民保险费、取消个人在国外投资许可限制、提高生产性投资比例、降低部分商品价格、对雇佣工人多的工厂企业实行减少税负等临时的措施。与此同时，国民党政府在经济上实行比较开放的政策，重视发挥私营企业的作用，鼓励自由竞争，扩大出口贸易。它还降低生产部门贷款利率，采取刺激发展工业的措施，以促进制造业的发展和出口，吸引国内外投资。国民党政府还制订了宏观的经济计划，确定了各项经济指标。正是上述的经济计划、经济政策和临时经济措施，促进了马耳他经济的复苏和回升。

1987 年，马耳他国内生产总值为 4.954 亿马镑，国内生产总值增长率为 10.11%。1988 年，国内生产总值增长 10%。

1989 年政府又制定了马耳他《国际商业活动法》，旨在把马耳他变成地中海地区的国际财政中心和国际商业活动中心，类似欧洲的瑞士和亚洲的新加坡和香港。

1990 年，马耳他国民生产总值比上年增长 9.6%，经济持续回升。阿达米总理还宣布马耳他政府希望 1990 年正式申请加入欧洲共同体。

为了实现加入欧盟的目标，国民党政府在 1990 年政府财政预算中规定进一步降低税收，免收相当一部分人的所得税，大力吸引外资。同时由国家投资加强基础设施建设，包括电信设备的升级换代，建设一个新的机场候机楼和一个新港口。马耳他议会还通过一项法令规定，这个新港口——马萨什洛克港将成为一个自由港，由包括英、德等国公司参加的"自由港口公司"管理。

1994 年，阿达米总统再次表达了入盟的愿望：

> 我们生活在一个危险的海洋。我们始终生活在其中。今天我们已经有机会把我们的国家与一个正在形成中的、与我

　　们有共同道德价值的基督教文化和对民主、法制及社会公正的信仰的政治联合体联合在一起。

　　尽管这一申请一直悬而未决，但马耳他政府试图通过与欧洲共同体建立一个自由贸易区，通过在金融、政治、安全和其他事务上的合作，来与欧洲共同体发展更紧密的纽带，保持 10 ~ 15 年的"特殊关系"。

　　20 世纪 90 年代中期，马耳他自然资源贫乏、技术人员短缺、加工工业规模小、加上高就业、高工资、高福利等弊端以及劳资纠纷等问题逐渐突显出来，在一定程度上制约了马耳他经济的发展。1996 年马耳他进出口贸易总额有所下降，作为马耳他经济支柱之一的旅游业连续两年呈下降趋势。

　　为改善经济形势和缩小与欧盟标准的差距，工党上台后开始着手对马耳他经济政策和经济结构进行调整，制定了经济发展的 3 年计划。与此同时，工党政府实行经济贸易发展自由化，加紧对宏观经济的调控；取消增值税，实行新税制；停止前政府对国有企业私有化的作法；重视发挥中小型企业特别是私营企业的作用；推进工业、旅游业、金融业等行业的发展。

　　国民党上台后，立即着手对马耳他经济政策和经济结构进行调整。自 1999 年 1 月 1 日起，政府正式取消了前政府的关税和消费税制度，恢复增值税，制定了各行业的最低退税标准；恢复对国有企业私有化的进程；扩大对基础设施的投资；加强工业、旅游业、金融业等行业的发展和财政管理活动；加大吸引外资的力度，加强与外国企业的合作。

　　国民党政府于 2001 年通过马耳他《商业促进法》，以更优惠的政策鼓励和促进投资，并扶持中小企业的发展。同年，马耳他政府公布就业和产业关系白皮书，并通过对马耳他干船坞和造船厂进行结构调整的计划。在马耳他政府制订 2007 ~ 2012 年五年国家发展规划中，将 IT 技术、生物制药、海洋技术、可再生能源、太阳能技术作为马耳他未来经济发展的 5 个重点领域。政府重点吸引上述领域的外国投资，并承诺现行的优惠财税政策将继续实行，并将陆续推出新的举措。

国民党政府再次上台执政后，重新启动申请加入欧盟的进程。为了入盟，马耳他首先必须达到入盟的各项标准，特别是大幅度削减财政赤字和公共债务。为此，国民党政府大力推行完全自由化的经济政策，逐渐地放弃国家对制造业和服务业等经济领域的参与、干预和控制，实行这两大经济领域的私有化。

2005 年，国民党政府将瓦莱塔银行中国家所控制的 40% 股份出售，从而最终完成了马耳他银行业的私有化。这年，国民党政府还将马耳他电信业中国家所控制的 60% 股份出售给英国私营公司，从而加速了马耳他私有化的进程。

2006 年，国民党政府进一步将马耳他航空公司、水务合作公司、马耳他乳制品公司等国有企业的股份出售。

2007 年，国民党政府又将马耳他邮局完全私有化，从而使国有企业在马耳他国民经济中的比重进一步下降。

二　经济现状和发展水平

**自**从 1964 年独立以后，历届马耳他政府锐意进取，使马耳他逐渐克服"基地经济"的弊端，向经济多样化发展，从而形成了具有马耳他自身特点的经济体系，使这个国家成为一个国际贸易的地区枢纽。

马耳他国内生产不断地在增值，按里拉计算的国内生产总值从 1980 年的 4.2389 亿里拉增加到 1995 年的 12.70921 亿里拉，2006 年又进一步增加到 20.99559 亿里拉。按欧元计算的国内生产总值，则从 1995 年的 29.60451 亿欧元增加到 2006 年的 48.90658 亿欧元。由此可见，其国内生产总值的增值幅度还是比较大的。

马耳他人均国内生产总值，按里拉计算 1995 年 3364 里拉，而 2006 年达到 5176 里拉。按欧元计算，马耳他人均国内生产总值，则从 1995 年的 7836 欧元增加到 2006 年的 12058 欧元。

1975~2001 年，马耳他国内生产总值按里拉计算年均增长率为 4.5%，其中 1990~2001 年年均增长率为 3.8%。21 世纪初，马耳他国内生产总值按里拉计算年均增长率有所下降，2000 年为 9.42%，2001 年为 1.6%，2002 年开始回升为 5.91%，2003 年又下降为 2.64%，2004 年进一步下降为 0.1%。这是因为马耳他国民党政府为了加入欧盟刻意调整经济结构、紧缩年度财政和大力减少公共债务所致。2005 年，马耳他国内生产总值依靠着内需的拉动，特别是信息技术、金融服务和新经济行为为其注入了活力而开始回升，为 5.4%，2006 年进一步上升为 5.5%。从 20 世纪 70 年代中期至 2006 年，马耳他国内生产总值年增长率，尽管有起伏，时高时低，但是它的年平均增长率要高于同期欧盟 15 国 2004 年扩大以前的年平均水平，也高于 2004 年新入盟的 10 国平均水平。欧盟统计办公室指出，马耳他国民经济已经驶入了健康的轨道。[①]

1995~2006 年，马耳他国内生产总值增长情况，参见表 4-1。

欧盟统计办公室（Eurostat）2006 年 6 月 15 日发布报告称，按照货币的购买力水平（Purchasing power standard）计算，2005 年马耳他人均国内生产总值低于欧盟 25 国平均水平的 30%，只有欧盟平均人均国内生产总值的 70%。人均国内生产总值水平与马耳他相似的国家有捷克和葡萄牙；塞浦路斯、希腊和斯洛文尼亚低于欧盟平均水平 20%；匈牙利和爱沙尼亚低于欧盟平均水平 40%；斯洛伐克、立陶宛、波兰和拉脱维亚人均国内生产

---

① 欧盟统计办公室确定国内生产总值保持在 3%，即是健康的水平。

**马耳他**

表 4 – 1　马耳他 GDP、人均 GDP 和 GDP 增长率
（1995 ~ 2006 年）

| 年　　　度 | 1995 | 1996 | 1997 | 1998 | 1999 | 2000 |
| --- | --- | --- | --- | --- | --- | --- |
| GDP（百里拉） | 1270921 | 1323538 | 1402389 | 1479969 | 1558883 | 1705746 |
| GDP（百欧元） | 2960451 | 3083014 | 3266687 | 3447402 | 3631221 | 3973320 |
| 人均 GDP（里拉） | 3364 | 3483 | 3664 | 3841 | 4023 | 4374 |
| 人均 GDP（欧元） | 7836 | 8113 | 8534 | 8948 | 9371 | 10189 |
| GDP 增长率（按里拉计算）（%） | | 4.14 | 5.96 | 5.53 | 5.33 | 9.42 |
| 年　　　度 | 2001 | 2002 | 2003 | 2004 | 2005 | 2006 |
| GDP（百里拉） | 1733073 | 1835521 | 1883928 | 1888383 | 1990499 | 2099559 |
| GDP（百欧元） | 4036975 | 4275614 | 4388372 | 4398750 | 4636615 | 4890658 |
| 人均 GDP（里拉） | 4409 | 4636 | 4728 | 4707 | 4934 | 5176 |
| 人均 GDP（欧元） | 10270 | 10799 | 11013 | 10964 | 11949 | 12058 |
| GDP 增长率（按里拉计算）（%） | 1.6 | 5.91 | 2.64 | 0.1 | 5.4 | 5.5 |

资料来源：根据马耳他国家统计局于 2007 年 6 月 8 日公布的《马耳他国内生产总值最终核实定稿》（1995 ~ 2003 年）和于 2007 年 3 月 9 日公布的《马耳他 2006 年国内生产总值》的数据编制而成。

说明：GDP 为"国内生产总值"。

总值只有欧盟平均水平的一半。在欧盟 25 国中，人均国内生产总值最高的是卢森堡，是欧盟平均水平的 2.5 倍；爱尔兰人均高于欧盟平均水平 40% ；丹麦、荷兰、奥地利和比利时高于欧盟平均水平 40% ；英国和瑞典高于欧盟平均水平 15% ；芬兰、德国和法国高于欧盟平均水平 10% ；意大利和西班牙与欧盟平均水平持平。

2001 ~ 2005 年，马耳他 3 大产业在国内生产总值的构成变化如下：

2001 年，农业占 2.6%，工业占 26.8%，服务业占 70.6% ；

2002 年，农业占 2.6%，工业占 26.8%，服务业占 70.6% ；

2003 年，农业占 2.5%，工业占 25.9%，服务业占 71.6% ；

2004 年，农业下降为 2.5%，工业下降为 24%，服务业上升到 73.5%；

2005 年，农业保持在 2.5%，工业继续下降到 22%，服务业维持 75.5% 的上升势头。

从总体经济结构和人均国内生产总值在世界各个国家中的地位比较，马耳他属于发达资本主义国家。但与发达资本主义国家和欧盟其他成员国的总体经济结构和人均国内生产总值比较，马耳他又是发达国家中的中等发达国家。

### 三　加入欧盟后经济领域的利弊

#### （一）加入欧盟后的机遇和挑战

**自** 2004 年 5 月 1 日，马耳他正式成为欧盟成员国。入盟后，给马耳他经济和社会发展带来了新的机遇和挑战。

1. 在机遇方面

（1）由于地理和历史的原因，欧盟一直是马耳他最主要的贸易伙伴，与欧盟的贸易额占马耳他对外贸易总额的 70% 左右。加入欧盟无疑有利于拓展马耳他与欧盟其他成员国的经济合作空间。

（2）入盟还将凸显马耳他作为地中海地区"贸易枢纽"的特殊作用。长期以来，马耳他与北非的突尼斯、阿尔及利亚、埃及和利比亚都保持着良好的经贸关系。作为联结欧洲与北非的纽带，马耳他入盟后在密切欧盟与北非国家经贸往来的同时，也将带动马耳他本国的经济发展。

（3）入盟将推动马耳他旅游业的发展。马耳他是世界闻名的旅游胜地，旅游业是马耳他的支柱产业之一。马耳他有旅游从业人员 14.7 万人，旅游业收入占其国内生产总值的 25%。从长远来看，入盟意味着实现欧盟内部商品、资金、人员和劳务的自由流动，这无疑将给马耳他旅游业提供新的发展机会。

（4）马耳他还可以利用欧盟给新入盟成员提供的结构性援

助基金，改善本国公路等基础设施，为吸引外资创造条件；欧盟有关环境保护和控制污染的措施也会促使马耳他在环境保护方面采取具体行动。

除此之外，入盟还将帮助马耳他有效解决非法移民带来的社会问题。马耳他距北部非洲海岸很近，常常受到来自北非国家的非法移民侵扰。大批非法移民到来给马耳他造成严重的社会问题。入盟之后，马耳他可以充分借助欧盟制订的相关法律，共同打击非法移民。

### 2. 在挑战方面

入盟是一把"双刃剑"，马耳他在迎接机遇的同时，也面临着新的挑战。

（1）长期以来，马耳他的财政赤字居高不下，在缩小财政赤字方面无疑将面临欧盟方面的巨大压力。尽管马耳他政府近年来已对经济政策和经济结构进行了调整，在财政、金融、税收、教育、医疗等领域推行了改革措施，但财政赤字和国债规模仍与欧盟的要求相差甚远。马耳他2005年财政赤字占国内生产总值的比例为9.7%，远高于欧盟原有15个成员国2.6%的平均水平。此外，国债占国内生产总值的比例也高达72%，为新入盟10个成员国中最高。

（2）马耳他的小企业也将面临严峻挑战。在马耳他经济中一般把企业划分为大企业和小企业。雇佣员工人在1～10人之间的私人企业连同自我雇佣和自主就业的个体户统称为小企业。马耳他小企业有4300多家，解决就业20912人，占马耳他就业人口的14.07%。小企业在GDP中的产值为0.39亿马镑，占总量的4.1%。2004年，小企业进出口金额为1.33亿马镑，占进出口总额的5.97%。其中，出口金额为0.34亿马镑，占出口总额的3.74%；进口金额为0.99亿马镑，占进口总额的7.52%。马耳他小企业在创造经济价值、提供就业岗位和开展国际贸易等方面起着不可忽视的作用。因此，马耳他政府在政策上扶持、巩固和推进小企业稳步发展，并把它作为稳定社会和扩大就业的长期策略。

但是，由于规模上的限制和技术含量不高，马耳他小企业难以与欧盟老成员国技术含量较高的企业相竞争。

入盟前，由于马耳他政府实行严格的保护本国企业的政策，规定国内贸易、旅游、工程承包、房地产行业等，外国企业不得介入，使上述行业的小企业在无竞争的环境下发展，导致多数企业不思进取，缺乏长远整体发展规划，不具备研发能力，投入严重不足，基本不具备国际竞争力。

2005 年，据欧盟统计局公布，欧盟每年都有供成员国中小企业研发基金 8000 万欧元，马耳他当年共递交申请 18 份，获得研发基金 44 万欧元，在欧盟国家中列为倒数第一。

入盟后，行业垄断被打破，由于达不到欧盟规定企业生产经营标准，不断有小企业倒闭。以 2004 年马耳他家禽、牲畜屠宰行业为例，当时全国共有 35 家规模不一的屠宰企业，由于在规定期限内达不到欧盟卫生标准，其中 18 家企业关门或被要求无限期停业。

在入盟谈判中，欧盟就开放其旅游、餐饮、房地产等行业接受了马耳他提出的两年过渡期的要求。随着过渡期的结束，分布在这些行业的小企业面临着空前的生存压力，特别是零售行业，表现尤为突出。以超市为例，目前马耳他共有各类规模不等的百货超市 168 家，随着欧盟零售业的巨头——如英国泰斯科（TESCO）、德国卡尔施塔特百货公司（CARLSTAT）、意大利 AUCHAN 商业集团等提交在马耳他从业申请，这些申请一旦获准，马耳他超市和零售企业将面临极大的挑战。

### （二）政府在体制和政策方面的调整

为应对挑战，以劳伦斯·冈齐为总理的马耳他新政府，于 2004 年 3 月底正式走马上任，对一些关键部门进行了大刀阔斧

的改革。新政府把促进外国投资、加快国有企业私有化列为政府工作重点。为了扶持本国的小企业，新政府在体制和政策方面做出了许多努力。

1. 在体制方面

马耳他政府成立了隶属竞争和通讯部的小企业和自雇企业办公室。它的主要职能是：加强政府与小企业间的联系；为小企业提供政策咨询；向政府其他部门转达小企业最关注的问题；为小企业发展创造良好外部条件；制订未来小企业发展规划；为促进小企业的发展和扩大社会就业发挥了积极作用。

2. 在政策和措施方面

(1) 金融支持。凡雇用人数在 10 人以下的小企业，可向银行申请还贷时间不超过 5 年，贷款总额不超过 5 万马镑的低息商业贷款，作为企业的启动，流动资金。贷款利息的 75% 由政府承担。

(2) 税收优惠。小企业开业后前两年不缴纳企业所得税，只缴纳增值税。在企业经营的前 5 年里，企业应为雇用人员缴纳的养老金、医疗费等各类社会保险费用，政府承担 35%。

(3) 鼓励研发。针对马耳他小企业研发能力薄弱的现状，马耳他政府每年设立 400 万马镑的基金专供小企业研发申请使用，购买专利或技术。同时还鼓励马耳他中小企业积极申请欧盟中小企业发展基金。

(4) 培训人员。马耳他小企业的雇用人员需进行技术培训，可报请马耳他就业与培训公司，将获得政府资助的 3~6 个月的免费技术培训。

(5) 提供廉价基础设施。近年来，马耳他政府专门兴建了若干个面向全国小企业的厂房，厂房租金仅为马耳他工业区厂房租金的 1/3。

事实也正是如此，加入欧盟 3 年多来，马耳他各领域的潜能得到发挥，如提高竞争力、创造就业机会、吸收外资、提升金融服务业以及发展高附加值的加工业。而马耳他加入欧元区必将进一步提高马耳他人民生活水平和质量。

四　与经济有关的机构和组织

### （一）马耳他商务局（MBB）

成立于 1996 年 10 月，作为马耳他商业企业协会（COCE）和马耳他工业联盟（FOI）的欧洲办公室。这两个组织认为有必要在欧洲和国际层面上合作，以促进马耳他逐步成为欧洲一体化成员国之一的进程。

2004 年 5 月 6 日，马耳他旅馆与餐饮业联合会（MHRA）成为马耳他商务基金的成员。它建立于 1958 年，代表 70% 的旅馆业和 35% 的餐饮业，其投资额达到 4.5 亿马镑，雇佣人数超过两万人。在过去的 46 年里，MHRA 在促进旅游工业繁荣的政策制定方面有所贡献。

马耳他商务局通过马耳他商务基金保管人委员会运作，委员会由三个部分组成：马耳他商业企业协会负责人、马耳他工业联盟负责人和马耳他旅馆和餐饮业联合会负责人。商务局有两个办公地点：一个在布鲁塞尔，一个在马耳他。商务基金为马耳他商务局提供战略方向并监督其发展。使商务局有更直接的渠道和欧盟机构联系，并且促进了更广泛合理的政策制定，在马耳他商务利益发展上有所作用。

### （二）马耳他工业联盟（FOI）

建立于 1946 年，是大小制造业和服务企业的代表。马耳他工业联盟的主要职能是：作为一个国家中心机构，负责促进和保护国家工业利益；促进相关立法和措施的制定；促进所有工业分支机构和部门齐心协力地一致行动；促进地区工业和政府部门、各个联盟、各个协会、各个社会团体的合作和交流；与其他工业和贸易组织保持密切联系，在工业各部门和劳资关系上相互促进；提高公众对于工业在国家经济中的重要地位的关注程度；在国内和国际市场上提高马耳他产品的质量等。

### （三）建筑工业协商委员会（BICC）

致力于促进建筑业经济的发展和创造更多就业机会。建筑工业为马耳他经济的重要支柱，在提高经济多样化的同时，应给予建筑工业以应有的关注。建筑工业协商委员会制订了 5 年战略计划，与欧洲共同体委员会于 2005 年发表的关于 2006 年度战略政策保持一致，以凝聚国家和个人的力量，创造一个良性环境，以促进经济增长，也为欧洲成为投资和就业的具有吸引力的地区而努力。

### （四）马耳他金融服务部（MFSA）

成立于 2002 年 7 月 23 日，是一个完全自主的公共机构，并且每年向议会做年度报告。它通过马耳他中央银行、马耳他证券交易所和马耳他金融服务中心执行其监督职责，作为马耳他金融服务领域的一种调整机制而存在。它负责调整所有的金融活动，包括银行业务、投资业务、保险业务以及公司注册业务等。

过去的 10 年中，马耳他经济逐渐从海上向陆上发展，改进其金融立法，力争与国际接轨，并成为经济合作组织的一员，使金融财政事务发展达到先进水平。马耳他的金融发展得益于国家政策的调整，从而使金融发展成为主流，所以金融服务业得到迅速的发展。

因此，马耳他金融服务部成为马耳他长期战略结构的一部分，成为国家金融发展的中心。从事金融业的公司将得益于官僚机构的减少，合理化程序的实施，低费用、减低成本和更加统一的执行标准。

马耳他金融服务部门的主要功能包括：调整和监督马耳他金融服务工业领域的一切行为；保护消费者和投资者利益；确立行为标准；提供本国和全球发展信息；提高马耳他金融服务工业领域教育和培训的标准；确保商业许可批准制度，包括银行业务、投资业务、保险业务、养老金业务和股市经纪人业务等方面；负责金融服务商业的资格审查；提供指导性、方向性和专业性的建议；提高金融商业方面的收入，为国家的福利制度作贡献；与国家和国际的先进组织保持交流和联系（包括打击金融犯罪的组织等）；与国家和国际的媒体合作，以增加国际声望；改进现有立法和制订新的金融服务方面的法律法规；管理马耳他公司注册制度等。

### （五）贸易服务理事会

其主要职责是：为商业团体提供综合贸易服务平台；促进进出口许可制度更加顺畅；促使定价法则与商业实践相结合等。

## 第二节 农、牧、渔和水果业

### 一 概况

马耳他土地贫瘠，土壤有机质少，含沙量大，土壤呈弱酸性，全国适于耕种的土地不多。农、牧、渔和水果业都不发达，经营规模较小，生产效率较低，科技含量不高，产品主要用于国内消费。农产品主要有小麦、马铃薯、洋葱、豆类和蔬菜等。牛奶、植物油、水果、肉类等仍依赖进口。因此，在马耳他经济结构中，农、牧、渔和水果业所占比重很小，2005年和2006年占国内生产总值的比重保持在2.5%的水平。

农、牧、渔和水果业的就业人口，2001年为3173人，占全国就业人口的2.1%；2003年为3048人，也占2.1%；2005年为3448人，上升为2.4%。

2004年，马耳他现有农业用地总计为11619公顷，其中，旱地8641公顷，可灌溉土地1507公顷，特种栽培用地1407公顷；在马耳他岛上，农业用地总共为9393公顷，其中，旱地

6827 公顷，可灌溉土地 1373 公顷，特种栽培用地 1193 公顷；在戈佐岛上，农业用地总共为 2226 公顷，其中旱地 1814 公顷，可灌溉土地 134 公顷，特种栽培用地 278 公顷。2004 年，马耳他可开发农业用土地，其中，在马耳他岛上为 1454 公顷，在戈佐岛上为 322 公顷。

马耳他农、牧、渔和水果业的产值：2001 年为 3894 万马镑，占国内生产总值的 2.55%；2002 年为 3929 万马镑，占国内生产总值的 2.69%；2003 年为 3985 万马镑，占国内生产总值的 2.72%；2004 年为 4027 万马镑，占国内生产总值的 2.76%。

在加入欧盟以前，马耳他政府对农业采取统购统销政策，农民只负责生产，其产品由农业部主管的塔阿里农产品批发市场（Taqali Vegetable and Fruit Market）进行收购，收购价格由国家统一制定。由于马耳他农业科技水平低，生产成本居高不下，市场缺乏竞争，因此，农产品价格指数不断上升。2001 年通货膨胀率为 2.93%，而农产品价格指数为 2.82%；2002 年分别为 2.19% 和 2.06%；2003 年分别为 1.3% 和 2.64%；2004 年分别为 2.79 和 1.67%；2005 年分别为 3.01% 和 – 0.47%。在欧盟 25 个国家中，马耳他农副产品价格处于较高水平。

加入欧盟以后，欧盟的农业产业政策如同一把"双刃剑"，既给马耳他农业生产者带来了实实在在的好处，同时又带来竞争的压力。2004～2006 年，马耳他从欧盟获得 2690 万欧元资金用于农业发展。根据入盟协议，欧盟资金将用于资助一系列促进农村发展的措施。欧盟农业发展基金将为农业发展项目研究提供最高为 80% 的资金，以解决新成员国农村地区的结构和环境问题。同时，由于欧盟成员国大量物美价廉的农产品的进入，使得马耳他大部分农产品价格如面粉、鸡肉、牛奶、面包、水果的价格出现了下降。但是，2005 年在马耳他召开的英联邦会议上，通过了多次回合提出的关于减少直至最后停止一切形式的农业补贴的议案——交由世界贸易组织审议的议案，一旦该议案被世界贸易组织通过并付诸实施，对本身农业基础脆弱的马耳他来说，未来形势将变得更加严峻。

二 农 业

因 受到自然资源和传统耕作方法的限制，马耳他农业生产活动受到极大的影响。除缺水的问题外，还缺少大面积的土地。一小块一小块的土地，不是开垦为梯田，便是围以石墙或篱笆，这种格式仍然同若干世纪以前差不多。这些租来的土地只有1/8是在15英亩以上大块土地，而且很少有灌溉系统。在耕种这些小面积土地的人中，约有一半是专业农民，而更多的人则是兼搞其他工作的农民。这两种人合计约占马耳他就业人口的1/6。如果改革农业需要有这么多的人与之合作，那显然是不容易完成的。马耳他改革农业的另一障碍是因袭旧耕作方法，由于不习惯为高级市场生产优质农产品，马耳他农民一直不愿轻易采用新的技术。

为了克服上述的不利因素，提高农业生产的产量和质量，马耳他政府近几年来采取了如下的措施。

**（一）扩大耕地面积**

政府鼓励农户开垦荒地，扩大种植面积。2004年，马耳他可开发的农业用地，马耳他岛有1454公顷，戈佐岛有322公顷。鉴于马耳他土壤耕种条件不充分，开荒费用较高，政府将为农户提供开荒费用（包括租用农机具、灌溉、土壤育培、雇佣临时劳动力等）的50%。

**（二）增设农业投资基金**

政府每年设有农业投资基金800万马镑，在以下方面农户可向政府申请使用：引进先进的农、牧业技术，特别是农业环保技术；购买荒地；购买新、旧农机具；兴建节水型灌溉系统或改善

现有灌溉系统；修缮农场现有库房、农机具存放场所和房屋。上述项目的所需资金，经马耳他农业部和土地使用规划局批准后，政府出资 50%，农户出资 50%，每个项目申请使用基金的上限为 10 万马镑。

（三）扩大农业融资渠道

马耳他农户除可申请使用政府农业发展基金和欧盟农业结构基金外，政府还设法扩大农户融资渠道，为农户提供银行担保，以便农户可申请使用商业银行低息农业信贷。

（四）政府实施农产品出口退税政策

为提高农户产品出口的积极性，提升农产品的出口竞争力，政府将继续实施农产品出口退税政策。

（五）政府资助农户参加各种国际农业贸易活动

为帮助农户扩大出口渠道，政府每年还将资助一部分农户参加在欧洲和北非国家举行的农业博览会。同时政府每年邀请外国农业企业来马耳他，举行面对面农产品和农业科技招商会。

马耳他农业主要遵循传统生产模式，一般是从商业农作物开始，以豆类和饲料作为结束。商业农作物的生产每年大概有两次，蔬菜的生产主要包括春季和冬季。马铃薯、瓜类、洋葱、番茄、茄子、绿胡椒、大头菜等，这些农产品的生产就占了马耳他用地的 50%。

大部分农产品都是在本地消费掉的，大力组织出口贸易是以马铃薯和洋葱开始的，后来又扩展到园艺新产品和温室产品，其中有番茄，还有鲜花、球茎植物和种子。

2004 年，马耳他粮食和蔬菜总产量为 94972891 公斤，其中土豆 25339269 公斤，西红柿 18085685 公斤，西瓜 6311899 公斤，菜花 5901648 公斤，洋葱 5884412 公斤，南瓜 5228687 公斤，豆类 3919302 公斤，白菜 3345318 公斤，生菜 3152662 公斤，胡萝卜 2634278 公斤，其他品种的 15169731 公斤。

### 三 畜牧业和渔业

#### (一) 畜牧业和家禽

**畜**牧业的生产在马耳他农业中是一个重要的组成部分，在马耳他群岛上饲养的家畜有牛、羊、猪、家禽和家兔，而饲养的重点则是那些不需要大面积土地提供牧草和饲料的动物。由于这个原因，也由于家禽和生猪饲养业的产品适合出口，所以这两类饲养业也就兴旺发达起来了。欧共体（欧盟前身）还援助马耳他在科米诺岛上建起一个现代化养猪场，进一步促进了畜牧业的发展，猪、牛、羊的头数有一定增长，牛奶、奶油和软乳酪的产量也都增加了。

从牲畜存栏总量来讲，2004年，牛羊农场共有281处，其中马耳他岛225处，戈佐岛56处。牛羊存栏数量共有18417头，其中马耳他岛12637头，戈佐岛5780头；

2004年，生猪饲养场共有157处，其中马耳他岛144处，戈佐岛13处。生猪存栏数量共有81841头，其中马耳他岛77317头，戈佐岛4524头；

2004年，鸡、家兔和鸭农场数量共有268处，其中马耳他岛216处，戈佐岛52处。鸡共有1180405只，其中马耳他岛1180405只，戈佐岛336022只。家兔共有457634只，其中马耳他岛362028只，戈佐岛95606只。鸭共有28159只，其中马耳他岛20354只，戈佐岛7805只。

2003年，马耳他牛奶的产量达到39860吨，蛋类的产量达到4500吨，整个畜牧业产值达到3600万马镑，占整个农业总产值的65%。

#### (二) 渔业

渔业在马耳他岛的历史很悠久，可以追溯到远古时代。众所周知，马耳他岛渔业延续几个世纪，而且成为传统和社会结构的一部分，在马耳他好多渔船上，都画有奥西里斯的眼睛（奥西里斯是古埃及的植物神和水神），这是从腓尼基时代就开始流传，人们相信它可以驱除邪恶，保佑渔船。

马耳他作为一个地中海中心的小岛，有质量较高且温度多变的海水，尤其是列岛周围，鱼类资源丰富。但是，从数字和经济的角度来说，马耳他渔业在经济领域中都不是一个重要的部门，因此，马耳他渔业还有很大的潜力。目前，马耳他渔业产品主要用于国内消费，全职的渔民大概有 480 人左右，兼职的有 1350 人左右，主要分布在营销领域。

马耳他渔业产品主要有旗鱼、鲭鱼、蓝旗金枪鱼、石斑鱼、角鲨鱼、兰普基鱼（马耳他沿海所产的一种鱼）、博格鱼（一种色彩鲜明、身体扁平的欧洲鱼）。捕鱼季节从 8 月份到第二年的 1 月份，主要是捕兰普基鱼和鲭鱼，这两种鱼大概占马耳他总捕鱼量的 40%。另一个捕鱼季节主要从 5 月中旬到 8 月中旬，主要是捕金枪鱼和旗鱼。

渔业对马耳他经济也有一定贡献，每年的产值大约为 1800 万马镑。随着 1991 年工业发展法案的修改，渔业成为制造业的一种，而且享受制造业的一些优惠政策，比如所获利润 10 年免税，低利率贷款，租金补贴及技术培训等等，而且对于外国投资者没有任何限制。

对于在岛国发展渔业，很重要的是减少捕捞野生鱼类，发展水产品养殖业。马耳他养殖的海产品主要是海鲈科和鲷鱼科鱼类，网箱养殖技术已广泛应用于海产品养殖。目前，马耳他有 4 家公司经营 5 大海上露天养殖场，还有两个陆地上的小规模养殖区。这些公司中 75% 的股份由马耳他投资者所有，其余的部分由来自欧盟其他国家的投资者。

马耳他海产品产量从 1992 年的 60 吨，增长到 1996 年的 1500 吨，1998 年超过 2200 吨，2000 年超过了 3000 吨。单就马耳他海上捕鱼的数量而言，例如，2004 年总捕鱼量为 1070219 公斤，其中旗鱼507081 公斤，金枪鱼220218 公斤，箭鱼133517 公斤，虾和对虾 36753 公斤，多锯鲔鱼（stone bass）32961 公斤，博格鱼（Bogue）19002 公斤，引水鱼 15791 公斤，弓鳍鱼 17049 公斤，鲉鱼 10559 公斤，鲷鱼 7468 公斤，其他鱼类 576901 公斤。

## 四 水果业和酿酒业

### （一）水果业

马耳他 50% 的可耕地主要用于水果的生产，包括桃子、柑橘、无花果、梨、草莓，藤木类水果植物等，它们在农业中占有比较重要的地位。

2004 年，马耳他水果的总产量为 5472034 公斤，其中葡萄 1314602 公斤，柠檬 997258 公斤，甜橙 978514 公斤，桃 470131 公斤，柑橘 440877 公斤，草莓 436821 公斤，坚果 204150 公斤，油桃 92209 公斤，樱桃 76193 公斤，其他 314450 公斤。

### （二）葡萄和酿酒业

马耳他农业中一个具有独特历史并使人感兴趣的部门是葡萄栽培。酿酒是腓尼基人传入的，他们把葡萄藤带到了马耳他，把它叫做"迪利亚"，意思是"搭凉棚的"。最初为酿酒而栽培的葡萄藤种植在靠近现在戈尔米和扎巴尔的西部丘陵地区。直到今天，这个地区的葡萄园仍然酿造出最好的葡萄酒。2004 年，马耳他的葡萄园共有 489 公顷，其中马耳他岛 450 公顷，戈佐岛 39 公顷。葡萄总共 1606792 株，其中马耳他岛 1448759 株，戈佐岛 158033 株。

在马耳他的葡萄种植历史上，酿酒业经历了很大的变化。在中世纪期间，马耳他的人口下降，葡萄栽培也几乎停止了。在骑士团时代，又得到了恢复。骑士们曾判定英索拉葡萄是一种最适合于马耳他的土壤和气候的葡萄，而到现在情况大体上还是这样。但是在戈佐岛上，由于农民和教士历来同海外教会保持着联系，因此引进了法国葡萄。现在戈佐岛上的葡萄藤一半以上都是法国品种。

另一次衰落发生在 18 世纪，当时美国的独立战争给马耳他的棉花贸易带来了极好的机会，因此，大部分葡萄园都被改成了棉花种植场。大约在 1870 年，葡萄种植业被再次引进，并在其后 70 年继续处于分散状态，但就在这段期间群岛上消费的酒大部分由外国进口，酿酒业未能扩大。1939 年以后，葡萄园被用来种植当时必不可少的粮食。直到第二次世界大战结束以后，酿酒业才又开始兴旺起来。虽然由于啤酒和不含酒精的软饮料的引进，马耳他人现在的饮酒量比以前减少了一些，但本地的生产却有了很大的增长，而且每年都有较多的马耳他酒向英国和意大利出口。

马耳他酿酒业的特点是葡萄分布和加工的方式。那些属于政府、教会或世袭地主的葡萄园同那些酿酒厂完全没有关系。这些酿酒厂派出自己的经纪人到处巡视葡萄园，以鉴定葡萄的质量，并向他们的雇主推荐适当的类型和数量。没有讨价还价的问题，因为从 1965 年起，政府就规定了每吨葡萄的价格。

葡萄收获是在 9 月份进行，葡萄一摘下来就送进酿酒厂。除了靠葡萄皮发酵而酿造的红酒和教会所需要的比较少量的酒以外，大量的酒都要等到 10 月份才开始酿造。因为，群岛的温度和湿度在 10 月份才能降低，不到那时葡萄便不宜发酵。有些较大的酿酒厂采用了现代化设备，发酵是控制在玻璃内壁的大钢桶里进行的，但即使在这些酿酒厂里，要在 10 月以前发酵也是不行的。二氧化硫被用来阻止过早的发酵。圣坛酒无疑是最好的酒，因为它是通过自然发酵而酿成的，因而也的确是很纯的。最大的酿酒厂使用从意大利进口的人工培养的酵母，而一些小厂则使用本国生产的酵母。

马耳他栽培的主要葡萄品种是英索拉，既供酿酒，又供佐餐，虽然在这两方面都不是很完善的。酿酒业的改进有赖于从国外引进更多的葡萄品种。生产雪利酒（西班牙南部出产的一种淡黄色或深褐色的葡萄酒）的尝试没有成功。然而，酒的出口的日益增长却反映了马耳他酒的声誉的不断提高，也显示了酿酒业的潜在能力。

## 五 农产品进出口

**马**耳他农产品主要依靠进口。由于缺乏淡水，土地贫瘠，可耕地面积少，从事农业的人口少，马耳他本身的农产品从品种到数量都无法满足本国自身需要，必须依靠进口。马耳他进口的农产品大部分来自欧盟国家，例如，2002 年，马耳他从意大利、英国、荷兰、法国进口的农产品分别为 2963 万马镑、2125 万马镑、914 万马镑、669 万马镑，约占其中农产品进口份额的 53%。因此，在马耳他农产品市场上，各国竞争非常激烈，各国的农产品基本上都占有一席之地。但是，由于人口比较少，马耳他虽然大部分农产品都需要进口，但总的进口量有限。

目前，马耳他生产的农产品除了蜂蜜、土豆、西红柿等个别农产品出口外，大部分农产品都需要进口。2002 年马耳他食品进口额为 12521 万马镑，出口产品金额只有 3705 万马镑。1999 ~ 2001 年马耳他谷类平均年产量只有 11000 吨，约 94% 的谷物需要进口。2002 年，马耳他进口肉类 903 万马镑；进口各种鱼类和水产品 1020 万马镑；进口奶制品、乳制品、禽蛋类和蜂蜜等 1188 万马镑；进口蔬菜 257 万马镑；进口水果和干果 852 万马镑；进口谷类 991 万马镑；进口肉类和鱼及水产品的加工产品 826 万马镑；进口糖及糖果 550 万马镑；进口可可粉、巧克力及其半成品 742 万马镑；进口谷类加工的面粉和淀粉制品 1181 万马镑；进口蔬菜、水果、坚果制品 700 万马镑；进口可食用的调制品 983 万马镑；进口矿泉水、饮料、酒和醋等产品 1128 万马镑。

马耳他出口的水产品主要是鱼类（主要是金枪鱼、海鲷鱼和黑鲈鱼）、土豆、谷类加工的面粉和淀粉制品、番茄酱、蛋黄酱、发酵粉、果酱等可食用的调制品等。2002 年，马耳他出口金枪鱼 1650 万马镑，海鲷鱼和黑鲈鱼为 170 万马镑，主要出口国家是意大利；土豆出口额为 98 万马镑，主要出口市场是荷兰；谷类加工的面粉和淀粉制品出口额为 81 万马镑，主要出口市场是中东、北非和欧洲国家；番茄酱、蛋黄酱、发酵粉、果酱等可食用的调料制品出口额为 1600 万马镑，主要市场为中东和非洲国家。

## 六　加入欧盟对农产品的影响

**按**照与欧盟谈判时的承诺，马耳他从 2004 年 7 月 1 日起逐步降低农产品税收，从而引起肉、禽、蛋、蔬菜和水果等农产品的价格出现不同幅度的下降。2005 年 1 月 1 日以后，农产品价格进一步下降。与此同时，按照政府与农民达成的协议，政府向农民提供了一揽子补贴方案。补贴金额高于农产品价格下降的幅度，这是为了帮助农民改善生产设施、改组农业结构而额外支付的费用，该补贴方案和农村发展规划虽然有些冒险，但却符合实际，有利于重振马耳他农业。

### （一）执行欧盟的关税标准

马耳他加入欧盟之前，对本国的部分农产品有一定程度的保护，如对于葡萄酒、意大利面条、番茄酱、冰激凌等征收附加税。加入欧盟之后，马耳他取消了附加税，并按照欧盟的关税标准对来自欧盟之外的国家的农产品征税，对来自欧盟其他国家的农产品将不再征收关税。

### （二）对部分农产品实行配额管理

根据欧盟的有关规定，马耳他对进口欧盟之外国家和地区的冻牛肉、冻猪肉、冻羊肉、保鲜蘑菇、大蒜、香蕉实行配额管理。配额由马耳他农业部贸易管理机构（Trade Mechanism Unit）

负责管理和发放。

### (三) 执行欧盟的共同农业政策

执行欧盟的共同农业政策意味着马耳他要从农业生产体系、流通体系和价格体系等方面全方位执行欧盟的政策。包括建立整体的管理和控制系统、农场财务信息系统、质量控制系统、食品安全系统、农村发展规划、农药和杀虫剂的控制使用等方面，马耳他都要与欧盟接轨。尤其在卫生检验检疫方面，加强抽查，食品卫生标准必须符合世界贸易组织和欧盟的标准。

### (四) 欧盟给予马耳他农业以援助

新加入欧盟的国家，如果其人均国内生产总值达不到欧盟平均水平的75%，就属于发展落后的国家，可以获得欧盟的结构性改善资金，用于农业发展的现代化和多样化。马耳他从欧盟委员会获得2690万欧元资金，用于农业发展，该资金的使用期限是从2004~2006年。针对马耳他实际情况，该欧盟农业发展资金将为马耳他农民提供临时性的收入补贴，以帮助马耳他农民适应新的市场环境，同时享受该补贴的农民还可同时申请使用农业发展项目基金。

### (五) 加入欧盟后马耳他农业也面临挑战

加入欧盟后，对马耳他本国的农产品生产和加工等要求更加严格，虽然欧盟对马耳他农业生产给予补贴，但由于马耳他农业生产集约化程度不够高，技术水平也偏低，加工能力有限，所以农业生产和农产品加工面临欧盟其他成员的严峻挑战。例如，马耳他的屠宰业，原来有50多家屠宰场，加入欧盟后由于欧盟对于屠宰业有更严格的要求，需要马耳他有关企业更新设备，严格卫生条件。但由于失去本国原来的市场保护，许多马耳他相关企业入盟后无法应对来自其他国家相关产品的低成本竞争，大部分屠宰场无法继续生产，希望政府能给予更多的保护或援助。因此，加入欧盟之后这种情况需要马耳他政府认真加以应对。

## 第三节　工业

### 一　概况

工业是马耳他经济的主要支柱，其中，又以加工制造业特别是修船、造船业占主导的地位，而近几年来加工制造业发展很快。马耳他主要工业部门有服装、皮革制品、食品加工、电子和电器产品、烟草、造船和修船业、印刷、玻璃等。主要工业产品有电子产品、机械设备、精密仪器、食品饮料、化工产品等。目前约有3万人在制造业部门工作。马耳他最大的工业基地在瓦莱塔和马尔萨之间的大港，后来又在马尔萨什洛克落户了许多生产企业。

从所有制关系层面分析，马耳他工业分为3种类型：

第一种类型，是外国独资或合资的工业企业。这种类型的工业企业大都是科技含量高、工艺先进，具有一定的规模。如属于法-意半导体集团的子公司——ST Micro Electronic Ltd，该工业企业拥有2400职工。瑞典的Trelleborg公司，专门生产汽车密封圈，拥有1000职工。

第二种类型，是地方私人工业企业。这种类型的工业企业规模小、科技含量不高，有的还是处于手工作坊的形态。它们主要是食品加工工业和农产品加工工业等。

第三种类型，是国有企业，主要是造船业和修船业等。随着私有化运动的进一步深入发展，马耳他的国有工业企业越来越少了。

马耳他工业受工业、投资和信息工艺部的监管。马耳他大部分工业企业和公司联合成立"马耳他工业联合会"，统一指导有关马耳他工业企业和公司的事宜。2004年1月1日，联合各个马耳他行业成立的"马耳他经营状况机构",旨在促进各个行业和工业企业在马耳他的投资和经营。

## 二　加工制造业

**加**入欧盟后,马耳他加工制造业产值增加很快,2004年为25.340亿欧元,2005年为24.576亿欧元,2006年增加到26.654亿欧元。2006年,马耳他加工制造业产值占当年国内生产总值的17%。

轻型精密机器的制造,以及各种洗涤剂、塑料包装用品和皮革制品的生产也受到欢迎。啤酒和不含酒精的软饮料的酿造业已日趋兴旺。虽然纸张的生产,由于缺乏适当的资源而影响其发展,但马耳他却发展了一种可以赚钱的印刷工业。现在马耳他的印刷价格已低廉到足以吸引海外顾客,甚至像美国那样遥远的国家的订货。

兰布勒汽车装配厂虽然遭到过失败,但按照新方式进行重建之后,这个企业又显然取得了成功,而且马耳他装配的一些汽车现在正在出口。马耳他也正在装配公共汽车。一般说来,政府优先考虑的那些新型工业,因为它们雇用职工,需要高价的进口原料不多,并在出口市场上大有畅销的希望。

随着国际贸易自由化和竞争力的不断加强,整个制造业也面临着挑战。2004年前的9个月中,制造业营业额下降了0.2%,但同一时期的净投资额还是有所增加的,达到了4000万马镑。最近马耳他企业得到了全球投资所提供的56个项目,达3400万马镑,其中的11个项目用于印刷,总投资额达到700万马镑,还有7个项目用于药学工业,总投资额为1500万马镑。

## 三　造船和修船业

**造**船和修船业是马耳他最主要的工业之一。早在圣约翰骑士团最辉煌的时候,岛上的造船和修船业已经十分繁荣。在 19 世纪中叶，随着蒸汽轮船到达地中海地区，英国人将旧的造船厂更新。但是，造船厂设备的急遽增加和现代化还是近几年的事。

马耳他干船坞公司是马耳他最大的国有企业，其前身是英国海军部造船厂，已有 150 多年的历史。它是马耳他的重要经济支柱，拥有 5000 多名职工。现有各类干船坞 7 个，其中一个是 1975 年中国设计援建的"中马友谊 6 号干船坞"，可停靠修理 30 万吨级油轮，这也是地中海最大的干船坞之一。该厂位于航运要道，拥有 6 座修船坞，最大的为 30 万吨级船坞。它承担各类船舶修理、检验、改装、油轮清洗；承担 B&W、MAN 等柴油机、蒸汽透平机、增压器以及艉轴密封修理工作；对船体发动机、船上电子和电器等设备进行维修；能建造 1 万吨以下的各类船只，如沿海巡逻艇、货轮、游艇、驳船等，还制造单点系泊浮筒、油水分离器、压力罐制水器等。

坐落在马尔萨的"马耳他造船厂"（Malta Shipbuiding Company），还涉足钢铁工业。该厂是 1976 年在修船厂的基础上发展起来的，有职工 2300 余人。曾为中国建造了 6038 吨"大庆 216 号"油轮和 6000 马力的"南海 210 号"供应船。

四　IT 产业

**IT** 产业是马耳他的优势产业，也是政府积极鼓励和推动发展的重点产业。2006 年，IT 产业在马耳他国内生产总值中的产值为 2.09 亿马镑，占国内生产总值的 9.95%。在未来 5 年里，马耳他政府还将通过调整产业结构，加大吸引外资的力度，推动 IT 产业加快发展，力争实现产值超过 3.5 亿马镑，在国内生产总值中的比重超过 15%，并创造出 3000 个新的就业岗位，成为地中海地区信息技术研发和输出的基地。

马耳他目前拥有外国 IT 企业 200 多家，从业人员超过 6000

人。2006 年销售收入达到 4.75 亿马磅，IT 产品出口占了马耳他出口总额的 61.7%。2003~2006 年，外国投资在 IT 行业保持了两位数的增长，IT 行业的投资回报率为 37.7%，利润率达到了16%，成为马耳他吸引外国投资的重要领域。世界主要 IT 企业如 Microsoft、ORACLE、IBM、Siemens、ABB 等均在马耳他设立了分支机构，开展业务。

法意微电子公司，是目前在马耳他最大的一家外国投资企业，成立于 1998 年，有员工 2300 多人，年营业额 4.4 亿马镑左右，累计投资额达到 8.67 亿马镑。该公司产品主要为半导体芯片，广泛应用于通讯、医疗器械、精密仪器、汽车等诸多领域，产品出口占了马耳他出口总额的 45%，在马耳他经济中占有举足轻重的地位。

目前，马耳他政府采取进一步发展 IT 产业，其具体措施如下：

（1）马耳他政府已经与多个国家大学及研发机构达成协议，在马耳他大学和其他本地研发机构进行合作，开展 IT 产品和技术的研发。马耳他政府将为此投资 1200 万马镑，提供必要的资金支持。

（2）与利比亚、突尼斯、埃及、摩洛哥以及意大利的西西里地区进行协商，拟建立一个环地中海地区高科技经济协作区，通过建立一个覆盖上述国家和地区的电子商务网，来推动经贸合作。马耳他在这个项目中将扮演一个电子信息技术的输出以及网络运行和维护的角色。

（3）进一步扩大了马耳他工业园（MIP）的规模。目前，马耳他工业园管理着全岛 3 亿平方米左右、600 多家工厂。2007 年7 月，马耳他工业园正式启动，在哈尔发和莫斯塔科技园兴建 27所现代化工厂工程。该工程投资 1300 万马镑，将于 2008 年底完工。2007 年 4 月，马耳他政府和 TECOM 投资公司（迪拜）正式签约，启动信息城（SmartCity）工程项目的建设。TECOM 在未来 8 年间将对马耳他投资 1.1 亿马镑，该项目将为马耳他的国内生产总值贡献 2.295 亿马镑，最少创造 5600 人的就业机会。

五　纺织业

织品生产仍然保持了马耳他主要工业部门的地位。20 世纪 60 年代，建立了 12 个新工厂，为出口和国内市场生产用天然纤维和合成纤维制造的各种纺织品。

在出口方面，马耳他纺织工业取得了相当大的成功。20 世纪 60 年代中期，制造业产品的出口一年所赚的总额为 450 万马镑，其中有一半系来自纺织品、服装和纱线。但是在纯纺织品的生产中，一些亚洲国家的竞争力量正在日益增长，因而马耳他就需要设法出口越来越多的制成服装的纺织品。在过去，大部分出口商品是供应英国和意大利两国，而现在，在北非和中东，对服装成品（如同其他工业新产品一样）展现了更为广阔的前景。同时，随着生活水平的提高，在马耳他群岛上对服装成品的需要也在与日俱增，而这种需要在较大程度上是可能由其本土的纺织工业予以满足的。虽然由于主要是雇佣女工，它不可能在解决男工失业的问题上创造奇迹，但它对马耳他经济是不可缺少的一宗财富。

马耳他最大的服装公司是蓝钟服装公司，为世界第二大服装公司——英国兰格勒公司的子公司。

六　建筑业

易于雕刻而又不易风化的和取之不尽的马耳他石灰岩，促进了马耳他建筑业中的技能和技巧的提高和发展，使之具有悠久的传统。

第二次世界大战后，马耳他的建筑业日益繁荣起来，20 世纪 50 年代末，继续保持发展的势头，特别是马耳他经济计划的实施，无论是长期的 5 年计划、经济调整计划和短期经济计划，都给建筑业注入了新的活力。在 20 世纪 60 年代中期，马耳他 1/10 以上的就业人口都在从事采石和建筑工作。随着商业活动的日益增长和外国游客的不断涌来，对修建新的道路、桥梁、仓库、工厂、出租公寓和旅馆的要求也增加了。同时为了使教育和公用事业与国家的全面发展相适应，也需要修建新的普通学校、专门学校和公共建筑物。这种趋势导致了辅助行业的扩大，而这些辅助行业反过来又给建筑业带来了更多的动力，特别是煤气、电力、电话、自来水和下水道等主管单位都成了建筑合同的重要签订者。

最近，建筑业在如期完成合同方面遇到了困难，无论在为旅客准备旅馆、别墅和出租公寓方面，或在为马耳他人提供住房方面，都是如此。马耳他人之所以需要更多的住房，是因为他们的生活水平不断提高的缘故。建筑计划受到的阻碍，主要是由于缺少技术工人，而政府则一直受到压力，要把机会给予那些渴望在马耳他开业的外国承包商。过去 5 年内的成就展现出建筑工业光明的发展前景，2004 年的建筑业就业超过 12000 人，是整个劳动力水平的 8.1%。建筑工业在 2003 年为国民生产总值增加作出巨大贡献，达到 4800 万马镑，比 1997 年增加了 700 万马镑。在世界经济面临萧条景象的时刻，这一发展无疑是经济发展的强心剂。

## 七　家具制造业

金属和木质家具的制造业也取得了进展，而且有些家具已向国外出口。但这种工业缺乏内部的紧密配合，也缺乏大得足够布置现代化生产线的工厂。向不发达国家出口家庭、机关和学校使用的家具的机会越来越多了。对金属配件、容器以及一般家庭和办公室的金属用品，也敞开了这种销路。许多这类产品都是可以赚钱的。它们不需要复杂的工厂设备，装运起来也相当容易。

八 采石业和能源

（一）采石业

马耳他唯一的矿产就是石材。马耳他各岛均是石灰岩构造，故石材是唯一取之不尽、用之不竭的矿藏资源。马耳他盛产的珊瑚石灰岩和抱球虫石灰岩，质地坚硬，耐海水侵蚀，正适合在马耳他建筑之用。因此，采石业在马耳他十分发达。

采石场一般选在被开采的石山旁边。开采时先以机械除去岩石表面的土和杂质，露出米黄色的天然石。根据需要用专门的机械按设计的尺寸切出方石块。丰富的石料奠定了马耳他建筑与石刻艺术的基础。马耳他矿产工业主要包括石灰石开采和海盐生产，它对国内生产总值的贡献约为 0.5%。

（二）能源

马耳他近海的沉积盆地具有良好的可钻探的地理结构，至少在某些结构中有希望找到具有商业价值的油田。在目前所钻探的油井中曾有油气显示。马耳他政府授权在沿海海域可以进行石油勘探，但必须以合伙生产为基础，合伙生产标准合同的条款可以通过讨论和谈判解决。私人石油公司或集团不定期地被邀请对指定的马耳他海域提出勘探建议，其中包括申请人的详细情况、地质分析、有效数据分析及勘探成本计划等。勘探建议获批准后，即可与马耳他政府签订合伙生产合同。合伙生产合同有效期为30 年，包括勘探期 6 年，但勘探期可以延长。合同方至少需要 6年以后，才能取消生产部分以外的全部合同条款。当正式开始产油后，合同方可以用一部分石油来补偿石油勘探的风险和成本，其余的石油与马耳他政府分享。马耳他对合同方的纯利润征收50% 的所得税。所有设备可以免除关税。

目前，澳大利亚的 HARDMAN 资源公司已经在马耳他东南部海域，筹划建造石油钻井平台。澳大利亚的泛大陆油气股份公司也和马耳他政府签订合同，计划在马耳他南部海域勘探石油。

马耳他的电力事业不断发展，1989 年发电量为 11 亿度，基本能满足国内需要。1991 年兴建的一座新的电厂，已经开始运行。

由于四面环海，马耳他每年人均可用淡水量只有 82 立方米，在目前世界上最缺水的 20 个国家中，其缺水程度位居首位。由于淡水缺乏，马耳他在加尔拉布斯南崖下兴建了加尔拉布斯海水淡化厂。海水淡化厂从地中海的海水中提取盐分后制成饮用水，每天的总产量达 2739 万升，是世界上同类企业中规模和产量较大的海水淡化厂之一。它和另外 3 个工厂一起每天生产饮用水 7270 万升，但仍然远远不能满足全国每天 10450 万升的需要量，因而岛上的饮用水只能靠井水来补充。

## 第四节　旅游业

### 一　概况

作为地中海岛国，马耳他有着连绵漫长的海岸线，众多的海湾、海港和礁石洞穴，构成马耳他人引以为自豪的 "3S" 旅游，即阳光（Sun）、石头（Stone）和大海（Sea）的特色旅游。大海是大自然赐予马耳他的重要资源，马耳他在海边修建了许多供游人游泳的设施以及游乐设施，修建了许多停靠游艇的码头以吸引外国居民购买游船来马耳他停泊，在海边以许多悬崖峭壁和海水深的特点大力吸引潜水爱好者。

马耳他岛国还拥有众多的历史古迹，如建于 7000 年前的哈扎伊姆神庙，位于瓦莱塔市内的还有被联合国教科文组织列为世界遗产的圣约翰大教堂和骑士团首领宫等。马耳他不少地方的居民仍保持着原始生产方式和饮食风俗。这些都在吸引着越来越多的外国游客。

马耳他旅游业收入占国内生产总值的 25%，是外汇的主来源，直接就业人数为 9000 余人，间接就业人数达 13.8 万人次。

1986 年外国游客达 57.42 万人次，外汇收入 1.8 亿美元；

1988 年外国游客达 78.3 万人次，外汇收入 2.85 亿美元；

1989 年外国游客达 83 万人次，外汇收入 3.08 亿美元；

1992 年外国游客为 117.6 万人次，外汇收入 6.39 亿美元。

20 世纪 90 年代以来，每年游客一直保持在百万人次左右。

2000 年外国游客为 121.5 万人次，旅游外汇收入 2.685 亿马镑；

2001 年外国游客为 118 万人次，旅游外汇收入 2.607 亿马镑；

2002 年外国游客为 89.77 万人次，外汇收入 2.45 亿马镑；

2003 年外国游客达 113 万人次，旅游收入约 2.61 亿马镑，同比增长 6%。

2005 年外国游客 117 万人次，外汇收入 4.28 亿马镑，占马耳他国内生产总值的 22%。其中，跟随团组的旅客机票和酒店消费总额为 2.04 亿马镑，人均 264.8 马镑，占旅游总收入的一半；非团组的旅客消费 0.5 亿马镑购买机票，0.32 亿马镑住宿酒店，人均消费 233.7 马镑；团组和非团组旅客用于其他方面的支出为 1.41 亿马镑，人均消费 122.9 马镑。在 2005 年的外国游客中，乘飞机来马耳他的游客为 115 万人次，乘船来马耳他的游客为两万人次。

到马耳他旅游、观光、度假的大多是欧洲富裕国家的居民，2005 年约有 42% 的游客来自英国，总共有 48 万人次。这是因为，马耳他属于典型的地中海式气候，每年 11 月底至第 2 年 3 月份为雨季，气温在 16 度～20 度左右；4 月份至 11 月初为旱季，几乎每天阳光明媚，温度在 20～30 度之间。这一特点对来自气候比较寒冷的英国和北欧游客非常有吸引力，许多来自这些国家的游客在马耳他购置房产或者游艇，在退休之后或者夏天到马耳他度假。除此之外，12% 来自德国，7.1% 来自法国，6.8%

来自意大利。

外国游客来马耳他的目的多种多样，有的为了阳光休闲，有的来感受马耳他古老的文明和探悉古迹，有的来学习英语，等等，不一而足。2005年，在外国旅游者中，享受阳光和休闲的人最多，达62.2万人次，感受马耳他古老文明和历史遗迹的有19万人次，从事商业活动的有8.7万人次，从事潜水活动和其他运动的有8.6万人次，学习英语的有5.7万人次，短期停留的有3.1万人次，探亲访友的有2.8万人次，其他目的的有5.7万人次。

马耳他有各类星级旅馆一百几十家，其中，五星级酒店15家，四星级酒店44家，三星和两星级酒店近百家。五星级酒店共有3083个房间，床位数为6536个；四星级酒店床位数为13017个；其余酒店床位数为20366个。根据马耳他旅游部门的规划，2006~2008年马耳他五星级和四星级酒店的床位数将分别增加1576个和1531个，而三星级酒店床位数将减少400个。此外，还有126座度假公寓及客栈，提供9万多个床位。最著名的"腓尼基"旅馆曾接待过许多来访的外国首脑。马耳他旅馆的现代化程度很高，一般都配有餐厅、酒吧和舞厅，在海边的还设有浴场或游泳池。不少旅馆还有以各种生活设施一应俱全的套房和别墅，供游人短期租用。

2005年，马耳他五星级酒店开房率为65%，每名旅客的平均入住时间为6.2天，毛利率为10%；四星级酒店开房率为72%，旅客的平均入住时间为7.88天，毛利率为1%；三星级酒店开房率为72%，旅客的平均入住时间为8.5天，但处于亏损状态，毛利率为-20%。

二 旅游业发展的原因

马耳他旅游业能够保持长盛不衰，除因为拥有丰富的旅游资源外，更得益于拥有一套较完备的管理体系，吸

**马耳他**

引了国际上众多的旅游者。

第二次世界大战后，马耳他政府一直重视发展旅游业，先后成立了全国旅游行业协会、旅馆及公共饮食业委员会等。政府内现设有旅游和文化部，负责制定国家旅游产业宏观政策，全国68 个地方市政委员会内也分别设有旅游发展部。到 1991 年，马耳他的旅游业已经占国民总收入的 1/3，首次平衡了马耳他经济转型的国家财政赤字。政府于 1999 年 9 月又组建了马耳他旅游局，负责制定和落实旅游产业的行动发展计划。2002 年初，马耳他将旅游产业纳入国家经济发展战略重点，政府每年拨款约2500 万美元用于发展旅游业。

在发展旅游业的过程中，马耳他重视发挥私营企业的作用。马耳他旅游局董事会成员多数是私营企业的代表，目的就是让私营企业更多地参与国家旅游产业的重大决策。国家旅游管理部门、国有企业与私营企业相互合作，实现优势互补，为马耳他旅游业的稳步发展提供了可靠的保障。

马耳他政府在充分利用自然资源的同时，还因势利导，针对不同的游客需求提供"民俗风情游"、"饮食文化游"、"乡村生态游"等特色旅游服务。在每年 11 月至次年 5 月的旅游淡季，马耳他不断推出特色旅游项目，如 3 月份的地中海饮食文化节、4 月份的瓦莱塔狂欢节、5 月份的马耳他烟花表演以及比尔古狂欢节、马耳他唱诗节等民俗文化活动，以吸引外国游客。与此同时，马耳他政府还邀请不少外国文化团体共同参与，既加强了马耳他对外文化交流，也促进了旅游业发展。

实践表明，环境和服务质量正逐渐成为衡量一个国家旅游业竞争力的重要因素。近几年来，马耳他政府着重在加强旅游设施、开发旅游产品、提高服务质量上下工夫，同时坚持旅游开发与可持续发展并重的方针。

2004 年 5 月 1 日，欧盟的新一轮扩大给马耳他旅游业带来了机遇。马耳他可利用欧盟提供的"结构性基金",更大程度地扶持发展旅游产业,以争取使马耳他成为更多外国游客的旅游目的地。

三 风景名胜

**马**耳他风景优美,气候宜人,人民热情友善,温文有礼,民间流行风土舞蹈、民乐和民谣,具备开发天然旅游业的优势。一年四季都是旅游的大好时光,高峰期在 5~10 月,这时的海水温暖,日照充分,海风也较为和缓。游泳、帆板、划船、潜水等水上和水下运动极受欢迎。悬崖峭壁边上的打猎活动,小草坪上的足球运动,大港中的赛船盛会,人迹罕至的海滩和礁石上的抢险活动也吸引了众多的岛上居民、游客和海外来的度假者。

**(一) 小岛景色**

戈佐岛和科米诺小岛的景色有其独自的特色,这里离开城市的喧闹,可以充分享受生活的安适和平静。戈佐岛的魅力在于它保留了更多的原有风貌。它比马耳他岛小但更绿、更乡村化。戈佐岛的生活是以从容的节拍进行的。季节决定着打鱼和农耕的步伐。冬季和春季,岛屿被植物和茂盛的庄稼覆盖着。在夏天,它又被夹竹桃、九重葛和天竺葵一起覆盖着。在神话中戈佐岛是陡峭的,被认为是荷马史诗和奥德赛史诗中的岛屿,平静且神秘,巴洛克式的教堂和古老的石头农舍点缀着乡村。从岩石入口到红沙滩或帆船,或潜水和钓鱼,可任由选择。戈佐岛有地中海最好的潜水地点。但是在那里还有更多的历史景观、古城堡垒和令人震惊的自然景色,构成了戈佐岛的绮丽风光。加上群岛上保存得最好的史前太阳神庙,还有岛屿上独特的夜生活和文化日历,以及有地方风味的野外餐饮等。

在马耳他岛和戈佐岛之间是科米诺岛,是一个遨游和漫步的天堂。岛上的蓝色泻湖中,可以让游客在此安全地洗澡,或者坐船仰望质朴的天空。在科米诺岛，可使人们无忧无虑，并且根本不用汽车，这里常年给旅游者提供一片安静空间。

### （二）潜水者的天堂

马耳他群岛在地中海中央形成了特殊的潜水场，为初学者和经验丰富的潜水者提供优良的开阔水域。天然港口、海湾、掩藏的小溪、峡谷、礁石和历史悠久的海难，这些无不吸引着游客。就在距离很近的两块石头之间，能探索到迥异的水下世界。从欧洲一些主要的城市出发到这里只有几小时的航程，所以人们很容易利用周末长假前往旅游。夏天，海水平均温度在 23 度左右，而在 11 月和来年 3 月之间，平均水温降到 13 度与 15 度之间。在冬天，太阳和海上运动也是一种诱惑。在这个时节，能见到一些奇妙的景色。比如约翰海鲂鱼在冬季会更加靠近海岸。这里的水是世界上最清晰最干净的。在 30 米水深的地方，能见度仍然很高。所以说马耳他是水下摄影的好地方。

海洋生物的颜色绚丽多彩。可能会遇到红鲳鱼、飞鱼、珊瑚、康吉鳗，甚至有已经从地中海消失的珍稀的海鲈。想要更多的惊喜，也可尝试夜晚潜水或者深潜到 30 米或 40 米深处，色彩在这里就像闪耀五色缤纷的火炬之光。

### （三）马耳他主要景点

#### 1. 瓦莱塔

瓦莱塔是马耳他共和国的首都，是一座欧洲文化名城。该城建筑布局整齐，城街狭而直，两旁建筑均为马耳他特有的石灰岩建成，呈灰白色，具有浓厚的中东阿拉伯的建筑风貌，并对马耳他其他城市建筑风格有很大影响。

瓦莱塔古迹很多。城门前有"三海神"喷泉（1959 年修建）、腓尼基饭店。城内有国立考古博物馆、美术馆、曼纽尔剧院、建于 1571 年的骑士团首领宫（现总统府）和建于 1578 年的圣约翰大教堂等古建筑。圣约翰大教堂这座典型的文艺复兴晚期建筑被认为是瓦莱塔的象征。城旁的总理府花园（上巴克拉花园）可以俯瞰大港的景色。

## 2. 总统府

亦称骑士团首领宫，位于首都瓦莱塔中心。总统府总体布局是马耳他的传统风格，中心为院落，四周两层房屋，呈长方形，庄重肃静。

总统府内藏有部分骑士团首领的画像，包括沙俄叶卡捷林娜二世、法国路易十四、路易十五和路易十六等在内的许多欧洲君主的画像，路易十四赠给骑士团首领的大壁毯，中世纪骑士穿戴的全身甲胄以及中国明朝瓷器等珍品，古色古香，独具魅力。

## 3. 总理府（卡斯蒂利亚骑士旅馆）

总理府系由卡斯蒂利亚骑士的旅馆改建而成。该旅馆建于1574 年，坐落于瓦莱塔的最高处，当时可俯瞰全城。旅馆在法军占领时期和第二次世界大战期间曾遭到过严重损坏，后修复，现为 18 世纪巴洛克风格，正面虽有所装饰，但不过分。1972 年成为马耳他总理府所在地，马耳他总理在此接待来访的外国政要。

## 4. 圣约翰大教堂（St. John's Co-Cathedral）

圣约翰大教堂是以圣约翰骑士团的守护神命名，由设计总统府的著名建筑师卡萨尔设计的。教堂始建于 1573 年，是骑士团首领德拉·卡西埃尔为了使瓦莱塔能够完全取代当时的首都比尔古，并由其本人出资兴建的。1578 年教堂建成，标志着骑士团由比尔古迁都到瓦莱塔的正式完成。18 世纪时进行了扩建。

圣约翰大教堂是骑士团自己的教堂，也是岛上最主要的教堂，是首领和骑士举行重大宗教仪式和祭祀的场所，从教堂的装饰可以了解骑士团的历史。教堂外观苍白、朴素，但内部装饰却丰富多彩。圣约翰大教堂是基督教世界最奇妙最吸引人的教堂之一。

教堂呈早期巴洛克建筑风格，部分模仿了哥特式建筑风格。教堂整个圆顶是一副大壁画，由意大利画家马迪亚·布雷迪所

画，表现了圣约翰的生平故事。大理石地面上刻着下面埋着的出身高贵的骑士的名字，第一任首领亚当和第六任首领瓦莱特的遗体就埋放在教堂的地下墓穴里。大教堂内部又分8个小礼拜堂，分归骑士团的"八语"骑士①供奉自己的守护神。小礼拜堂内葬着本语骑士团首领的遗体。在过去，逢盛大节日，小礼拜堂前挂有做工精美的比利时挂毯，挂毯取材于名画，内容表现耶稣的生平。现挂毯挂在楼上房间，供人参观。

教堂博物馆（原祈祷堂）内有一幅世界名画：《被砍头的圣约翰》，其突出特点是强烈的明暗对比画技和现实主义的人物造型相结合。这是意大利画家卡拉瓦乔的作品。他于1608年来马耳他时应骑士团首领之请而绘成此画。

5. 大港（Grand Harbour）

大港位于马耳他首都瓦莱塔与马尔萨、森格莱阿和维托利奥萨三座古城间的深水海湾，是马耳他最大的天然良港。大港面积为2.20平方公里，海岸线长15.56公里，港内水深、隐蔽，万吨货轮可进港装卸货物，年吞吐量为160万吨。港内有多处深水码头及装卸、加油、储粮等设施。

大港在马耳他历史上曾有过几段不平凡的经历。1565年，强大的奥斯曼帝国为了寻找进攻欧洲的跳板，派出一支庞大海军进攻当时处在圣约翰骑士团统治下的马耳他。双方在大港展开激烈的战斗，鲜血染红了大港水。最后，奥斯曼军队溃退，夺路从海上逃走，这就是历史上有名的"马耳他大围攻"，法国哲学家伏尔泰曾说过，"没有比'马耳他大围攻'更著名的战役了"。

第二次世界大战期间，马耳他作为英国一个海军基地，遭到了德国和意大利空军数以千计次空中打击，大港首当其冲。尽管

---

① 骑士来自法、德、西、意、英、葡等国，当时法国骑士来自三地，所操语言不同，按语言分支。

如此，英国舰只仍经常从大港出发，出其不意地袭击意大利到北非之间的海上运输船只，使北非的德军处于粮草不济的困难境地，为盟军取得北非战场的胜利起到了重要作用。

该港离岸仅数米处即可停靠现代化航母和特大型海轮，为地中海沿岸所少有，深受美国和西方国家海军重视，每年要接待许多艘外国军舰来访。

大港内共有 7 个船坞，其中最大的 30 万吨干船坞是中国于 20 世纪 70 年代援建而成，是目前为止中国承建援外港口工程中规模最大的船坞，现仍被当地人亲切地成为"红色中国坞"。目前，所有船坞均由马耳他干船坞公司经营。马耳他干船坞原为英国海军船坞，1959 年转为商业性船坞。

### 6. 姆迪纳古都

又译为"麦地那"，阿拉伯语中意为"城堡"。坐落于马耳他岛中部一座山顶上，东面、北面是峭壁，是最适合防御之地。阿拉伯人称之为"姆迪纳"，并称它周围地区为"拉巴特"（城郊）。除了名字，整座城市找不到阿拉伯留下的痕迹。目前在它不远处就是一座重镇"拉巴特"所在地。

姆迪纳也称"静城"，是欧洲仅存的几座中世纪和文艺复兴时期的城堡之一。城堡中，罗马人建筑遗址荡然无存，日耳曼时代的大部分遗址尚清晰可辨。城堡底部的门叫希腊门。

姆迪纳也被称作教堂之城，内有多座教堂、修道院、小广场和一些贵族小宫殿，具有浓厚的贵族和宗教色彩，城内大教堂自日耳曼时期以来一直是马耳他主教堂，呈巴洛克风格，于公元 1100 年由西西里来的石匠建造，1693 年毁于地震，1697 年重新设计建造。教堂正面墙上有两个挂钟，分别显示着年、月、日和时间，门前还有两尊古炮，供人参观。站在古城墙上，可以纵览周围村镇和田园风光。

古城内有一处教堂博物馆，原为一所神学院，藏品丰富，建筑风格华美，是马耳他岛上巴洛克式建筑的典范，也是欧洲最精美的基督教博物馆之一。

7. 马耳他的教堂

● 圣保罗船难教堂（St. Paul's Shipwreck Church）

位于旧城姆迪纳，建于 17 世纪末。圣保罗船难教堂位于公众广场的东南端，是马耳他最古老的教堂之一，也是马耳他的大教堂，是为了纪念圣保罗船难而修建，为巴洛克风格建筑物。这座教堂最有特色的就是它的壁画，当时请了最好的画师为建成的教堂画壁画，壁画的内容主要是圣保罗的生平以及船难事件的过程。至今，这些作品仍完好保存在金碧辉煌的教堂内，具有相当高的艺术价值。此外，该教堂内还收藏了一些马耳他特产的金银丝工艺品，最值钱的是一个 18 世纪的银王冠。教堂地面铺着的美丽彩色大理石镶嵌墓板，在当时只有贵族中的富人才能在此取得一小块的葬身之处。

● 胜利女神大教堂（Our Lady of Victory Church）

建于 16 世纪，为了纪念对土耳其人的胜利，是瓦莱塔第一栋建筑物。入口上方有教宗英诺森 11 世的胸像，是大统领向教宗表达敬意的礼物。

● 塔平努教堂（The Basilica of Ta'Pinu）

位于戈佐岛，相传在 1883 年有一农妇在原先老旧的小教堂中听到玛丽亚的圣音，而她的朋友也同样听到了，从此该地便成了朝圣地，戈佐岛居民在 1920 年合力建成这座教堂，1932 年被升为大教堂。

● 戈佐大教堂（The Cathedral）

位于维多利亚城堡内，建于 17 世纪末左右，圆顶建筑物，巴洛克风格，入口处有着两座古炮台，每年的 8 月 15 日在这里所举行的圣母玛丽亚节，会将教堂内的圣母雕像抬出游行，到时会有许多的热闹活动在此庆祝，街道被装点地非常美丽，并且会有烟火施放。

● 圣安娜教堂

位于圣安哥拉要塞的东南半个街区。顶部有一个雕刻得很精致的十字图案，图案下面挂着一口钟，海风过处，时而发出一两声低低的鸣响。教堂也是用建要塞的石块砌成，看上去更像一个小城堡。

● 莫斯塔圆顶大教堂（Mosta Rotunda）

位于马耳他岛中部的莫斯塔，为世上目前最大的圆顶式教堂之一。"莫斯塔"一词源于古代，有"神秘的村庄"、"隐藏的地方"和"中心地方"之意。莫斯塔圆顶大教堂效仿罗马的万神庙，其拱顶直径达122米，居欧洲第三，仅次于罗马的万神庙（143米）和圣彼得大教堂（137米）。莫斯塔圆顶大教堂始建于1833年，当时由于现有教堂无法容纳村民参加礼拜活动，由当地的教会自发筹资兴建，由于资金来源不足，直到1860年才完工。

莫斯塔大教堂正面有一广阔的平台，当时供当地人聚在一起聊天和商讨生意之用。前面的两座钟楼，两个钟分别表示标准时间和月日，借以驱邪。入口处的石柱类似万神庙。殿内敬奉的是圣母玛丽亚。

莫斯塔圆顶大教堂著名之处主要表现在，1942年4月9日下午4：40分，当时有300多人正在做礼拜，一枚德军空投的炸弹穿透屋顶落入教堂内，庆幸的是炸弹并未爆炸，没有1人受到伤害也没有砸伤人，被人们称为奇迹。后来英军拆除了炸弹的引信将炸弹陈列在教堂内。现在教堂仍专设一室，摆放该炸弹，展示神灵保佑。

8. 中国园——静园（Garden of Serenity）

系1994年6月马耳他总理阿达米访华时，中国政府赠与马方的项目。1994年9月，两国政府换文，确定中国为马耳他无偿援建中国园项目。1995年1月，双方签署"会谈纪要"，决定将中国园建在圣卢西杰市，占地 8000 平方米。项目由苏州园林设计院设计，中国江苏国际经济技术合作公司执行。马耳他负责清理地面、挖掘水池等基础工程。1996 年 7 月马耳他开工，我方于当年 11 月正式施工，1997 年 3 月竣工，4 月双方联合验收，7 月 7 日双方签署交接证书并举行移交开园仪式。

中国园建成后，经马方提议，双方商定，为其起名为"静园"。园内建有方亭、六角亭、轩、水榭、曲廊、喷泉、水池等，是一座优雅的苏州式古典园林，深受马耳他人民喜爱，参观者络绎不绝。

### 9. 总统官邸——圣安东宫（The San Anton Palace）

由 1623 年当选的骑士团大首领保尔勒的乡间别墅扩建而成，并以他的守护神"圣安东尼"的名字命名。此后，历任首领都把圣安东宫作为自己的乡间驻地。马耳他人民反法斗争时期，圣安东宫成为国民议会厅。拿破仑之弟——卡尼诺王子也曾遭囚禁于此。英国统治时期一度成为英国王室官邸，但大部分时间作为总督官邸。马耳他共和国成立后，圣安东宫改为总统官邸，并接待来访国宾。

### 10. 夏宫——弗达拉城堡（Verdala Castle）

弗达拉城堡俗称夏宫，位于马耳他岛拉巴特市，1586 年由骑士团首领德·弗达勒（法国普罗旺斯人）修建。弗达勒是从教皇西克斯提斯五世手中接受红衣主教头衔的唯一的骑士团首领。该城堡由因参与设计首都瓦莱塔而闻名的建筑师戈罗莱摩·卡萨尔设计，四周包围着小树林，骑士团的成员们曾在周围狩猎。

城堡由两层楼组成。底层是在弗达勒统治时期建造的，从大门的入口处可以看到刻有狼的图案的徽章。第二层是在骑士团葡萄牙籍首领德·韦尔希拉统治时建造的，刻有代表韦尔希拉的庄严徽章。每一层都有一间面积很大的房间。第一层的房间曾被作为正式的餐厅，第二层房间曾是招待会大厅，现已整修一新。在餐厅里，可以看见画家普拉蒂尼所画的许多壁画，描绘了弗达勒生平的不同阶段。支撑房间的拱门上也有许多其他的壁画，均已被复原。

该城堡现在是马耳他国家元首夏季的寓所。许多官方的活动，如月光舞会①都在此举行。

### 11. 哈扎伊姆神庙 （Hagar Qim）

马耳他岛的一组史前神庙，建于 5000 多年前。传说哈扎伊姆是"大石头"的意思，因为在神庙中有一块状似烟囱的大石头。神庙有很多门，均由完整的大石头搭成。石上有雕刻和一些古代的书写符号。哈扎伊姆的特点之一是有一些小祭坛，由雕刻石头做成。其中一个小祭坛上刻有一棵"生活树"，树上架一只浅碗。这个小祭坛已放在国家博物馆中保存。

### 12. 戈佐岛

该岛比较封闭，因此，较多地保持了自然风情和人文景观。岛上山道如织，绿树成行，古迹众多，田园四布，具有宁静的乡村风情，是马耳他人和外国人的休假、消闲胜地。岛上最大的城市是维多利亚（拉巴特），具有阿拉伯和欧洲的双重特点。

戈佐岛历史悠久，据考古专家发现，在 5000 年前就有人居住。岛上的吉干提亚巨石（Ggantija）神庙遗址，据考证建于约公元前 3600 年前，比金字塔还早 800 年。目前巨石矗立，还保有当年的轮廓，拱门、巨窗等建筑结构相接牢固。

戈佐岛上有一个著名城堡，名为维多利亚城堡（The Victoria Citadel），类似于马耳他岛上的古都姆迪纳，因为纪念英国维多利亚女王 25 岁生日得名。当地人仍称其原名"拉巴特"（意为"城郊"）。城堡本为防御外敌所建，但不够坚固。登城墙远眺，景色极为壮观。

---

① 月光舞会，系由马耳他总统夫妇倡导的马耳他慈善基金组织的活动。

**马耳他**

戈佐岛上最为著名的景点是蓝窗（Azure Window），俗称天窗，外貌同桂林象鼻山类似，因猛烈的海浪千百年来冲刷石灰石而形成。两边有直径约100米的石墩，支撑着一个石盖，形成一个高约百米、宽约20米的"窗子"，从中可以看到对面蓝色的波涛，因而得名。附近海边岩石高低大小不一，岩面布满远古鱼虫、植物化石。

### 13. 大王宫（The Grandmaster's Palace）

大王宫建于16世纪后半叶，设计出自名家之手，造型高贵庄严。目前这里是马耳他总统办公的地方，一些重要的殿堂则向旅游者开放。

### 14. 公众广场

公众广场位于瓦莱塔城的中轴线公众街（Public street）的中央，公众街是一条典型的南欧街道，宽阔而整洁，街道散布着露天的咖啡茶座，当地人非常喜爱在这条街上散步以及聚会。公众广场在殖民时期曾是"女王广场"，也是一个典型的欧式广场，广场上仍保留着当年的伊丽莎白女王塑像，周围分布着王宫等宏大的建筑。

### 15. 马尔萨什卡拉

距瓦莱塔10公里。岸边悬崖耸立，海湾很深，但是在其南部两公里处却有一个非常美丽的沙滩：圣托马斯湾。两座堡垒：北边的Zooqor和南边的StThomas，守护着马尔萨什卡拉。

### 16. 塔尔欣神庙群

距瓦莱塔4公里。位于NeolithicTemples St Tarxien。离Hal-Saflieni地宫不到1公里，这里是马耳他最大的史前神庙群，占地2.5公顷，其中最古老的一座神庙建于公元前2700多年，最近的一座也要追溯到公元前2000年。

### 17. 国家考古博物馆

位于首都瓦莱塔共和大街，陈列有许多的史前遗留文物，如各式雕塑，陶器及画作等；另外，著名的"沉睡的仕女"，是由巨石神庙遗迹中发掘出来的。

**18. 国家自然历史博物馆**

位于姆迪纳，展示马耳他群岛从以前到现在，各种的动植物资料，历史文明见证等，也收藏有许多国外的动植物标本。

**19. 国家美术馆博物馆**

位于首都瓦莱塔南大街。

**20. 海洋博物馆**

位于 VittoriosaWharf。

**21. 战争博物馆**

位于圣埃尔梅广场，对于那些对第二次世界大战感兴趣的人来说，这里的兵器展览会是一个不错的选择。

**22. 吉安塔菲哈湾与金色港湾**

在金色港湾附近，位于马耳他岛的西部，为沙质海滩，可进行划船，冲浪等水上活动。

**23. 马萨克拉湾**

位于马耳他岛东部，为岩质海岸，有许多捕鱼船在此聚集，可钓鱼和乘风帆。

**24. 上巴拉卡公园**

位于瓦莱塔，意大利骑士的私人花园，属于城市防御工事的一部分，因此又名意大利瞭望台，花园顶端可俯瞰整个大港和首都瓦莱塔的全景。

**（四）马耳他的神奇特色**

马耳他岛的面积很小，但就在这样一个小岛上，却充满了神奇和至今难解的亘古之谜，它的神秘色彩不仅吸引了更多的观光客，而且是考古学应加以研究和解决的课题。

**1. 马耳他岛巨石建筑**

马耳他岛，从 1902 年开始，人们陆续地发现了 30 多处巨石神庙的遗址。这些不可思议的史前地下建筑的设计者是谁？在石

器时代，他们为什么花费这么大的精力来建造这座巨大的地下建筑？人们百思不得其解。

在该岛的塔尔申村的巨大的石制建筑，经过考古学家们挖掘和鉴定，认为这是一座石器时代的庙宇的废墟，也是欧洲最大的石器时代遗址。这座约在 5000 多年前建造的庙宇，占地达 8 万平方米，整个建筑布局精巧，雄伟壮观。

在马耳他岛上的哈加琴姆、穆那德利亚、哈尔萨夫里尼，考古学家们又发现精心设计的巨石建筑遗迹。哈加琴姆的庙宇用大石块建造，也是最复杂的石器时代遗迹之一，有些巨大的"石桌"至今仍未肯定其用途，石桌位于通往神殿门洞内的两侧，神殿里曾发现多尊母神的小石像。

最令人不可理解的是"蒙娜亚德拉"神庙，这座庙宇又被称为"太阳神"庙。一名马耳他绘图员仔细地测量了这座神庙后发现，这座神庙实际上是一座相当精确的太阳钟。根据太阳光线投射在神庙内的祭坛和石柱上的位置，可以准确地显示夏至、冬至等年的主要节气。

这些巨石建筑的建造者们在天文学、数学、历法、建筑学等方面都有极高的科学水平。有些研究者甚至推测这些判断节气的历法标志，还可以用作观察天体的视向线，甚至能当作一副巨型计算机，准确地预测日食和月食。石器时代的马耳他岛居民真有这么高的智慧吗？他们是如何获得这些知识的？当时的文明盛况是何等景象？科学的遗产又为何没有流传下来呢？这个谜题本身就是令人无法捉摸和难以想象的。

2. 地上的奇特轨迹——"车辙"

马耳他岛的地面上有一些奇特轨迹。在岛上，甚至在光秃秃的岩石上都留下一些深度不一的平行的轨迹，这些轨迹看起来像是某种轨道，当地土著人称之为大车印。表面上看，这些轨迹也似乎是车辙，但两辙之间的距离又不一致，这种史前遗迹是怎样形成的呢？人们有如下种种猜想。

有人认为这些轨迹是实际使用的车轨，可能在某个时候湮没在地面之下，以后又逐渐露出地面。但这是不可能的，为什么呢？因为这些轨迹显示出明显不同的辙宽；又有人认为这些轨迹只是大车辙，譬如说某种双轴大车在地上压出的槽，这也肯定不对。众所周知，双轴车有 4 个轮子，在转弯时，后面一对轮子划出的曲线要比前面一对的小一些。因此，如果是双轴大车，必须找到与前面轮子辙印不同的后轮辙印，但事实上没有。还有人认为是单轴车，这一猜想同样不着边际，理由是各不相等的辙宽，这些单轴车得有个活动的轴才行。

也有人提出其他想法。他们认为，这些轨迹也许是某种动物，譬如牛，将树枝绑在背上拖曳而成。这些树枝下面有分叉，在分叉的枝干上放置沉重的货物，譬如神庙中的巨型石雕。然而这种理论也不大可能。马耳他岛的地面主要由石灰岩构成，如果某种动物的确曾经年复一年地拖着分叉的树枝走过而在地面上留下印记，那么，首先我们应看到这种动物踏出的小路，其次我们还必须假定多年以来树杈具有相同的宽度。这些困难使得这种理论不大可能成立。

对"车辙"的一些猜想：大车车印？单只轮子？牛拖树枝？等等，显然，这些都站不住脚。

还有人认为某种球状物体也许是解释轨迹之谜的钥匙，这种理论认为轨迹是某个球状物体在地面上滚动时压出的凹槽。不过这也不正确，因为实际球体在滚动时在凹槽低点留下的痕迹与人们在马耳他岛上的轨迹中所发现的特征完全不同。对轨迹的另一种设想是，它是一种输水管道系统。这一想法也没有多大的实际意义：因为轨迹的凹槽越过了高山与峡谷并始终保持非常紧凑的曲线。

不久前又有人提出一种观点：在轨迹的凹槽中推动的是单只轮子。这一想法也不对。因为轨迹凹槽深度为 72 厘米，这意味

着当轮子在槽沟里转动时，从轴心到底部的深度至少为 70 厘米左右；但这样大小的轮子无法沿着轨迹向前转动，因为轨迹有些地方转弯很大，轮子在槽沟中根本转不过去。

在马耳他岛上大约有 30 座神庙，因此最近有人提出，这个奇特的轨迹用于将巨型石雕运往正在建造中的神庙。这个猜测也难以站住脚：因为轨迹离最近的神庙尚有 1 公里之遥。

有人设想，马耳他岛地面为风化的石灰岩，它在潮湿的时候非常松软，也许是天外某种不明飞行物曾经以某种方式接触过马耳他岛的地面？这种想法似乎更离奇。

马耳他岛上的这些轨迹一直延伸到地中海，即使在水深 42 米的地方，潜水员还能看到。这是否意味着马耳他岛在地质变迁中曾经下陷？这同样没有史料证明。

考虑了大约 20 余种如此这般的想法和几乎同样多的猜测之后，我们发现没有一种理论站得住脚。不得不承认，这个轨迹，这个位于马耳他岛上的"车辙"，确乎是史前留下的谜。

### 3. 神奇的古庙——蒙纳亚德拉神庙

在马耳他岛上，人们把蒙娜亚德拉神庙称为太阳神庙，它足足比海平面高出 48 米。每年至少有半年时间，强劲的海风越过沙丘吹拂着太阳神庙，它挟带的海岸边的盐粒，不断地侵蚀着神庙中的石雕群。离海最近的神庙是哈格·钦姆神庙，它离大海峡只有不足半公里的路程。

蒙娜亚德拉神庙的整体轮廓看起来如同一片三叶苜蓿的叶子，宽约 70 米。蒙娜亚德拉神庙的太阳光柱——祭坛右边的独石柱。

一个名叫保罗·麦克列夫的马耳他绘图员曾经仔细地测量过这座神庙，并由此得出了一个极其令人震惊的结论：在夏至的日出时分，太阳光擦着神庙出口处右边的独石柱射进后面椭圆形的房间里，正好在房间左侧的一块独石柱上形成一道细长的竖直光柱。这道光柱的位置随着年代的不同而改变，在公元前 3700 年，光柱偏离了这块独石柱而射向它后面一块石头的边缘；而在公元前1万年，这道光柱如同一束激光一样笔直射向后面更远一些的一块祭坛石的中心。在12月21日的冬至日，上述情况又出现了。不过这次出现在相对的一侧，同时房间右侧后部设有祭坛石。

我们已经看到，在日出时分，太阳发出的第一道光线笔直地在出口处的两块独石柱之间穿过，射进神庙的房间里，光线穿越门拱并照亮了房间中部巨大的祭坛石。神庙中出现的这种准确的投影现象绝非偶然，事实上整个神庙建筑布局上的精确性已经排除了任何偶然性。在更早的年代里用太阳光柱在不同的节令射向这一侧或另一侧的日历柱，由此建造神庙的人也完成了一个简明的日历。

这样，在冬至日和夏至日，分别在右边和左边的相应的独石柱上形成了一道光柱，这两根独石柱可称为日历柱。它们宽度不等，右边一块宽1.33米，左边一块宽1.20米。右边的独石柱上出现的是冬至的太阳光柱，我们所看到的是在我们的世纪里太阳光柱的位置，它没有射向后面石块的边缘。这样的建筑布局，也恰好为公元前3700年和公元前1万年的太阳光柱留下了足够的位置。太阳光柱在整个石块上扫过一遍大约需要25800年的时间。正是根据石块的宽度我们算出了这一情况开始的时间，公元前10205年。

必须注意的是，现在太阳光柱没有射向祭坛石，它被左边较小的一根独石柱挡住了。左边的日历柱比右边的一根窄13厘米，正好是两束太阳光柱的宽度，后者宽约6.1厘米。假如日历柱再宽一点，太阳光柱将无法精确地射向位于后部的祭坛石的中心，而在公元前3700年，太阳光柱也没有落在祭坛石的中心，其位置相差6.1厘米。迄今为止，经过科学推算，太阳光柱射向祭坛石中心只出现过一次，即公元前10205年的那次。

在那个遥远的年代建成如此高明的建筑，这一切该怎么解释呢？

考古学家历来视确定古史日期为畏途，对我们石器时代的祖先，他们作出的排序总是混乱不堪的。根据马耳他岛上太阳神庙中相当精确的太阳钟，我们可以推测出其建造者的许多情况。他们并非是完全未开化的原始蒙昧的生命，至少他们具有丰富的天文学知识和精确的历法。此外，我们还得以确定他们生活的年代，这都是作为后人的我们感兴趣的话题和值得不断去探讨的课题。

### 4. 史前之谜——宏伟的地下建筑

马耳他岛上在位于南部的首府瓦莱塔一条不引人注目的小路上。1902年就是在这儿发生过一件引起轰动的大事。当年，有人建房时在地下发现了一处洞穴，但房主一声未吭。他也知道马耳他岛上有许多史前地下建筑，保持缄默的原因是因为不希望他的建筑由此被官方的禁令所夭折。只是到了后来人们才逐渐知道，在他的房子下面埋藏着何等令人惊叹的宏伟建筑。

现在人们将这一地下建筑称为"Hypogaum"，这个词来源于希腊语，其中，"Hypo"意思是"在上面"或者"在下面"，而"Gaia"则是指"土地"，合起来为"在地下"。整座地下建筑由许多上下交错重叠的多层房间所组成。里面有一些进出洞口和奇妙的小房间，旁边还有一些大小不等的壁龛。中央大厅里耸立着直接由巨大石料凿成的大圆柱与小支柱，支撑着中央大厅的半圆形屋顶。整个建筑采用了粗大的石料，以一种近乎完美的方式建成，线条清晰，棱角分明，甚至那些粗大的石梁也不例外。没有用石块镶嵌补漏的地方，更没有用多块小石块拼装之处。无缝的石板地面上耸立着巨大的独石柱，壁龛与支柱都直接雕在这些石柱上——都是些非常致密、坚固的大石料。整个地下建筑共3层，最深处离地面12米。

当时的建筑者是持石锤工作的，工作的艰巨是难以想象的，而且开凿和使用中的照明也是问题，因为在马耳他岛上根本没有黑曜石（即火石）。

这座地下建筑的设计者是谁？在石器时代，他们周围是一些什么样的人？他们为什么急急忙忙地建造了这座巨大的地下建筑？直到今天，人们仍然没有找到答案。

**5. 沙子贵如金**

马耳他没有河流，四周都是海，海岸线都是刀削斧砍一般的悬崖，于是当地人便建造了一个个的人工海湾，从外地进口沙子，铺在海湾里。铺橘黄色沙子的叫金沙滩；铺银白色沙子的叫银沙滩。人造沙滩上颗粒均匀的沙子，其成本费和运费加在一起，价格不亚于等量黄金。无怪乎在马耳他，谁若偷拿一点沙子，就要被判刑。

**6. 神秘古车道**

环岛海滨有神秘的古道网，统一规格为深半米、轨距135厘米、双石轨，以巨石砌成，据推测为古人行驶简易机械化手推车的轨道，建造者当为腓尼基人、古希腊人或古罗马人。

# 第五节 手工业

## 一 概况

马耳他的手工业植根于群岛源远流长的历史，品种既多，质量也很高。随着大规模旅游业的兴起，手工制造业也快速发展，颇具规模。显而易见，现代旅游者正在帮助保存马耳他历史的一个重要方面。

到目前为止，该行业已经为几千马耳他人提供了就业机会。有些小型的制造业则侧重开发具有民族风格的手工艺品，如银饰、刨光石及其他的一些金属饰品。马耳他人心灵手巧，用手工制成的各种工艺品令人叫绝。马耳他的地道特产是手工编制的各种家用饰品，小至杯垫、手巾，大至茶几饰布及台布等，花饰图案别

致，还有人专门坐在门口示范，以证明绝对是手工制造的。马耳他的工艺玻璃已具备相当的艺术水准，除了色彩斑斓夺目外，手工精致细腻，造型生动有趣，很受来自四面八方的游客的喜爱。

二　手工艺市场的培育

马耳他议会通过了《马耳他手工艺委员会法》。该法的目的是鼓励、促进和规范手工艺和手工艺者，建立国家手工艺委员会（Malta Crafts Council）。该法明确手工艺、手工艺者、手工艺企业的概念，并特别指出马耳他手工艺及其产品必须是反映马耳他岛的历史传统和文化遗产。该法确定"手工艺委员会"的主要职责是：通过注册了解手工艺者和手工艺企业，促进和巩固其影响；支持帮助其改进产品的设计、市场调研和销售；颁发本地产品证，保护和振兴马耳他传统手工艺术；建立与国际手工艺组织的联系。同时该委员会是在经济部长领导下的一个独立的非盈利性团体。

马耳他政府的经济部门中设立国务秘书指导委员会，它的职责是提供政府支持和帮助，发挥行业领导的责任，领导重大措施的实施等。委员会的设置比较科学，尤其是有旅游和教育部门的代表参加，对提高手工业者的素质及开发手工艺产品，为游客提供服务等发挥重要的作用。设置教育部门的代表，如艺术学校的老师，定期组织年轻艺人培训，提高艺术素质，改进产品质量，设计出更多反映马耳他传统文化遗产特点的手工艺产品。旅游部门代表的参与，对扩大手工艺产品的宣传，帮助手工艺企业更好地为游客服务，促进产品的销售等发挥推动作用。例如，旅游部门要求宾馆开设手工业品展示窗；旅游部门的出版物等刊登手工艺广告；建议手工艺商店标明各种商品使用不同货币的价格。旅游部门经常通报旅游的现状和各种旅游活动，便于手工艺者和企业的参与。

从 20 世纪 70 年代起，马耳他就建立了手工艺村。将手工艺产品和企业集中在一起，既有产品的销售，也有产品的生产，达到展示、销售、观光于一体。这不仅增加了旅游景点，而且可以宣传马耳他的传统工艺和文化，还方便游客购买"称心如意"的旅游产品。目前，手工艺村占地面积3万多平方米，共45家企业进入手工艺村。马耳他政府正在考虑在现有基础上建设更大的手工艺村。手工艺村的运作方式是政府投资、规划和建设，出租给手工业者或企业，或由政府统一规划，由手工艺企业自己设计和建造。

为了帮助手工艺者提高质量和保护本地传统工艺，国家手工艺委员会为重点产品——如蕾丝花边、金银制品、蜂蜜等，为其制定标准，并取得欧盟标准化组织认可。同时对本地制造的产品颁发产品证书，达到保护本国的工艺品及其销售市场，还防止假冒伪劣，保证消费者买到的是合格的"本地产品"。

国家手工艺委员会还编印手工艺企业名录；在驻外使馆设立长期的手工艺展示厅，例如，已经在瑞士日内瓦建立其展示厅；资助企业参加各种展览会和洽谈会；建立与世界手工艺委员会联系，参加欧洲分部委员会，并积极参加各种相关活动。

综上所述，手工艺涉及行业多，灵活性大，覆盖面宽。手工业经营者既可以是个人和家庭作坊，也可以是小企业。大力发展手工艺行业，培育手工艺产品市场，对扩大就业、发掘本国的传统文化遗产、发挥民间艺人的聪明才智、提高人员的素质等方面起着重要的作用。

## 三 手工业主要门类

马耳他历史最悠久的和传统的手工业是陶器制造业。在瓦莱塔的博物馆里，陈列在橱窗里的具有单线图案的瓶和壶，表明了公元前20世纪马耳他居民的技艺造诣。本地的黏土，由于能够烧制成为一种美丽的赤陶器，给一种历久不衰的手工业提供了原料。不久前，马耳他建立了一个生产上釉陶器的制陶厂，它把本地黏土同一种质地更优良的进口黏土混合起来做原料，促进了大约具有 4000 年传统的制陶术的发展。

手工纺织是马耳他人在帆船时代擅长的一种手工业。当时，这些岛民的帆布在整个地中海地区都享有盛名。纺棉花织布是靠手摇或驴子转动木质机械来进行的。帆布的生产随着汽船的出现而停止了，但是马耳他人还是为了他们自己穿衣而纺纱织布，因此这项手工业仍然保存下来。

马耳他花边是远近闻名的，它的历史可以追溯到 1640 年左右，当时主要是为教堂编织花边。这项手工业在一度衰落以后，又在 19 世纪初期恢复起来，从热那亚请来的花边工匠，给马耳他人传授技艺。花边大都是用黑色或淡黄色丝线纺织的，直到 1932 年才引进爱尔兰蔴线。这一年，花边的出口立即增长。在战争年代，原料的缺乏导致了这项手工业的衰落，花边工人不得不靠拆袜子得到足够用的线，但这种线过于粗糙，因而使花边丧失了一部分艺术性。现在旅游业又给它带来了复兴的机会。因此，马耳他的工艺花边，作为一种农村手工业而继续存在，主要在戈佐岛，是其特产之一。

手工制造金属用品是另一种传统手工业，采用的原料是熟铁、黄铜和贵重金属。马耳他的住宅很多都有阳台，这些阳台是用熟铁制造的，此外熟铁还用来铸造大门、桌子和灯。黄铜铸造场多年来一直为教堂制造各种用品，现在则为满足一个更加广阔的市场而生产。海豚门环是这种黄铜工艺中的特制品，为马耳他房屋增添了一个特色。金、银丝细工也是一种有名的手工业，用金、银丝制成的精致的珠宝饰品达到了很高的艺术水平。

此外，还有一种用专门进口的木材加工的手工业品，其产量也不算小，最著名的是马耳他石楠根烟斗。缺乏国产木材虽说是一种限制因素，但岛民却充分利用了本地的竹子和芦苇来制造轻巧的家具。

# 第六节 交通运输

## 一 海上运输业

马耳他全国海岸线长，港湾水深隐蔽，是理想的天然良港。苏伊士运河凿通后，从苏伊士运河开往直布罗陀海峡的航线便成为世界上最繁忙的水道，而马耳他岛恰好位于该航线的中心点，其首都瓦莱塔便成为全国最大的海港和重要的国际中转港口。从瓦莱塔港出发，可直达叙利亚的巴尼亚斯、黎巴嫩的贝鲁特和赛达（西顿）、埃及的塞得港和亚历山大港、利比亚的黎波里、卜雷加港、西德尔和班加西、阿尔及利亚的阿尔及尔和贝贾西、法国的马赛、西班牙的巴塞罗纳及意大利的那不勒斯、热那亚等地中海各大港口。马耳他也因此成为沟通欧洲、非洲和亚洲的桥梁。

马耳他的海上运输业，因其得天独厚的地理位置而十分兴旺发达。瓦莱塔港为天然良港，港湾水深且隐蔽性好，以前曾作为英国皇家海军基地，在两次世界大战期间为盟军作战发挥了重大作用。马耳他最大的港口是大港，大港港内水深、隐蔽，万吨货轮可进港装卸货物，年吞吐量为160万吨。港内有多处深水码头及装卸、加油、储粮等设施。该港离岸仅数米处即可停靠现代化航母和特大型海轮，为地中海沿岸所少有，深受美国和西方国家海军重视，每年要接待许多艘外国军舰来马耳他访问。

马耳他自由港是地中海地区主要的集装箱码头之一。自由港的原称是马尔萨什洛克港（Port of Marsaslokk），位于马耳他岛的东南部。自由港分为集装箱和散货码头、油罐区和工业仓储区。集装箱码头和散货码头可以分为两部分，即一号码头和二号码头。一号码头全长1036米，设有3个泊位，水深为9.5~14.5

米。二号码头全长 900 米，设 3 个泊位，水深为 14.5 米，堆放场设 3000 个标准箱位。油罐区的容量为 50 万立方米，输油码头全长750 米，泊位深 14.5～16.5 米，可同时停靠两艘 10 万吨级的油轮。工业仓储占地面积约 30 公顷，计划兴建 70 座标准厂房，每座厂房占地面积为 2400 平方米。1995 年，马耳他自由港集装箱码头吞吐量达 51 万多个，比上年增长 43%，到港货轮计 1165 艘。

　　成立于 1973 年的马耳他海运公司现有 1000 吨以上的商船524 艘，总吨位为 775.65 万吨，其中油轮总吨位为 164.6 万吨。马耳他海运航线总长 12 万公里，在马耳他注册船只达 2257 艘，共计 1450 万吨，是世界第四大船舶登记国。马耳他海运公司已开航伦敦、马赛、安特卫普和黎波里等重要港口。它位于欧、亚、非交通要道，有 17 条国际航线通过，从马耳他到欧洲任何港口都不超过 12 天。

　　马耳他自由港有限公司成立于上世纪 90 年代，由包括英、德等国公司参加管理，公司业务范围广泛，包括集装箱、工业仓储、投资等。优良的地理位置、突出的业务记录、完善的措施、资本的有效运作，使该公司在地中海航运中逐渐占据重要位置，吸引了来自世界各地的众多客户。自由港有限公司还从事邮轮服务，建立起永久性的运输网络，与地中海和黑海中的 45 个港口保持往来。

　　二　航空运输业

　　在航空方面，由于马耳他位于欧、亚、非交通要道，有17 条国际航线通过，空运是非常便捷的。位于首都的卢卡机场是国际机场，有 3544 米长的机场跑道。

　　马耳他航空公司是在巴基斯坦国际航空公司的帮助下于1973 年成立，1974 年 4 月开始运营。巴基斯坦国际航空公司租给马耳他航空公司两架波音 720 飞机。马耳他航空公司的前身是由马耳他政府组建的"MALTA AIRLIWAYSCOMPANY"和

"AIR MALTA"联合成立的马耳他航空运输公司。英国海外航空公司拥有 1946 年成立的老的马耳他航空公司的 34% 的股份。1948 年，英国海外航空公司把其拥有的股价转卖给英国航空公司。马耳他航空运输公司没有自己的机队，英国欧洲航空公司运营的英国——罗马——那不勒斯——马耳他的航班使用马耳他航空运输公司的代码。

马耳他航空公司运营的城市包括伦敦希思罗机场、伯明翰、曼彻斯特、罗马、法兰克福、巴黎和的黎波里。在增加租用飞机的同时，马耳他航空公司购买了 3 架新波音 737 飞机中的第一架飞机，于 1983 年 3 月投入了航线运营，后来公司又添置了两架波音 737 飞机。

当时，马耳他航空公司的发展，受到了国内市场小的限制。1992 年，马耳他航空公司曾参与组建英国一家包机公司。1995 年，马耳他航空公司帮助建立了一家意大利支线航空公司——阿苏尔航空公司。基地设在意大利贝加莫的阿苏尔航空公司拥有 3 架 RJ85 飞机，然而这 3 架支线喷气机在 1998 年已被马耳他航空公司的 3 架 RJ70 飞机取代。

自 1983 年以来，马耳他航空公司不断扩大，公司定期航班和包机的通航城市，已遍布欧洲、北非和中东 40 个城市，机队的飞机已增加到 11 架，机队的三架 RJ70 飞机可能将被空客 A320 飞机取代。1995 年，马耳他航空公司开辟了马耳他至纽约的航线的子公司——马耳他航空包机公司用米 - 8 直升机开辟了马耳他岛——戈佐岛的航线运营。

目前，马耳他航空公司 96.4% 的股份属政府所有，拥有职工 1277 人，其总部和主要基地位于卢卡。机队拥有两架空客 A320 - 200、3 架波音 737 - 300、两架波音 737 - 200ADV、4 架 RJ70（其中 3 架在 1998 年交给阿苏尔航空公司）。开通国际航线 41 条，可直达欧洲、北非和中东的 20 多个国家，与英国、意

大利和北非皆有定期航班。1997 年，马耳他国际商务航班为 27048
次，客流量为 243 万人次，货物 10311 吨，以及 877 吨信件。马耳
他航空公司除开办客运和货运业务外，还承办租机业务。

　　主要通航城市：阿布扎比、阿姆斯特丹、巴林、柏林泰格
尔、伯明翰、布鲁塞尔、布达佩斯、开罗、卡萨布兰卡、卡塔尼
亚、哥本哈根、大马士革、迪拜、都柏林、杜塞尔多夫、法兰克
福、日内瓦、格拉斯哥、汉堡、伊斯坦布尔、拉纳卡、里斯本、
伦敦盖特威克、里昂、曼彻斯特、马赛、米兰、莫纳斯提尔、莫
尼黑、奥斯陆、巴勒莫、巴黎奥利、罗马、斯德哥尔摩、突尼
斯、维也纳和苏黎世等。

　　三　　公路运输业

耳他境内无铁路。公路运输较发达，通到所有居民点，
　　　包括只有一两户人家的村子。有 3 条主要公路连接全
国各地的城镇，公路总长 2200 多公里，各类机动车辆约 24 万多
辆。乘车到全国任何地方都不超过半小时车程。马耳他汽车普及
率比较高，根据马耳他统计局统计，截至 2003 年 9 月，马耳他汽
车拥有量达到 267925 辆，其中私人车辆达到 200157 辆，占整个汽
车保有量的 74.7%，商用车辆达到 44458 辆，占整个汽车保有量
的 16.6%。以马耳他 6 万个家庭计算，每个家庭汽车平均拥有量
超过 3 辆。近年来，马耳他政府采取改革措施，对诸如卡车、货车、
公共汽车和中型客车进行严格测试，以便确定他们是否适合于在公
路上行驶。这一测试淘汰了大量汽车，并且控制新汽车的数量。

　　马耳他尽管汽车如此之多，但车祸却是世界上最少的。这里
的原因有两点：一是政府对汽车限制速度，交叉路口建有转盘，
支道上划有停车线，汽车到此要让主道上的车先行；二是汽车司
机具有良好的职业道德，他们对交通规则如同对待法律一样严格
遵守，绝少违规。马耳他城市街道，一无红绿灯，二无交通警

察，遵守交通规则完全靠自觉。

马耳他岛与戈佐岛之间以定期渡船相通。公共汽车通往全国各个地方，公共汽车和渡轮成了马耳他的主要交通工具。马耳他政府鼓励公民乘坐公共汽车上下班，尽量不要自己开车，以减少车辆过多而带来的交通压力。出租车的车费很高，但在马耳他停留时间较长的游客可以自己租一辆出租车来开，这样既省钱又方便，前提是他必须持有国际上公认的驾驶执照。马耳他与其他英联邦国家一样，车辆一律靠左行驶，且对行车速度有严格的限制。在较为偏僻的地方，当地居民使用着各种奇异的交通工具，令外来的游客眼界大开。

## 第七节　商业与服务业

### 一　概况

马耳他已成为欧盟一员，也是世界贸易组织和国际知识产权组织的成员并受其保护。马耳他拥有健康的商业环境和健全公司法体系，以及财会制度和商业法制系统，并日渐与英国和欧盟模式接近。商业、服务业包括运输、广告、租赁、银行、房地产、旅馆、网络服务、媒体、商品买卖等。与商业、服务业相关的机构有马耳他商会、马耳他工业联合会、马耳他雇主联合会、零售商联合会、房地产代理商联合会、船运代理商联合会、马耳他船主联合会、保险公司联合会、旅馆餐饮联盟、汽车租赁协会等。

### 二　商业

在马耳他购物既容易又简单，这里几乎没有什么高品质的出口物品，商品仅限于一些马耳他的手工艺品。灵

活的手工劳动创造了各种令人眼花缭乱的桌布、餐巾、地席、领饰、披肩和精制的短衫。这里到处都卖装饰品，最闻名的装饰品市场在马耳他岛东南部的马尔萨什洛克的渔村。马耳他的购物街和商店分布较为集中，无论是开车过去还是乘公交车过去都很方便。商店一般在上午9点开门，下午1点休息，直到下午4点再重新营业，晚上7点正式打烊。一些繁华地段的商店则会延迟到晚上10点关门。但是星期天和法定节假日期间，商店都是不开门的。在一些较大的商店和餐馆里，信用卡、旅行支票都可以使用。

另外，在马耳他所有的城市或乡村中，每周都有一天开设露天市场，全国最大的露天市场是位于首都瓦莱塔商业大街（Merchants Street）上的星期日上午市场。

每个星期日是瓦莱塔的跳蚤市场开放日，这里有价格便宜的纪念品、服装、各式各样的小商品琳琅满目。露天市场位于圣约翰教堂旁边的商业街，是一个日间市场，一直开放到中午。星期日，就在圣约翰渠的公共汽车站旁边，城门外边，会有一个更大些的市场。最有趣的部分是跳蚤市场上的摊点，这里可以发现便宜的磁带（常常是盗版）、名牌牛仔服和T恤衫，还有常见的纪念品，如装饰用的桌布等。位于马耳他岛东南部的马尔萨什洛克渔村，有五颜六色的马耳他传统渔船，会让人耳目一新，是照相摄影留念的理想场所。这里还有种类繁多的鱼、贝类、虾及其他鲜活海味的渔市，而街边小食店的美味海鲜，更会让人流连忘返。

三 邮电和通讯业

马耳他的邮电设施是完全仿效英国的，甚至连红色的邮筒也不例外。马耳他人印制的精美图案的邮票，受到全世界的集邮爱好者的欢迎。与圣马力诺一样，马耳他发行的邮票在国际上久负盛名，成为全世界集邮爱好者争相寻觅和精心保存的对象。

马耳他的电力和电讯事业也在不断地发展，建成并投入使用的自动电话网和海底电缆，满足了马耳他本国电力和通讯的需要。像在其他国家一样，马耳他也建立了自动电话站网，电话部门正在尽力改进其设施以适应迅速增长的需要。马耳他正在把它现有的海底电缆设施扩展到欧洲、非洲和北美洲。

绝大多数的城镇和乡村都有邮局，营业时间为星期一到星期六的上午 7：45 ~ 下午 13：00。游览区的邮局、旅店、报亭以及某些纪念品商店里均能买到邮票。主要邮局有：马耳他岛的邮政总局，位于瓦莱塔商业大街，提供邮件寄存业务。戈佐岛的地区总局，位于维多利亚共和国街。

马耳他的电讯设施十分发达，国家级的电讯系统日益更新，涵盖完善的 GSM 电子蜂窝系统，互联网普及率较高，ISDN 和 ADSL 网络广泛连接，商业数据交换十分便利。只要知道国际长途区号，就可以通过国际定向呼叫系统与任何国家联系。国内通讯需要拨打 190，国际长途无需特别号码。

四 旅馆和餐饮业

马耳他旅馆行业兴旺，各档次旅馆应有尽有。马耳他大部分的旅馆和短期出租公寓并未刻意要独立成区，而是整合在市区或城镇之中。著名的宾馆有：希尔顿饭店（五星级）、威斯汀饭店（五星级）、XARA 宫殿饭店（五星级）等。此外，还有酒吧、迪斯科、爵士乐音乐厅、赌场、剧院等服务业场所，供本地人和出游的旅客娱乐、消遣。

著名餐馆有：斯皮诺拉湾旁的 LA DOICE VITA 餐馆（主营鱼、肉、通心粉）、吉安尼尼餐厅（主营地中海风味菜肴，意大利特色菜肴）、罗宾诺与多尔斯里娅餐厅（主营本地风味、地中海风味和意大利风味菜肴）、巴拉库达餐厅（主营地中海风味、意大利风味）、短笛教士餐厅（主营比萨饼和意大利通心粉）、MANGE TOUT 餐厅（主营法式和地中海式菜肴）、TRATTORIA

DE BUONO 餐厅（主营意大利和地中海式菜肴）、IT-TMUN 餐厅
（主营地中海特色菜肴）、夹竹桃餐厅（主营本地特色菜肴）、杰
佛里餐厅（主营本地特色菜肴）。

# 第八节　财政与金融

一　财政

**根**据规定，马耳他的财政年度起自当年的 4 月 1 日，终
于第二年的 3 月 31 日。

从 1978～1992 年，马耳他经济经常以较高的速度增长，所
以政府的财政收入往往大于支出，在这个时期几乎岁岁盈余。
1993 年，马耳他收支为 4.283 亿里拉，财政平衡。从 1994 年
起，由于实行高就业、高工资、高福利的"3 高"政策，以及经
济发展明显低于 1978～1992 年的平均速度，马耳他收不敷出，
造成长期以来公共财政赤字增加，公共债务飙升。1994 年的财
政赤字只有 0.438 亿里拉，1998 年上升到最高额度，为 1.523
亿里拉，相当于当年国内生产总值的 12.5%。

20 世纪末至 21 世纪初，马耳他公共债务较重，占国内生产
总值的比重保持在 70% 以上的水平，2001 年为 62.3%，2003 年
为 70.4%，2004 年上升为 72.8%。1998 年马耳他公共债务为
7.655 亿里拉，2004 年为 13.534 亿里拉，2005 年其公共债务达
到 14.038 亿里拉。

为发展经济和缩小与欧盟要求所达标准的差距，国民党自
1998 年 9 月执政后，着手对马耳他经济政策和经济结构进行调
整。为解决经济所面临的问题而修改税制，于 1999 年 1 月 1 日
起恢复实行增值税，并加速经济结构重组和私有化进程，出售政
府拥有的地中海银行股份。2000 年以来，马耳他政府为了达到

欧盟关于削减财政赤字的要求，实施了增加收入、削减赤字的财政政策。在国民党政策推动下，马耳他经济有了一些起色，财政状况也有了好转。2004年的财政赤字明显地下降为5.1%，2005年进一步下降到3.3%，接近欧盟所要求的水平。在公共债务方面，2006年占国内生产总值的比重下降为66.5%，接近欧盟规定的60%的标准。

2006年，马耳他政府的财政赤字进一步降到占国内生产总值的2.6%，要低于欧盟主要国家同期的财政赤字占国内生产总值的百分比率。2006年马耳他的财政赤字比2005年减少了0.175亿里拉。这是由于马耳他政府的财政收入增幅比2005年上升了0.483亿里拉较高的数字，而财政支出虽然比上一年度增加了0.308亿里拉，但是，其收入远远大于支出。在2006年马耳他政府的增收中，最主要来自于税收，它增加了0.348亿里拉，其中增值税收入为630万里拉。其次是从社会保障的分摊和从中增收680万里拉。

1994～2006年马耳他财政收支情况，参见表4-2。

表4-2 1994～2006年马耳他财政收支情况

单位：亿里拉

| 财政年度 | 1994 | 1995 | 1996 | 1997 | 1998 | 1999 | 2000 |
|---|---|---|---|---|---|---|---|
| 收 入 | 4.289 | 4.874 | 4.683 | 5.142 | 5.137 | 6.378 | 6.423 |
| 支 出 | 4.727 | 5.228 | 5.787 | 6.417 | 6.660 | 6.910 | 7.162 |
| 赤 字 | 0.438 | 0.354 | 1.104 | 1.275 | 1.523 | 0.532 | 0.739 |
| 财政赤字占GDP的比例(%) | | | | | 12.500 | 3.680 | |

| 财政年度 | 2001 | 2002 | 2003 | 2004 | 2005 | 2006 |
|---|---|---|---|---|---|---|
| 收 入 | 6.686 | 7.198 | 7.392 | 8.130 | 8.964 | 9.447 |
| 支 出 | 7.539 | 8.075 | 8.447 | 9.070 | 9.717 | 10.026 |
| 赤 字 | 0.853 | 0.877 | 1.055 | 0.940 | 0.753 | 0.579 |
| 财政赤字占GDP的比例(%) | 5.30 | 4.600 | 5.900 | 5.100 | 3.300 | 2.600 |

资料来源：根据马耳他国家统计局的数据编制而成。

2006 年，马耳他公共债务总额为 13.644 亿里拉，比上一年减少了 0.394 亿里拉。这是由于偿还公债增加了 260 万里拉，总额达到 0.774 亿里拉，之外，短期借款减少了 0.298 亿里拉，外债也减少了 0.104 亿里拉。

2001～2004 年，马耳他政府财政总收入与其他欧洲国家财政收入情况比较，参见表 4–3。

表 4–3　马耳他与欧洲主要国家政府财政总收入比较
（占 GDP 的百分比）

| 年度 | 法国 | 意大利 | 英国 | 比利时 | 德国 | 马耳他 | 欧盟 25 国平均 |
|---|---|---|---|---|---|---|---|
| 2001 | 50.9 | 46.0 | 41.5 | 49.9 | 45.5 | 37.4 | 46.0 |
| 2002 | 50.2 | 45.6 | 40.0 | 50.3 | 45.1 | 39.7 | 45.4 |
| 2003 | 50.4 | 46.5 | 40.3 | 51.3 | 45.0 | 39.8 | 45.6 |
| 2004 | 50.5 | 45.4 | 40.5 | 50.7 | 43.5 | 47.3 | 45.1 |

## 二　金融

**马**耳他的金融业起步较晚，但发展一直比较迅速。根据 2007 年 9 月统计，马耳他有各类注册公司 4.2 万家，其中，各类金融公司有 250 家，总共雇用了 7.5 万职工。目前，马耳他金融部门的贡献率已占国内生产总值的 12%，预计未来几年将达到 25%。到 2015 年，马耳他金融业可以和欧盟国家中的爱尔兰和卢森堡竞争。

各种金融机构齐全，由中央银行、商业银行、储蓄银行、保险公司、证券交易所和其他金融机构组成。首都瓦莱塔银行是全国最大的银行。马耳他是英镑区国家，其货币单位与英国相同，硬币完全一样而纸币不同，称作马耳他镑。由于马耳他政府在金融政策上始终管制较严格，其银行利率和其他贷款利率一直比较

234

稳定，加上马耳他的通货膨胀率极低，所以马耳他镑在国际上的信誉很高，对美元汇率呈上升趋势。

## （一）货币和汇率

马耳他货币原称马耳他镑（Malta Pound-£ M，简称马镑）。[①] 1949 年 7 月，里拉替代马镑，成为新的货币名称。其具体名称为马耳他里拉（maltese lira 复数 Lira 简写 LM），其辅币及进位为：1 里拉 = 100 分（Cent）= 1000 米尔（mil），其钞票面额为 1、5、10 里拉，还有 1、2、5、10、25、50 分以及 2、3、5 米尔（货币单位）铸币。其 ISO 货币符号为 MTL。不过，当地人和马耳他国家统计局仍然经常把"镑"和"里拉"混用。

1967 年 9 月 18 日和 11 月 20 日，伴随英镑对美元贬值，里拉也两次贬值。兑美元汇率分别为 1 里拉兑换 2.80 美元和 2.40 美元。1968 年 6 月 7 日，马耳他中央银行正式成为货币发行银行。1971 年 8 月 15 日，美元贬值后，里拉对美元升值。同年 12 月 26 日，1 里拉兑美元比价升至 2.67086 美元。1972 年 6 月 23 日，英镑区解体之后，马耳他脱离该区。同年 7 月 8 日，里拉汇率与一篮子货币挂钩（其中包括比利时法郎、联邦德国马克、法国法郎、日元、意大利里拉、荷兰盾、英镑、瑞士法郎、美元和特别提款权），实行浮动汇率制。

马耳他中央银行每日根据美元对上述货币的最新市场行情，计算出马耳他里拉与美元的汇价。最新市价行情一般采用路透社终端提供的亚洲金融中心行情。与商业银行交易时，根据中央银行挂牌的中间价加减 0.125% 计算美元和其他货币的买、卖价。中央银行每日也挂牌其他多种货币和汇价，包括德国马克、意大

---

① 本书中采用的"镑"，包括表中的"镑"，实际是就是"里拉"的货币单位。

利里拉和英镑的汇价。这些货币根据美元汇率和国外外汇市场其他货币的汇率套算得出。中央银行不挂牌的货币汇率由商业银行根据路透社提供的最新市场汇率确定。这些汇率大多是暂时性的，并根据需要挂牌。

商业银行有义务与中央银行一起履行与他们的客户就比利时法郎、德国马克、法国法郎、意大利里拉、荷兰盾、日元、英镑、瑞士法郎、美元和欧元签订的远期抵补合同。银行与客户间签有任何远期合同，银行与中央银行间就必须签有类似的远期合同。中央银行承担其与商业银行签订的远期合同中，列明的包括有外汇风险。中央银行也直接向政府部门和各类间接服务于政府的团体提供有关进行的远期抵补。

加入欧盟后，马耳他与欧盟各国政治、经济关系进一步加深，各项政策逐步"欧盟化"。在此基础上马耳他政府多次明确表示希望在 2008 年加入欧元区。马耳他提出加入欧元区的原因如下。

（1）欧元的使用范围不断扩大，在国际融资、拆借、股权交易等领域基本上与美元平分秋色，形成了当今世界上仅次于美元的主要流通货币和结算货币。马耳他在"欧盟化"过程中自然要向欧元靠拢。

（2）由于马耳他外贸结算主要以欧元和美元作为结算货币，其中，欧元占 56.1%，美元占 33.5%，其他货币占 10.4%。马耳他与欧元区国家的贸易占到了与欧盟贸易总额的 73%，使用欧元将大幅降低换汇成本，并将在很大程度上降低由于美元汇率变化引起的汇率风险。

（3）马耳他加入欧元区后，全部商品和服务将使用欧元标价，有利于与其他欧元区国家的同类商品和服务进行比较，对反倾销、寻求价格保护和产品流动方向也将提供科学的分析数据，从而提高商品和服务价格体系的透明度。

（4）加入欧元区，欧盟央行将对马耳他金融系统实施监管，马耳他政府也将全面履行使用欧元应遵守的金融规定，保持低通货膨胀的好处。

（5）加入欧元区后，将促使马耳他把通货膨胀率维持在年3%以内，导致低利率。而低利率将会带来借款费用减少，有利于马耳他金融机构扩大融资渠道和融资规模，有利于改善投资环境，促进经济增长。

从2005年5月2日起，马耳他里拉纳入欧盟汇率机制Ⅱ。马耳他里拉和欧元的中间汇率为1欧元兑0.4293里拉，里拉可以在中间汇率的上下15%区间浮动。加入欧盟汇率机制Ⅱ后，里拉将从目前盯住一篮子货币，也就是70%的欧元、20%的英镑和10%的美元，改为全面盯住欧元，从而为加入欧元区迈出实质性的一步。根据规定，这种盯住欧元的货币政策至少要执行两年。之后，如果执行这项政策国家的财政赤字低于国内生产总值的3%、债务低于GDP总额的60%、通货膨胀和利率不高于欧元区，就可以采用欧元。而2007年，马耳他已经接近和达到上述目标，马耳他于2008年1月1日正式采用欧元，这时里拉寿终正寝。

**（二）银行体系**

马耳他银行体系中最高机构是马耳他中央银行。它具有世界各国中央银行一般所具有的职能，在国家经济发展中起着两方面最重要的作用：一是制订和执行货币政策；二是建立完善有效的金融体系。具体职责如下：

（1）保持价格稳定；

（2）保持货币对外交换价值的稳定；

（3）为银行和公共部门提供银行业务服务；

（4）确保金融财政稳定；

（5）管理货币相关事务；

（6）保持与国际机构的联系；

（7）组织和出版特定的出版物。

在本国，中央银行与财政部、金融服务部、国家统计局以及马耳他银行金融部门保持密切合作。国际上，马耳他中央银行是欧洲中央银行体系的一员，而且也是国际货币基金组织（IMF）、世界银行和欧洲重建与发展银行（EBRD）等国际金融机构的成员之一。

马耳他的商业银行有：

（1）瓦莱塔银行。1974 年 5 月 20 日成立，资产额 8 亿里拉。

（2）地中海银行。1975 年 10 月 1 日成立，资产额 10.11 亿里拉。

（3）伦马第（马耳他）银行。1969 年 5 月 13 日成立，资产额 4515 万里拉。

（4）APS 银行。1990 年 11 月成立，资产额 3568 万里拉。

马耳他外资银行有：

（1）土耳其格兰第银行马耳他分行。1996 年 1 月 19 日开业，是马耳他第一家外资银行。

（2）1999 年 6 月 14 日，汇丰银行下属的马耳他米德兰银行以 7410 万里拉的价格购买了马耳他地中海银行 70% 的股份。

### （三）保险业

马耳他是一个保险业比较发达的国家，公民除了必须缴纳国民保险、车辆基本险等强制保险外，还可以选择其他人寿、财产等各类商业保险，作为投资理财和防止意外的工具。2005 年，马耳他保险业保费总收入为 3.5 亿欧元，保险业雇员有 1000 多人。

1998 年《保险商业法》规定，马耳他金融服务局对马耳他的保险业进行监管。监管的对象包括：总部在马耳他的保险公司以及公司总部在马耳他以外，但在马耳他有分支机构开展业务的公司。监管的范围主要包括：保险公司的设立，保险公司自有资金情况，保险公司总代表，保险公司偿付准备金、保证金、保险公司技术条款、保险收入币种本地化货币情况、均衡补偿准备，保险公司在马耳他财产的监护，保险公司财政状况，保护和赔偿基金运作等与保险公司运作息息相关的各个方面。马耳他金融服务机构（Malta Financial Serves Authority）负责保险公司的审批和运营监管工作。

马耳他商业保险业（包括车辆基本保险），主要有如下的内容。

**1. 意外伤害保险**

指投保人缴纳一定数额的保险费，保险人承诺于被保险人，在遭遇特定范围内的灾害事故，致身体受到伤害而造成残废或死亡时，给付保险金的保险合同。意外伤害保险的保费往往需要由投保人和保险公司协商，保险公司将根据投保人从事工作的危险程度和年龄等综合情况确定保费。

**2. 健康保险**

健康保险是以人的身体为保险标的，在保险期间内因疾病、生育或意外事故导致医疗费用和收入损失时，保险公司予以补偿或提供医疗服务的人身寿险。

**3. 车辆保险**

车辆保险额的基数以其新车的购买价（含关税与增值税）为准，同时根据车辆年限进行折旧。除了第三者责任险是强制保险外，马耳他保险公司普遍承保的车辆保险的险种还有含防火、防盗的第三者险以及综合险。第三者险的费率约为新车购买价的1%，含防火、防盗的第三者险费率约为3%，综合险的费率约为6%，但如果车辆连续没有索赔纪录，保险费率最低可享受65%的折扣。如果是商业用途的车辆，还要投保车辆乘客险、车辆货物险等险种。

**4. 船舶保险**

由于马耳他是岛国，各保险公司都提供船舶保险，由于其实力有限，往往只能提供小型船舶的保险。根据船舶尺寸不同，船舶保险分为5米以下小船的保险和5米以上游艇和机动船舶保险。保险的范围包括：外力损害、船舶被盗、船舶上的意外伤害、事故等。保险公司会根据船龄、船舶的适航性等确定保费。

**5. 房屋财产险**

一般房屋财产险承保的范围包括：火灾、雷击或者爆炸、暴雨洪水、盗窃、飞机或汽车等撞击，意外事故导致的电视、卫星接收器、家用电脑、录像和家用娱乐设备的损害等对房屋或者家庭财产造成的破坏，当然具体的承保范围由投保者与保险公司商定。保险费率将由保险公司根据房屋的价值、所处的位置以及本身安全情况等因素来确定。一般费率在投保金额的1%~4%之间。企业可投保工厂房屋的火灾险，具体费率取决于房屋品质、从事行业火灾的危险性和离消防队的距离等因素。

**6. 旅行保险**

这是针对在外旅行期间容易产生的人身伤害、意外事故、行李护照丢失、行程延误、被抢劫等情况而设立的保险险种。根据在外时间，所去的不同地区和年龄等不同，其费率一般在10~40马镑之间。

**7. 其他保险**

马耳他保险公司还提供许多具有投资功能的人寿保险，为商业行为提供综合保险、为产品提供责任保险、为货物运输提供安全保险。

马耳他有25家商业保险公司，可以分为3类：寿险类保险公司、财产类保险公司、经营综合业务的保险公司。其中，寿险类保险公司有 8 家，财产类保险公司 15 家，综合类保险公司两家。从保险公司所属国家看，本地公司 11 家，欧盟国家保险公司在马耳他设立分公司的 10 家，来自欧盟以外国家在马耳他开展业务的保险公司 4 家。

主要的保险公司有：英格兰保险公司（England Insurance）、中海保险公司（Middlesea Insurance）、BONNICI 保险公司（BONNICI Insurance）、CITADEL 保险服务公司（CITADEL Insurance Services）、ATLAS 保险有限公司（ATLAS Insurance）、ELMO 保险服务公司（ELMO Insurance Services）、全球保险公司（Global Insurance）、海斯保险公司（Hays Insurance）、岛屿保险经纪公司（Island Brokers Laferla Insurance）。

比较著名的保险公司有：

（1）GASANMAMO 保险有限公司。主要经营商业保险业务，另外还有机动车、船只、家庭、旅游保险等。

（2）英美保险股价有限公司。它是由马耳他财政服务部门主管的公司，总资产 340 万里拉。它的业务范围包括人寿、普通、工业险等。

（3）ATLAS 保险有限公司（ATLAS Insurance）。它的主要业务范围包括商业、机动车、健康险等，在海事保险方面比较占优势。

**（四）信贷**

马耳他所有短期商业信贷均通过商业银行以透支方式提供。虽然其形式基本属于短期信贷，并按现行利率计算，但实际上银行经常给予延期，时间较长，且每年审查放款情况。金额较小的中期贷款可向伦赫马公司申请。所需贷款金额较大或时间较长时，由金融投资银行和瓦莱塔银行提供。信贷一般需借款人提供担保，包括动产和不动产的抵押文书、库存物资等的动产保证书，以及由财团或其他单位出具的保函和信用证。一般而言，是

否提供中、长期贷款取决于借款人的抵押财产及财团或其他单位，如外国出具的保函等。

**（五）外汇管理**

根据 1972 年颁布《外汇管制法》规定，马耳他对外汇进行管理，外汇法执行当局是马耳他中央银行。

某些用途的外汇配额审批权已授权给指定的银行。被指定的银行也可为居民和非居民账户提供担保、反担保以及任何目的的补偿。在后一种情况下，被指定的银行必须持有足够的现金用于补偿担保期内的境外马耳他里拉、外汇和外国证券。

有关旅游的所有外汇支付审批权已授权给有限的几个外汇局，中央银行负责签发开办旅游签发机构的许可证。马耳他外汇管理总的原则是，所有对外付款，无论以马耳他里拉还是用外国货币，无论是资本还是所得，均需事先征得外汇管理当局的许可。而且，非居民在购买马耳他公司的股份前，也需要获得外汇管理当局的批准。对于商业转款，比如，从外国进口原料或出口，则无需经外汇管理当局批准，但是，需定期向马耳他中央银行提供这类转款的有关情况，以供复审之用。

**1. 账户管理**

除马耳他以外的所有国家居民可在指定银行开立马耳他里拉的非居民账户，即对外账户。这些账户可自由"货记"：经批准支付给非居民的款项、由其他对外账户拨的款项、出售黄金和外币（包括钞票）所得的收入。对外账户可自由"借记"：支付给居民的款项、对其他对外账户的拨款、在马耳他的现金支付和购买任何外币（包括钞票）。指定银行可自由为非居民开立和保留外汇账户，这些账户可"货记"：对账户持有都支付的外汇款项，由其他非居民外汇账户拨给居民的款项，对其他外汇账户的拨款以及向国外汇款。经外汇管理部门批准后，非居民控制的公司可以在马耳他国内外持有外汇账户。

## 2. 对内投资

非居民购买马耳他公司股份，事前需向马耳他中央银行申请并获批准，此规定适用于已组建的和正在组建之中的公司，只要符合马耳他政府的政策，这类申请一般都可获批准。

## 3. 商品进口和出口

支付进口货物用款前需获外汇管理当局的批准。通常中央银行当局要求提供有关的海关文件、发票和商品进口许可证。对于商品出口付款，必须按季度将外汇收款详细情况呈报马耳他中央银行。非居民公司之间的进口付款情况较多，内部相互冲账，此类转款也需详细呈报，以便中央银行确定马耳他公司的收支状况。

## 4. 账户

如果一个企业家想在马耳他开立一个外汇账户（收付款多用外汇进行），需经外汇管理当局批准。对此类账户，中央银行规定收、付外汇的额度，收到外汇后可兑换成马耳他里拉的时间限制，以及要求定期呈报账户的收付情况。

## 5. 资本汇出

从马耳他汇出资本需事先征得外汇管理当局的批准。这种资本通常包括居民向非居民偿贷款，因此，建议居民向非居民借款先征得外汇管理当局的准许。

## 6. 所得利润支付

向非居民支付所得红利前必须经外汇管理当局批准。对于公司的红利，中央银行当局需要审查公司最近的账面情况，以利于作出决定；另外，需要公司出具支付红利后不会影响公司资金周转的声明。其他形式的所得，一般可根据协议支付，比如有关贷款利息、技术援助费或特许权费等协议，中央银行需要审阅此类有关文件。

## （六）黄金管理

马耳他已发行了 23 种金币，这些金币都是法偿货币。马耳

他允许居民持有金币、购买首饰，但买卖非法偿货币的任何金币
需中央银行批准。

控制金币的进口以保证这些金币真正用于钱币学研究。进口
金币、金块和黄金制成品以及半制成品需申领特殊进口许可证；
限制进口金丝和银丝产品。经外汇管理部门批准，允许批准的进
口商进口仅供珠宝商和工业用金块。除货币当局外，居民出口黄
金也需批准。进口金块和金币免征进口税。

## 第九节　税收制度

### 一　概况

**与**其他欧洲联盟成员国比较，马耳他的税收负担是很低
的，在欧洲联盟的成员国中排在第 22 位，仅比拉脱
维亚、立陶宛和爱尔兰的税收负担高一些。

据欧盟统计局提供的统计数字，从 2000 年开始，大部分欧
盟国家都通过改革减少了个人收入所得税。2002 年与 2001 年相
比，25 个欧盟国家中，16 个国家的税收负担下降，8 个国家的
税收负担上升。税收的总体负担从 2001 年占国内生产总值的
41.1%下降到 2002 年占国内生产总值的 40.4%。在 2004 年 5 月
新入盟的 10 个国家中，税收在国内生产总值中所占比例，2002
年低于原来欧盟 15 国的水平，依次排列，最低的是立陶宛
28.8%，最高的是斯洛文尼亚 39.8%。

总之，欧盟成员国之间的税收负担比例相差很大。以 2002
年为例，瑞典税收占国内生产总值的比例最高（50.6%），其后
依次是丹麦（48.9%）、比利时（46.6%）、芬兰（45.9%）；比
例最低的依次是爱尔兰（28.6%）、立陶宛（28.8%）、拉脱维
亚和马耳他（28.8%）和塞浦路斯（32.5%）。

但是，马耳他的直接税所占税收总额的比例是 36.1%，高于欧盟 25 国平均水平（33.1%）。间接税税率，马耳他在欧盟国家中为 42.5%，居爱尔兰（43.7%）、立陶宛（43.5%）、塞浦路斯（42.7%）之后，处在第四位，也远远高于欧盟 25 国平均的 34.8% 的水平。然而，2002 年，马耳他社会保障费用在整个税收中占的比例为 21.4%，低于欧盟 25 国 32.1% 的平均水平。马耳他个人收入所得税的比例是 35%，在欧盟国家中属于较低的。在欧盟国家中，个人收入所得税税率最高的国家是瑞典（56%），其次是芬兰（53%）。

## 二 税收制度

同 大多数西方发达国家一样，马耳他有规范和完善的税收制度，对个人和公司所得、资本利得、净财富、资本交易、商品流转等都要征税。马耳他的主要税种如下：

（1）对所得和利润征收的税，如个人所得税、公司所得税等；

（2）对货物和劳务征收的税，如增值税、消费税、关税、金融银行税、电子商务税、保险费税、能源税、雇员税款、房地产税、投资资金税等；

（3）对财产、特定目的和行为征收的税，如财富税、登记税、各种车船税等。

**（一）所得税**

1. 个人所得税

2004 年，个人所得税税率为 15% ~ 35%，个人的收入越高，支付的税款就越多。凡马耳他居民达到"定居居民"标准者（1 年内在马耳他停留超过 183 天），应就其在马耳他及世界范围内的所得纳税；非居民仅就来源于马耳他的所得纳税。个人所得税税额以居民月收入为基数计算，已婚与未婚居民在征收基数上有所不同，税率的档次也因年份的不同而异。以 2003 年为例，未婚个人所得税的税率分为如下 6 个档次：

第 1 档次月收入在 3100 马镑以内的税率为零。

第 2 档次月收入在 3101 ~ 4100 马镑之间的税率为 15% ；

第 3 档次月收入在 4101 ~ 5000 马镑之间的税率为 20% ；

第 4 档次月收入在 5001 ~ 6000 马镑之间的税率为 25% ；

第 5 档次月收入在 6001 ~ 6850 马镑之间的税率为 30% ；

第 6 档次月收入在 6751 ~ 15000 马镑之间的税率为 35% 。

2003 年，已婚家庭个人所得税的税率也分为如下 6 个档次：

第 1 档次，月收入在 4300 马镑以内的税率为零；

第 2 档次，月收入在 4301 ~ 6000 马镑之间的税率为 15% ；

第 3 档次，月收入在 6001 ~ 7250 马镑之间的税率为 20% ；

第 4 档次，月收入在 7251 ~ 8500 马镑之间的税率为 25% ；

第 5 档次，月收入在 8501 ~ 10000 马镑之间的税率为 30% ；

第 6 档次，月收入在 10001 ~ 15000 马镑之间的税率为 35% 。

2. 企业所得税

《1993 年政府预算法》宣布了资本收益税，并将该税列入《所得税法》中，税率为公司利润的 35% 。

马耳他国内的公司、在马耳他登记的公司、在马耳他以外登记但业务主要在马耳他的公司均有缴税义务。须缴纳税额的收入是在公司审计的财务报表里报告的纯利润。专门用于生产过程中的花费是可减除的。公司有非居民股东的，可以作为 ITC（国际贸易公司）或者 IHC（国际股份有限公司）在马耳他登记，通过特别的税额减免给 ITC 的股东，有效的减免税率是 4.17% 。IHC 的股东的有效的税率是零。

2003 年，马耳他财政年度总税收情况，参见表 4 - 4。

表 4 – 4  马耳他 2003 年财政年度总税收

单位：马镑（千）

| 收 入 项 | 预算收入 | 实际收入 | 变化值 |
|---|---|---|---|
| 总 税 收 | 686574 | 668291 | – 18283 |
| 直接税 | | | |
| 所得税 | 198800 | 205218 | 6418 |
| 社会保障 | 199000 | 188427 | – 10573 |
| 间接税 | | | |
| 关税和货物税 | 66490 | 61576 | – 4914 |
| 进口税 | 13040 | 11514 | – 1526 |
| 　机动车辆 | 2400 | 2104 | – 296 |
| 　服装 | 2100 | 1726 | – 374 |
| 　混杂税 | 7300 | 6885 | – 415 |
| 消费税 | 53450 | 50062 | – 3388 |
| 　香烟 | 23350 | 21145 | – 2205 |
| 　酒类 | 4160 | 4071 | – 89 |
| 　汽油 | 25200 | 23984 | – 1216 |
| 　烟草 | 400 | 484 | 84 |
| 许可费、税费、罚款 | 91334 | 89160 | – 2174 |
| 贸易许可 | 950 | 831 | – 119 |
| 机动车许可 | 13000 | 11284 | – 1716 |
| 无线许可 | 1550 | 2151 | 601 |
| 游戏税款 | 16600 | 12012 | – 4588 |
| 印花税 | 23600 | 26579 | 2979 |
| 扣押进口货物 | 5000 | 6741 | 1741 |
| M. 机动车登记税 | 23600 | 22800 | – 800 |
| 增值税 | 130950 | 123910 | – 7040 |

资料来源：马耳他财政部。

## （二） 交易和转让税收

### 1. 增值税

自 1999 年 1 月 1 日起，马耳他重新恢复实施增值税制度，无论是进口的还是当地生产的产品，均需在流通中缴纳 15% 的增值税。

1999 年，被重新提出并得到关注的增值税，重点问题还是在税率水平、税款减免以及禁止零税率的过度运用上。2001 年，虽然有所进步，但在马耳他立法规定和实践中的税率和税款免除的运用仍有偏差。对于二手商品征收的特殊增值税率的范围也扩展到艺术品、收藏品和古董。

**2. 遗产捐赠税**

《1993 年政府预算法》宣布废除遗产捐赠税。唯一保留的部分是已列入"文件税法"中的不动产转让税和本地公司股票（不包括交易所上市股票）所得税。

**3. 关税和国产税**

关税主要是对进口商品征收。作为欧盟成员之一的马耳他，需要不断地改进提高其整个关税部门的服务水平，使程序更加流畅，减少财政负担和债务，提高关税方面行政管理和信息交流以及信息发布的透明度，改进关税政策，对进出口货物严格监管，控制贩卖走私等。

国产税是对本国产品征收的税种，如香烟和软饮料等。

**4. 印花税（文件税）**

某些种类的商业和法律文件必须缴纳印花税。通常的做法是从价计税，例如，按照转让不动产的价值纳税，税率是 3.5%。未印花文件在法律上不构成有效证据。

**（三）社会保险捐赠**

根据收入多少由私营者、雇主和雇员支付。雇主即公司承担的社会保险捐赠税率，为雇员基本工资的 10% 左右。

**（四）生态税**

马耳他政府和该国的零售商与同业联盟就引进在 2004 年 9 月 1 日生效的新生态税达成了协议。生态税适用于那些有可能污染环境的货物、交易商和生产商持有的存货以及新生产的产品。马耳他的生态税是一次性征收的，即在发生缴纳增值税的第一次交易时征收，于每季度末缴纳。

**（五）海关税目、税率、其他进口税收**

马耳他进口关税法案阐明了税种和各种货物的进口关税，使用的是世界海关组织术语。马耳他对来自非欧盟国家的大部分商品征收进口关税，并在此基础上征收 15% 的增值税。有些特殊商品，如烟、酒还要征收消费税和保护关税。进口关税按到岸价计算，由进口商在清关时全部支付。

对欧盟国家产品免征进口税，税率根据不同商品而定。某些进口后需经过加工、组装或包装后再出口的商品，可免税或退税。任何在保税仓库的进口商品再出口均无需支付关税。对于再出口，没有附加值的规定。但对于某些对欧盟国家出口需要配额的进口商品，如鞋类和纺织品，以及在马耳他加工后再对欧盟出口的产品，需有一定的增值比例才能获得当地的产地证书，最高比例可达60%。

**（六）其他小税收**

主要有公路税、汽车登记税等。马耳他将减低小型酿酒厂酿制啤酒的消费税率，这些小型的独立的酿酒厂不包括有生产许可证的厂家。消费税的应征税数量和征税客体范围的界定，适用于某些产品的特定的比率，在某些条件下的税款免除等方面应进一步完善并于欧盟整体水平达成一致。

三 税收优惠政策

自 2001 年 1 月 30 日，马耳他政府颁布经议会批准通过的《工业发展法修订案》（2001 年第 4 号法案），通常简称为《商业促进法案》，后来又先后颁布了若干补充规定。该法案及其补充规定根据马耳他十多年来经济发展提出的新要求，以及政府对产业发展侧重点的全盘考虑，对 1988 年的《工业发展法》进行了修改，尤其是对吸引外国直接投资方面的政策进行了调整和补充。修改后的《商业促进法案》遵循的基本原则是：谁对马耳他经济发展贡献大，谁享受的优惠措施就多。也就是说，凡是

增长潜力大、提供就业机会多的公司享受的优惠政策也多。

新法案延续了政府加大引进外国直接投资的战略，尤其是高科技产业。吸引外资的主导思想是提高产品附加值，同时解决更多就业，加快产业升级换代。《商业促进法案》从税收和非税收两方面为外国投资者在马耳他投资设厂、从事生产、修理、改良和维护等活动给予种种税收优惠。

**（一）减免所得税**

一般情况下，在马耳他注册的公司所得税率为35%。为吸引外国投资，鼓励企业增值，政府规定的所得税减免期为：营业的头7年，所得税率为5%；接下来的6年，所得税率为10%；再接下来的5年，所得税率为15%。另外，利润再投资，所得税率为19.25%。

**（二）投资抵扣政策**

设备投资总额的50%和厂房投资总额的20%可从应缴税款中扣除。

**（三）减免关税**

设备进口免除关税，原材料从欧盟国家进口的也免除关税（注：从非欧盟国家进口仍需缴纳关税）。

四　避免双重征税的条约

目前，马耳他与世界上41个国家都签订了《避免双重课税条约》。这些国家是：阿尔巴尼亚、澳大利亚、奥地利、巴巴多斯、比利时、保加利亚、加拿大、中国、克罗地亚、塞浦路斯、捷克、丹麦、埃及、爱沙尼亚、芬兰、法国、德国、匈牙利、印度、意大利、韩国、拉脱维亚、黎巴嫩、利比亚、卢森堡、马来西亚、荷兰、挪威、巴基斯坦、波兰、葡萄牙、罗马尼亚、斯洛伐克、斯洛文尼亚、南非、瑞典、瑞士、叙利亚、突尼斯、英国、美国等。

## 第十节　对外经济关系

### 一　概况

马耳他同 100 多个国家和地区有贸易关系，但是，最重要的贸易伙伴是欧盟国家，占马耳他对外贸易的 65%～70%。2004 年，法国、意大利是马耳他的第一、第二大贸易伙伴。马耳他主要进口日用消费品、机械、食品、原材料等（参见表 4-5），主要出口电子、服装、普通机械产品等（参见表 4-6）。马耳他对外贸易在国民经济中占据极其重要的地位，但是，马耳他的出进口贸易长期地处于不平衡状态，长期地处于逆差状态。

1998 年，马耳他的出口总额为 7.033 亿马镑，进口总额为 10.378 亿马镑。根据马耳他国家统计局提供的数据，1999 年马耳他对外贸易全面增长，进出口总额达到 19.268 亿马镑，比 1998 年增长 10.3%。其中，进口额为 11.358 亿马镑，比上年增长 9.7%；出口额为 7.91 亿马镑，比上年增长 11.1%。马耳他本地产品出口增长 7.2%，转口增长 66.4%。贸易逆差为 3.448 亿马镑，增长 6.8%。

2002 年，马耳他外贸情况略有好转，全年进出口总额为 21.47 亿马镑，同比增长 1.88%。其中，进口额 12.28 亿马镑，同比增长 0.09%；出口额 7.97 亿马镑，同比增长 0.92%；转口额 1.22 亿马镑，同比增长 34.59%，增幅较大。贸易逆差为 3.08 亿马镑，同比下降 10.85%。

2004 年，马耳他对外贸易额总量进一步增长，全年达到 22.32 亿马镑。其中，进口额 13.17 亿马镑，同比增长 2.9%；出口额 9.15 亿马镑，同比降低 1.6%。但是，2004 年马耳他对外贸易逆差达到 4.02 亿马镑，同比增加了 5200 万马镑。

表 4 – 5　马耳他主要进口商品的构成

单位：百万美元

| 商 品 类 别 | 2005 年 | 2006 年 | 占比（％） | 同比（％） |
|---|---|---|---|---|
| 总　　值 | 3589.0 | 3980.8 | 100.0 | 10.9 |
| 电机、电气、音像设备及其零附件 | 1012.5 | 1199.2 | 30.1 | 18.4 |
| 核反应堆、锅炉、机械器具及零件 | 369.7 | 397.3 | 10.0 | 7.5 |
| 矿物燃料、矿物油及其产品、沥青等 | 271.9 | 326.3 | 8.2 | 20.0 |
| 车辆及其零附件,但铁道车辆除外 | 169.6 | 193.3 | 4.9 | 14.0 |
| 塑料及其制品 | 145.2 | 157.3 | 4.0 | 8.4 |
| 光学、照相、医疗等设备及零附件 | 109.8 | 127.3 | 3.2 | 16.0 |
| 药品 | 76.6 | 95.0 | 2.4 | 23.9 |
| 纸及纸板、纸浆、纸或纸板制品 | 80.9 | 89.7 | 2.3 | 10.9 |
| 家具、寝具、灯具、活动房等 | 68.2 | 68.6 | 1.7 | 0.5 |
| 钢铁制品 | 53.6 | 56.5 | 1.4 | 5.3 |
| 航空器、航天器及其零件 | 32.7 | 54.3 | 1.4 | 65.8 |
| 珠宝、贵金属及制品、仿首饰、硬币 | 40.2 | 52.8 | 1.3 | 31.3 |
| 非针织或非钩编的服装及衣着附件 | 60.0 | 51.5 | 1.3 | – 14.2 |
| 谷物粉、淀粉等或乳的制品、糕饼 | 48.4 | 50.1 | 1.3 | 3.5 |
| 肉及食用杂碎 | 41.2 | 49.3 | 1.2 | 19.6 |
| 针织或钩编的服装及衣着附件 | 44.9 | 47.9 | 1.2 | 6.7 |
| 精油及香膏、香料制品及化妆盥洗品 | 47.9 | 47.5 | 1.2 | – 0.9 |
| 有机化学品 | 35.4 | 45.2 | 1.1 | 27.8 |
| 饮料、酒及醋 | 41.4 | 45.2 | 1.1 | 9.2 |
| 钢　铁 | 43.7 | 45.1 | 1.1 | 3.2 |
| 乳、蛋、蜂蜜、其他食用动物产品 | 37.2 | 37.7 | 1.0 | 1.3 |
| 杂项食品 | 32.9 | 33.3 | 0.8 | 1.5 |
| 肉、鱼及其他水生无脊椎动物的制品 | 29.8 | 31.9 | 0.8 | 7.2 |
| 陶瓷产品 | 29.4 | 28.6 | 0.7 | – 2.6 |
| 印刷品、手稿、打字稿及设计图纸 | 28.1 | 28.5 | 0.7 | 1.4 |
| 木及木制品、木炭 | 28.9 | 27.5 | 0.7 | – 5.0 |
| 盐、硫黄、土及石料、石灰及水泥等 | 23.3 | 27.3 | 0.7 | 16.8 |
| 糖及糖食 | 18.6 | 27.1 | 0.7 | 45.6 |
| 鞣料、着色料、涂料、油灰、墨水等 | 25.1 | 25.6 | 0.6 | 2.1 |
| 鞋靴、护腿和类似品及其零件 | 25.7 | 24.5 | 0.6 | – 4.8 |

资料来源：中国商务部网站。

表 4 - 6　马耳他主要出口商品的构成

单位：百万美元

| 商品类别 | 2005 年 | 2006 年 | 占比（%） | 同比（%） |
|---|---|---|---|---|
| 总　　值 | 2273.0 | 2668.8 | 100.0 | 17.4 |
| 电机、电气、音像设备及其零附件 | 1236.5 | 1537.1 | 57.6 | 24.3 |
| 药　品 | 32.0 | 123.1 | 4.6 | 284.5 |
| 核反应堆、锅炉、机械器具及零件 | 150.4 | 121.3 | 4.5 | -19.4 |
| 光学、照相、医疗等设备及零附件 | 90.9 | 110.7 | 4.2 | 21.8 |
| 印刷品、手稿、打字稿及设计图纸 | 99.5 | 102.5 | 3.8 | 3.0 |
| 玩具、游戏或运动用品及其零附件 | 76.5 | 72.4 | 2.7 | -5.3 |
| 车辆及其零附件，但铁道车辆除外 | 55.5 | 65.4 | 2.5 | 17.8 |
| 鱼及其他水生无脊椎动物 | 11.6 | 64.2 | 2.4 | 455.0 |
| 非针织或非钩编的服装及衣着附件 | 102.5 | 62.5 | 2.3 | -39.0 |
| 橡胶及其制品 | 60.4 | 57.7 | 2.2 | -4.5 |
| 杂项食品 | 55.7 | 53.7 | 2.0 | -3.7 |
| 塑料及其制品 | 39.3 | 48.1 | 1.8 | 22.4 |
| 针织物及钩编织物 | 44.5 | 45.7 | 1.7 | 2.7 |
| 有机化学品 | 19.6 | 19.8 | 0.7 | 0.9 |
| 钢铁制品 | 23.7 | 16.7 | 0.6 | -29.8 |
| 航空器、航天器及其零件 | 17.5 | 15.7 | 0.6 | -10.0 |
| 珠宝、贵金属及制品、仿首饰、硬币 | 11.3 | 15.4 | 0.6 | 37.1 |
| 针织或钩编的服装及衣着附件 | 12.5 | 15.0 | 0.6 | 20.0 |
| 矿物燃料、矿物油及其产品、沥青等 | 3.8 | 12.3 | 0.5 | 222.3 |
| 烟草、烟草及烟草代用品的制品 | 14.1 | 11.0 | 0.4 | -22.0 |
| 谷物粉、淀粉或乳的制品、糕饼等 | 3.3 | 9.7 | 0.4 | 197.7 |
| 精油及香膏、香料制品及化妆盥洗品 | 17.7 | 8.8 | 0.3 | -50.0 |
| 家具、寝具、灯具、活动房等 | 6.5 | 7.2 | 0.3 | 10.0 |
| 洗涤剂、润滑剂、人造蜡、塑型膏等 | 1.9 | 6.7 | 0.3 | 250.1 |
| 皮革制品、旅行箱包、动物肠线制品 | 5.7 | 5.8 | 0.2 | 3.0 |
| 钢　铁 | 3.5 | 5.8 | 0.2 | 68.4 |
| 玻璃及其制品 | 4.5 | 5.1 | 0.2 | 13.8 |
| 鞋靴、护腿和类似品及其零件 | 12.7 | 4.6 | 0.2 | -63.6 |
| 钟表及其零件 | 3.0 | 3.9 | 0.2 | 29.4 |
| 铝及其制品 | 2.6 | 3.7 | 0.1 | 42.4 |

资料来源：中国商务部网站。

用于机械和运输设备制造业的电子零部件的出口占据马耳他出口的主导地位。1999年，此项的出口金额达4.058亿马镑，占马耳他产品出口的60%。这年转口商品金额增到7850万马镑，主要由于燃料油的转口从1998年的1250万马镑增长到1999年的2310万马镑。其中，欧盟依然是马耳他进口和出口商品的主要市场。从欧盟的进口商品金额达到7.43亿马镑，比1998年增长了2600万马镑。进口的主要贸易伙伴依次为法国、意大利、英国、德国、比利时、西班牙。马耳他的出口市场分布与进口市场分布基本相同。马耳他对欧盟出口的主要国家依次为法国、德国、英国和意大利。其他出口地区为亚洲和中东欧、北美洲。

近几年来，马耳他对外贸易的对象国有所变化，2006年其进出口额等项，参见表4-7和表4-8。

表4-7　马耳他对主要贸易伙伴出口额（2006年）

单位：百万美元

| 国家和地区 | 金　额 | 占比（%） | 同比（%） |
|---|---|---|---|
| 总　　值 | 2669 | 100.0 | 17.4 |
| 法　国 | 407 | 15.2 | 16.0 |
| 新加坡 | 352 | 13.2 | 25.9 |
| 美　国 | 346 | 13.0 | 5.3 |
| 德　国 | 334 | 12.5 | 30.7 |
| 英　国 | 252 | 9.5 | -1.5 |
| 日　本 | 132 | 4.9 | 182.9 |
| 中国香港 | 113 | 4.2 | 59.3 |
| 意大利 | 93 | 3.5 | -18.8 |
| 利比亚 | 71 | 2.7 | -26.1 |
| 中　国 | 67 | 2.5 | 207.6 |
| 芬　兰 | 56 | 2.1 | 827.4 |
| 比利时 | 27 | 1.0 | -48.5 |
| 匈牙利 | 27 | 1.0 | -9.9 |
| 荷　兰 | 24 | 0.9 | 22.0 |
| 捷克共和国 | 21 | 0.8 | 34.3 |

| 国家和地区 | 金 额 | 占比（%） | 同比（%） |
|---|---|---|---|
| 欧盟 15 国 | 1256 | 47.1 | 14.5 |
| 亚太经合组织 | 1076 | 40.3 | 32.5 |
| 东盟 10 国 | 377 | 14.1 | 24.5 |
| 北美自由贸易区 | 363 | 13.6 | 3.7 |
| 中东欧自由贸易区 | 66 | 2.5 | 21.0 |
| 南方共同市场 | 7 | 0.3 | – 55.8 |
| 安第斯共同体 | 0 | 0.0 | – 95.3 |

资料来源：中国商务部网站。

说明：

欧盟 15 国为：英国、德国、法国、意大利、丹麦、西班牙、挪威、芬兰、瑞典、爱尔兰、葡萄牙、比利时、奥地利、荷兰、卢森堡。

亚太经合组织，共有 21 个成员：即澳大利亚、文莱、加拿大、智利、中国、中国香港、印度尼西亚、日本、韩国、马来西亚、墨西哥、新西兰、巴布亚新几内亚、秘鲁、菲律宾、俄罗斯、新加坡、中国台北、泰国、美国和越南。

东盟十国有：马来西亚、越南、印度尼西亚（印尼）、新加坡、文莱、泰国、缅甸、老挝、柬埔寨、菲律宾。

北美自由贸易区，包括加拿大、墨西哥和加勒比海诸国在内的北美共同市场。

中欧自由贸易区协议，是于 1992 年 12 月，由捷克、波兰、匈牙利和斯洛伐克外长在波兰签署，1993 年 1 月 1 日正式生效，后来罗马尼亚、保加利亚、斯洛文尼亚、克罗地亚、马其顿等国加入，故改为中东欧自由贸易区。

南方共同市场，是于 1991 年 3 月 26 日，阿根廷、巴西、巴拉圭和乌拉圭 4 国总统在巴拉圭首都亚松森举行第一届首脑会议，签署的关于建立南方共同市场的《亚松森条约》（条约于同年 11 月 29 日生效）。后来委内瑞拉和玻利维亚两国加入。

**表 4 – 8　马耳他从主要贸易伙伴进口额（2006 年）**

单位：百万美元

| 国家和地区 | 金 额 | 占比（%） | 同比（%） |
|---|---|---|---|
| 总　　值 | 3981 | 100.0 | 10.9 |
| 意大利 | 1114 | 28.0 | – 4.0 |
| 英　国 | 419 | 10.5 | 1.5 |
| 法　国 | 346 | 8.7 | 0.8 |
| 德　国 | 303 | 7.6 | 6.2 |

| 国家和地区 | 金 额 | 占比(%) | 同比(%) |
|---|---|---|---|
| 新加坡 | 270 | 6.8 | 81.9 |
| 美 国 | 224 | 5.6 | 13.0 |
| 荷 兰 | 146 | 3.7 | 14.9 |
| 中 国 | 135 | 3.4 | 89.1 |
| 西班牙 | 122 | 3.1 | - 1.1 |
| 日 本 | 88 | 2.2 | 41.6 |
| 马来西亚 | 83 | 2.1 | 78.3 |
| 中国台湾省 | 73 | 1.8 | 90.3 |
| 瑞 士 | 69 | 1.7 | 25.7 |
| 比利时 | 68 | 1.7 | - 5.1 |
| 中国香港 | 54 | 1.4 | 201.9 |
| 欧盟 15 国 | 2653 | 66.6 | - 0.3 |
| 亚太经合组织 | 1056 | 26.5 | 55.7 |
| 东盟 10 国 | 403 | 10.1 | 72.8 |
| 北美自由贸易区 | 239 | 6.0 | 15.0 |
| 中东欧自由贸易区 | 35 | 0.9 | 27.5 |
| 南方共同市场 | 18 | 0.5 | 13.3 |
| 安第斯共同体 | 2 | 0.0 | - 43.0 |

资料来源：中国商务部网站。

说明：

欧盟 15 国为：英国、德国、法国、意大利、丹麦、西班牙、挪威、芬兰、瑞典、爱尔兰、葡萄牙、比利时、奥地利、荷兰、卢森堡。

亚太经合组织，共有 21 个成员：即澳大利亚、文莱、加拿大、智利、中国、中国香港、印度尼西亚、日本、韩国、马来西亚、墨西哥、新西兰、巴布亚新几内亚、秘鲁、菲律宾、俄罗斯、新加坡、中国台北、泰国、美国和越南。

东盟十国有：马来西亚、越南、印度尼西亚（印尼）、新加坡、文莱、泰国、缅甸、老挝、柬埔寨、菲律宾。

北美自由贸易区，包括加拿大、墨西哥和加勒比海诸国在内的北美共同市场。

中欧自由贸易区协议，是于 1992 年 12 月，由捷克、波兰、匈牙利和斯洛伐克外长在波兰签署，1993 年 1 月 1 日正式生效，后来罗马尼亚、保加利亚、斯洛文尼亚、克罗地亚、马其顿等国加入，故改为中东欧自由贸易区。

南方共同市场，是于 1991 年 3 月 26 日，阿根廷、巴西、巴拉圭和乌拉圭 4 国总统在巴拉圭首都亚松森举行第一届首脑会议，签署的关于建立南方共同市场的《亚松森条约》（条约于同年 11 月 29 日生效）。后来委内瑞拉和玻利维亚两国加入。

2006 年，马耳他出口贸易额最大的是欧盟国家，占出口贸易总额的 52.1%。其中，法国占马耳他出口总额的 15%，德国占马耳他出口总额的 12.7%。其次是亚洲，占马耳他出口贸易总额的 19.9%。第三是北美，占马耳他出口贸易总额的 17%。

同年，马耳他进口贸易额最大的仍然是欧盟国家，占进口贸易总额的 72.5%。其中，意大利占马耳他进口总额的 28.2%，英国占马耳他进口总额的 10.1%，法国占马耳他进口总额的 9.2%。其次是亚洲，占马耳他进口贸易总额的 13.8%。其中，排在前三位的是新加坡、日本、中国。这说明，马耳他与亚洲的经济关系有了进一步的发展，与亚洲的出进口贸易越来越密切。

## 二 对外经济贸易政策

马耳他对外经济贸易主要由马耳他经济服务部负责，它是 1998 年 9 月上台执政的国民党政府 13 个部委中最大的一个，其下属的马耳他投资管理公司主要职责是管理和改组处于亏损的国有企业，对政府控股的企业进行资产收回或私有化。马耳他发展公司负责对外招商引资工作。马耳他外贸公司是半官方机构，负责推动出口贸易和到国外举办商品展。

### （一）对外经济贸易准则

马耳他对外贸易关系主要遵循马耳他与欧盟的贸易协议和相关的国际贸易准则。除欧盟国家外，马耳他对与其他国家的双边贸易不给予优惠待遇。与欧盟成员国及其他国家的双边贸易协议涉及广泛的领域，如空中服务、社会安全、旅游、免签证和文化合作等。为加入欧盟，马耳他采取了所有的欧盟国家与其他国家签订的贸易普惠制协议并成为欧洲经济区域的一员。

马耳他也是欧洲理事会的成员之一，该组织负责欧洲及联合国的安全与合作。马耳他是联合国及包括联合国海事公约等国际公约的缔约方之一，也是欧洲－地中海伙伴关系的积极参与者。

马耳他严格遵守联合国安理会的制裁决定，并且大部分地实行了欧盟对其他国家实行的制裁。

马耳他通过国际组织提供发展和技术援助，不直接向发展中国家提供财政和技术援助项目，不向发展中国家提供贸易优惠。马耳他将成为欧洲投资银行的成员并将为欧洲发展基金作出贡献。

马耳他向非政府组织提供发展和人道主义援助，政府鼓励建立一个非政府组织的国民委员会致力于这方面的工作。

### （二）与世界贸易组织关系

马耳他是世界贸易组织创始成员国之一，处理与世贸组织有关的事务由马耳他经济服务部和外交部负责，如果需要，其他部门也可以参与。马耳他目前享受发展中国家待遇，从 2000 年 2 月开始实行世界知识产权协议。马耳他是普惠制的受益国之一。目前有以下国家给予马耳他最惠国待遇，即中国、美国、加拿大、澳大利亚、新西兰、日本、捷克、俄罗斯联邦、斯洛伐克共和国、瑞士和挪威。加入欧盟后的马耳他，在与世贸组织的谈判中将采取欧盟的立场。在普惠制方面，入盟后马耳他也将采纳欧盟普惠制的实施方案，开始向发展中国家和最不发达国家给予单方面的最惠国待遇。

马耳他作为世贸成员将实施以下协议：政府采购协议；通讯技术产品贸易协议；欧洲经济区域协议（关于知识产权）；欧盟与以色列国签订的政府采购电信设备协议；欧盟与韩国签订的政府采购电信设备协议；欧洲理事会关于半导体产品贸易协议；欧洲理事会就实行乌拉圭回合谈判框架协议中关于商标的条例；欧洲理事会根据欧洲共同体与美国签订的政府采购协议所做的决议；欧洲理事会就世贸组织关于金融服务和自然人流动谈判所做的决议；欧洲理事会关于降低通讯技术产品关税的决议；欧洲理事会就世贸组织关于基本电信服务谈判所做的决议；欧洲理事会

就世贸组织关于金融服务的修正案。

另外,马耳他将加强经济服务部和外交部的部门建设,培训处理世贸组织事务的专业人才。

### (三)贸易政策法规

加入欧盟前,马耳他除欧盟外没有与其他国家缔结关税减让条约,所以在马耳他法律里没有相关的条款,也没有条款涉及关税配额及境外加工条款,也没有反倾销、反补贴和保护措施规定。加入欧盟后,马耳他将采取欧盟关于配额、监管和进出口关税条款,采纳欧盟与其他国家的双边条约,包括最惠国条约、相互承认条约、仍在实行的欧洲经济区内的条约以及欧洲-地中海条约。

马耳他进口纺织品和钢材不需要配额或受到监管。马耳他没有在原产地制度中规定非优惠条款,原产地证书由马耳他商会和马耳他工业局颁发,主要依据税种和增值税率。如果需要,海关负责解释。出口条款中不包括对耐用品的出口限制。目前没有官方指定的耐用品经营实体。补贴制度即将起草,以便改善目前的管理结构,引进具体措施扩大耐用品的出口。马耳他出口信贷保险公司目前为工业品的出口提供出口信贷保险,但仅为短期信贷,不超过 180 天。

入盟后,在贸易政策方面将采取与欧盟相同的共同对外贸易关税条例;建立必要的机构以实施反倾销及保护措施;采用欧盟的原产地政策;修订出口信贷保险业务条例。

### (四)技术、卫生与安全标准

马耳他于 1966 年成为国际标准化组织(ISO)联系成员国,1976 年被中止在该组织联系成员国的地位,1992 年得以恢复。产品质量标准由标准化局颁布。马耳他质量标准主要依据英国标准,同时参照并认同欧洲和国际标准化组织的标准制定。马耳他另有一个职业健康和安全促进委员会,负责建筑工地、工厂等场

地的卫生与安全标准。

### （五） 海关管理、海关税目和非欧盟国家的关税

马耳他进口关税法案阐明了税种和各种货物的进口关税，使用的是世界海关组织术语。马耳他对来自非欧盟国家的大部分商品征收进口关税，并在此基础上征收 15% 的增值税。有些特殊商品如烟、酒还要征收消费税和保护关税。1998 年 9 月国民党政府执政后，重新实施增值税制度，无论是进口还是当地生产的产品，均需在流通中缴纳 15% 的增值税。

目前，马对来自非欧盟国家的主要进口产品所征进口关税的税率如下（不包括在此基础上征收的 15% 增值税）：动物及动物产品 0% ~ 10%；植物 15% 左右；动植物油 0% ~ 10%；食品、饮料 25% 左右；酒 8.1%，另加消费税（大部分约为每升 9 美元）；烟草 8.1%，另加消费税和保护税；矿产品 8.1%；化工产品大部分为 8.1%；塑料和橡胶制品 8.1% 左右；皮革制品、旅游品、手袋等大部分为 8.1%；木材、草编制品 8.1 左右；纸张、印刷品 10% 左右；纺织品 10% 左右；日用消费品 8.1% 左右；石材、水泥等 8.1% 左右；珍珠、宝石、稀有金属 8.1%；金属 8.1%；机电产品大部分为 8.1%；汽车、飞机等运输工具 12% 左右；胶卷、电影胶片、钟表、乐器大部分为 8.1%；武器、弹药 8.1%；家具、玩具、体育用品等 8.1 左右；工艺品 8.1%。

### （六） 商品原产地规则

马耳他的原产地规则，是依据它与欧盟签订的原产地合作协定制订的。该协定规定了非原产地原料需两次加工的原则。例如，服装方面，第一次进口棉纱加工成布匹，再由布匹加工成服装。两次加工的程序不需要在同一工厂或同一公司，甚至同一国家内完成（另外，一个国家必须与欧盟签有特殊安排的经贸协定）。但对某类服装也有例外，如非针织及钩织男装、男童装外衣（包括牛仔布装），可从非原产地进口后在马耳他加工，但面料必须是整匹的。至于非针织及钩织的女装、女童装及婴儿绣花外衣，可从国外进口面料在马耳他加工成服装，这也被认为是马耳他原产地，但进口布料的价值不得超过该产品出厂价的40%（即必须增值60%以上），而且面料的进口必须是整匹的，并且无任何绣花。

马耳他原产地规则的规定适用于全部针织服装，包括男装、女装、童装、袜子以及梭织非绣花女装、女童装和童装。该规则部分规定已暂停执行，但规定部分女装、女童装必须有马耳他海关签发的货运证书（EURI）方为有效。获得马耳他原产地证的产品可免税进入欧盟国家，且不受欧盟的数量与配额限制。①

### 三 相关机构

#### （一）马耳他发展公司（Malta Development Corporation）

马耳他发展公司成立于1967年，该公司全权负责促进和支持对马耳他直接投资事务，参与制订和实施国家的工业发展战略，目标是在以出口为导向的制造业中创造就业机会。现隶属于经济服务部。目前发展公司负责管理实施的鼓励外国投资的优惠政策包括：对产品95%以上出口的外资企业免除10年所得税；提供软贷款；员工培训资助；提供租金低廉的标准厂房和工业用地；生产原料进口免除关税等。

#### （二）马耳他投资管理公司（Malta Investments Management Co. Ltd.）

马耳他投资管理公司成立于1988年4月，作为政府股份的

---

① 欧盟对马耳他纺织品除裤类外，没有数量或配额限制，但欧盟给马耳他的裤类配额数量较大，基本用不完。

操作者，主要职责是管理和改组处于亏损的国有企业，根据政府有关政策按预定指导原则来决定对政府控股的企业进行资产收回或私有化。现隶属于马耳他经济服务部。该公司拥有一支专业经理队伍，能够提供会计、金融、管理、改组程序和私有化方面的专业服务，协助政府的私有化小组开展工作。投资管理公司对其下属公司可采取以下处理方法：

（1）出售不受公司章程限制的企业的股份或转让；

（2）对没有维持经营价值的公司进行清产、关闭；

（3）密切监督那些既不具备私有化条件又无多大战略重要性的企业。

## （三）马耳他对外贸易公司（Malta External Trade Corporation）

马耳他对外贸易公司成立于1989年1月，是国家促进贸易和推动出口的重要机构，实际上是由政府和以工业联合会以及商会为代表的私营部门共同组成。其主要职能如下：

（1）鼓励马耳他企业加入全球经济一体化；

（2）提高马耳他产业竞争力，把握国际商业机会；

（3）作为贸易和商务信息中心；

（4）促进马耳他和外国企业间的出口型国际商务合作；

（5）为政府在国际贸易事务方面提供建议；

（6）宣传马耳他作为贸易伙伴的良好形象。

为实现以上职能，外贸公司向马耳他生产厂家、出口商以及愿同马耳他公司做生意的国际企业在以下方面提供服务：即提供商业机会和贸易信息；建立贸易联系；组织和参加国际贸易博览会和展览会；组织贸易团组出访；内部设有欧洲信息中心；协助企业寻找出口市场；在产业方面提供扶持与咨询；帮助企业在外贸公司互联网网站上建立主页；发行出版物；提供出口信贷担保；提供会议设施等。

### （四）马耳他国际博览会

从 1952 年至今，马耳他贸易博览会公司每年组织举办一次贸易博览会，称为"马耳他国际博览会"。至 2000 年已举办了 43 届，会期为每年 6 月底至 7 月中旬，一般 15 天左右。该博览会旨在促进马耳他当地工业和对外贸易的发展，在当地影响很大，每年约有 15 万马耳他人与会参观。该博览会对参展产品无具体要求，从食品、服装、日用品、工艺品到用于工农业生产的机械设备和汽车，均可参展。目前马耳他贸易博览会公司拥有固定的展览场馆，其中露天场地 10700 平方米，室内场地 8400 平方米（包括一个装有空调的展厅）。至 2000 年，世界上约 50 个国家曾派团参加过该博览会，其中中国参加过 10 次，上一次参展是在 1998 年。自 1994 年起，该博览会不允许在展览会期间直接出售商品，只准接受订单，或将展品预售，待展览会闭幕后才可由预购货者提货。

### 四 马耳他吸引外资的优惠政策

为促进马耳他经济的发展，近年来马耳他制订了一系列吸引外资的法规，如《工业发展法》、《马耳他国际商业活动法》、《海外信用法》、《商业航运法》、《马耳他自由港法》、《投资服务法》、《金融服务法》、《银行法》、《金融机构法》和《公司法》等。根据以上法律，马耳他加快了招商引资的步伐。

为了进一步做好此项工作，组建了新机构：马耳他新企业。该机构是 2003 年底马耳他政府将马耳他外贸公司、发展公司、中小企业联盟三家机构合并成立的，专门负责吸引外国投资，制定招商引资政策，帮助投资方打开产品销路。

马耳他吸引外资的原则是尽可能使产品增值，同时提高劳动生产率和加快产品升级换代，因此，马耳他鼓励投资的领域主要

集中在技术密集型产业和高科技产业。目前，引资的主要对象是电子、生物制剂等高科技领域，具体优先招商引资领域为：(1) 电子产品及元件；(2) 机电产品及配件，特别是汽车配件工业；(3) 生物及医药制品；(4) 压缩机及液压零件；(5) 专业及科技仪器；(6) 光学产品及设备；(7) 印刷及出版业；(8) 高价值塑料制品；(9) 微电脑及电脑软件。

吸引外资的优惠政策如下。

**（一）税收优惠**

(1) 95% 以上产品出口的企业 10 年免交所得税。

(2) 通常情况下，马耳他企业所得税税率为 35%。为吸引外资，投资于制药、塑料加工、生物制剂、电子、电器设备领域的境外公司，经马耳他新企业批准后，可以享受 5%、10% 或 15% 的所得税税率。有效期至 2008 年 12 月 31 日。

(3) 对不享受减免所得税待遇的企业给予其他优惠，如利润再投资减免所得税；在基本期限内扩大出口额免交额外利润的所得税等；再投资利润所得税减免：经马耳他新企业批准的再投资，其所得税税率将从 35% 降到 15.75%。

(4) 投资返还政策。符合上述行业要求的投资方可享受投资返还政策。即设备投资额的 50% 或头两年新创造的就业岗位工资费用的 50% 可从企业应交纳的各种税款中扣除。在信息技术行业中的投资者可享受 65% 的投资返还政策。如果投资返还额在第一个完整经营年度应缴税款中不能完全返还，余额将自动增加 7% 滚入下一年度作为投资返还额。投资返还政策在 2008 年 12 月 31 日以后仍将继续实施。

(5) 增值税额返还政策。该措施适用于那些无法享受所得税减免的投资人。企业可享受将产品增值税额在应缴纳税款中扣除的优惠。上述企业指新成立的公司，由于它的基准期内产值为零，因此新公司投入生产的头 3 年实行按 5% 上缴所得税。该政策到 2008 年 12 月 31 日终止。

（6）部分投资计入经营成本。设备投资额的 50%，工业厂房投资额的 20% 将计入经营成本，并从正常利润中扣除，所余利润将作为最终缴纳所得税的依据。

（7）鼓励为残疾人创造就业岗位。为残疾人创造就业岗位的企业可免除就业人员的工资税。

（8）财税协定。马耳他已与许多国家（主要是欧洲国家、加拿大、澳大利亚）签订财税协定，保证这些国家的投资者在马耳他投资利润所得在其母国免缴任何税赋。

**（二）非税收优惠**

（1）提供廉价厂房。马耳他新企业将向投资人提供所需厂房，其水、电、气、运设施完好。只需安装设备便可进行生产，年租金头 3 年仅 1.75 马镑/平方米，后 13 年提高到 4 马镑/平方米。厂房租赁价格具有竞争力。

（2）软贷款。符合行业要求的投资人，经马耳他新企业批准后，还将得到为其从金融市场筹集最多为公司投资所需金额 75% 的低息贷款的协助，投资人也可以申请贷款利息 7.5% 的补贴。

（3）贷款担保。马耳他新企业可为投资人提供项目金额 75% 的贷款担保。

（4）培训补贴。公司为提高员工技能，推行培训计划。经马耳他新企业批准后，根据不同行业，投资方可获得 35% ~ 80% 的员工培训补贴，或可在应缴纳税款中按 120% 扣除培训相关费用。员工培训由马耳他雇佣培训公司（ETC）负责。此外，政府还对提供培训的公司按周提供法定最低周薪的 50% 作为补贴，最高不超过 48 周。

（5）可获得长期居留和工作许可证。允许外国投资者派一定比例的专业技术工人和管理人员来马耳他工作，其中持有公司

40%以上股票的股东或其指定人可获得长期居留和长期工作许可证。其他人员则视公司的具体条件和要求，所需工作人员的工作许可证将按公司要求相应办理。

（6）政府对任何当地公司，凡经批准进行的研究和开发活动所必须的相关费用按120%发放补贴，但金额不超过公司年营业额的5%。

（7）收购工厂、机器设备和除土地外的其他固定资产，其投资不少于21000马镑的项目，投资额33%以内的部分可向市政当局申请政府贴息贷款，最高金额不超过10000马镑。

（8）为鼓励企业寻求海外出口机会和开拓新市场，公司可在计算全年收入时按140%扣除因此项工作而实际发生的费用，但总数不得超过24000马镑或出口额的5%（以数目最高者为准）。

第五章

# 社会与国民生活

## 第一节　就业、失业和非就业人口结构

### 一　就业结构

#### （一）就业人口的性别结构

在马耳他，就业的性别结构差别较大，也就是说男性就业和女性就业的数量和比例有比较大的差别。根据马耳他国家统计局的统计，2000～2005 年其就业人口情况如下：

2000 年，在马耳他总共 136828 名就业人口中，男性为 97689 人，女性为 39139 人；

2001 年，总共 137452 名就业人口中，男性为 97933 人，女性为 39519 人；

2002 年，总共 137321 名就业人口中，男性为 97494 人，女性为 39827 人；

2003 年，总共 136234 名就业人口中，男性为 96245 人，女性为 39989 人。

2004 年，男性就业人口占马耳他男性人口的 75.1%，女性就业人口则占马耳他女性人口的 31.6%。

2005 年，马耳他就业人口总共为 148229 人，占马耳他人口

267

总数的 36.8%。其中，男性就业人口 103698 人，占全国男性人口的 51.9%；女性就业人口 44531 人，占全国女性人口的 21.9%。

从上面列举的数字可以看出，在马耳他就业人口中，男性的比例比女性大，要高出 1 倍还多。

下面的数字进一步证明上述的论点：根据马耳他国家统计局的统计，2005 年非就业人口（不包括失业人口和 14 岁以下儿童）总共为 163131 人，其中男性 47821 人，占全国男性人口的 24%；女性 115310 人，占全国女性人口的 56.8%。马耳他未就业的女性的比例是比较高的。

在女性就业方面，马耳他与欧盟主要成员国的差距也比较大。在英国、法国、德国和意大利等欧盟主要成员国中，女性就业人口占就业总人口的比例都在 49%～51% 之间，也就是说，女性就业的数量已经接近或者超过男性就业的比例和数量。尤其是在这些国家的第三产业和服务业中，女性就业的比例和数量要更高一些。而马耳他女性的就业率及其数量，远不及欧盟主要成员国女性就业的比例和数量。它从另一个侧面说明，马耳他尽管成为欧盟的成员国，但是，马耳他的社会还不如欧盟主要成员国那样发达，马耳他社会的许多指标（如妇女的自由度、妇女就业率等）都在欧盟社会指标的平均水平以下。

**（二）就业人口的年龄结构**

在马耳他，就业的年龄结构近几年来有所变化：

15～24 岁的就业人口占就业总人口的比例，2002 年为 20.2%，2003 年为 18.9%，2004 年为 18.9%；

25～34 岁的就业人口占就业总人口的比例，2002 年为 24.1%，2003 年为 25.1%，2004 年为 25.7%；

35～44 岁的就业人口占就业总人口的比例，2002 年为 22.7%，2003 年为 21.8%，2004 年为 23.2%；

45～54 岁的就业人口占就业总人口的比例，2002 年为 23.7%，2003 年为 24%，2004 年为 22.8%；

　　55～64 岁的就业人口占就业总人口的比例，2002 年为 8.5%，2003 年为 9.3%，2004 年为 8.5%；

　　65 岁以上的就业人口占就业总人口的比例，2002 年为 0.8%，2003 年为 1%，2004 年为 0.9%。

　　从上面的就业年龄结构的数字可以看到，马耳他主要的就业人口集中在 25～34 岁、35～44 岁和 45～54 岁等 3 个年龄段。也就是说，25～54 岁年龄段的就业人口占马耳他就业总人口的比例，2002 年为 70.5%，2003 年为 70.9%，2004 年为 71.5%。25～54 岁年龄段的就业人口占马耳他就业总人口的比例，大体上与欧盟主要成员国这个年龄段的就业人口占就业总人口比例相同。

　　从上面的就业年龄结构的数字可以看出，15～24 岁的就业总人口占就业总人口的比例有所下降，也就是说，马耳他青年劳工进入劳动力市场的时间逐渐在推迟。

　　（三）就业人口的职业结构

　　进入 21 世纪以来，马耳他国家统计局对马耳他职业和劳动力状况进行非常认真和细致的调查，几乎每年的每个季度都要进行一次，公布的资料非常丰富。这里，根据马耳他国家统计局公布的 2001 年 12 月《马耳他劳动力状况调查》、2003 年 12 月《马耳他劳动力状况调查》和 2005 年 12 月《马耳他劳动力状况调查》，将这 3 年来马耳他各个职业中的就业人口和在就业人口中所占的百分比编制成表 5-1。

　　从表 5-1 可以看出，马耳他第一产业，即农业、林业和渔业的就业人口占 3 大产业就业人口的比例，2001 年为 2.1%，2003 年为 2.1%，2005 年略为上升为 2.4%。其中，渔业的就业人口占 3 大产业的就业人口的比例略有下降，而农业和林业的就业人口占 3 大产业就业人口的比例则有较大的提升。这说明，马

表 5 - 1　马耳他职业结构

单位：人，%

| 职　　业 | 2001 年 | | 2003 年 | | 2005 年 | |
|---|---|---|---|---|---|---|
| | 人数 | 占就业人口 | 人数 | 占就业人口 | 人数 | 占就业人口 |
| 农业、狩猎和林业 | 2392 | 1.6 | 2488 | 1.7 | 2915 | 2 |
| 渔　业 | 781 | 0.5 | 560 | 0.4 | 533 | 0.4 |
| 矿业和采石业 | 515 | 0.4 | 1035 | 0.7 | 491 | 0.3 |
| 制造业 | 31432 | 21.6 | 28117 | 19.1 | 27295 | 18.4 |
| 电力、瓦斯和自来水 | 3075 | 2.1 | 4116 | 2.8 | 3294 | 2.2 |
| 建筑业 | 11282 | 7.7 | 11214 | 7.6 | 12739 | 8.6 |
| 批发和零售商业、修理业 | 20653 | 14.2 | 22150 | 15.1 | 21133 | 14.2 |
| 旅馆和餐饮业 | 12435 | 8.5 | 11840 | 8.1 | 13017 | 8.8 |
| 运输、仓储和通信业 | 13034 | 9.0 | 11309 | 7.7 | 11982 | 8.1 |
| 金融业 | 5434 | 3.7 | 5319 | 3.6 | 6075 | 4.1 |
| 房地产置业 | 5756 | 4.0 | 7293 | 4.9 | 8276 | 5.6 |
| 公共行政、防务、社会治安 | 10913 | 7.5 | 13158 | 9.0 | 11405 | 7.7 |
| 教　育 | 10999 | 7.6 | 10848 | 7.4 | 11079 | 7.5 |
| 保健和社会工作 | 10718 | 7.4 | 10511 | 7.1 | 10579 | 7.1 |
| 其他公共、社会和个人服务 | 5407 | 3.7 | 6530 | 4.4 | 7230 | 4.9 |
| 家庭服务 | 496 | 0.3 | 417 | 0.3 | | |
| 境外组织和个人服务 | 265 | 0.2 | 137 | 0.1 | 186 | 0.1 |
| 总　　计 | 143587 | 100 | 147042 | 100 | 148229 | 100 |

耳他当局重视农业和林业的发展，力求解决马耳他粮食自给的问题和满足国际市场上农产品的需要。但是，它也证明，马耳他第一产业就业人口在 3 大产业中所占的比例与欧盟主要国家的情况大致相同。

从表 5 - 1 可以看出，马耳他第二产业，即矿业和采石业、制造业、电力、瓦斯和自来水、建筑业的就业人口占 3 大产业就

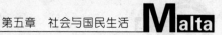
业人口的比例，2001 年为 31.8%，2003 年为 30.2%，2005 年为 29.5%。这就意味着，马耳他第二产业的就业人口的数量，在 3 大产业就业人口中的比例都在下降。

除了表 5-1 列举的除第一产业和第二产业外，其他的职业均属于第三产业的范畴。从马耳他国家统计局对马耳他第三产业的分类可以看出，马耳他第三产业的分类越来越细，职业的门类也越来越多。它与目前马耳他经济发展的方向相适应，即目前马耳他经济发展的重点是服务业和旅游业。

马耳他第三产业的就业人口占 3 大产业的比例，2001 年为 66.1%，2003 年为 67.7%，2005 年为 68.1%。从这 3 年的百分比可以看出，随着马耳他服务业和旅游业的发展，第三产业就业人口的数量和比例有了明显的提高。2005 年马耳他第三产业就业人口占 3 大产业的比例，相当于欧盟主要国家 20 世纪 90 年代中后期第三产业就业人口占 3 大产业比例的水平。

马耳他国家统计局统计，2005 年的年底，马耳他全日制就业共有 133841 人，占就业人口的 90.3%；临时雇佣人员（或称为部分时间就业人员）为 12681 人，占就业人口的 8.5%；边学习边就业者 1707 人，占就业人口的 1.2%。临时雇佣人员主要分布在马耳他第二产业和第三产业，第一产业几乎没有。2005 年底，马耳他工业、建筑等第二产业临时雇佣人员为 1904 人，占临时雇佣人员总数的 13.2%；旅馆、餐厅、金融等服务部门的第三产业临时雇佣人员为 12484 人，占临时雇佣人员总数的 86.8%。

### （四）就业人口的类别

根据马耳他国家统计局 2005 年统计，在马耳他私人经济部门就业人口为 101621 人，占就业总人口的 68.5%；在马耳他政府机构的就业人口为 30321 人，占就业总人口的 20.5%；在马耳他独立法定社团的就业人口为 10874 人，占就业总人口的

7.3%；在马耳他其他部门的就业人口为5413人，占就业总人口的3.7%。从上述数字可以看出，马耳他的就业人口主要集中在私人经济部门。

根据马耳他国家统计局的统计，雇员占马耳他劳动力（包括劳动力市场中的劳动力和家务劳动力）的比例：2001年为85.4%，2003年为85.6%，2005年为86.6%；个体户（或称为自雇主，包括雇拥有少数雇员）占马耳他劳动力的比例：2001年为14.3%，2003年为14.3%，2005年为13.3%；家庭劳动者占马耳他劳动力的比例：2001年为0.4%，2003年为0.1%，2005年为0.1%。从上述数字可以看出，随着马耳他经济和社会的发展，受雇佣人员，即领工资者的数量日益增长，2001年为124273人，2003年为125932人，2005年上升到128355人。他们占马耳他劳动力的比例也在逐渐地提高。

## 二 失业结构

**根**据马耳他国家统计局的统计，马耳他的失业人数如下：

2001年为10164人，占当年劳动力的6.5%；

2002年为10875人，占当年劳动力的6.8%；

2003年为12596人，占当年劳动力的7.9%；

2004年为11036人，占当年劳动力的6.9%；

2005年为11757人，占当年劳动力的6.9%。

据统计结果，从总体来看，2000~2003年马耳他的失业人数和失业率呈现轻微地上升，而自2004年起则出现相反的趋势，即下降的趋势。

在失业人口的年龄结构方面，统计结果如下：

15~24岁的人，在2002年、2003年、2004年和2005年失业的分别占劳动力的43.3%、45%、44.6%和49.5%；

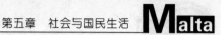

25～44 岁的人，在 2002 年、2003 年、2004 年和 2005 年失业的分别占劳动力的 35.1%、38.1%、38.8% 和 32.9%；

45～64 岁的人，在 2002 年、2003 年、2004 年和 2005 年失业的分别占劳动力的 21.6%、16.9%、17.6% 和 17.6%。

从列举的数字和百分比可以看出，马耳他 15～24 岁的失业率比较高，其人数也是比较多的。

在欧盟 25 国中，2002 年失业率的平均水平为 8.8%，2003 年为 9%。在欧盟 15 国中（2004 年 10 个国家未加入以前），2001 年失业率为 7.4%，2002 年为 7.7%，2003 年为 8%，2004 年为 8.1%，2005 年为 7.9%。总之，与欧盟无论是 15 国或者 25 国平均的失业率比较，马耳他的失业率还是比较低的。

三　非就业人口结构

根据马耳他国家统计局统计，马耳他非就业人口 2001 年为 160044 人，占当年人口比例的 50.7%；2003 年为 160976 人，占当年人口的 50.2%；2005 年为 163131 人，占当年人口的 40.5%。

这些非就业人口的人年龄结构是：

15～24 岁的占非就业总人口的比例，2001 年为 14.7%，2003 年为 16.6%，2005 年为 16.9%；

25～34 岁的占非就业总人口的比例，2001 年为 8.9%，2003 年为 7.7%，2005 年为 7.7%；

35～44 岁的占非就业总人口的比例，2001 年为 13%，2003 年为 11.3%，2005 年为 12%；

45～54 岁的占非就业总人口的比例，2001 年为 16.5%，2003 年为 18%，2005 年为 16%；

55～64 岁的占非就业总人口的比例，2001 年为 17.1%，2003 年为 16.7%，2005 年为 17.6%；

65 和 65 岁的以上的占非就业总人口的比例，2001 年为 29.8%，2003 年为 29.7%，2005 年为 29.8%。

从上述非就业人口的年龄结构可以看出，非就业人口主要集中在 65 和 65 岁以上的年龄段，都是老年人和退休者。其次，55～64 岁在非就业人口中的比例也较大，这类人口大多也是老年人和退休者。最后，15～24 岁者在非就业人口中的比例也较高，这是因为他们还处在学习时期。

## 第二节　城市的保护

马耳他城市人口占人口总数的 92%，农村人口仅占 8%，城市化水平很高；在这些城市中，约有 300 个古代遗址，10000 个历史建筑，其中被联合国教科文组织列为世界文化遗产的就有 3 个，代表了世界文化现象的 5 个独立巨石遗址的城墙。正因为如此，马耳他政府十分重视对城市的保护，建立了当代城市保护制度、城市保护体制、对城市文物的鉴定，并相继出台了一系列有关城市保护的法规、政策、措施和策略。

### 一　当代城市保护制度的建立

在 20 世纪初，马耳他相继发掘了一些重要的考古学遗址，其中包括史前的和两个之后列入世界文化遗产的历史遗址。这些发现增强了公众保护古迹和城市的意识，政府部门进而也感受到了建立城市保护制度及其历史文化遗产保护制度的必要性。1903 年，格伦费尔总督（Lord Grenfell）下令设立了博物馆部，作为中央政府的机构负责对马耳他的城市、古迹和历史建筑的保护。现在的博物馆部仍负有对马耳他的城市古迹进行监管与展览的职能。

1910 年，第一部《马耳他城乡古迹保护法》（简称《城乡古迹保护法》）生效。该法为马耳他城市和乡村的历史文化遗产的保护确立了基本的框架。它主要借鉴意大利 1909 年的历史文化遗产法律的内容，并经过 1922 年和 1923 年的修正案，《城乡古迹保护法》最终于 1925 年生效。同年马耳他政府依法设立了古迹委员会，对城市及其历史文化遗产进行评估，并为政府的遗产保护措施提供意见。该委员会于 1992 年解散。直至今天，马耳他的古迹保护法对城市及其历史文化遗产的保护仍起着重要的作用。

20 世纪 90 年代，马耳他通过了两部新的与城市及其历史文化遗产保护有关的法案。第一部是 1991 年的《马耳他环境保护法》（简称《环境保护法》）。该法案主要应用于环境保护，重点是对城乡保护的规定。但环境保护法在历史文化遗产方面没有提供一个能够拓展现有遗产管理结构的综合框架，而且也未能对 1925 年古迹保护法中一系列的重要条款提供更深入的规定。因此古迹保护法仍在沿用。

1992 年，《马耳他开发规划法》（简称《开发规划法》）开始生效。该法律建立了当代的全国性的城市规划体系。根据该法律，还设立了马耳他的中央规划机构——作为调控全国城市开发的半官方机构。《开发规划法》还规定了对历史建筑的规划与评级的重要原则，并引入了城市保护区域及保护区的概念。与《城乡古迹保护法》受意大利有关法律的影响不同，该法律所确定的多数规划原则和程序受到英国规划立法和实践的影响。有鉴于此，马耳他政府正在审视其城市保护立法，并开始建立起新的立法机制和法律实行框架。

总之，《城乡古迹保护法》、《环境保护法》和《开发规划法》等 3 个法律构成了当代马耳他城市保护制度。

《城乡古迹保护法》规定了马耳他政府在艺术品或历史文化遗产的开发、出售或出口、城市历史建筑的改造以及城乡历史遗迹的发掘等问题时所负担的责任和权利。该法还规定成立国家古

迹委员会（由国家博物馆馆长担任其主席）。国家古迹委员会经立法授权对城乡的历史文化遗产问题提供建议。其建议提交至负责历史文化遗产保护的政府部长。

《环境保护法》对马耳他城乡及其历史文化遗产保护的规定覆盖了更广的范围。在某种程度上，这部法律体现了欧盟关于历史文化遗产保护协定的综合框架，包括 1985 年《格兰纳达协定》（欧洲建筑遗产保护协定）和 1992 年《马耳他协定》（欧洲古迹保护协定），以及还未生效的《欧洲景观协定》（这部协定主要关于欧洲景观的保护与管理）。《环境保护法》把对自然环境的保护和《城乡古迹保护法》中对历史文化遗产的保护融合进了一个新的框架。针对历史文化遗产的保护，该法律将把发掘、出口与保护的法规综合在一起。该法律对国家登录的历史建筑和遗迹的公布作了规定，并且第一次引入了历史中心保护的法律概念。

《开发规划法》规定了马耳他城市开发控制的规划程序以及管理机制。该法律的重要性体现在它确定了中央规划机构及中央的开发控制机构的机制，还制定了相关的政策、规划架构及规划程序。

此外，《开发规划法》还规定了开发项目的申请、决策程序。该法律在开发控制的范围内处理城乡的历史文化遗产的保护，并规定了对设立遗产保护地区进行评定的重要条款。

## 二 城市保护的管理体制

目前，《城乡古迹保护法》，《环境保护法》和《开发规划法》所规定的政府职能分别由马耳他的城市发展和道路部，教育、青年和就业部，农村事务和环境部，司法和内政部负责。这些部又设有专职的部门和机构来具体负责实施。城市发展和道路部总的负责城市发展、城市规划和城市保护的一切事务。教育、青年和就业部下属的专职机构是博物馆局，司法和内政部下属的专职机构是规划机构。博物馆局是一个政府机构，规划机构则是半官方机构。农村事务和环境部下属则设有重建局及 3 个半官方的重建委员会。重建委员会具有设计和执行政策的职能。还有一些其他的政府部门及机构对城市及其历史文化遗产的保护具有直接或间接的影响。其中主要有土地部（负责国家财产的国家机构）和房产机构（通常对古镇中心具有决策和执行职能的国家机构）。

博物馆局在历史文化遗产保护领域有两个主要作用：监督城市中历史文化遗产的保护及对遗产资源如博物馆和遗址的经营管理。有权对涉及遗迹的违法开发行为采取必要的补救措施：一是向规划机构的咨询要求做出回应；二是设定包括遗产保护在内的必要的法律程序。

规划机构的设立及职能由开发规划法规定。根据该法律还设立了开发控制委员会、规划委员会、规划顾问委员会和规划申请委员会，并保证规划框架的各组成机构的独立性。根据该法律，凡涉及城乡历史文化遗产或对其有影响的开发项目的申请，通过特定的开发控制程序进行。规划委员会必须确保遗产保护事务由环境管理部门与遗产咨询委员会内部处理。这些机构是规划委员会的内部组成部分。

农村事务和环境部的修复部门全权负责处理与古建筑及古迹的保护和修复相关的特殊项目。但是修复部门没有对历史文化遗产进行监督和管理的法律权力。农村事务和环境部下属的 3 个重建委员会的职能限于特别行动、管理计划及其他与城市历史文化遗产与保护相关的动议。与修复部门一样，重建委员会只有咨询及营运功能，没有监督职能。

尽管涉及城市及其历史文化遗产保护的政府部门众多，但目前还没有有效的法规政策框架把这些部门联系起来。实际上对于影响到历史文化遗产的城市开发项目，规划机构具有主要的决策和管理权力。它有权力向国家机构及非官方机构组织进行有选择的咨询，并在此基础上进行开发控制。

### 三　城市保护——对历史文物的鉴定和分类

耳他的法规体系对城市的保护及其历史文化遗产进行了直接与间接的定义。古迹保护法对历史文化遗产的定义是历史遗迹及其他具有 50 年以上历史的在地质学、古生物学、考古学上具有重要性的物件、古董和艺术品。所有涉及历史文化遗产保护的委员会可以根据该法律公布历史文化遗产清单，把登录的历史文化遗产明确化。

《环境保护法》中对于城市的保护及其历史文化遗产的定义与《城乡古迹保护法》的不同之处在于把城市的保护及其历史文化遗产扩展作为人类环境的一部分。该法律中的遗产定义为：地球上自然或人造的整体要素，尤其是乡村或城镇的景观和文化历史要素。《环境保护法》是马耳他第一部与《格兰纳达协定》密切相连的法律。和《城乡古迹保护法》一样，《环境保护法》规定遗产识别以政府公布的清单为准。

《开发规划法》对遗产的定义综合了《古迹保护法》和《环境保护法》的定义。该法律对需要保护的遗产的定义不只在单独的遗迹，而是包括地区、建筑、结构、地质、古生物、考古、建筑、历史、古代文物或艺术品遗产，以及自然风貌、具有生态学或科学价值的地区。和《环境保护法》一样，《开发规划法》与《格兰纳达协定》和后来的《马耳他协定》具有一致的法律框架。就城市的历史文化遗产保护而言，单体建筑、遗址、遗迹以及联体建筑或综合遗址都可作为遗产。同时该法律还规定了保护区的设立。保护区多数适用于城市中心，但原则上还包括有综合遗址的乡村地区和公园，如世界遗产遗址中的内城作为该城所在的整座山一起列入保护区。保护区的设立使单体建筑和遗迹之外的城市历史风貌和特色地区得到规划机构的法规政策性保护，丰富了城市保护的层次。

规划立法使被登录的历史建筑受到不同程度的保护，但有些建筑的正面允许进行适当的改造。规划机构的遗产咨询委员会对历史建筑进行检查并给予建议。这类检查通常也包括建筑附属的开放空间，如场地或花园，大的花园可设为城市保护区。在古镇中心，城市保护区中的开发项目受到限制但并不被完全排除。这意味着在这类地区的开发项目受到更加严格的规划控制和管理。

《开发规划法》规定，根据建筑的重要性（如古教堂、大教堂）、历史、建筑特色、审美价值等被登录的保护建筑分为三级：

第一级是应整体保护的著名建筑或历史名胜。对建筑外部或内部面貌，包括庭园中的任何构筑物的毁坏或改造都是不允许的。可进行的改造必须是科学的修复或重建。内部改造只能在为了使建筑能继续使用的特定情况下方可进行。

第二级是对城市保护区的整体面貌作出贡献的建筑。通常这类建筑不允许被拆除。只有对建筑的特征产生最少损坏的内部改变建议才会被予以考虑。

第三级是不具历史意义的建筑及相对不重要的建筑。若代替的建筑与周围环境一致，则可进行改建。

《开发规划法》规定，被登录的历史遗址的分级标准如下：

A级是最优先保护的对象，不允许任何会对这些遗迹或遗址的自然环境产生负面影响的开发。在其周围设至少 100 米的外围缓冲区，该区不允许任何开发项目。

B级是非常重要的对象，要不惜代价进行保护。要采取足够的措施以排除因直接开发带来的任何破坏。

C级是尽一切努力保护的对象，但可能在适当的调查研究、录入文档及目录后重新掩盖，应为其提供充足的保护。

D级属于通过无数其他例子而知名的，在重新掩盖或摧毁之前进行记载及登录。

《开发规划法》规定了各种类型的保护区，其中可以包括被登录的历史建筑和遗迹。设立保护区的原则是保护和改善城市空间及单体遗迹、建筑、遗址或景观风貌特色。虽然城市保护区重点在于保护历史建筑，但它也为建筑组群提供了"地毯式覆盖"的保护措施。城市以外的被保护区域可以被指定为乡村保护区而受到保护。在这些地方往往有无数的考古学遗址。乡村保护区具有其他保护区同样的法律效力。它与其他保护区主要的不同之处在于每个乡村保护区有各自独立的保护建议。

《城乡古迹保护法》、《环境保护法》和《开发规划法》规定：受到保护的历史建筑、遗址和保护区需要建立名录，由官方的出版机构出版。

未列入名录的历史建筑和遗址可通过紧急保护令受到保护，其法律有效期为 6 个月。受威胁的历史建筑和遗址除了具有和名录中的历史建筑和遗址相同的地位外，紧急保护令还允许其具有足够的时间接受评估以被登录。

四　城市保护的法规、政策、策略和措施的主要内容

在《城乡古迹保护法》中第 6 条第 1 款规定，涉及历史建筑和古迹的开发和改建需要得到有关部长的批准，政府负责出版受保护的历史建筑和古迹的名录，未被列入名录的历史建筑和古迹并不意味着它们不具有重要性或重要性不被认可。依照古迹保护法第 7 条规定，教堂不列入该法律的管辖范围。宗教财产的开发是根据教堂指定的委员会在部长同意后决定的。该法律第 10 条授权政府采取措施以保护私有建筑、遗址或遗迹。

《开发规划法》规定，规划机构对被登录的历史建筑、遗迹及保护区给予特别关注。尤其是第 46 条第 3 款和 46 条第 4 款规定，禁止或限制对被登录的历史建筑、遗迹及保护区的开发、破

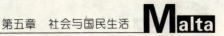

坏、改建、或类似的行为。第46条规定的补救措施，包括保护令或第52条规定的阻止令。保护令可包括政府强制执行的补救及保护措施。该法案第47条还规定了对未被登录的历史建筑和遗迹可颁布紧急保护令。

《开发规划法》及马耳他政府的城市保护政策，都不反对对已登录的或保护区内的历史建筑的重新使用。历史建筑的名录和登录建筑的分级制度，都对历史建筑的改建有着明确和严格的规定。自设立城市保护区后，规划机构明确提出了对保护区开发控制的设计方针和对城市中心保护的改进措施等政策。例如，明确了历史建筑的重新使用，及其用途的调整对保持城镇的活力是有益的，而且有时是必须的。只要这种改变能够保持历史的连贯性，就是可行的。

拆建、加建、正立面及内部的改变、加层、非传统材料的使用等都会对房屋产生负面影。再者，传统社会空间如城镇及乡村的广场和花园的消失、破坏、街道拓宽及类似的开发，对城镇传统风貌特色的改变和破坏是明显的。这些问题导致了街道及城镇物质环境和景观质量的严重下降。正因为这些因素，对被登录的历史建筑、遗址以及保护区的改造的管理是非常严格的，现有法规和政策严禁对第一级的登录建筑做任何形式的破坏和改建。如果对第二级的登录建筑内部改建不破坏其原有的特色及建筑的统一性，可予以考虑。但对建筑物的特色部分如楼梯、线脚、桶形穹隆、石刻等的改变则是不允许的。只有对第三级的登录建筑的改建才相对较容易被批准，只要改建与其周围环境相和谐。总之，现行政策和法规反对破坏，力图使城市发展的历史延续性更为稳定。

对城市保护区的开发控制，则强调评估与历史建筑相关的开发项目对保护区整体景观的影响。评估有一系列的标准，改建申请应说明诸如建筑修复状态、结构恶化、卫生情况、照明、外部内部特征及其他重要因素。若批准改建，规划机构有权限制建筑

高度、定线、建筑特色等，因为应当优先考虑街道与城镇景观。

此外，与保护区和历史建筑的重新使用密切相关的一个重要问题，就是改变历史建筑原先的使用性质，如改为商业、住宅、文化与旅游等用途。一些城市中心是政府行政管理、商业及旅游的重点，瓦莱塔就是其中最重要的一个。某些历史建筑在改变使用性质之后造成了本地区的原有社区和社会结构的失衡或消失，并导致这些地方失去了生气。因此，现行政策不鼓励历史建筑改为商业及行政用途，而较倾向于保留或改为居住和文化用途。但是这类措施的施行受限于保护区的资源及基础设施的发展。

在 1992 年颁布的《开发规划法》之后，马耳他政府针对城市保护制定了相应的策略，目的在于使城市保护能够得到长期有效的实行。该规划法规定了可实施的历史建筑、古迹和保护区重建策略。其策略的核心，例如，历史中心的复兴、有价值结构的保护及资助的引入、公众投资及其他财政措施，都具有综合保护政策的特点。

马耳他的城市和自然环境在 20 世纪的最后几年间经历了巨大的变迁。这一时期马耳他唯一的大学得到了重建。而马耳他国内的科学和学术领域的专业研究水准也因此有了迅速的提高。专业人员的看法和建议对政府在制定城市规划和保护政策时造成了很大的影响。与保护相关的国际协定、宪章及标准的使用变得普遍。政府更意识到建立新的法律机制以进行城市保护的必要性。同时，立法、规划程序及其他几项与历史文化遗产保护相关的操作在综合保护、修复及管理方面与国际接轨。

马耳他立法针对城市保护，规定了一系列的制裁及强制措施。国家在历史文化遗产保护中的干预原则可以追溯至 1925 年的古迹保护法。该法律规定可以对破坏遗产行为处以罚款并判刑。依照其条款，侵犯者有义务恢复历史文化遗产受损、被改变或破坏的部分。同时，该法律进一步赋予国家出于保护的目的，而对历史文化遗产进行强制购买，或对被破坏的历史文化遗产进行强制没收。

政府在历史文化遗产保护中的干预原则，在 1992 年的《开发规划法》中也得到了体现。如该法律规定了政府针对违法行为所能采取的立即行动。此外，该法律还为政府的保护行为设定了更广的时间范围，长期的保护行为如政府在公布登录建筑和遗迹名录之外，还要提供针对这些建筑和遗迹的长期开发考虑的框架。短期保护行为包括保护令和紧急保护令，包括必要的预防和补救行为。该法律还提供了"强制停止"法令来责令停止未经政府许可的开发项目。凡是涉及历史保护区及登录建筑和遗迹的开发申请必须附有详细的"方法说明"，即要求提供相关建筑或遗迹的历史、现在的特定状况、调查报告及将进行的工作和详细的实行计划。因此这类申请必须概述涉及技术、结构与材料清理、代替材料的范围、化学处理及服务设施等情况。这些要求必须与开发申请的方法说明一并考虑。这些对被保护建筑和遗迹的详细的控制、保护标准的设置及监控十分重要。

《开发规划法》提出了城市开发过程中的综合保护政策，涉及不同层次的保护的多项政策。其重点在于正确的调控及开发，而并非综合保护。实际上，在城市保护区内的规划管理并未以整体综合保护政策为基础，而是单以调查历史建筑和遗迹的状况为基础。

虽然综合保护政策的统一概念并未在全国采用，但是，各地城市规划的发展及城市保护区的管理促使政府进行全盘考虑，而且这还促进了政府制定对重建城市历史中心所需的方针政策。20 世纪 90 年代把历史建筑改建成民居的趋势日益增强。这多数由房地产开发商支持，出售特色房屋，并引发了公众对城镇中心历史意义的新的体验。这些转变中的社会趋势获得了更多的政治关注，地方当局更注重城市环境整治项目及其他改善城市环境的措施。

政府颁布的《规划政策指导方针》，是马耳他第一项针对城市保护区内规划控制的政府指导性文件。该项政策寻求对历史建筑和街区改建的规划控制，以及积极促进对历史建筑和遗迹进行保护性的规划管理。在文件中概述了对历史建筑的正立面、阳台及其他要素的改建限制，且强调阻止城市不和谐景观、设计标准的下降及不适当材料的使用。该文件中还概述了城市历史中心开发项目的申请前提的"方法说明"原则：用来说明内部改建及作为记载这类变化，以最终归入国家档案。该文件中还概述了涉及商店正立面、街道设施、信号标志、传统街道路面的改善、城市结构的保护、土地使用限制以及交通管理的方针。该文件中所阐述的政策支持的是，以改善城市中心的面貌特色及建筑修建与保护为目标的决策过程。

## 第三节　社会保障

### 一　当代社会保障制度的建立

马耳他社会保障制度的发展史，可以追溯到圣约翰骑士团统治马耳他岛的时期，现有的官方文件表明那时的马耳他就已经有了对民众的资助，如对穷人的补贴，大多为现金形式的帮助。到了 17 世纪中期，建立了一些慈善机构。1885年，政府建立了第一个社会公益体系，首先获益的是警察（针对他们有相应的养老金计划）和国内行政事务人员等。

现代社会保障制度开始于 1921 年自治政府成立之后，社会福利系统也从此扩大发展起来。20 世纪 20 年代之后，马耳他有了 1927 年的《鳏寡和孤儿补贴法案》，对鳏寡老人和已故的公共服务人员子女实行补贴，这两项计划由财政部门负责管理和操作。1929 年，第一个社会福利捐助计划实施，针对岛内因公受伤人员实行津贴。《工人补偿法案》规定对这项计划的捐助来自3个方面：雇员、雇主和政府。由此，社会保障的概念第一次被引进马耳他。

当代社会保障制度的建立则是在第二次世界大战后。《养老金法案》于1948年8月1日生效，超过60岁的老人享受养老金。这项资金不是来自于捐助，而是一项政府财政措施。20世纪50年代初，开始了对于失业者的救济。

1956年，实施《国家资助法案》，针对一些失业家庭和特殊疾病患者（如慢性病患者），提供社会和医疗资助。在政府开办的医院中，还可以为老年人提供免费服务。同时，《国家资助法案》规定由雇主、雇员和政府三方共同出资建成一个保险基金，针对疾病、工伤、失业、孤寡和老年人退休进行补助，取代了原先的《工人补偿法案》。

1957年，政府将《养老金法案》的范围扩大到了40岁以上的盲人。

1962年，享受养老金的盲人的年龄降为14岁。

1965年，《国家保险法案》范围扩大到自雇人员和未参加工作的人员。

1974年，儿童补贴计划引进马耳他，作为《国家保险法案》的一部分。同年，残疾人补贴计划也开始实施，其中包括智力上障碍和大脑麻痹等疾病的残疾人。

1975年，残疾人补贴计划范围进一步扩大。

1979年，马耳他政府引进免费医疗制度。所有的公民都可在政府健康中心和医院接受检查、治疗和康复服务，且收费低廉。同年，针对工资收入的新捐助计划开始实施，包括退休金、孤寡补贴、最低工资补贴等。

1981年，针对怀孕妇女、产前8周和产后5周妇女的孕产妇福利制度也建立起来。在享受孕产假期间，就业妇女为全薪待遇。

1986 年 1 月，社会资助扩大到单身和寡居的妇女。

直到 1986 年 12 月，马耳他社会福利一直在《养老金法案》、《国家资助法案》和《国家保险法案》等 3 项相对独立的法律下运作；1987 年 1 月颁布了《社会保障法案》，将上述 3 个法案并入该统一的法案中。

此后至今，马耳他的社会保障制度不断得以完善，先后出台了很多救济和补贴方案。

1998 年 1 月，增加了残疾儿童补贴、家庭补贴和短期的家庭紧急状况资助，为无家可归的妇女提供临时住所。

1991 年 1 月，制定了鳏夫养老金制度，增加了给孤儿的补贴。

1992 年 1 月，有了专门照顾未婚和鳏寡老人以及卧床、生活不能自理老人的补贴。

1996 年 1 月，有了最低收入补贴，针对所有收入低于最低水平的居民。

从 1997 年 10 月 4 日起，服务养老金制度建立，每人每年大约补贴 200 马镑左右。此外还有病假补贴。

1995 年，政府要求已就业妇女生育时期，雇主应向其提供为期 13 周的带薪假期。

二　当代社会保障的管理体制

马耳他的当代社会保障制度，是仿造了英国的社会保障制度的模式而建立起来的，特别是医疗保险更是如此。不过，马耳他的社会保障制度在体制和管理方面，也具有自己的特色。

在体制方面，马耳他的当代社会保障制度由若干政府机构分工合作共同管理，但是以马耳他政府中的社会保障部为主。社会保障部的官员则是由中央政府的公共服务委员会任命。医疗保险

则是由"社会保险局"管理。除了在中央设置全国性的社会保障管理机构外，马耳他还在各个大区分设 24 个地方级的社会保障分支管理机构，以方便与受保障者的联系。

马耳他的当代社会保障制度的资金主要来自于社会分摊和国家参与，也就是说，主要来自于雇主、雇员和国家的分摊额（或者称为社会提成、捐助费等）。雇主和雇员的社会分摊额以 1 周的净工资为基准计算，每周必须交纳周工资的 10% 社会保障捐助费。交纳的社会保障捐助费还规定了最高和最低限额，18 周岁以下的雇员收入不超过最低工资的，则交纳"青年分摊"额，比规定的最低限额还要低。例如，根据马耳他国家统计局公布的统计，2006 年 7 月 1 日，雇主和雇员的社会分摊额是：低于周最低工资 57.88 里拉[①]的雇主和雇员分别交纳 5.79 里拉，"青年分摊"的雇员交纳 2.84 里拉。周收入在57.88～133.8 里拉的雇主和雇员则分别交纳其中的 10%。周收入 133.81 里拉以上的雇主和雇员则分别交纳 13.38 里拉。这就说明，无论是雇主或者雇员，其周收入越高，应该交纳的社会保障捐助费就越多。

在国家和社会分摊的比例方面，包括雇主和雇员的社会捐助费占社会保障总额的 2/3，国家的社会捐助费占 1/3。但是，随着时间的推移，国家所占的份额在减少，社会分摊的份额在增加。以 2001 年为例，国家的份额占社会保障总收入的比例为27.1%；社会分摊占 70.3%，其中雇主占 48.5%，受保障者[②]占21.8%；其他收入占 2.3%。

马耳他属于这样的少数国家之一，其社会保障捐助费由马耳他税务部门负责收取，它构成马耳他税收 3 大部分之一（其他两部分为间接税和直接税），因此，社会保障捐助费被纳入政府

---

① 2006 年 10 月 1 日，1 马耳他里拉 = 2.329 欧元。
② 受保障者指的是雇员、个体户、退休者和其他人员。

预算的范围。2005 年，马耳他税收占国内生产总值的 37.6%，约为 6.91 亿马镑，同比增长 8.3%。其中，间接税 3.14 亿马镑，占税收总额的 45.4%；直接税 2.37 亿马镑，占 34.4%；社会保障捐费 1.4 亿马镑，占 20.3%。

马耳他当代社会保障支出占国内生产总值的比例，1999 年为 17.2%，2001 年为 17.3%，2002 年为 17.7%。马耳他每个居民的社会保障的支出，按不变价格计算，以上一个年度为 100，则 1999 年为 101.8%，2000 年为 96.6%，2001 年为 102.1%，2002 年为 102.7%。年增长率未超过 2%。

2001 年，马耳他社会保障开支占社会保障系统的百分比：养老金和退休金占 53.8%，医疗保险占 25.5%，伤残保险占 6.1%，家庭津贴占 6.5%，失业保险占 6%，住房和社会排斥者的补贴占 2%。

### 三 当代社会保障的主要内容

马耳他当代社会保障的强制保险主要有：医疗保险、退休和养老保险、死亡保险、残废保险、工伤保险、职业病保险。强制的社会保障覆盖了雇主、雇员、个体户、公务员等。

#### （一）医疗保险和生育保险

马耳他居民，亦即常住人口（不包括未参加医疗保险的外国人），均可以在公立医院和诊疗所享受免费医疗服务。无养老金的老人，也可以享受免费医疗。投保者可以自由地选择医生和曾经与国家签订合同的私人医生就医。一些特殊的人群，如神职人员、公立医务人员、部分军警、拥有"玫瑰卡"者还能够享受牙科免费医疗服务。

政府通过 8 个卫生中心向公民提供检查、治疗和康复初级护理，专门的公立医院执行二级和三级的健康护理。公立医院有 9 所，圣卢科医院为全国最大的综合性医院，拥有病床近千张。此

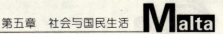

外，还有两家私人医院以及一些特殊的护理机构，如老年保健中心、伤残护理中心等。马耳他的医疗技术和设备比较先进，尤其是解剖学方面在国际医学界有一定声望。马耳他公民每千人有医生1名，病床10张。1996年，马耳他有医生925名，122名牙医，648名药剂师，200名助产士和4000名个人护理。

在生育假方面，凡是马耳他妇女都有权享受13周生育假期，其中妇女分娩后至少享受5周的生育假期，必要时还可以带薪延长1周。在享受生育假期期间，每周给予21.75里拉的生育补助，连续补助13周。

### （二）养老金、残废津贴和幸存者津贴

马耳他法律规定，男性劳动力61岁退休，女性劳动力60岁退休。退休后领取养老金。根据规定，领取全额养老金的退休者必须是在职期间每年平均交纳退休保险50次。在领取养老金的退休者中，已婚老人每周可以领取至少46.56里拉，单身老人领取40.28里拉，领取的最高限额为87.7里拉。

残废津贴方面，凡是未满16岁或者65岁以上残废人，可以领取残废津贴。除了上述的年龄段外，必须从18岁开始交纳残废保险，或者从1965年开始交纳残废保险。残废后则领取残废津贴，已婚残废人每周领取46.56里拉，单身残废人每周领取40.28里拉。

所谓幸存者，指的是因种种原因失去直系亲属的人，无依无靠。已故投保者每年至少交纳20～50次。幸存者津贴赋予未再婚者，其数额相当养老金5/6。子女受教育可以获得额外补助。

### （三）孤儿补助

凡是未满16周岁，其养父母可以领取孤儿补助或者幸存者津贴，每个孤儿每周可以领取14.33里拉。额外补助赋予正在受教育的16～21岁的孤儿，每周补助金额为32.16里拉。

### （四）工伤和职业病保险

包括临时的和长期的工伤假和职业病假。凡是丧失1%～

19% 劳动能力和工作能力的人可以一次性领取 80.08 里拉至 1521 里拉工伤和职业病保险费；丧失 20% ~89% 劳动能力和工作能力的人可以每周领取 23.08 里拉工伤和职业病保险费；丧失 90% 以上劳动能力和工作能力的人每周领取伤残费。

**（五）失业保险**

投保者曾经交纳 50 周的失业保险，并且在前两年至少交纳 20 次，并在就业办事处进行过失业登记，有权领取失业保险金。每周领取的金额，已婚的失业者为 3.97 里拉，单身失业者为 2.59 里拉。领取的最多期限为 156 日。

**（六）家庭补助**

家庭年收入不超过 10270 里拉，抚养未满 16 周岁子女，或者到 21 周岁的子女仍然在受教育，有权领取家庭补助。抚养一个子女的家庭每月可以领取 37.5 里拉，两个子女的家教可以领取 56.25 里拉，3 个子女的家庭可以领取 75 里拉，4 个子女的家庭可以领取 93.75 里拉。此外，每个子女每月还可以获得额外家庭补助 18.75 里拉。

单亲父母有权享受社会救助，每周可以领取 62.63 里拉的家庭补助。

对残疾儿童也实行家庭补助，每周可以领取 5 里拉的家庭补助。

四　当代社会保障制度的作用和问题

马耳他当代社会保障制度覆盖面广，受社会保障的马耳他人所享受的待遇高，使马耳他居民安居乐业，免除了从摇篮到坟墓的忧虑，从而使马耳他社会进一步稳定，居民和谐相处。

但是，由于马耳他已经进入了老年人的社会，老年人在社会中的比例增大。2006 年，马耳他 65 岁和 65 岁以上的老年人占当年人口总数的 14%，所以，马耳他社会保障中养老金的每年支出在增长，2001 年占社会保障支出总数的 53.8%，远远高于欧盟 25 国的平均值（46.2%）。而在医疗保险、伤残保险、家庭补助、失业津贴、住房和社会排斥者补助等方面的年支出，都低于欧盟 25 国的平均值，从而使养老金的开支成为马耳他当代社会保障制度的沉重负担。

此外，有些马耳他家庭几代人不愿劳动和工作，享受当代社会保障制度带来的好处，养成了好逸恶劳的习惯。

## 第四节 国民生活

一 收入

**根**据马耳他中央银行统计，2002～2004 年的年均工资增长率如下：

2002 年的年平均工资增长率为 5.9%，其中，非技术人员为 2.6%，技术人员为 4.3%，神职人员为 3.4%，行政人员为 1.6%；

2003 年的年平均工资增长率为 1.1%，其中，非技术人员为 3.1%，技术人员为 3%，神职人员为 2.9%，行政人员为 3.8%；

2004 年的年平均工资增长率为 0.3%，其中，非技术人员为 1.6%，技术人员为 1.4%，神职人员为 2%，行政人员为 1.6%。

从上列统计结果看，2002 年的年平均工资增长率较高，超过当年的通货膨胀率（2.19%），也超过当年国内生产总值的增长率（2.8%）。其余年份的年平均工资增长率接近或低于通货膨胀率（2003 年为 1.3%，2004 年为 2.79%）和国内生产总值的增长率。

根据马耳他国家统计局公布的《马耳他劳动力状况调查（2001 年 12 月）》、《马耳他劳动力状况调查（2003 年 12 月）》和《马耳他劳动力状况调查（2006 年 12 月）》，将这 3 年来马耳他各个职业中男女年平均工资编制成表 5－2。

表 5-2　马耳他各个职业年平均工资（2001 年、2003 年和 2006 年）

货币单位：里拉

| 职　　业 | 2001 年 | | | 2003 年 | | | 2006 年 | | |
|---|---|---|---|---|---|---|---|---|---|
| | 男 | 女 | 平均 | 男 | 女 | 平均 | 男 | 女 | 平均 |
| 农业、狩猎和林业 | 3928.85 | 3387.13 | 3875.83 | 4619.68 | 3067.02 | 4411.83 | 6062.17 | 4605.63 | 5858.19 |
| 渔　业 | 3890.67 | — | 3890.67 | 5200.00 | — | 5200.00 | 5121.00 | — | 5121.00 |
| 矿业和采石业 | 3265.28 | — | 3265.28 | 5139.82 | 7800.00 | 5400.88 | 4062.58 | 4966.93 | 4276.86 |
| 制造业 | 4919.70 | 3791.68 | 4590.97 | 4929.08 | 4106.73 | 4700.41 | 5581.17 | 4769.22 | 5361.10 |
| 电力、瓦斯和自来水 | 4973.05 | 4547.11 | 4955.52 | 5487.68 | 4113.69 | 5388.21 | 5605.41 | 6305.00 | 5621.17 |
| 建筑业 | 4412.08 | 3747.37 | 4395.72 | 4427.82 | 3668.03 | 4399.21 | 4714.64 | 5206.01 | 4738.77 |
| 批发和零售商业、修理业 | 4648.61 | 3268.53 | 4141.85 | 4831.13 | 3846.07 | 4399.07 | 5160.18 | 3973.82 | 4717.72 |
| 旅馆和餐饮业 | 4689.77 | 3182.65 | 4186.60 | 4888.89 | 3888.35 | 4509.76 | 5051.97 | 3693.89 | 4553.57 |
| 运输、仓储和通信业 | 6052.86 | 4570.79 | 5834.34 | 6348.72 | 5161.69 | 6066.91 | 6334.61 | 5279.40 | 6058.64 |
| 金融业 | 6171.02 | 5447.81 | 5793.73 | 7540.43 | 5839.37 | 6693.26 | 8381.24 | 6519.81 | 7563.79 |
| 房地产置业 | 6829.17 | 4824.10 | 6093.13 | 5457.22 | 4387.40 | 5142.64 | 6127.13 | 5145.80 | 5758.01 |
| 公共行政、防务、社会治安 | 5325.74 | 4362.01 | 5111.14 | 5771.99 | 4571.85 | 5462.15 | 5776.24 | 5268.72 | 6540.32 |
| 教育 | 4843.52 | 4544.60 | 4668.22 | 5670.92 | 4879.20 | 5176.70 | 6418.16 | 5663.24 | 5931.67 |
| 保健和社会工作 | 5165.90 | 4120.28 | 4704.26 | 5756.57 | 4989.31 | 5352.78 | 6078.92 | 4875.82 | 5432.42 |
| 其他公共、社会和个人服务 | 4794.63 | 3231.84 | 4328.67 | 4708.78 | 4218.50 | 4602.24 | 5230.97 | 3961.12 | 4762.48 |
| 家庭服务 | 3037.07 | 3283.12 | 3218.55 | — | 3850.55 | 3850.55 | — | 4023.14 | 4023.14 |
| 境外组织和个人服务 | 5459.90 | 3950.00 | 4707.80 | — | 6270.07 | 6270.07 | 5158.77 | 5200.00 | 5166.65 |
| 平均工资 | 5081.48 | 4047.44 | 4762.40 | 5299.22 | 4502.17 | 5032.60 | 5720.35 | 4929.82 | 5447.14 |

资料来源：Malta National statistics office, Labour Force survey（2001 年，2003 年，2006 年）.

从表 5 - 2 可以看出，马耳他各个职业的工资收入还是有差别的，具体情况如下：

2001 年，马耳他各个职业的平均年工资为 4762.4 里拉，而超过平均年工资的职业有电力、瓦斯、自来水、运输、仓储、通信业、金融业、房地产置业、公共行政、防务、社会治安，其中，年工资最高的是房地产置业。

2003 年，马耳他各个职业的平均年工资为 5032.6 里拉，而超过平均年工资的职业有渔业、矿业、采石业、电力、瓦斯、自来水、运输、仓储、通信业、金融业、房地产置业、公共行政、防务、社会治安、教育、保健、社会工作、境外组织、个人服务，其中，年工资最高的是金融业、境外组织和个人服务。

2006 年，马耳他各个职业的平均年工资为 5447.14 里拉，超过平均年工资的职业有渔业、电力、瓦斯、自来水、运输、仓储、通信业、金融业、房地产置业、公共行政、防务、社会治安、教育，其中，年工资最高的是金融业。

从上述情况可以看出：第一，随着时间的推移，超过平均年工资的职业越来越多。第二，各个职业之间的年工资虽然有差别，但差别都不是很大，在最高和最低工资之间没有倍数的差别，只是在 1000 ~ 3000 里拉之间的差别。

在马耳他的同一职业中，男女之间的工资也存在着差别。男职工的平均年工资要高于女职工的平均年工资。但是，根据欧盟统计局 2006 年 3 月 8 日发表的欧盟 25 国男女比较的统计数字，其中，2004 年欧盟 25 国男性和女性之间收入的差距平均为 15%，收入差距最大的是塞浦路斯、斯洛伐克，为 25%；收入差距最小的是马耳他，只有 5%。

在马耳他，私营部门职工和政府部门官员之间的工资也有差别。根据马耳他国家统计局的统计，其差别如下：

私营部门职工的平均年工资，2001 年为 4533.69 里拉，

2003 年为 4745.33 里拉，2005 年为 4939.3 里拉；

政府部门官员的平均年工资，2001 年为 4799.55 里拉，2003 年为 5298.08 里拉，2005 年为 5372.78 里拉。

总的来说，政府部门官员的平均年工资要高于私营部门职工的平均年工资，但是高出的数额不是很大。

马耳他最低月工资，按照欧元单位的统计，2002 年为 552 欧元，2003 年为 534 欧元，2004 年为 542 欧元。而法国和英国最低月工资，2002 年分别为 1126 欧元和 1118 欧元，2003 年分别为 1154 欧元和 1106 欧元，2004 年分别为 1173 欧元和 1083 欧元。马耳他最低月工资，要比欧盟主要国家如法国、英国等的最低月工资低近一半。但是，马耳他领取法定最低月工资的雇员，2005 年仅占全部雇员的 1.5%，在欧盟 25 国中排行倒数第二。也就是说，马耳他领取法定最低月工资的雇员数量最少。

## 二　消费和价格

### （一）消费

在 2003 年，马耳他家庭年平均收入为 7945 马镑，平均家庭支出为 2615 马镑。其中，马耳他岛的家庭年平均支出为 2740 马镑，戈佐岛的家庭年平均支出为 2490 马镑。马耳他居民收入除了用于日常消费外，还用于购买汽车、家用电器等消费品和出国旅游。

马耳他家庭和个人消费结构按百分比计算其变化如下：

1995 年，饮料和烟草消费占家庭和个人支出的 29.92%，服装和鞋子占 10.14%，住宅占 5.27%，燃料、电和能源占 2.53%，家庭耐用品占 9.31%，交通和通信占 16%，私人轿车和健康用品占 6.47%，教育、娱乐和娱乐用品占 8.31%，其他占 4.74%。

2002 年，马耳他家庭和个人消费结构起了变化，食品和烟

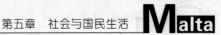

草开支占 23.82%，服装和鞋子占 8.24%，住宅占 7.57%，燃料、电和能源占 2.25%，家庭耐用品占 7.65%，交通和通信占 23.13%，私人轿车和健康用品占 6.22%，教育、娱乐和娱乐用品占 8.84%，其他占 6.17%。

从 1995 年和 2002 年的消费结构比较可以看出，马耳他家庭和个人消费，1995 年主要开支用于食品，占全部开支的近 1/3，而 2002 年下降到占全部开支的 1/4 弱；1995 年，马耳他家庭和个人开支占第二位的是交通和通信，2002 年进一步增加，占全部开支的 1/4。马耳他家庭和个人消费结构接近欧盟发达国家的家庭和个人消费结构的水平。

根据马耳他国家统计局的统计，1998～2003 年，马耳他每千人中拥有机动车辆数、移动电话部数、固定电话部数和使用网络人数，参见表 5-3。

表 5-3　马耳他每千人拥有机动车、移动电话、
固定电话和使用网络情况表

| 年　度 | 机动车（辆） | 移动电话（部） | 固定电话（部） | 使用网络（人） |
| --- | --- | --- | --- | --- |
| 1998 | 595.2 | 49.0 | 495.7 | 58.5 |
| 1999 | 614.5 | 62.5 | 508.7 | 63.8 |
| 2000 | 630.6 | 289.8 | 521.7 | 83.1 |
| 2001 | 630.9 | 559.0 | 526.5 | 130.1 |
| 2002 | 657.8 | 696.9 | 521.7 | 168.6 |
| 2003 | 673.9 | 725.0 | 520.9 | 195.7 |

表 5-3 统计说明，随着时间的推移，马耳他每千人中拥有的机动车、上网、移动电话、固定电话都有大幅度的提高。

**（二）价格**

2007 年 7 月 16 日，据欧洲统计局对包括食品、饮料、香烟等 500 多种商品在内的相对价格水平（PLI）调查显示，2006 年

马耳他食品和非酒精类饮品价格低于欧盟平均水平。在马耳他食品消费总体价格比欧盟平均水平低 17%，面包及谷类、肉类和香烟价格分别比欧盟平均水平低 24%、31% 和 16%。但奶制品价格（牛奶、奶酪和蛋类）高于欧盟平均水平 11%，酒精类饮品价格高于欧盟平均水平 17%。

2005 年 8 月～2006 年 8 月，马耳他通货膨胀率曾为 3%。2006 年 8 月～2007 年 8 月，马耳他年通货膨胀率降到 0.6%，在欧盟国家中最低。而这个时期，欧盟国家年均通货膨胀率为 1.9%，欧元区国家年均通货膨胀率为 1.7%。马耳他通货膨胀率的这种大幅下降代表了一种积极趋势，说明马耳他的商品价格将大体稳定在一定的水平上。

### 三　住房

住房对马耳他人来说是最重要的家庭投资。马耳他住房建造及维护由政府房管部门负责，房屋租金由土地部门负责收缴，房屋价格由政府通过市场经济杠杆进行调节。马耳他大多数居民有能力满足对于居所的要求，并能使住房条件不断改善。但也有一少部分人不能得到理想的住房。在马耳他，拥有私人住宅的家庭占全国家庭的 78.14%，租住房屋的家庭仅占全国家庭的 19.33%。

马耳他的住房问题与经济、文化和社会现实息息相关。在马耳他人的观念中，住房环境和水平的高低与生活质量紧密相关，恶劣的居住环境还可能导致人们的精神压力和社会问题。马耳他政府认识到：住房政策给宏观经济以刺激、促进社会的发展和前进。住房问题不是独立于教育、健康、老年、社会保障、弱势人群等问题之外的，而是与这些紧密相关。住房政策作为社会政策中的主流政策之一，要努力迎合民众的需求，并减少管理和操作上的繁琐，使住房政策和其他社会保障制度互相促进，成为一个有机的整体。为此，政府采取了以下 3 方面措施：

（1）扩大住房用地的供给量；

（2）更加注重住房的问题，因为社会结构在变化，老年人住房、单身人员住房和人数较多家庭的住房问题都要考虑到；

（3）根据不断涌现的新的社会需求，进一步建立和健全社区服务功能，并制定帮助弱势人的相关政策，以提高居民的生活质量，增强综合服务和保障能力。

马耳他建筑受欧洲建筑风格的影响很大，宫殿、教堂非常富丽堂皇，大厅明亮宽敞，高大而颇有气势。普通民居多为二层别墅式楼房，因为政府规定不得修建高楼，所以岛上房屋无论新旧、高矮和色调如出一辙，质朴而淳厚，虽无高楼大厦的奇巧亮丽，却显出一种从容不迫之色。房屋光线充足，通风良好，井水供旱季时浇灌花卉草木之用。这些住房全由本岛产的 1.5 米长、0.5 米宽的石块垒砌而成。这些石块在刚开采出来时质地比较软，可砍可锯，加工起来非常方便，但经过一段时间风化后，石块则变得相当坚硬，是理想的建筑材料。用这种石块建造的房屋墙壁都比较厚，可保持室内冬暖夏凉。

## 四　生活方式

据马耳他国家统计局的统计，2003 年马耳他居民成年人平均体重为 72 公斤，其中男性平均体重为 78.5 公斤，女性平均体重为 65.8 公斤。18～24 岁马耳他男性平均体重为 79.1 公斤，女性平均体重为 55.6 公斤；25～34 岁马耳他男性平均体重为 84.7 公斤，女性平均体重为 64.1 公斤。2003年马耳他居民中身高 175.77 厘米的占全体居民的 60%。25～34岁男性平均身高为 175.2 厘米，女性平均身高为 163.8 厘米；65岁和 65 岁以上的男性平均身高为 165.3 厘米，女性平均身高为156.8 厘米。

根据马耳他国家统计局 2003 年调查的结果表明，马耳他职工对他们的职业相当的满意，对他们的劳动、工作环境和条件也相当的满意，对他们周围的同事相处比较融洽。尤其是马耳他的女职工，对她们的职业、劳动和工作条件、与同事的关系十分的满意。马耳他工人每周在工作场所的实际时间为 36.5 小时。其中，男性实际工作时间为 38.1 小时，女性实际工作时间为 33.1 小时。超时工作的雇员仅占全部雇员的 7.2%，平均超时的时间为 9.7 小时，6.3% 的工人会领取超时工资。

在健康状况方面，2003 年，马耳他居民中 13.6% 为非常健康，38.9% 为良好，38.1% 为尚好，8.2% 为不健康，1.2% 为非常不健康。其中，男性的健康状况占男性的比例是：非常健康者占 14.4%，良好者占 40.5%，尚好者占 34.7%，不健康者占 9.0%，非常坏占 1.4%；女性的健康状况占女性的比例：是非常健康者占 12.9%，良好者占 37.4%，尚好者占 41.2%，不健康者占 7.3%，非常不健康者占 1.2%。

上述表明，马耳他多数居民的健康处于良好和尚好状况。2003 年的调查表明，学龄前儿童和学生的健康等级为 2.4①，即处于良好和尚好之间。已婚家庭的成员的健康也是处于良好和尚好之间。

在饮含酒精饮料方面，2003 年，马耳他男性中 47.5% 的人饮含酒精饮料，52.5% 的人不饮；女性中 25% 的人饮含酒精饮料，75% 的人不饮。饮含酒精饮料的马耳他居民中，35.5% 的饮葡萄酒，39.3% 的饮啤酒，25.2% 的饮烈性酒。其中，男性饮葡萄酒占饮酒男性的比例为 28%，饮啤酒的为 54.4%，饮烈性酒的为 17.6%；女性饮葡萄酒的人占饮酒女性的比例为 49.2%，

---

① 马耳他国家统计局将健康状况分为 5 等级：1 等级为非常健康，2 等级为良好，3 等级为尚好，4 等级为不健康，5 等级为非常不健康。

饮啤酒的为 12%，饮烈性酒的为 38.8%。男性每周平均消耗含酒精饮料 4.9 升，其中，葡萄酒 1.4 升，啤酒 2.7 升，烈性酒 0.8 升；饮含酒精饮料的女性则每周平均消耗含酒精饮料 1.2 升，其中，葡萄酒 0.6 升，啤酒 0.2 升，烈性酒 0.4 升。

在业余爱好方面，根据 2003 年统计，马耳他居民中，爱好艺术和文化活动的占 15.7%，学习乐器的占 5.2%，读书的占 38.3%，从事收藏活动的占 7.5%，学手艺的占 14.7%，从事园艺的占 25%，从事家庭事务的占 28.8%，玩彩票的占 2.8%，爱好摄影的占 5.4%，从事缝补和编织的占 14.6%，嗜好烈性酒的占 7.3%，赌博的占 0.9%。马耳他居民的业余爱好以读书和从事家务活动为主要内容。

在休闲方面，根据 2003 年统计，马耳他居民中，上饭馆的占 46.8%，看电影的占 23.9%，泡酒吧的占 15.3%，锻炼身体的占 8.2%，跳舞和上夜总会的占 7.3%，跳迪斯科的占 4.2%，玩台球的占 2.4%，赌博的占 0.5%。马耳他居民的休闲生活以上饭馆、看电影为主要内容。

当然，一些马耳他人也还存在着不良的生活方式。根据马耳他《星期日时报》于 2007 年 4 月 9 日 ~15 日期间通过电话调查表明，马耳他烟民达到人口总数的 30%。男性容易吸烟，但女性烟瘾往往更大。马耳他社会的各个部分人都存在这种致命的习惯，而与年龄、性别和社会地位关系不大。35.6% 的烟民年龄介于 36 岁到 50 岁之间。尽管关于吸烟危害的宣传到处可见，但 16 岁 ~25 岁之间的年轻人中仍有 31.9% 的人吸烟。

从社会结构来看，劳动技能欠缺的人吸烟最是司空见惯，大约为 33.3%，第二位是白领，为 31.3%。而在专业人士和较高管理级别的人士中间抽烟的人相对少些，为 23.3%，有技能的体力工人吸烟率为 27.7%。56.2% 的烟民说，每周抽烟费用在 20 里拉以上，另有 27% 的烟民每周支付 5 ~10 里拉。67.5% 的

女性和 49.6% 的男性说，每周在卷烟上花费 20 里拉以上。烟民
中有 33.7% 的人烟瘾很大，其中，25.8% 的人每天吸 1～40 支
卷烟，7.9% 的人每天吸 41～60 支卷烟。基于烟民比例的上升，
93.7% 的马耳他人要求，应该尽快采取紧急措施，改变这种不良
的生活方式。

2003 年，马耳他国家统计局还对居民生活的满意度①进行调
查，结果表明：总体上满意度为 2.1，即相当满意。其中 18～24
岁的满意度为 1.9，25～34 岁为 2.1，35～44 岁为 2.1，45～54
岁为 2.2，55～64 岁为 2.1，65 岁和 65 岁以上为 2.2。

五　在国际排名中居最幸福国家的首位

**在** 2006 年 1 月 8 日，荷兰鹿特丹伊拉兹马斯大学公布
了由该校进行的调查报告。调查人员对全世界 90 个
国家的 10 万人进行了访问。

调查显示，74% 的马耳他人认为他们的生活非常幸福。仅次
其后的丹麦、瑞士和哥伦比亚也有 73% 的人觉得幸福。进入前
10 名的还包括冰岛、爱尔兰、荷兰、加拿大、芬兰和加纳。在
非洲国家的加纳，有 63% 的人觉得自己很幸福。在接受调查的
国家之中，坦桑尼亚、津巴布韦、摩尔多瓦、乌克兰和亚美尼亚
则位居榜末。这些国家中，只有不到 20% 的人觉得自己幸福。
32 岁的安娜贝尔·梅利是马耳他驻伦敦使节团的一名外交官。
她对于马耳他在全球幸福国家中高居首位一点都不惊讶。她说：

　　马耳他是个非常小的国家，因此那里的家庭关系非常紧
密。无论你走到哪里，你都不会感到孤独。那里的气候非常

---

① 马耳他国家统计局将满意度分为 5 级：1 等级为非常满意，2 等级为相当满
意，3 等级为满意，4 等级为不满意，5 等级为非常不满意。

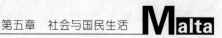

好，有着出色的教育，也是个非常好的福利国家。那里并不
存在贫富鸿沟，你也看不到乞丐。

这项调查再次证实，金钱买不来幸福和快乐，主宰幸福的首
推家庭与婚姻。主持这一调查的鲁特·维恩豪文教授表示，这项
调查结果显示，金钱并不是幸福的主要因素。例如，国力最强的
美国，其国民的幸福感排到了 16 位，位于拉美国家的哥伦比亚、
危地马拉和乌拉圭之后。西欧发达国家英国和德国更是被挤出前
20 名，分别位居 21 和 22。调查发现，尽管在过去 30 年里，英
国的人均收入已经增加了 80%，但是英国人的幸福感并没有随
之大幅增加。从 1973 年到现在，英国国民的幸福指数只提高了
1.36%。与此同时，乌拉圭和受到内战困扰的哥伦比亚等拉美国
家，尽管存在着贫困、犯罪率高和不平等状况严重等问题，但是
人民的幸福指数却上升了近 10%。专家们相信，这是由于这些
国家比较注重亲情，从而很大部分抵消了贫困和动荡所带来的苦
难。相比之下，在英国等发达国家，尔虞我诈的职业生活以及家
庭、社区传统的逐渐消失，抵消了经济发展给人们带来的幸福
感，令这些国家的幸福指数一直无法得到大幅度提升。

另外，2007 年 7 月 17 日，一项由新经济基金会进行的"快
乐星球"指数调查表明，马耳他公民快乐程度列为欧洲国家第 7
位（冰岛、瑞典和挪威分列前 3 名）。该调查是以生活满意度、
平均寿命、生态环境等指数为基准的。马耳他公民生活满意度得
分为 7.4 分，高于欧洲平均 6.7 分的水平。马耳他人均寿命为
78.7 岁，高于欧洲平均数。马耳他生态环境指数为 2.5，为欧洲
平均水平。分析人士指出，距海滩和大自然较接近，是马耳他公
民快乐的重要原因。分析也表明，采取更环保的生活方式不一定
就会降低快乐程度。

# 第六章

# 教育、科技、文艺、
# 新闻出版、卫生和体育

## 第一节  教育

### 一  概况

马耳他独立后，努力发展教育事业。为了削弱英国和教会势力的控制，政府对教育部门进行了改组和改革：设立各种学校，逐步取消学校里的宗教课，大学已经实行半工半读制。《马耳他教育法》规定，马耳他公民不分年龄、性别、信仰、经济状况，均享有受教育的权利。国家有义务提高教育水平和质量，保证学校和教育系统能满足马耳他公民获取知识，提高能力，适应实际工作需要。

马耳他实行中小学免费教育。儿童从 5 岁到 16 岁接受义务教育，在公立学校学习的中小学生可以享受免费的教科书和交通。中学毕业后希望接受继续教育和上大学的学生，国家可为其提供助学金。大约有 30% 的学龄儿童不选择公立学校教育，而是上宗教团体开办的天主教会学校。

1988 年马耳他高教法规定：教育和人类资源部应提供有影响和高效率的学校教育体系，保证对相关人员进行教育和培训。

学校教育体系从幼儿园开始，然后是 6 年制的小学，5 年制的中学，两年的学习与实习，最后是大学教育。

根据 2004～2005 年度统计，马耳他共有学校 342 所。其中，公立学校 163 所，私立和教会学校 179 所。在公立学校中，小学 75 所，中学 35 所，大学 1 所，大专等专科和职业院校计 52 所；在私立和教会学校中，小学 7 所，中学 10 所，其他各类学校和高等院校计 162 所。

2004～2005 年度，马耳他在校的学生总共 106814 人，其中在正规学校登记注册的学生 88828 人。在公立学校的学生 63649 人，其中，学龄前学生 5253 人，小学学生 18435 人，中学学生 18251 人，中学毕业后接受两年学习和实习的学生 2679 人，大学和大专院校学生 9250 人，老年教育 9530 人，特殊教育学生 251 人。在私立学校登记注册的学生 25179 人，其中，学龄前学生 3298 人，小学学生 11161 人，中学学生 9953 人，接受两年学习和实习学生 767 人。

《马耳他教育法》规定，马耳他公民要想成为教师，必须品行良好，而且是教育专业本科毕业生或教育部认可的其他专业的硕士、博士毕业生，得到教育部的委任书后，才能取得教师资格。2004～2005 年度，马耳他拥有教师总数为 9027 人，其中女教师占 66.4%，男教师占 33.6%。在教师总数中，公立学校教师 6511 人，占教师总数的 72.1%，其中女教师 4115 人，男教师 2396 人；私立学校教师 2516 人，占教师总数的 27.9%，其中女教师 1882 人，男教师 634 人。

二 教育体系

马耳他教育系统分为公立教育和私立或教会教育两大类。无论公立教育还是私立教育或教会教育，都拥有学龄前教育、初级教育、中级教育、特殊教育、高等教育、成人职业教育。学校分为特殊技能学校、专科学校、旅游学校、文艺学校、舞蹈学校、语言学校、商业学校等。

马耳他教育系统，还设有特殊技能教育基金、未来教育基金和教育服务基金等，为学生提供指导和咨询服务、学校社会工作服务、教育心理服务、医疗服务、阅览服务、安全保障服务，并且积极组织学生开展体育活动。其中，主要包括与教育有关的体育活动和能促进文化发展的体育运动，组织运动会，组织比赛和建立体育组织。

学校由学校委员会负责管理。学校委员会由校长（由教育部部长任命）、秘书和财务主管、教师中选出的3个委员、学生和学生家长中选出的3个委员组成。学校委员会的职责如下：定期开会，管理学校资金和学校其他财产，每年向教育部部长提交行政管理和财政管理的报告。学校委员会的选举在每年10月份的第二个星期举行。

马耳他的大学教育在于提供学习机会、研究课题、普及知识、促进文化教育的发展、授予学位和资历证书。大学提供优良的教学设备，配备实力雄厚的师资队伍和良好的教学配套设施。马耳他大学教育具有科学的院系划分，组成科学而有效的行政管理队伍，组建学生组织和社团，并合理运用资金和财产。马耳他大学教育与国外学术机构联系密切，实行院校联合并充分交流，采用现代的教育方式和方法。

马耳他以其有包括英联邦在内的最古老的大学为荣，已有7000多名各类专业学科的优秀毕业生。职业和技术教育体系较为健全，如应用电子学、信息技术学、工程设计学等。就业和培训机构制定了很多既适应雇主又适合受雇人员的培训计划，这些教育适应了学科建设、工业发展及劳动力市场的需求。

马耳他政府十分重视成人职业教育，投入了大量资金，意在通过培训普及终身教育，提高劳动者素质，增加国际竞争力。马耳他教育、青年与就业部的教育司是成人教育的主管机构，马耳他就业与培训公司，马耳他工艺、科学和技术学院为主要的官方成人教育培训机构，主要提供中短期的各种培训。另外，马耳他大学、马耳他旅游局人力资源和支持服务委员会，以及一些私立的公司也提供成人教育培训。

马耳他就业与培训公司是依据 1990 年《就业与培训服务法案》而设立的，根据该法案规定，该公司主要有以下职能：为那些想使自己更适应工作岗位或者想改进、提高自己的知识和技能的人员提供培训项目、计划和初步规划；从雇主那里了解关于想参加短期和长期培训的人员的数量、教育程度、工作技能等情况；与雇主或者其他人员达成协议，为其提供所要求的培训课程和培训计划；审查、认可其他培训机构提供的培训课程和计划；审查并介入其他提供培训服务课程和通过师徒关系进行培训的合同；可以对申请者进行考试或者用其他方式考查其水平，并颁发相应的证书。

该公司服务的主要对象包括：正在寻找职业的人、要进入劳动力市场的年轻人、有志于提高自己工作水平和技能的在职人员、回归劳动力市场的妇女、弱势群体和寻找合适雇员的雇主。

该公司的主要目标是：提高劳动者的劳动技能；重点解决工作技能的短缺；推广终身教育；帮助弱势群体、帮助女性进入就业市场和降低年轻人的失业率。

马耳他就业与培训公司不但提供进入就业市场之前的培训，也提供继续在职培训项目，包括培训和再培训。

（1）以学徒方式进行传授的培训计划。一个是技工学徒计划，另一个是技能延伸培训计划。这两个计划包括职业教育和在雇主的指导下到指定的教育机构进行实习。学徒培训方式的主要目标是为那些教育程度低、技能比较有限的登记失业人员在寻找工作时提供最基本的技巧。现在该公司正在开发一些新的培训课程，内容包括：读写和计算能力技巧的等级标准课程；帮助培训者评估受训人员在各阶段的读写能力，包括开始培训阶段和结束

培训阶段；加强对培训者的培训，使他们能够改进教学方法，适应成人教育。每年有 650 多人参与这两种培训。

（2）受训者培训计划。目前，共有 7 个受训者计划，主要是针对登记的失业者和新进入劳动市场的人员。包括：实验室技术人员、儿童看护人员、儿童看护服务提供者、数字图表设计、网站设计和零售人员等。

（3）设置培训课程。涉及 80 多种不同题目和范围的初、高级培训课程。

（4）企业主培训计划。该项目由瓦莱塔培训中心具体负责，这些课程主要包括：人员管理、财务管理、创建新的企业、谈判技巧和各种法律。

（5）进一步提高技术、技能的夜校培训。这个机构成立于 1990 年，为那些希望能够改进和提高工作技能的人员提供课程培训。这些课程主要针对技术发展变化或者技术结构发生变化后而设立的。

马耳他岛和戈佐岛的成人教育中心有 53 所，其中 23 所是私立的，30 所是公立的。除了夜校以外，还有戏剧学院、音乐学院等。

在 2000 年，马耳他有 11501 人参加各种形式的职业再教育和再培训，2001 年增加到 11868 人。在私人开办的成人教育领域，参加再教育和再培训的人数：从 2001 年的 3226 人下降到了 2002 年的 2777 人，下降了 13.9%。公立成人教育中心参与培训人数也有所下降，从 2001 年的 1395 人下降到了 2002 年的 900 人，下降了 35.5%。艺术类的院校培训人数：2002 年比 2001 减少了 33 人，戏剧类院校减少了 17 人。与此相反，音乐院校的在校人数增加了 42.8%，从 2001 年的 1090 人上升到 2002 年的 1557 人。公立夜校的在校人数增加了 6.4%，从 2001 年的 3756 人上升到 2002 年的 3995 人。在成人教育中，妇女人数占到参加成人教育人数的 59%。

两年制的学习和实习学校是在 1995 年建立的，课程设置广泛，学生必须学习两门高级课程、3 门中级课程和一些将来学习大学课程所需的特殊专业课程。学校还充分培养学生的自学能力，为将来的大学生活作准备。两年制专科学校作为马耳他大学的一部分，学校学生和和马耳他大学的学生可以在文化上有较好的交流，如音乐、戏剧、体育、学生交换、辩论、研讨会等方面。学校主要由校长、副校长、校区协调员、课程协调员、教师、行政人员和学生机构组成。

　　旅游学院提供高水平的职业教育，为马耳他旅游事业发展提供国际化水平的服务和人才，传授旅游工作经验，给学生提供更多实践机会，通过广泛的专业课程设置，使学生具备较高专业水平。

　　图书馆体系有：国家图书馆、马耳他公共图书馆、戈佐公共图书馆、国家档案馆等。

### 三　主要高等院校

#### （一）马耳他大学

　　**马**耳他大学本部坐落在首都瓦莱塔市中心，是马耳他最好的公立大学。该校始建于 1592 年，至今已有 400 多年的历史。这所学校是由基督教信徒创建的，起初只有为数不多的几门教学课程，比如哲学、语法、人类学等。1675 年，第一个医学图书馆建立，同时，在圣阿尔莫前哨的一个壕沟里修建了用于医学研究的植物园。1769 年，成立了综合性的公立大学，两年后建立了一个医学系。这标志着医学系是唯一的一个完全由本地学者创立的院系，这一传统一直延续至今。

　　在英国殖民地时期，马耳他大学的办学标准和教学制度被纳入了英国的体系。第二次世界大战以后，马耳他大学图书馆和其他配套设施大大增加和完善。1968 年，在位于哥答曼吉亚的圣卢克医院附近建起了一所新的医学院。同时，在西达的马耳他大学新校址也正式落成启用了。

马耳他大学有很高的国际威望，其教学水平可与西方名牌大学媲美，文凭得到所有西方国家的认可。该大学与美国、英国及欧洲各国的名牌大学有密切的合作关系，毕业生被许多世界名校，如哈佛、普林斯顿、爱丁堡、牛津、剑桥等大学录取为研究生和博士生。大学有十多个院系，提供十几个专业近百个学士、硕士学位课程。国际海事法研究学会和地中海高等教育协会，这两大国际协会总部就设在马耳他大学。马耳他大学是英联邦大学协会的成员，也是国际教育交流协会（CIEE）、国际学生交流组织等国际性机构的成员。

马耳他大学对所有具备相关资格的学生开放。目前，有在校生8000多人，其中留学生800多人。马耳他大学学时灵活，多数采用学分制。在1997年，有1700多名毕业于不同专业的毕业生。学校所设置的课程注重实用、高效，为学生提供充足的实践机会，也为社会输送着一批批高素质的人才。从马耳他大学毕业的学生在工业、商业、公共事业等行业发挥着重要的作用，马耳他大学的教育水准也得到社会的广泛承认。

马耳他大学还有着其他大学所不具备的优势，如大学和工业界的紧密联系，使得在校生有充分的机会进行实践，而且始终走在工业发展的最前沿。马耳他大学近来在科技资讯、计算机科学、人工智能等专业的迅猛发展，吸引着越来越多的求学者。马耳他大学的繁荣也带动着中、小学的发展，同时促进了与国际上其他大学之间的交流。

马耳他大学拥有马耳他最好的图书馆，馆藏涉及各学科领域的图书。大学还每年购进10000册新书和2000册期刊，给学生提供丰富的信息和知识。现代化的计算机实验中心向所有学生开放，提供E-MAIL、因特网等多项服务。大学国际办公室将帮助所有学生解决生活和学习中的难题。

马耳他大学住宿条件非常优越。留学生通常第 1 年选择住在学校宿舍，并有多种住宿供选择。大学生宿舍区离校园 4 公里，学校有专车接送。多数宿舍有两个卧室、一个会客厅、一个卫生间、一个厨房，学生可以单住，也可以两人合住一个卧室。宿舍区的生活、娱乐配套设施一应俱全。有酒吧、饭店、小型超市、自助洗衣店、游戏厅、体育健身房、自习室等。马耳他政府每年拨给大学充足的经费。为了体现大学的国际性，政府鼓励外国学生留学，并对海外学生学费给予补贴。每招收 1 名海外学生，政府每年要补贴上千美元。

**（二）马耳他文理学院**

成立于 20 世纪 60 年代，培养社会科学和理工科学的高级人才，设有科学、商业、经济、艺术纺织和烹饪等方面的高级课程。此外，还有两所师范学院。

**（三）马耳他圣马丁信息技术学院**

是伦敦大学在马耳他的授权机构，也是其教育教学项目实施的学院。学院采取与伦敦大学相同的教材和相同的教学标准，毕业生可以获得伦敦大学的私立学校毕业证书。由于马耳他的消费水平低于英国，在圣马丁信息技术学院攻读学位的费用比在伦敦大学低 50%。其课程包括英语文学、信息技术、经济、管理等。

**（四）马耳他工艺、科学和技术学院**

马耳他工艺、科学和技术学院是马耳他最大的职业教育机构。该学院共有 9 个校区，除了提供短期培训外，还提供长期培训和学历教育。除了成人教育培训以外，还为青年人进入就业市场提供教育和培训。

该学院目前正在开设由欧盟资助的课程：机械工程专业再培训、电子专业再培训、井架和钻井平台、传统马耳他工艺保存、妇女回归社会找工作技巧、老年人护理等成人教育课程。同时，该学院还承担许多马耳他就业与培训公司委托的其他培训课程。

# 第二节　科学技术

## 一　概况

**在**加入欧盟之前，马耳他一向对外自诩本国劳动力的高素质是加入欧盟的优势之一，但是 2003 年欧盟国家劳动力情况调查结果使马耳他人变清醒了。

欧盟的 15 个国家中，20 至 29 岁的就业者中拥有大学理工科学历的人数占 11.3%，而马耳他只有 3.3%。为保持竞争力和站在科技前沿，毕业生不断地进行学习深造的人数占 8.4%，而马耳他的这类人数只占 4.4%。根据 2002 年公布的数字，在马耳他普通劳动者中，拥有大学本科以上学历的人数占总人数的 7%，在所有欧洲国家中排名最后一位。欧盟的平均数则为 21.2%，美国为 37.2%，日本 33.8%。

为了赶上其他经济发展快速的地区，整个欧洲正实施消除发展壁垒，大力发展教育、科研、鼓励创新的战略方针。作为欧盟一员，调整社会结构、加强教育投资、鼓励企业科研创新、提高劳动力的素质将是马耳他势在必行的一步。

马耳他目前无论在私人部门还是在公共部门中都没有名副其实的科研单位。所以，马耳他政府提出建立全国性的产品科技研发机构的计划，并将首期投资定在 30 万马镑，而按照欧盟标准（科研资金应达到国内生产总值的 3%），马耳他应投入至少 5000 万马镑，而其中将有 2/3 应当来自私人部门。显然在这方面马耳他的步伐太慢了。

## 二　科研政策

**欧**洲人常说的一句话是："越小的越精彩"。在欧盟国家里，比美国有竞争力的国家是芬兰、瑞典、丹麦这些小国。马耳他也想学习他们的发展模式，对业已制订的各项政策进行必要的审视，并致力于将马耳他建成环地中海地区的高科技、信息通讯的中心。鉴于目前马耳他的实际情况，马耳他计划在以下方面做好工作。

（1）在发展科学研究事业上，寻求社会各个阶层和各个党派的支持。

（2）改革马耳他职业培训机构，使之多样化、专业化。

（3）建立全国性科研机构，重点放在医药、信息通讯、商务处理等领域。

（4）建立同一领域、同一行业的法律、教育、培训、科研、咨询机构的集约化。

（5）吸收国外机构技术工人培训的成功运作经验，在马耳他建立起劳动力技术分类和培训，为高科技企业提供充足的技术工人的培训机构。

（6）建立起完善技术人员培训、失业人员培训再就业的有效机制。

（7）把产品研发与企业生产有机结合起来。

（8）充分挖掘和寻求欧盟研发基金和国外直接投资用于高科技产品研发。

（9）鼓励政府部门和私人部门介入产品的研发。

（10）对于政府制订的科研、教育和商务政策，要进一步落实和加强监督。

三　主要科技机构

（一）马耳他科学技术委员会（MCST）

马耳他科学技术委员会在 1988 年成立，目的在于为马耳他政府提交有关科学技术发展的政策和建议，参加制定国家社会经济发展的计划，监控在科学技术上的国家政策的关联性和有效性。马耳他科学技术委员会的董事会由私人和公共部门的优秀人物以及学术界专家组成。为了更有效地利用国家科学技术资源，马耳他科学技术委员会正在改造它的机构体制和机制。其中，政策发展部门建立于 2001 年，为科学技术委员会的董事会和首席执行官在制订和执行国家科学技术发展和革新 - RTDI 相关政策上提出建议，以及有关的欧盟政策和技术发展的建议，并且保证建议在科学性上、技术和革新上对科学技术的决策和管理起着重要的作用。其中的政策发展部门建立于 2001 年，为科学技术委员会的董事会和首席执行官在制订和执行国家科学技术发展和革新 - RTDI 相关政策上提出建议，以及有关的欧盟政策和技术发展的建议，并且保证建议在科学性上、技术和革新上对科学技术的决策和管理起着重要的作用。政策发展部门努力发展人力资源和培养人才，并与海外和相关的欧盟机构建立战略伙伴关系。分析国家科学技术发展前景，在数量和质量上保证马耳他科学技术顺利发展。

近几年来，马耳他科学技术委员会建议政府在科学技术战略性方向上应该推行适合国家研究和革新的政策，促进有关投资和计划的实施，并为马耳他科学技术的发展提供政策支持，通过促进国有、私营企业合作来推进科学技术的发展。马耳他科学技术委员会开拓思路，为科学技术在马耳他的发展起着关键性的作用。长期以来，该机构的工作集中于促进相关部门与公共部门和私营企业的合作。2002 ~ 2004 年度，在该机构优先实施的计划中，包含着国家研究和发展计划以及科学技术前瞻性的工作、国家中转中心的革新和第一个国家科学技术研究发展和革新（RTDI）程序的安装。

马耳他科学技术委员会在国家范围内的一个整体框架下运作，以保证国家资源被有效和合理的利用，各种各样的工程项目能及时地完成。

**（二）马耳他鸟类科学研究组织**

该组织的主要任务，是对在马耳他群岛上的鸟类进行科学研究，编辑鸟类研究报告，记录鸟类生活习性，研究鸟类的声音和活动等。

**（三）生物论理学顾问委员会**

由卫生部指定进行与伦理有关的研究，发表理论研究文章，组织研讨会等。

**（四）国际海洋学会**

该会成立于 1972 年，是独立的、非政府性的和非营利性的组织，总部设在马耳他。该机构的目的在于和平地利用海洋空间和资源，保护海洋环境。

**（五）马耳他大学**

马耳他大学设有能源科技研究所、英－意研究所、健康卫生研究所、语言研究所、远程教育研究中心等科研机构。

保罗·米卡勒夫（Paul Micallef）是马耳他大学工程学系教授，专攻方向：语言技术、人工神经网络、自然语言的自动化、数字化语音处理、通过电话语音技术进行的信息服务、语音识别、语音处理、语音综合等

# 第三节 文化艺术

## 一 建筑艺术

在马耳他的各种艺术中，建筑艺术居于首位。若干世纪以来，一直在岛民的宗教信仰、统治者的讲究排场和防御侵略需要的影响之下，马耳他人修建了大量的庙宇、教堂、府第、官邸和要塞，今天这些遗迹成了世界最珍贵的建筑艺学宝库之一。

在历史上，古希腊、古罗马和拜占庭文化都在马耳他留下了

遗迹，但当时的马耳他毕竟还是人烟稀少的孤岛，处在欧洲主流文化的边缘。马耳他真正融入欧洲主流文化是在16世纪圣约翰骑士团进驻马耳他以后，那时的欧洲主流文化刚好处在意大利文艺复兴时期，所以马耳他的意大利文艺复兴式的建筑特别多，如瓦莱塔的圣约翰大教堂、总统府及许多沿岸建筑。瓦莱塔的圣约翰大教堂，还是意大利文艺复兴时期的三杰之一——米开朗基罗亲手设计，采用的是梵蒂冈式的圆顶建筑。圣约翰骑士团进驻马耳他后，逐步由一支作战劲旅演变成一个小小的封建王国，于是出现了许多豪华的宫殿和戏院等那些过分精雕细琢的建筑逐渐地从巴罗克风格跨入了洛可可风格。瓦莱塔的曼努尔大戏院就是这种转变建筑风格的代表作，它是目前欧洲还在使用的最古老的戏院。

拿破仑进入马耳他和英国占领马耳他时期，正是欧洲的经典风格盛行时期，马耳他岛上又出现了一批模仿古希腊的建筑，这也符合马耳他崇尚古代的民风。但是，近代的艺术风格无法在马耳他立足，现代的建筑更被禁止，甚至都见不到一处用水泥建起来的建筑物，唯恐破坏了马耳他古朴的总体风格。

最有意思的是瓦莱塔之前的马耳他首都姆迪纳，由于1693年1月11日的一次大地震，城市西部多为坚固的石建筑而没有被震坏，于是依旧保留了中世纪的建筑风格。而城市东部大多是黏土建筑，被毁坏后重建。那已是巴罗克时代，也就是说姆迪纳城市中一半是中世纪风格、一半是巴罗克风格，这在世界上是绝无仅有的。但是，在同一次地震中，一座北欧诺曼式大教堂被毁灭了。

在区域上，同样的建筑风格（如巴罗克式）也因来自不同的国家而略有不同。因为圣约翰骑士团来自欧洲各国，所以马耳他的建筑风格融合了欧洲各国的风格。8国骑士团都建有各自的宫殿，都采用各自母国的建筑风格，如西班牙式、法国式、德国式等。1893年英国皇后来访马耳他，发现马耳他没有一座典型的英国式教堂，于是马上捐款在瓦莱塔兴建了一座纯英国式的圣保罗大教堂（St. Paul's Cathedral）。聚各地风格为一体的是圣约翰大教堂，因为属 8 国骑士所共有，所以建筑风格上也必须兼顾各国的建筑风格。教堂内设有 8 间小礼拜房，相对应 8 个国家的骑士，于是这部分是西班牙式的，那部分又是法国式的，等等，以让各国的骑士都能在这座教堂中找到自己的认同和归宿。

欧洲各国尽管也遗留下大量的欧洲古建筑，但每一时代的建筑——除 18 世纪的经典时代——都采用该时代最时髦的建筑形式。尤其在近几十年崛起的建筑群中，毫无例外地都是采用现代高层钢筋和玻璃建筑形式。而马耳他岛上不仅遗留下大量的欧洲古建筑，许多新起的建筑物或建筑群却依旧采用欧洲古建筑形式。新建的教堂，大都采用意大利文艺复兴式（偶尔用哥特式），其外形就如意大利佛罗伦萨的主教堂。甚至许多普通民房的建筑，都采用廊柱等古建筑款式，甚至用中世纪罗曼时期的古堡式建筑。来到马耳他，就像来到了古欧洲的一座名城，历史在这里凝固了。

姆迪纳大教堂建于公元 4 世纪，在过去若干世纪里是马耳他的行政中心，也是群岛宗教的中心。11 世纪，这座教堂已经倒塌，后经诺曼人罗哲尔予以修复和改进。但 1693 年，又被强烈的地震破坏，4 年后开始修建成今天的样子。教堂下部给人一种均衡而又非常庄严的印象，包括西门在内的中央部分比两边的邻接部分则略微向前突出，而这两边的邻接部分则各有一座低矮的钟楼。竖在下面的壁柱朴素单纯，这些壁柱连同两座钟楼下边是大面积的未经装饰的石墙，从而加强了这座建筑物的基本轮廓。教堂的屋顶更是建筑师的杰作。大教堂的内部装修富丽堂皇，壁柱是用带有灰色红色纹理的大理石做成的，教堂内有很多银制的烛台和吊灯，拱门上和柱头上的镀金雕刻和许多描绘圣保罗生平的图画更为教堂增添了光彩。

曼努尔剧院建在首都瓦莱塔，是英联邦里最古老的剧院，也是至今还在使用的欧洲最古老的剧院之一。剧院是 1731 年按照

法国建筑师的设计修建的，曼努尔为公共剧院，后来称为皇家剧院，最后用剧院的创立者——圣约翰骑士团的一个团长安东尼奥·马努埃尔·德·维莱纳的名字命名。第二次世界大战空袭期间被炸毁，1960 年重新修复，成为国家剧院。剧院的外表简单朴素，几乎没有什么装饰。剧院内部的豪华和外部的朴素成了鲜明对比，整个 3 层包厢装饰得高雅而富丽堂皇，呈椭圆形的天花板别具一格，更是令人赞赏的特色之一。这座美丽的建筑在多年的变迁和遭遇冷落之后，又获得了自己的新生和价值体现，今天作为欧洲剧院建筑中的一个杰作而得到人们的观赏。

在马耳他的建筑艺术中，值得一提的还有奥代什教堂、戈梅利诺庄园、圣安吉洛城堡、阿拉贡骑士府等。

马耳他的建筑艺术堪称为马耳他文化遗产中的一个亮点，吸引世界上众多的旅游观光者。根据马耳他旅游文化部统计，2006 年，来马耳他的外国旅游观光者 13% 是受马耳他文化遗产吸引而来的。

## 二　文学与音乐

### （一）文学

马耳他文学出现比较晚。正当欧洲浪漫主义文学处于极盛的时期，马耳他才在欧洲浪漫主义运动的影响下出现了自己的文学。

19 世纪，在马耳他，首先开始了民间的和通俗的文学，特别是口头叙述和流传的诗歌和故事，其主要题材是对祖国的歌颂和赞美。这个时期，马耳他还出版了一些诗歌和小说，小说分为历史题材的作品和哥特派（Gothic）题材的作品。历史小说又分为马耳他历史题材的小说、通史题材的小说和宗教题材的小说。这些题材的作品大多数是根据当时流行的语言——意大利语作为创作的文字，其故事内容也大多数是虚构的和具有浪漫的风格。马耳他哥特派文学如同欧洲哥特派文学一样，内容以怪诞、恐怖、不幸、黑暗、暴戾、凄凉、衰败为特征。

20世纪,马耳他出现了现代文学。1905年出版了第一部马耳他政治小说,它通过虚构的故事揭露马耳他殖民地社会的黑暗面,批评马耳他殖民统治者和当局。1920年成立了马耳他作家协会,把马耳他著名的作家和诗人团结起来,从而推动了马耳他文化和文学事业的发展。20世纪30~40年代,马耳他出现了现实主义文学运动,并出版了一些现实主义的小说、诗歌,大胆地对马耳他殖民主义社会和当局进行揭露、讽刺和批判。特别是出现了社会心理小说,反映了马耳他人民的不安的心态。这个时期的马耳他文学作品,大多用马耳他文字书写。

到20世纪下半叶,马耳他进入了当代文学的时代。特别是20世纪60年代,马耳他作家开始探索和创作马耳他本土文学——马耳他岛屿文学,即探索和创作具有马耳他群岛风格的作品,从而打造马耳他本土文化。这一时期,马耳他文学也同时吸收、兼容世界文学和欧洲文学的不同学派,以适应世界和欧洲文学的各种浪潮。

在当代的马耳他作家和诗人中,安东·布蒂吉格不仅是一位杰出的政治活动家,也是一位富有才华的诗人。他用马耳他文创作优美清丽的诗歌,写出了马耳他美丽的自然和芬芳的花朵,写出了人民的痛苦,及其对自由的渴望,也写出了诗人自己忧国忧民的深沉感情。他的诗歌,为马耳他民族文学的发展作出了卓越的贡献。

由我国著名作家冰心从英译本转译、有史以来第一次在中国出版的马耳他文学作品——《燃灯者》。收集了安东·布蒂吉格的58首小诗,其内容丰富,风格清新,既反映了一位政治活动家的宽广胸怀,也表现出一位诗人的优美想象和充沛感情。这两种似乎矛盾的气质,在这些诗里融合成为一体,形成布蒂吉格诗歌的一个特色。在诗歌技巧方面,布蒂吉格善于运用各种诗的形式,包括民谣、十四行诗、自由诗,甚至日本的俳句,并且吸收各国诗歌语言的表现方式,包括拉丁诗和中国古诗,结合马耳他民间诗歌的传统，锻冶成他自己的、出自内心的、具有创造性的诗歌语言。

马利亚·卡尔迈尔（Mallia Carmel）也是当代马耳他诗人，曾任公共卫生视察员，著有诗集《对比》（1980 年）和《怪诞的烟火》（1981 年）。他的《放飞的思绪》等诗收入苏格兰诗人威廉·奥尔德执编的《文学作品选》（诗歌卷，1984 年）。

（二）音乐

许多世纪以来，音乐一直是马耳他生活方式的一部分——有节日的音乐、游行时的进行曲、举行仪式时的赞美歌和供娱乐消遣的民歌。但在这方面，无论是在作曲家或音乐家当中，都没有什么杰出的人物。在马耳他人看来，音乐主要作为一种社会的艺术，是再平常不过的事了。

瓦莱塔举办一些比较著名的年度音乐节，如"巴洛克音乐节"、"夏日音乐节"、"歌剧节"、"爵士乐节"。在过去的十几年里，"爵士乐节"吸引了很多世界各地的爵士乐队和爵士乐爱好者。另外，还有一个主要的音乐活动，就是每年 11 月份举行的"国际合唱节"，它吸引了国内外的一些合唱团来马耳他演出。马耳他岛上除有热闹非凡的年度音乐节外，每个星期都有音乐活动，在教堂里经常举行管风琴①音乐会，在曼努尔剧院等一些有历史意义的胜地或建筑里经常举行一些管弦音乐会。

在马耳他的每一座城市、村庄，甚至每一个教区都有自己的铜管乐队，有的地方还有两个乐队。根据 2004 年统计，马耳他拥有 1703 个管乐队和 2.7 万人的管乐队队员。所有这一切都始

---

① 管风琴是历史悠久的古老乐器，大约产生于公元前 200 年左右。有多种类型，但其共同特征是风箱将空气注入琴箱，演奏者用手指或双脚操作键盘施加压力，使空气进入不同长度和管径的金属或木制音管中，从而奏出乐音。管风琴曾是纯粹的宗教乐器，在很多欧洲国家，每个普通村镇的教堂里都有管风琴。它是典型的独奏和声乐器，作为伴奏往往只用于宗教歌曲，在管弦乐队和交响乐队中则更少见。

于英国人统治时期，他们把军乐队带进马耳他，为盛大的庆典造声势。马耳他本地人也想办自己的乐队了，英国人对此加以鼓励。那时，乐队俱乐部的官员实际上是在行使政治权力，而不仅仅是音乐上的权力。

今天，乐队和乐队俱乐部广泛普及于民间，节日期间每一座房子、每一辆汽车都会用最大的音量播放他们所喜爱的乐队的进行曲。事实上，由于对本地乐队的演奏由衷热爱，以至于两个乐队的乐迷和俱乐部常常在街上发生冲突。现在警察和教区牧师不得不时常监控着节假日期间人们的游行线路，引导不同的团队千万不可走进对手的领地。

马耳他各乐队，都比较喜欢演奏节奏稍快的快板的、激动人心的曲子，但是，他们前进的速度却慢得像蜗牛在爬。

GHANA 是一种不常见的音乐形式，是起源于乡村酒吧的马耳他民间音乐的一种，大多在吉他伴奏下由男子来吟唱。它相当于一种抒情诗，反映了乡村生活、民风和一些当地的历史事件。现在仍然可以从乡村的酒吧中欣赏到即兴的 GHANA 表演。ETNIKA 也是一种马耳他特有的民间音乐形式，乐器通常包括传统的号、鼓等。这种音乐主要反映岛上的日常生活，它的应用也非常广泛，常常应用于许多社会活动，在婚礼和葬礼上都能见到。ETNIKA 重新展示，是给现代的听众一种马耳他独特的、即将被遗忘的传统音乐。

三　绘画与雕刻

在马耳他，绘画与雕刻的传统艺术虽然无法同建筑的传统艺术相比，但也不可忽视。17 世纪，有 3 位意大利艺术大师来到马耳他，其中，卡拉瓦焦在马耳他绘画的两幅最有名的油画《圣杰罗姆》和《圣约翰殉难》，至今仍挂在瓦莱塔的圣约翰大教堂里。普雷蒂给这座大教堂的天花板画的关于圣约翰生平的几个场面，则是他的最精巧、最严谨的作品之一。3 位艺术大师对以后几个世纪的马耳他绘画艺术，影响很大而且很深刻。

18 世纪，马耳他艺术界有两个卓越人物，费朗西斯科·扎赫拉和安东尼·德·法夫雷。19 世纪最有权威的画家是吉塞普·卡利，他的主要作品是斯利马的圣心教堂里的《圣杰罗姆》和瓦莱塔的费朗西斯教堂里的《圣弗朗西斯的光荣》。他的作品单是列入马耳他绘画目录里的就多达 600 余幅。

雕刻比绘画具有更悠久的历史和传统，它在新石器时代的某些文化中就发挥了它的作用。马耳他雕刻最古老的作品是公元前 1000 多年前的赤陶小雕像和石灰石雕像，其风格特殊：与后一时期定居者按照线形图案精细制作的雕刻不同，这些雕像又粗又丑。有些是女性的，有些是无性的，四肢粗而不短，躯体庞大而古怪。尽管如此，它们仍然制作得很巧妙，不能把体型上的歪曲归结为技巧的笨拙。有人认为，这些雕像的粗壮，在我们一无所知的某种崇拜中，可能是象征多产，也可能是表示力量与保护的意思。

在更接近现代的时期中，马耳他出生的梅尔基奥雷·加法是一位杰出的有特殊才能的雕刻家。在第二次世界大战后，安东尼奥·西奥尔蒂诺无疑是雕刻界的伟大人物，他的作品赢得了国际上的赞扬。在马耳他的国王路，可以看见他为 1565 年的大围攻所塑造的半身像和小雕像。另一个当代雕刻家卡洛·皮西的雕刻作品也很有名。

乔·苏伊莱勃（JOE XUEREB）是马耳他本土艺术家，1954 年 6 月 26 日出生于马耳他戈佐岛上的一个小渔村。曾经在戈佐文化会馆学习艺术，其后主要从事马耳他新石器时代的雕刻创作。乔·苏伊莱勃的父亲年轻时是个石匠，因此，他继承了父亲的工具和利用马耳他石灰岩作为原料进行艺术创作。乔·苏伊莱勃的艺术生涯的真正起点，实际上是 20 世纪 70 年代在英国与考古学家玛丽·克拉里奇（MARIE CLARIDGE，现已去世）教授一起工作研究的那几年。他的艺术和戈佐岛的史前历史紧紧地结合在一起。20多年来，在马耳他多元文化的影响下，乔·苏伊莱勃一直致力于在新石器时代非常盛行的"大地之母"为主题的研究。除此之外，他还创作了其他非常独特的、能唤起观赏者不同情绪的作品。

人类的繁殖以及伴随它的诱惑力和神秘性构成了乔·苏伊莱勃作品的主题。两性的整合、人类的多产、母爱及它们永恒的主题深深地吸引着他的注意力。他在无意中重复了玛丽亚·吉姆勃塔斯有关母系社会的理论，在这个理论中，女性主导一切，而男性至多被视为与女性平等相处的关系。

乔·苏伊莱勃的作品在曲线的运用上使他的雕塑更具神秘性，并使之拥有了宇宙中永恒的主题。这些作品如黑尔罗·加姆斯中，神的婚姻的主题在人类早期社会非常常见，体现了人类多产的主题——生命的创造及诞生。所以他的女神的雕塑综合了女性所有的迷人之处，在此她不仅仅是一般意义的女神，而更像是一个美艳超凡的仙女，而且性的渴求的主题及可感知的外形使观赏者似乎觉得这是亨利·摩尔和罗丁的重现，它们唤醒了人们对过去的自然的无限向往。

乔·苏伊莱勃的作品不仅在马耳他本土有私人收藏，而且在德国、荷兰、瑞士、西班牙、意大利、英国及美国加利福尼亚和明尼苏达都有私人收藏。

马耳他由于比邻欧洲大陆，这里人们的生活方式深受南欧国家的影响，享受生活，自由浪漫，喜欢艺术体现在每一个马耳他人的身上。源于欧洲的油画艺术早已深深地融入了马耳他人的家庭生活。走入任何一个马耳他人家庭，无论是高官显贵，还是平民百姓，你会发现油画已成为每个马耳他家庭必备的装饰品。

四　电影

作为一个为一些赢得奥斯卡奖电影提供拍摄场地的国家，马耳他人自然而然地喜欢电影。岛上有几家综合性的影院总是有最新的电影放映。

随着电影数量的不断增加，马耳他电影需要更多的场景、设施和设备。现有的电影拍摄场景和摄影地点位置已有50年历史了，而且仍发挥着重要作用，如特洛伊和角斗士中的场景。马耳他拥有很多诸如此类历史背景的电影的场景，也是历史遗址的所在地。马耳他独特的文化遗产、建筑遗产以及自然位置，有助于马耳他岛经济中占重要地位的电影业的发展。马耳他与欧洲地理位置上的接近也是电影事业发展的一个有利条件，并且有较好竞争力的拍摄成本和效益。马尔他也提供与自然的海平面齐高的能提供壮观背景的特定的电影拍摄水箱，而且运用广泛。

在过去几年中，马耳他岛已经为反映古罗马和古希腊以及法国（包括马赛），意大利（包括威尼斯和热那亚）、巴勒斯坦、以色列、土耳其和贝鲁特等地的电影、电视、广告事业作出贡献。在这里拍摄的新近的影视产品包括动作电影《不同的忠实》、电视连续剧《拜伦》、《特洛伊的海伦》和《朱利叶斯·恺撒》等和其他一些纪录片，以及可口可乐公司、壳牌公司和Pirelli轮胎的广告。

马耳他电影委员会成立于2000年，努力发挥着马耳他在国际电影工业中的巨大的潜能。它为岛上的电影拍摄，从对拍摄先期准备工作直到电影产品的出品的整个过程提供跟踪服务，包括设备和人力帮助。

五　文化设施和机构

（一）马耳他外交与文化事务部（Manistry of Foreign and Cultural Affair）

是政府行政机构，设有文化处、博物馆局、全国节日庆祝委员会、曼诺尔剧场及地中海会议中心等。下属单位有业余话剧团、业余乐队、业余音乐学校、业余舞蹈学校等。

该部门在文化事务方面的主要任务是开展国内文化娱乐活动，组织国内文化旅游，挖掘、保管、研究历史文化古迹，组织国内外摄影、绘画、雕塑等艺术展览，开展与外国的文化交流。

**（二）马耳他文化艺术委员会**

马耳他文化艺术委员会成立于 2002 年，目的在于促进社会文化事业的发展，提高国民艺术潜力，在文化领域实现国民广泛参与、机会平等和自由。委员会的职能是双重的：一方面要发挥艺术的潜力；另一方面在民众中普及和传播文化和艺术，使马耳他文化的精神、语言和民俗得以在国内外都有所发展和传播。

马耳他文化艺术委员会给予地方艺术、音乐、文学、舞蹈以发展空间，并帮助本土艺术传播于国外。举行一些大型文化艺术活动，如国家管弦乐队的音乐节、戏剧节、爵士乐节等。很多具有历史和文化意义的地点，被用来组织各式各样的、国内国外的文化活动，目的是提高各种艺术形式的文化节目的质量。马耳他文化艺术委员会还为青年艺术家施展才华和创造的机会，以促进其发展；开展不同年龄层次的文化艺术教育；举办高质量的文化艺术活动；使文化艺术与商业良性合作；促使马耳他文化在国际上的传播。

**（三）马耳他公立艺术学校（Pablic Amateur Music School）**

马耳他公立艺术学校由奥地利政府资助建立，属曼诺尔剧场领导，招收对象是对音乐有特殊爱好的工作人员。他们除了完成本身工作以外，可以在业余时间每周到该校学习 1～2 小时，学校聘请外国专家任教。主要任务是提高人民音乐修养和水平，为业余艺术团体培养人才。

**（四）马耳他广播电视公司（Xandi Television）**

马耳他广播电视公司是全国唯一的广播电视传播机构，受广播局监督，总部在瓜达曼贾。内设新闻、电视两大部门，经费主要来源于有发稿许可证的新闻和广告收入。1957年播放节目，节目内容包括新闻、文艺、教育、体育、娱乐等，影片和电视剧主要是进口欧美国家的节目。主要任务是为听众或观众提供具有信息性、娱乐性的节目，与外国有关机构进行交流和合作。

**（五）马耳他地中海电影制片厂（Mediterranean Film Studios）**

马耳他地中海电影制片厂是全国唯一的电影制片单位，厂址在卡尔卡拉地区的圣罗科堡。主要任务是拍摄少量的旅游和广告片，为外国制片商提供场地、设施和劳务，与外国有关单位建立合作关系。

**（六）马耳他国家图书馆**

马耳他国家图书馆是全国最大的公共图书馆，属于马耳他教育部公共图书馆局领导。全国各地有40多个分馆，馆内收藏国内外古典和现代的各种书籍，其中有大量的欧洲国家图书。其宗旨是普及文化教育，提高国民文化水平。主要任务是向大众开放，收集、整理、修复各类图书，与国外有关单位建立联系，交换图书资料等。

**（七）马耳他考古博物馆（Archaeological Museum）**

马耳他国家虽然小，但是却拥有大大小小的博物馆共56个。其中，国家举办的博物馆28个，私人举办的博物馆14个，教会举办的博物馆14个。也就是说，国家举办的博物馆占博物馆总数的50%，私人举办的和教会举办的博物馆分别占25%。

马耳他考古博物馆是全国最大的公立艺术博物馆，由外交与文化事务部的博物馆局领导。馆内藏有5000多年前的雕塑、陶器、石器、装饰品等历史文物，主要任务是向公众开放，为考古学家、文物古迹研究家提供研究资料，收集、保管、研究各个时期的历史、文物、古迹，并与国外相应机构建立联系和合作，接待各国有关团体来访，举办国内外艺术品展览。

# 第四节 新闻出版

马耳他居住着一个使用多种语言的民族，他们的爱好和文化也是各种各样的。因此，这里的报纸杂志和广播电视节目分马耳他文和英文两种。总的说来，这两种语言在各种传媒中具有同等分量。

## 一 报纸和杂志

**（一）《每日新闻》（Daliy News）**

这是总工会英文机关报，创刊于 1964 年，16 版，由工会出版社出版。

**（二）《祖国报》（In-Taghua）**

是国民党的机关报，马耳他文，创刊于 1969 年，12 版，每日发行 2.5 万份，由独立出版社出版。

**（三）《时刻报》（II-Mument）**

周报，属国民党，创刊于 1972 年，马耳他文，16 版，由独立出版社出版。

**（四）《民主报》（The Domocrat）**

英文周报，创刊于 1976 年，16 版，由独立出版社出版。

**（五）《火炬》（It-Torca）**

马耳他总工会周刊，创刊于 1944 年，用马耳他文出版。

**（六）《地平线》（L-Driggont）**

创刊于 1962 年，为马耳他总工会报纸，用马耳他文出版，每日发行两万份。

**（七）《时报》（The Time）**

创刊于 1935 年，用英文出版，20 版左右，每日发行 2.5 万份。

（八）《星期日时报》（The Sunday Time）

为英文周刊，创刊于 1922 年。

（九）《地中海新闻》（Mediterranean News）

工党周报，由利比亚政府协办，创刊于 1972 年。

（十）《生活》（Il-Hajja）

教会报纸，马耳他文，创刊于 1971 年，12 版，由生活报社出版。

## 二 广播和电视

（一）马耳他电视台（Television Malta）

耳他电视台成立于 1962 年 9 月，原来由英商经营。1975 年，工党政府接管后成为国家电视台，由政府公共广播服务有限公司经营。节目中的大部分由当地创作，内容包括新闻、时事评述、戏剧、音乐等。此外，电视台播放外国影片，主要是英、美、法等国的影片。

（二）超级一台

超级一台由工党开设，于 1994 年开播。

（三）有线电视台

有线电视台为私营电视台，以播放娱乐性节目为主。

（四）马耳他广播电台（Radio Malta）

马耳他广播电台由一、二、三台组成。一台成立于 1973 年 1 月，用中波播音，在意大利、利比亚、突尼斯均可收到一台的播音。一台平均每天播出节目 17 小时，主要节目有：新闻、评论、戏剧、音乐、体育等。二台成立于 1973 年 5 月，用短波播音，主要节目有新闻和音乐。三台成立于 1974 年 9 月，用意大利语和英语播送新闻和音乐节目。三个电台的经费均来自收听费和广告收入。

（五）有线广播电台（Cable Radio）

有线广播电台成立于 1935 年，原来由英商经营。1975 年，马耳他工党政府收为国有。现有两种不同线路，分别用马耳他语和英语两种语言播音。英语广播线路主要转播英国、美国、加拿大等国的节目，也有一些马耳他人编写的节目。马耳他语广播线路主要播送新闻、时事、音乐、体育等节目，还播送一些政治、宗教等专题节目。该台的经费主要靠广告收入。

### （六） 地中海之声（Voice of the Mediterranean）

地中海之声成立于 1988 年，由马耳他和利比亚两国政府共同拥有。每天用中波和两个短波频道向 47 个国家用英语和阿拉伯语播音。

### （七） 团结和友谊之声（Voice of Friendship and Solidarity）

团结和友谊之声是利比亚政府设在马耳他的电台，建立于 1976 年。它主要向北非广播，日常播音 3 个小时左右。

## 三 主管新闻的机构

### （一） 马耳他新闻局（Department of information）

马耳他新闻局成立于 1995 年，是马耳他总理府的一个司局级单位，统管政府新闻政策和各类新闻媒体。其职能是将政府各部门所公开发表的声明、公告、规定、活动消息转发给各报刊，实际上为政府发言人。新闻局与各报社的关系不是领导与被领导的关系，各报刊报社都独立于政府。

### （二） 马耳他广播局（Malta Broadcasting Authority）

马耳他广播局建立于 1961 年 9 月，由局长和至少 4 名成员组成，任期 5 年。其成员由总统根据总理在与反对党领袖磋商后提出的建议任命。部长、议会秘书、议员、议员候选人、地方政府官员或公职人员均无资格出任广播局的成员。广播局的成员在离任之日起 3 年内，不得被任命或担任任何公职。

广播局的职责是：监管在马耳他境内的广播和电视；在马耳他的广播电视节目中，对政治论战、工业纠纷和现行公共政策等方面的问题处理应最大限度地保持公正；合理分配朝野不同政党成员利用广播电视设施的时间。广播局现为欧洲广播联合会和英联邦广播协会及欧洲新闻学会的成员。

广播局为独立的机构，在履行职责时不受任何个人或当局的指示或监督。

**（三）马耳他公共广播服务有限公司**

马耳他公共广播服务有限公司，是按照《广播法》于 1991 年 9 月 27 日成立的政府机构。

# 第五节 卫生和体育

## 一 卫生事业和健康服务

### （一）卫生事业

耳他政府十分重视发展医疗卫生事业，逐渐加大对医疗卫生事业的投入。马耳他在医疗卫生的总开支，2002 年为 97640044 里拉，2003 年为 104311362 里拉，2004 年达到 111138850 里拉。2004 年马耳他在医疗卫生方面的开支占国内生产总值的比重为 9.6%，占马耳他政府当年财政开支的 14.2%。

在马耳他岛和戈佐岛，分布在大型的和综合性的医院总共有 9 座，其中，最著名的是坐落在瓦莱塔的圣路加医院和坐落在戈佐岛的总医院。仅公立医院就有床位 2000 个。此外，在城镇和乡村还分布着大大小小的诊疗所或急救中心。2007 年，马耳他政府在卫生医疗领域取得 3 大成果：新国家医院 Mater Dei 于 6 月底对外开放；Mellieha 老人院工程已经破土动工；免费医药计划开始实施。这表明国民党政府努力向国民提供最好的卫生医疗服务，同时提高医疗卫生行业的就业率。

在马耳他注册的医生逐年在增长：2002 年为 1058 人，2003

年为 1254 人，2004 年为 1302 人；他们在马耳他千人中的比例，2002 年为 2.7 人，2003 年为 3.1 人，2004 年为 3.2 人。

在马耳他注册的牙医，2002 年为 159 人，2003 年为 168 人，2004 年为 181 人；他们在马耳他千人在中的比例，2002 年为 0.4 人，2003 年为 0.4 人，2004 年为 0.4 人。

在马耳他注册的药剂师，2002 年为 809 人，2003 年为 800 人，2004 年为 837 人；他们在马耳他千人中的比例，2002 年为两人，2003 年为两人，2004 年为 2.1 人。

在马耳他注册的护士和接生员，2002 年为 2307 人，2003 年为 2423 人，2004 年为 2150 人；她们在马耳他千人中的比例，2002 年为 5.8 人，2003 年为 6.1 人，2004 年为 5.3 人。

### （二）健康服务

马耳他还设置有老年人公寓，拥有床位达 1000 个。马耳他健康服务机构分为：地区健康服务机构、海港健康服务机构、食品安全机构、行政管理机构、环境卫生机构、药品控制机构等。具体服务内容包括：预防和控制流行病；监督管理消毒灭菌工作；处理投诉（如污水渗漏、垃圾堆放、食品卫生等问题）；消除卫生健康隐患；加强公共卫生立法和教育；公共浴场和海滩的监测；严格食品出口；对餐饮业、宾馆和客房实行许可制度；美容美发场所的管理；食品、饮料和水的采样调查；对公共和私人机构的卫生监管，如学校、医院、养老院等；调查研究食品中毒事件；为法庭庭审提供证据；改善老鼠滋生地区卫生状况；丧葬及墓地管理；对进出口食品、药品的管理等。

## 二　体育

### （一）概况

马耳他体育运动早在它还是英国殖民地的时候就展开了。更早以前，马耳他人在空闲时间里经常去散步，去打猎或去钓鱼。英国移民和军人来马耳他后继续从事他们在国内的一些运动，如板球比赛、田径运动、马球和赛马等，后来渐渐被马耳他人接受并且积极开展这些体育活动。

马耳他国家虽小，但非常重视体育运动，几乎各种体育项目如球类（足球、排球、篮球、网球、乒乓球、羽毛球、台球、高尔夫球等）、赛马、棋牌类、自行车、水上项目等都有开展，并成立了相应的协会或组织。

马耳他政府为了更好地鼓励和开展专业和普及性的文化体育活动，逐年在财政上加大了支持的力度，2000 年投入了 236.9 万马镑，2001 年为 232.6 万马镑，2002 年增加到 272.6 万马镑。这些财政的投入，既用于对马耳他岛和戈佐岛地区开展文化体育的支持，也用于对个项文化体育项目的支持，同时也用于体育组织和协会的财政援助。

**（二）主要运动项目及赛事**

**1. 足球**

足球是最受马耳他人欢迎的体育运动，被称为"国家体育运动"。

马耳他足球运动是 1884 年引进的。第一次比赛是在 1909 年或 1910 年。20 世纪 20～30 年代，马耳他为了提高本国足球水平，从欧洲其他国家引进外籍球员。在第二次世界大战中，许多马耳他球员参加了英国的武装部队来保卫马耳他和英国。第二次世界大战一结束，很多马耳他足球俱乐部又重整旗鼓了，并同英国举行很多友谊赛，以促进足球事业的再次发展。圣诞节期间的赛事也在 1945～1946 年间重新恢复了。

马耳他足球协会（简称足协）成立于 19 世纪晚期，总部在瓦莱塔。它的主要任务是领导国家足球队，更好地组织和发展足球事业，领导马耳他其他 49 个足球俱乐部、7 个足协分会，如戈佐足球协会、业余足协、工业足协、区级足协、青年足协等。

足球协会成立后，马耳他足球开始参与国际竞争。1957年2月24日，马耳他与澳大利亚在帝国体育场举行了友谊赛。1959年马耳他足协加入世界足球联盟，1960年又成为欧洲足球联盟的一员。马耳他国家队开始在欧洲杯和世界杯中参赛，在世界杯赛中，参加过62场（第一场是1974年对西德）比赛，在欧洲杯赛中，参加过67场（第一场为1964年对西班牙）比赛。其他的各种友谊赛更是举不胜举。每年从9月开始，有联盟锦标赛以及其他相应的比赛举行。作为欧洲实力最弱的球队，马耳他国家队很少在国际主要赛事中取得决赛权，他们唯一的任务就是用心享受足球比赛和在比赛中虚心学习。其主要胜利赛事有：1975年欧洲杯足球赛中主场2比0战胜希腊，1982年欧洲杯足球赛中主场2比1战胜冰岛，1993年世界杯足球赛中1比0战胜爱沙尼亚。

马耳他足球协会还大力地从事马耳他足球的培训、体育场馆的建设、足球学校的建立、马耳他足协技术中心的建立、资金的筹集等事项，并取得了显著的成绩。马耳他足协无论是人力还是财力上，都是马耳他所有体育协会中最优秀的。

**2. 潜水**

马耳他有很好的潜水条件，并能提供一些最好的配制"水肺"的潜水装备和设施。很多水上运动中心和潜水学校能提供相关课程并租赁配制"水肺"的潜水设备。

**3. 冲浪**

冲浪在马耳他是一项非常重要的运动。每年举行两个国际比赛：一个是5月份举行的西西里－马耳他冲浪比赛，另一个是9月份举行的国际风帆冲浪级别锦标赛，都吸引了众多国际选手参与比赛。

**4. 航海和乘游艇旅游**

航海、划船比赛在每年的4月和11月之间定期举行，包括6月举行的"科米诺划船比赛"、7月的"马耳他－锡拉丘兹比赛"及8月的"里米尼（Rimini）－马耳他－里米尼游艇比赛"。小船

和游艇租赁，岛上到处都有，而且设备和相应配备都很先进。

5. 滑翔

这项运动在黄金沙滩、梅利哈海湾（Mellieha）、金色海湾、高拉海湾（Qawra）、圣·乔治海湾均能够进行。

6. 草地保龄球

马耳他岛草地保龄球"Bocci"很受欢迎，在城市和大多数村庄都能展开这项运动。

7. 骑马

在马萨建设了比赛跑道，附近还有几所骑马学校。一些饭店也提供骑马设备。

8. 赛马

赛马是马耳他的最高层次的观赏性运动。赛马比赛在5月和10月之间每个星期日举行一次，比赛跑道位于马萨。

9. 陶土飞靶和双向飞碟射击

陶土飞靶和双向飞碟射击是马耳他很受欢迎的运动，具有竞争性和实践性，一般在星期日早上举行。

10. 箭术

箭术由马耳他箭术联合会组织进行，由马萨的体育俱乐部举办。国际箭术联赛在4月举行。

11. 田径

马耳他于每年2月中旬举行马拉松比赛，吸引来自全世界的长跑运动员参加。每年5月，在马萨体育场还组织像道路比赛那样的许多运动项目和田径比赛、锦标赛。

（三）体育设施

马耳他拥有多种体育设施。国家体育馆是很多国际比赛举行的场所。此外，大多数饭店为客人提供了许多体育馆和其他设备。设备通常包括网球场、壁球场、健身房和桑拿浴。大多数饭店也提供水上运动设备，包括潜水运动、滑水运动、冲浪和航行的设施。

马萨体育俱乐部是一个大型的体育中心，距离瓦莱塔南部4公里。该俱乐部拥有一块18个洞的高尔夫球场、19个网球场（其中两个是黏土地基）、5个壁球场，还有板球比赛场地、马球场、体育馆、游泳池和一块4条道的保龄球场。位于俱乐部的附近还有赛马跑道，以及足球和橄榄球运动场。

## （四）体育协会

马耳他奥林匹克委员会，成立于1982年。在各种体育事务中，例如在奥林匹克事务中、联邦运动事务中、地中海运动事务中、欧洲小国的体育运动中以及其他国际比赛中，它是马耳他最高层次的、最具权威的和唯一的代表，并拥有全部权限。马耳他奥林匹克委员会的职责是鼓励和指导体育事业的发展，并且发现、资助和培养参加各种比赛的运动员，提高他们的竞技能力和水平。马耳他奥林匹克委员会是自治机构，反对一切政治、宗教、种族和经济因素的影响而独立自主地发挥其作用。马耳他于1928年首次参加在荷兰阿姆斯特丹举办的第九届奥林匹克运动会。

马耳他全国性的各种体育项目协会，经常发起除上述运动项目以外的多种其他体育竞赛，包括现代柔道、篮球、骑自行车、乒乓球、曲棍球、水球、游泳、摔跤等运动。

上述体育项目都有各自的体育协会组织。其体育协会主要有：水上运动协会，箭术协会，业余运动协会，羽毛球协会，棒球和垒球协会，篮球协会，台球协会，业余健美协会，桥牌协会，轻舟联合会，棋类协会，板球协会，自行车联合会，马术联合会，舞蹈协会，飞镖协会，剑术协会，足球协会，皇家高尔夫俱乐部，体操协会，手球协会，曲棍球协会，柔道联合会，空手道联合会，卡丁车俱乐部，篮球协会，马耳他撞球协会，赛马俱乐部，赛舟协会，橄榄球联盟，航海联盟，钓鱼联合会，射击联合会，壁球协会，乒乓球协会，跆拳道协会，网球协会，保龄球协会，三项全能运动协会，水下运动联合会，排球协会，举重联合会，等等，不一而足。

# 第七章

# 外交与防务

## 第一节　外交方针和政策

### 一　外交方针和目标

**马**耳他受自身规模限制，在外交上难以像大国那样在国际事务中施加重要的影响，发挥重大的作用。但是，马耳他地处地中海要地，联结欧、亚、非三大洲，扼地中海的东、西出口。独特的地理位置，使其在历史上成为周边强国来来往往的舞台，这些外来入侵者都或多或少地影响了马耳他发展的进程。马耳他独立后正值冷战时期，东西两大阵营对立。为应对挑战、保障安全、谋求发展，马耳他认真总结历史的经验教训，确定了在对外关系中坚持奉行中立和不结盟的外交方针，并把这种外交方针载入马耳他共和国宪法。

马耳他共和国宪法第 1 章第 1 节共和国及其领土第 3 条①专门对马耳他外交方针作了如下的规定：

---

① 《世界宪法大全》中的《马耳他共和国宪法》没有将第 1 章第 1 节第 3 条译成中文。这里采用《马耳他共和国宪法》1996 年英文版本第 1 章第 1 节第 3 条。

马耳他是一个积极的中立国家，坚持不结盟政策和拒绝参加任何军事联盟，同所有的国家一起寻求和平、安全和社会进步。马耳他这样的方针特别意味着：（1）在马耳他领土上不允许存在外国军事基地；（2）不允许任何外国军队使用马耳他的军事设施，除非应马耳他政府的请求和出现下列情况：在发生任何武装侵犯马耳他共和国主权的事件的情况下而行使自卫的天赋权利时、或者执行联合国安理会决议的措施或行动、或者每当马耳他共和国的主权、独立、中立、统一或领土完整受到威胁的时候；（3）除了上述的情况外，当外国军队在马耳他周围集结时，无论在方式上和规模上都不允许使用马耳他其他的设施；（4）除了上述的情况外，不允许外国军事人员停留在马耳他领土上。除非这些军事人员进行表演或者参与非军事性质的工作或活动以及合理数量的军事技术人员参与马耳他共和国的防卫；（5）马耳他共和国的船坞用于民间商业的目的，但是，在合理规定时间和数量的情况下，也可以用来修理非战斗状态的舰艇或建造舰艇。根据不结盟的原则，上述船坞不允许两个超级大国使用。

在冷战时期，马耳他在中立和不结盟的方针指引下，与东、西方国家都保持了良好关系，双边和多边互访频繁，政治、经贸、文化等各领域的往来不断，为维护马耳他的国家安全和整体利益起到了积极的促进作用。冷战结束后，随着国际国内形势的不断发展变化，马耳他适时调整外交策略，特别是近年来国民党上台执政后，马耳他积极向西方和欧盟靠拢。入盟后，作为欧盟成员国，马耳他进一步密切与欧盟的关系，在坚持中立和不结盟方针的同时，在重大外交问题上与欧盟保持一致。

此外，马耳他还凭借自身优势，继续保持与世界各国的良好关系，积极参与国际及地区事务（包括与联合国、世贸组织、欧洲委员会、欧洲安全和合作委员会、英联邦等），促进地中海地区的安全、和平、稳定、合作，增进马耳他与其他国家的经贸往来和文化交流，保证马耳他在国际上的地位，保护马耳他主权和领土完整及国家利益。

截至1999年底，马耳他已同122个国家建立了外交关系，并在20个国家设有使馆。

## 二　对重大国际问题的政策

马耳他一贯重视联合国等国际组织的作用。主张联合国改革，以适应形势变化。它认为需要提高联合国内部组织的效率。力主重新焕发"联大"活力，把"联大"建设成国际协同一致的论坛。它希望安理会增加透明度和公开性，加强安理会和大会成员之间的协商。它主张安理会改革重点可限于非常任理事国的扩大，对常任理事国的扩大则要采取协商一致的原则进行。它主张赋予托管理事会以新的职责，以增加其对人类共同遗产、环保、人类未来等问题的托管职能。它建议建立一个两年一度的全体委员会，综合考察与海洋有关的问题。

2000年，马耳他总统出席了在伦敦威尔顿公园举行的"21世纪联合国"会议和联合国西班牙理事会会议，重申焕发"联大"活力、改革安理会和托管理事会等主张。马耳他总理在2000年"联大"会议上，主动宣布大幅增加马耳他对联合国维和行动承担的财政份额。

2001年，马耳他总统又一次呼吁加强安理会，尤其是"联大"的作用，反对绕过联合国处理重大国际问题。马耳他外长出席第56届"联大"，呼吁"联大"就制订一项反对国际恐怖主义的公约召开高级别会议，并代表马耳他政府递交了马耳他加入反对恐怖主义等4项反恐国际公约的批准书。

2007 年 7 月 27 日，马耳他总理代表马耳他在"联大"进一步表示，为保证联合国更好地发挥作用，必须加快当前正在进行的改革进程。马耳他坚决支持一个具有广泛代表性、作用和行动透明、真正负责、运转高效的联合国；马耳他认为联合国改革和关于建立"一个联合国"的国家方式（"One United Nations" country approach）是联合国赖以应对和处理不断增多的新挑战的两大支柱。

由于马耳他位于地中海中心，处于欧盟的最南边，是欧洲和北非之间的一座桥梁，因此，马耳他十分重视地中海及其沿岸地区的安全与稳定，积极推动欧盟 – 地中海稳定与发展的进程，主张建立地中海理事会，支持通过循序渐进的方式建立信任与安全措施的倡议，努力营造相互合作的良好环境。马耳他外长出席了第 7 届地中海论坛会议、国际议会联盟地中海安全与合作第 3 届议会间的会议和欧洲 – 地中海外长非正式会议，提出设立地中海议会大会，倡导签署《欧洲 – 地中海和平稳定宪章》，参加欧洲 – 地中海进程中的国际会议，以及关于能源、运输、青年和信息社会等欧洲 – 地中海地区项目。马耳他欢迎旨在加强欧洲国家政治、经济合作（包括金融上的相互支持、单一市场建立等方面）的"欧洲相邻国家政策"（EPS）的实施，以减少周边地区的不稳定性。

1999 年 3 月，马耳他还承办了地中海论坛会议。马耳他认为"欧洲相邻国家政策"为巴塞罗那进程的建立提供了机会，使欧洲 – 地中海国家之间能形成一种垂直合作关系，在巴塞罗那框架内实现国家间的团结。此政策还给马耳他在移民、人权、民主、反恐、市场发展、吸引投资等方面发展提供更多空间。2001 年，马耳他继续积极推动欧洲 – 地中海合作进程，马耳他外长多次参加地中海地区论坛会议，呼吁加强不同国家、不同文明国家之间的对话、理解和信任，以促进该地区的和平与稳定。

马耳他重视与地中海南岸国家的关系，1990 年 11 月，同法国、意大利、西班牙和葡萄牙一起与阿拉伯马格里布联盟——阿尔及利亚、利比亚、毛里塔尼亚、摩洛哥、突尼斯等 5 国建立了"5 + 5"对话关系，从而成为西地中海盆地"5 + 5"非正式对话组织的成员国之一。其目的是加强彼此之间的合作，促进发展，维护西地中海地区的和平与安全，巩固和加强巴塞罗那进程。

1990 年 11 月和 1991 年 10 月，"5 + 5"非正式对话组织成员国分别在罗马和阿尔及尔举行了两次外长会议，后因"洛克比事件"① 和"西撒问题"②，双方对话中断。随着洛克比问题的解决，"5 + 5"第三次、第四次外长会议相继于 2001 年 1 月在里斯本、2002 年 5 月在的黎波里举行，2003 年先后在突尼斯举行了西地中海国家与马格里布国家"5 + 5"首脑会议，在利比亚举行了"5 + 5"国家议长会议。

马耳他坚决反对核试验和使用核武器，不允许载有核武器的军舰在马耳他港口停泊。马耳他支持无限期延长《核不扩散条约》和《全面禁核试条约》。马耳他议会于 1997 年 4 月通过了授权政府批准《禁止化学武器公约》的议案。在 1997 年维也纳国际原子能机构大会上，马耳他被接受为国际原子能机构第 126个成员国。同年 12 月，马耳他签署了《关于禁止使用、储存、生产和转让杀伤人员地雷及销毁此种武器的公约》。马耳他还呼吁国际社会尽一切努力支持核裁军，并确保关于核武器和大规模

---

① "洛克比事件"：1988 年 12 月 21 日洛克比空难发生，一架波音 747 喷气式客机上的 259 名乘客全部遇难，另外，洛克比小镇上的居民也赔上了 11 条生命，总计 270 人遇难，其中大部分是美国人。嫌犯为利比亚人。

② "西撒问题"：是指以摩洛哥与西撒人为主的两方就西撒地区最终地位所产生的一系列分歧、争端与冲突。20 世纪 70 年代，双方爆发冲突，后在联合国的调解下实现停火。西撒问题反映了阿拉伯世界内部错综复杂的历史矛盾，在阿拉伯世界具有一定的代表性。

杀伤性武器的相关条约得到普遍遵守。

马耳他坚决反对国际恐怖主义，认为恐怖主义不应该有生存的空间。因此，马耳他积极地参加国际反恐的合作，坚定不移地全面执行关于反恐的国际公约和安理会的决议，愿与其他国家共同努力，彻底地根除一切形式的恐怖主义。

马耳他国民党政府曾经于1994年5月加入北约的"和平伙伴关系"计划。1996年工党上台后，以违反马耳他共和国宪法关于中立、不结盟和非军事化的规定为由退出。1998年9月，国民党政府重新上台后，未再申请加入"和平伙伴关系"计划，但是密切关注北约的发展。

作为一个岛国和世界第4大船舶注册国，马耳他一直十分关注海洋资源的开发利用和海上运输安全。早在1967年8月17日，马耳他驻联合国代表就致函联合国秘书长要求将"国家管辖范围以外海床洋底的和平利用问题"列入第22届"联大"议事日程。由于国际社会对海底资源开发问题的日益关注，1967年12月18日，联合国第22届大会通过了一项决议（2340号决议），决定成立一个特设委员会以研究国家管辖范围以外海床洋底的和平利用问题。1968年12月21日第23届联大又通过决议（2467号决议），决定将特设委员会改为常设委员会，建立"和平利用国家管辖范围以外海床洋底委员会"（简称海底委员会）。

此外，马耳他还以高票当选为国际海事组织理事会成员。该海事组织委员会由126个成员国组成，其执行机构为理事会。理事会由16个国家组成，任期为3年，主要是负责国际海事组织立法及对世界航运业务进行监督。成为其理事会成员，有利于提高马耳他在国际海事组织中的地位，进一步发挥其作用，维护其海洋权益。

在全球气候变化问题上，马耳他表示国际组织和机构必须以更加密切协同的态度对待该问题及其后果，参与减除气候变化危

险的各方，亟须要帮助有关国家提高面对和适应气候变化而产生负面影响能力的战略和行动采取一致立场。马耳他认为联合国应就此通过"联大"建立一个统一的机制并提出未来全球战略，要特别关注小岛国的需求。

马耳他关心中东局势，认为中东问题的僵局是对欧洲－地中海合作进程的致命打击，希望公正、和平地解决中东问题。它主张中东问题有关各方恢复《奥斯陆和平协议》的活力，尊重其所规定的义务，对当前旨在恢复中东对话的倡议作出积极反应。它要求各方尊重其所规定的义务，致力于建成一个独立、民主的巴勒斯坦国家，与以色列及其周边国家达到共同安全、和平共存而努力。

2000 年，马耳他总统还亲赴以色列与巴勒斯坦地区斡旋巴以冲突。2001 年"9·11事件"以来，马耳他加紧在美国和巴勒斯坦之间进行斡旋，力图为推动巴以和谈发挥作用。2002 年初，马耳他政府就中东局势连续发表声明，呼吁各方保持最大限度的克制，立即实现停火，防止暴力活动失去控制形成恶性循环。

2004 年，马耳他作为欧盟成员国之一，积极支持欧盟对于中东问题的政策。马耳他外交部长还两次出访中东进行斡旋，积极促进巴勒斯坦和以色列的双边谈判成功。

马耳他呼吁国际社会、联合国以及其包括难民署在内的组织机构对非法移民问题做出共同回应，对非法移民问题建立一个全面完整的机构性和制度性对策，打击非法移民犯罪组织，向马耳他等承受超比例非法移民问题重担的国家提供帮助。

三 参加的国际组织

（一）马耳他参加的国际组织

马耳他积极致力于国际事务，参加的主要国际组织如下：

联合国（UN）以及联合国教育、科学和文化组织（UNESCO）、联合国工业发展组织（UNIDO）、世界贸易组织（WTO）、欧盟（EU）、欧洲经济委员会（ECE）、联合国粮食与农业组织（FAO）、国际原子能组织（IAEA）、国际复兴开发银行（IBRD）、国际民间航空组织（ICAO）、国际自由劳工联盟（ICFTU）、国际劳工组织（ILO）、国际货币基金组织（IMF）、国际警察组织（INTERPOL）、国际奥林匹克委员会（IOC）、国际标准化组织（ISO）、国际电信同盟（ITU）、万国邮政联盟（UPU）、世界卫生组织（WHO）、世界气象组织（WMO）、世界旅游组织（WTO）、海关合作理事会（CCC）、欧洲委员会（CE）、欧洲复兴开发银行（EBRD）、77国集团（G-77）、国际农业发展基金会（IFAD）、国际海事组织（IMO）、不结盟运动组织（NAM）、欧洲安全与合作组织（OSCE）、世界劳工联合会（WCL）、世界知识产权组织（WIPO）等。

2004年，马耳他又以最高票数再次当选为国际海事组织理事会成员。在投票的126个国家中，马耳他获得了110票。该理事会由16个国家组成，任期3年。该组织主要是负责国际海事组织立法及对世界航运业务进行监督。马耳他交通部长加利亚在会后表示，他对马耳他再次当选特别满意。马耳他作为一个岛国、世界第四大船舶注册国和欧盟成员国，可以利用这一结果进一步加强其战略位置。

**（二）马耳他和世界贸易组织**

马耳他签署乌拉圭谈判最后一个协议时间为1994年4月15日。马耳他议会通过这一协议，于1994年11月20日正式成为世界贸易组织一员。外交部为马耳他对外贸易事务代表。

**（三）马耳他和欧洲安全和合作组织（OSCE）**

马耳他于1973年6月25日被批准加入欧洲安全和合作组织。它于1975年8月1日签署了赫尔辛基最后协议，并且在

1990 年 11 月 21 日签署了《巴黎宪章》。2004 年，马耳他成员费
为欧洲安全和合作组织的预算的 0.02%。马耳他在一些欧安组
织的论坛上起着积极的作用，比如地中海会议以及一些例会和安
全合作论坛等。"地中海重要因素"成为马耳他的代名词，地中
海安全对欧洲安全又起着关键的作用。1992 年，在赫尔辛基的
部长会议上，马耳他提议根据联合国宪章第 8 部分，欧洲安全和
合作组织应被承认是一个联合国的地区性质的组织，得到参与国
的普遍认可。

## 第二节　与西欧和东欧的关系

### 一　与欧盟的关系

耳他与欧盟的关系，更多的是由于与西欧国家在文
化、政治和经济上的"血缘"关系。马耳他地处东
地中海，居民是南欧人、腓尼基人、阿拉伯人和英国人的混血后
代，使用的马耳他语也是阿拉伯语的一种方言。但是，在文化和
思想上，马耳他可以说是基督教文明在东方传播的一个基地。按
基督教的说法，耶稣的门徒保罗在赴罗马的航程中曾在马耳他耽
搁了 3 个月。这就是马耳他人信上帝的开始，换言之，在罗马帝
国时期马耳他就已经是基督教文化圈的一部分了，不过它还处于
雏形状态。在此之后，马耳他先后处在东罗马帝国、基督教骑士
团、法国及英国统治之下，仅在公元 870～1091 年间被阿拉伯人
短暂统治过。

　　基督教骑士团和英国，一方面，使马耳他免遭土耳其和意大
利等周边大国势力吞并，保全了它的西方式政治体制和文化，并
且建立起比较成型的市场经济体制和资本主义政治制度；另一方
面，也使马耳他在欧洲政治、经济中常常处在保护国的地位。马

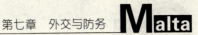

耳他的经济来源以旅游业和造船业为主，而主要客户就是英国、法国、德国和意大利。所以，马耳他是欧洲国家中独立意识出现最晚的一个国家，甚至在其国旗上的图案至今还保留第二次世界大战中英国政府颁发的乔治勋章，官方语言中依旧保留英语，其法律基本源自拿破仑法典，这样的殖民地色彩在欧洲国家大概是绝无仅有的。

马耳他于 1964 年独立，但作为英联邦的成员在经济和安全上却长期地依靠英国。所以，1979 年收回英国在马耳他的军事基地后，马耳他很快就遭受到国际贸易逆差困境，陷入了东西方之间的国际夹缝之中。马耳他国内两个主要政党在内政和外交的方针上存在着分歧。独立后第一次大选上台的国民党主张，"信仰天主教、具有欧洲传统和民族精神"的马耳他对外应自主外交，加强与欧洲国家和邻国的联系与合作，积极要求加入欧盟；而 1971～1987 年和 1996～1998 年期间，执政的工党却主张独立自主、中立和不结盟，同欧盟只可建立"伙伴关系"而不应加入。1996 年 10 月马耳他工党政府中止加入欧盟的谈判，但仍把同欧盟的关系作为马耳他外交重点之一。正因为如此，马耳他一直迟迟未能加入欧盟。1998 年国民党重新执政以来，马耳他重新启动加入欧盟的进程。

其实，无论是国民党还是工党，代表了欧洲基督教文明，政治和经济上十分强大的欧盟自然就是马耳他天然的依靠对象，加入还是不加入欧盟，更多的是出于党派斗争的需要。无论如何，国民党的执政为马耳他加入欧盟开了绿灯。就欧盟而言，它对于这个"信仰天主教、具有欧洲传统和民族精神"、依靠外向型经济立足的小国几乎就是母体，马耳他选择加入欧盟，其实是最自然不过的结果。

另外，马耳他地处欧盟南翼，联结欧、亚、非三大洲，扼地中海的东、西出口，地理位置独特。欧盟如能将马耳他"收编",对其进一步扩大在欧亚地区的影响具有积极意义。为此,欧盟有意降低马耳他入盟门槛,在入盟条件上对马耳他做出了一定让步,例如,确保马耳他中立地位,允许马耳他继续坚持反对堕胎政策,允诺对经济不够发达的戈佐地区予以资金援助等。

1999 年 2 月,欧盟委员会发表对马耳他入盟"意见"的"最新报告",确认马耳他在为加入欧盟进行行政和政府调整等政治方面没有重大问题。同月,欧盟-马耳他联合议会委员会在马耳他举行。4 月,欧盟委员会致函马耳他驻布鲁塞尔大使,邀请马耳他加入匈牙利、捷克、波兰、斯洛文尼亚、爱沙尼亚和塞浦路斯等 6 国多边审查的行列。6 月,欧盟总务理事会同意,把同中东欧国家和塞浦路斯之间进行的多边政治对话扩展到马耳他。10 月,欧盟驻马耳他大使向马耳他总理阿达米提交欧盟对马耳他进展报告和《入盟伙伴关系报告》。12 月,欧盟赫尔辛基首脑会议同意于 2000 年 2 月开始同马耳他进行入盟谈判。

2001 年 12 月,马耳他外长参加关于马耳他入盟的欧盟第 5 次部长级会议。同月,马耳他总理阿达米参加欧盟领导人首脑会议。

2002 年 1 月,欧盟地区委员会主席切伯特访问马耳他。同月,马耳他政府的社会部部长冈奇与英国卫生和安全部部长怀特赫德签署欧盟给予马耳他入盟前资金援助项目的协议。3 月,马耳他总理、外长和财长参加欧盟委员会首脑会议。马耳他经济部长参加欧洲-地中海第 2 届贸易部长会议,讨论促使欧洲国家更多地进入欧洲市场,继续消除贸易壁垒等问题。

马耳他政府于 2002 年完成入盟谈判,2002 年 11 月 18 日欧盟 15 国外长在布鲁塞尔举行会议,决定邀请塞浦路斯、匈牙利、捷克、爱沙尼亚、拉脱维亚、立陶宛、马耳他、波兰、斯洛伐克和斯洛文尼亚 10 个中东欧国家入盟。

2003 年 3 月 8 日,马耳他率先就是否加入欧盟举行全民公

投。结果53%赞成，46%反对。同年4月16日，在希腊首都雅典举行的欧盟首脑会议上，马耳他及上述各国正式签署加入欧盟协议。

2004年5月1日，这10个入盟协议签署国正式成为欧盟的成员国。这是欧盟历史上的第5次扩大，也是规模最大的一次扩大。欧盟以往的扩大都是向西方国家开放，而这次入盟的10国多为中东欧和波罗的海沿岸国家。此次扩大后的欧盟成员国将从当时的15个增加到25个，总体面积扩大近74万平方公里，人口从约3.8亿增至约4.5亿，整体国内生产总值将增加约5%，经济总量与美国不相上下，欧盟的整体实力有所增强。

加入欧盟对马耳他具有如下重要意义。

### （一）实现马耳他对欧洲的归属愿望

马耳他的政治文化，本质上就是属于欧洲政治文化，对欧洲有强烈的归属愿望。加入欧盟就是民心所向，就是回归，就是在政治上回到家了。

### （二）入盟将为马耳他在政治和安全上提供"保护伞"

当前欧盟一体化建设深入发展，国际地位和影响日趋上升。马耳他作为小国，入盟不但能避免在本地区被"边缘化"，增强其在欧盟－地中海合作进程中的"桥梁"作用，而且也可以"背靠大树好乘凉"，更好地应对新挑战。

### （三）入盟对马耳他国内经济发展有利

马耳他经济规模小，产业结构比较单一，对外依赖性强。入盟后，马耳他可以与主要贸易和投资伙伴进一步发展和密切经济关系，以欧盟为依托抵御外部经济风险，并利用欧盟大市场带动自身经济发展。此外，根据有关条例，马耳他在入盟前3年可从欧盟获取8100万马镑（约1.9亿欧元）的援款。

### （四）加入欧盟，促进了马耳他各领域的发展

入盟深刻地影响马耳他人日常生活并促进各领域前进一大

步。加入欧盟 3 年多来，马耳他各领域潜能得到发挥，例如，提高竞争力、创造就业机会、吸收外资、提升金融服务业以及发展高附加值加工业。在充满激烈的国际竞争的环境中，入盟将使马耳他各项潜能继续得到进一步显现。

**（五）加入欧元区必将进一步提高马耳他人民生活水平和生活质量**

根据有关协议，马耳他在欧盟理事会中拥有 3 个投票权，在欧盟委员会中有 1 名委员，在欧洲议会中有 5 个席位。2004 ~ 2006 年，欧盟向马耳他提供"结构基金" 6320 万欧元，用于帮助马耳他发展经济和保护环境。马耳他的民主、法制、人权等各个方面与欧洲及各国关系密切，入盟后，马耳他将继续依照哥本哈根政治标准要求自己，并努力使自己在社会、政治、经济上与欧盟平均水平持平，使自己真正融入欧盟。作为欧盟成员国，马耳他在重大外交问题上与欧盟基本保持一致。

2007 年 1 月 1 日，保加利亚和罗马尼亚加入欧盟。同时，前南斯拉夫、克罗地亚、马其顿共和国、土耳其也想加入欧盟，欧盟将进一步扩大。马耳他积极支持欧盟扩大，认为这是一个使欧洲各国积极发展、使欧洲更加团结和稳定的好机会。

2007 年 7 月 10 日，出席欧盟财长理事会会议的各国财长投票，一致赞成马耳他于 2008 年 1 月 1 日起正式加入欧元区，马耳他通过了启用欧元的最后程序。马耳他成为第 14 个采用欧元的国家。当天，其总理冈奇在布鲁塞尔正式在马耳他欧元硬币样板上签字，标志着马耳他启用欧元的工作进入倒计时。

## 二　与一些西欧国家的关系

### （一）与英国的关系

**马**耳他与英国之间的关系可以追溯到 19 世纪初，甚至可以追溯更远一些。1814 年，英国从法国手中取得了对马耳他的正式统治权，马耳他成为英国的殖民地。在整个19世纪，马耳他一直作为英国的军事基地而存在，随着英帝国的不断扩展，马耳他作为军事基地的价值更加突出。马耳他在被英国统治之前，其政治制度是一种本土的自治制度与外来的专制控制并存的局面。成为英国的殖民地后，英国对马耳他的统治与马耳他传统的组织方式相融合，形成了英属马耳他时期独特的政治、经济、文化政策，这对马耳他未来的发展产生了深远影响。截至第二次世界大战之前，英国的政治文化已经全面渗入到马耳他社会之中。马耳他人在反对英国的严格控制、维护自身自治权利的同时，又不由自主地接受了英国的政治文化与政治机制。以至于到了后来，他们实际上是在用英国的东西来反对英国的严密控制。

　　英国与马耳他在社会文化上的关系也表现出类似的发展情况，英国人竭力推行英国文化，但又不得不考虑马耳他人维持自身文化的要求。而马耳他人则在排斥英国文化侵入的同时，又不自觉地接受英式文化。最终，马耳他形成了既有英国因素又有自身特征的文化。经过长期的斗争，1964年9月21日，马耳他终于摆脱英国的统治，赢得了独立。独立后的马耳他是英联邦成员国，但在经济上和安全上仍然长期地依赖英国。1979年英国军事基地撤除后，马耳他经济一度陷入停滞甚至倒退，但经过几届政府的努力，马耳他经济逐渐走出低谷，政治上也真正地实现了独立。

　　近年来，马耳他和英国两国领导互访频繁。1999年1月，马耳他总统圭多·德马尔科对英国进行访问。5月，英国外交和联邦事务国务大臣访问马耳他，表示支持马耳他加入欧盟。8月，英国工会银行金融工会全国书记、公营部门工会秘书长访问马耳他。同月，马耳他教育部部长率领艺术家代表团参加了爱丁堡艺术节。12月，英国首相布莱尔致信马耳他总理阿达米，表示他继续和完全支持马耳他入盟的进程。

2000 年，马耳他和英国传统合作关系继续得到发展。4 月，英国金融城伦敦市市长访问马耳他。5 月，英国议会对外委员会主席访问马耳他。7 月，英国欧洲事务副大臣访问马耳他，双方签署了《马耳他–英国欧洲行动计划》，确定两国政府当前及今后进行合作的内容及方向。10 月，马耳他总统首次正式访问英国。英国军舰和辅助舰船往马耳他停靠增多。

2001 年 3 月，马耳他外长访英，英国外交大臣重申支持马耳他加入欧盟的立场。

2002 年 3 月，马耳他总理阿达米参加在澳大利亚举行的英联邦首脑会议。

2004 年 1 月，英国皇家舰队补给舰访问马耳他。2 月，马耳他和英国签署"就业和社会保护"联合声明，以进一步加强两国在该领域的合作。

2005 年 11 月，英联邦首脑会议在马耳他首都瓦莱塔举行。马耳他与英国的关系随着时间的推移越来越密切。

### （二）与意大利的关系

马耳他位于意大利西西里岛的南方，与意大利有着久远的历史渊源。一般认为，约在公元前 3800 年左右，一批来自西西里的人群移居在马耳他，这是当地最早的定居者。公元 218 年之后，马耳他落到了罗马人的控制之下。最初，马耳他归西西里总督控制。后来，它又获得自治地位，可以铸造自己的货币，可以派遣使节到罗马，也可以管理内部事务。在罗马人统治的整个时期，马耳他是一个兴旺的贸易中转站，经济十分繁荣。正是在这一时期，基督教传入了马耳他，从此成为影响马耳他人生活的一支重要力量。马耳他语原来没有文字，意大利语逐步成为本地的书面语言，而且也随之成为社会中上层阶层使用的语言。

马耳他成为英国的殖民地后，英国极力推行英语，但遭到了马耳他人的长期反对和抵制，当时的意大利政府也基于民族感

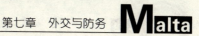

情，对英国的这种行径表示不满。直至 1936 年，英国全然不顾马耳他人的感情，再次规定把英语作为官方语言，而意大利语正式被排斥在外。

1964 年 9 月 1 日，马耳他和意大利正式建立外交关系。马耳他驻意大利的大使馆于 1967 年 2 月在罗马开馆。在过去的 40 年，马耳他和意大利在经贸、外交、安全等方面保持了比较紧密的关系，双方总共签署了 48 项双边协议，涉及文化、技术、金融、经济、双重征税、交通运输、社会安全和家庭事务等诸多领域。按照 1980 年同意大利签订的《承认和保障马耳他中立立场协议》，马耳他由意大利提供防务安全保障。

1997 年，马耳他和意大利两国就打击非法移民问题开展更密切的合作。

1999 年 1 月，意大利通讯部部长访问马耳他。6 月，马耳他和意大利军队就违法物品船只登船技术、非法移民的监控和执行人道主义行动等问题举行第 6 次联合军事演习。7 月，马耳他外长访问意大利。双方同意就马耳他加入欧盟申请进展问题保持定期联系，意大利重申完全支持马耳他加入欧盟。9 月，意大利海岸警卫队司令对马耳他进行为期 3 天的访问。同月，马耳他总统德马尔科因私赴意大利，并顺便会见意大利总统。10 月，意大利参议院国防委员会代表团访问马耳他。同月，意大利欧洲政策部部长访问马耳他。

2000 年 1 月，马耳他总统及外长均访问过意大利，意大利表示继续给予马耳他大量经济援助并加强相互之间的军事合作。马耳他和意大利签署了打击跨境交易犯罪相互交流信息和协助的海关合作协议，并讨论签署第 5 个财政议定书。

2001 年 10 月，意大利外交国务秘书访问马耳他，与马耳他签署了新的为期 3 年的财政援助协议，帮助马耳他进行基础设施方面的建设。12 月，意大利内政部长访问马耳他，与马耳他内

政部长签署了遣返非法移民和打击洗钱两项协议。

2002 年 2 月，马耳他总理阿达米访问意大利。意大利表示在欧盟问题和双边关系上均完全支持马耳他。

2004 年 1 月，马耳他总统圭多·德马尔科再次对意大利进行国事访问。2 月，意大利议会代表团访问马耳他。4 月，意马双方签订《防卫合作协议》，意大利继续为马耳他提供防务和安全保障。

2005 年 5 月，意大利总统钱皮对马耳他进行国事回访。马耳他与意大利的关系日益密切。

马耳他和意大利两国间签订的主要协议有：1967 年的《文化协议》，1980 年的《承认和保障马耳他中立立场协议》，1981 年的《避免双重征税协议》、《军事协议》和《技术培训协议》，1983 年的《科技军事培训协议》和《工业和贸易合作协议》，1985 年的《软贷款协议》，1987 年的《国际陆路货运协议》，1991 年的《打击劫机、贩运毒品和打击集团犯罪的协议》，1994 年的《预防和缓解自然灾害和科技灾害的协议》和《金融协议》，1999 年的《外交事务合作协议》，2000 年的《关税协议》，2001 年的《科学技术合作协议》和《打击洗钱犯罪和其他非法财产协议》，2002 年的《投资保护和促进协议》和《经济、技术和金融协助协议》，2003 年的《双边货运和客运服务协议》，2004 年的《防卫合作协议》等。

**（三）与法国的关系**

马耳他与法国两国外交关系建立于 1964 年 9 月 21 日，正值马耳他独立之时。法国在马耳他的大使馆建于 1970 年，马耳他在法国的大使馆建成于 1977 年，即在马耳他当时的总理访问巴黎之际。

马耳他与法国两国关系建立在合法的有效的 10 个双边协议之上，即 1968 年的《文化协议》，1974 年的《航空服务协议》，

1976 年的《互惠的有关投资鼓励和保护协议》，1977 年的《避免双重征税协议》，1979 年的《电讯技术合作协议》，1989 年的《地质和采矿业的科学技术合作协议》，1991 年的《信息转播实验协议》，1998 年的《国内事务合作协议》，2001 年的《健康合作协议》，2001 年的《关税壁垒协议》。最后一个协议于 2005 年 1 月 1 日生效，协议的内容是关于预防、调查、监督关税壁垒的相互的政府间的协助。

马耳他和法国之间的贸易关系较为稳定，贸易平衡方面一直是法国略占优势。2003 年，对马耳他而言，来自法国的进口产品价值为 2.189 亿马镑，而马耳他对法国的出口产品价值为 1.195 亿马镑（主要是电力机械）。来自法国旅游人数一直持续较高，在 2004 年为 81061 人。

### （四）与荷兰的关系

马耳他与荷兰两国于 1965 年建交。早在 20 世纪 80 年代，两国就开始频繁互访，主要就经济合作展开讨论。如今，两国也在自由港公司、荷兰人在马耳他从业、国际航运和节能回收等方面进行磋商和合作。

1998 年 9 月 25 日，马耳他高层领导人在美国与荷兰领导人会晤时表示，支持荷兰拥有联合国安全理事会的席位。

1999 年，两国领导人在伊斯坦布尔会晤，荷兰表示支持马耳他加入欧盟，并保证在加入欧盟的第一批申请者和第二批申请者（包括马耳他）之间不应该有任何差别。

2001 年 2 月 21 日，荷兰外交事务大臣和马耳他高层领导会晤，就马耳他政治、经济形势、欧盟扩大和欧盟投资等问题进行充分讨论。马耳他在荷兰的大使馆于同年 7 月在海牙正式开馆。11 月，马耳他总理正式访问荷兰，会见了荷兰总理、外交大臣、议会议长和荷兰女王。荷兰总理发表了"马耳他——欧洲在地中海不可缺少的伙伴"的演讲。

2003 年 2 月 5 日，两国领导人会晤，就马耳他加入欧盟的进程和两国间的双边关系和经济合作进行协商。同年 10 月，荷兰总理和欧洲事务大臣对马耳他进行工作访问，主要为荷兰成为下一任欧洲委员会轮值国作准备。荷兰总理表示，马耳他应该在欧洲议会中拥有席位。

2004 年 1 月 26 日，马耳他和荷兰签订了教育合作协定。4 月 1 日，两国又就贸易往来和经济事务进行磋商。

2005 年 5 月 13 日，荷兰总理正式访问马耳他，并与马耳他总理会晤。

马耳他和荷兰两国间签订的主要协议有：1977 年的《避免双重征税协议》，1984 年的《投资促进和保障协议》，1985 年的《航空服务协议》，2001 年的《社会保障协议》等。

### （五）与比利时的关系

马耳他与比利时两国外交关系建立于 1965 年 6 月 11 日，比利时于 1965 年在马耳他建立大使馆，而马耳他驻比利时大使馆建立于 1967 年 11 月。

1984 年 11 月 10 日，比利时外交部长会见马耳他大使，主要讨论马耳他中立立场问题。

1985 年 3 月 25 日，两国外交事务高层官员会晤，主要讨论马耳他和欧洲经济共同体的关系。

1989 年，马耳他总理在联合国会见比利时外交部长，讨论马耳他加入欧共体的事项。同年，两国就社会保障协议达成共识。

1995 年 2 月，马耳他外交部长和比利时外交部长会晤，就欧洲事务和外交事务进行讨论。

1998 年 4 月 1 日，两国外交部长在布鲁塞尔会晤，就两国间的警力合作、贸易合作、投资和旅游方面的协作达成协议，还就马耳他加入欧盟和欧洲 - 地中海地区问题、中东进程问题和利比亚问题进行讨论。

1999 年 6 月 18 日，两国又一次就马耳他加入欧共体的进程问题进行磋商。

2000 年 9 月，两国首脑在联合国各国首脑会议期间会晤，就欧盟谈判和双边关系进行讨论。

2001 年 8 月，比利时财政部长会见马耳他外长，讨论欧盟事务和经济问题。

马耳他和比利时两国签订的主要协议有：1971 年的《航空服务协议》，1974 年的《避免双重征税协议》，1978 年的《医学科学和公共健康合作协议》，1987 年的《投资鼓励和保障协议》等。

### （六）与卢森堡的关系

马耳他与卢森堡两国外交关系建立于 1969 年 1 月 25 日。两国第一次高层接触为 1989 年，马耳他总理在纽约联合国大会期间会见卢森堡副总理。同年，卢森堡内部事务部长访问马耳他，会见了马耳他总理和议会议长。11 月，卢森堡总理访问马耳他，表示支持马耳他加入欧盟。

1991 年 6 月，马耳他总理会见卢森堡总理，再一次就马耳他加入欧盟、双边关系、旅游、双重征税、航空服务等方面进行讨论并签署协议。

1998 年、1999 年、2000 年两国领导人均有互访，卢森堡继续支持马耳他入盟。

2001 年 2 月，卢森堡副总理访问马耳他，讨论了卢森堡作为欧盟成员国的体验、中立和不结盟立场、马耳他入盟进程、欧盟对马耳他的技术援助问题等。

2002 年 10 月 3 日，卢森堡总理对马耳他进行正式官方访问。

马耳他和卢森堡两国间签订主要协议有：1987 年的《投资鼓励和保障协议》，1991 年的《航空服务协议》，1992 年的《旅游协议》，1994 年的《避免双重征税协议》，2002 年的《青年事务合作协议》等。

（七）与冰岛的关系

1980 年 11 月 14 日，马耳他外交部长会见冰岛外交部长，双方就建立外交关系问题和建立渔业合作关系等方面进行协商。两国努力在旅游、文化和商业上进行合作。

1995 年 10 月 13 日，冰岛总理和马耳他总理就两国关系和与欧盟关系等问题进行会谈。

两国正式外交关系建立于 1998 年 7 月 3 日。8 月 21 日，冰岛卫生和社会保障部部长到马耳他访问，签署了健康合作协议。

2001 年 7 月，马耳他经济服务部部长访问冰岛，就加强两国经济联系、加强投资力度和贸易往来、医药产品进出口等问题进行协商。

马耳他和冰岛两国间签订的主要协议有：1967 年的《签证互免协议》，1998 年的《健康和医药合作协议》，2004 年的《避免双重征税协议》等。

（八）与瑞士的关系

马耳他与瑞士两国间外交关系建立于 1966 年 3 月 24 日。双方就投资保障、航空运输、贸易、教育培训等达成协议。1973 年 11 月 4 日，瑞士在马耳他建成工业电子学培训中心。1990 年 6 月 12 日，瑞士在马耳他大学内建立地中海外交研究学院，培训马耳他外交人才。瑞士还资助马耳他建立国际海事法律研究中心及图书馆。马耳他与瑞士两国间有烟草、珠宝、化学制品、医药制品、皮革制品和染色制品等贸易往来。马耳他也成为对瑞士人流行的度假胜地，几乎每年有 22000 人左右来马耳他旅游。

马耳他和瑞士两国间签订的主要协议有：1966 年的《贸易往来，投资保障和技术合作协议》，1973 年的《工业电子学培训中心建立协议》，1977 年的《航空服务协议》，1987 年的《航运、海运税收协议》，1989 年的《签证互免协议》，1990 年的《地中海外交研究学院建立协议》等。

三　与一些东欧国家的关系

**（一）与斯洛伐克的关系**

马耳他与斯洛伐克两国外交关系建立于 1968 年。两国间的交往，尤其是近年来比较频繁。

1996 年 11 月 2 日，马耳他总理、副总理和外交部长在里斯本会见斯洛伐克领导人，就马耳他加入欧盟、两国双边关系、两国经济政治合作等共同关心的问题进行讨论协商。

1998 年 10 月 9 日，两国就斯洛伐克的选举、少数民族问题、与匈牙利的关系、与欧盟的关系、马耳他在布拉迪斯拉发的外事机构以及两国间的外交部长级会晤等问题进行磋商。

1999 年 9 月，斯洛伐克外交部部长访问马耳他，双方讨论了双边关系和两国加入欧盟的问题，并在避免双重征税和投资保障方面达成协议。

2000 年 5 月，在两国的环境部部长和欧盟环境部部长的非正式会议上，讨论申请加入盟国和欧洲委员会的关系、与申请国的环境相关事宜以及金融环境等问题。同月，马耳他总理和外交部长对斯洛伐克进行官方访问，就入盟进程进行磋商讨论。在双边关系问题上，两国均认为双边合作需要继续巩固和加强，而且建议两国议会间建立一个"合作小组"，就加入欧盟和双边关系等事务进行协商。两国总理还签署了打击有组织犯罪的协议。

2001 年 5 月，马耳他总统和教育部部长对斯洛伐克进行正式官方访问，两国间高层领导人又一次就共同关心的问题进行商讨交流。6 月，斯洛伐克总理对马耳他进行回访，会见了马耳他总统。在访问期间，两国签署了公共健康合作协议。

2002 年 5 月，斯洛伐克总统对马耳他进行正式官方访问，会见了马耳他总理、议长等高层领导人。

2004 年 3 月 19 日，马耳他财政和经济事务部部长在斯洛伐

克的布拉迪斯拉发参加了国际会议，主要讨论经济转型期的改革和加入欧盟的问题。

马耳他和斯洛伐克两国间签订的主要协议有：1976 年的《贸易协议》，1981 年的《航空服务协议》，1990 年的《签证互免协议》，1999 年的《投资保障协议》和《避免双重征税协议》，2000年的《打击集团犯罪合作协议》，2001 年的《健康协作协议》等。

（二）与捷克的关系

马耳他与捷克两国外交关系建立于 1968 年 7 月 10 日。

1984 年 1 月，马耳他总理会见捷克总理，就两国贸易关系进行磋商。

在 20 世纪 70 年代晚期到 80 年代早期，马耳他部长级领导人频繁到达布拉格，对捷克进行访问。目的在于加强两国贸易往来。1979 年 9 月，马耳他劳工部部长和社会服务部部长访问捷克（当时为捷克斯洛伐克），主要讨论事项为奶制品的投资生产、钢铁项目、医药项目和医学合作事项等。1983 年 2 月，马耳他工业部部长访问捷克，就两国联合投资工程项目、贸易往来等进行协商。

1999 年 5 月，马耳他总理和旅游部长访问捷克，会见了捷克总统、总理、副总理和外交部长，双方讨论了加入欧盟和提高两国间相互投资的事宜。

2000 年 11 月，捷克外交部长和欧洲事务官员访问马耳他，磋商欧洲一体化等事宜。他们还会见了马耳他外交部长、议会议长、马耳他总统。

2002 年 4 月，捷克总统访问马耳他，并签订了双边投资保障协议。

2003 年 11 月，捷克副总理和外交部长访问马耳他，会见了马耳他总统、总理、外交部长、反对党领袖。捷克表示支持马耳他加入欧盟。

2004 年 11 月 10 日，捷克大使会见马耳他总理，就单一货币问题、双边关系、欧盟成员问题和马耳他移民问题及环境问题进行磋商。同月，捷克议会的欧洲事务委员会访问马耳他，会见了马耳他总统、议长、外交部长和欧洲事务委员会负责人，就两国间的议会合作、加入欧盟和欧盟宪法条约等问题进行磋商。

2005 年 1 月，马耳他总统和投资与信息技术部部长、商业代表等访问捷克，为的是加强两国贸易关系。访问期间两国就 2004～2007 年间科学、教育、文化、青年人事务、体育等方面合作达成协议。

马耳他和捷克两国间签订的主要协议有：1979 年的《文化合作协议》，1980 年的《经济、工业和技术合作协议》和《健康合作协议》，1981 年的《航空服务协议》和《旅游协议》，1990 年的《互免签证协议》，1996 年的《避免双重征税协议》，2002 年的《投资保障协议》，2005 年的《科学、教育、文化、青年事务和体育合作协议 (2004～2007)》等。

# 第三节 同周边国家的关系

## 一 与突尼斯的关系

**马**耳他高度重视与周边国家、特别是与北非国家的关系。马耳他与突尼斯、埃及等北非阿拉伯国家在投资、金融、侨务等领域有着密切的传统联系。

1967 年 12 月 21 日，马耳他与突尼斯建交。

1995 年 8 月，马耳他驻突尼斯使馆正式开馆，并向突尼斯派出了首任常驻大使。

马耳他和突尼斯两国签订了石油合作协议，并成立混合委员会商谈海域划分问题。

1996 年 1 月，马耳他副总理兼外长德马尔科访问突尼斯，双方缔结了避免双重征税、海运、旅游、科技等领域的合作协定。4 月，马耳他内政部部长博格访问突尼斯，签订了两国合作打击毒品走私的协定。

1998 年 7 月，突尼斯旅游部部长访问马耳他，双方签署旅游合作协定。

1999 年 7 月，突尼斯投资和贸易机构高级代表在突尼斯驻马耳他使馆举行了投资和商业机会研讨会。

2000 年，突尼斯外长访问马耳他并出席混合委员会会议，马耳他总统和外长也分别利用出席国际活动之机顺便访问突尼斯。

2001 年 4 月，突尼斯总理访问马耳他，与马耳他总理讨论了加强两国经济合作与地区形势等问题。10 月，马耳他总理访问突尼斯，进一步探讨两国合作问题。突尼斯总理和马耳他总理于 2 日在马耳他首都瓦莱塔发表联合公报，重申为了在中东地区实现全面、公正和持久的和平，应该支持建立独立的巴勒斯坦国。两国对中东局势表示关切，呼吁国际社会，特别是制定中东和平"路线图"计划的中东问题有关四方迅速行动，促使以色列和巴勒斯坦建立互信，尽快在国际法和联合国有关决议的基础上恢复谈判。两国联合公报还呼吁切实执行"路线图"计划，以使巴勒斯坦人民恢复全部合法的民族权利，在自己的土地上建立独立的巴勒斯坦国。两国联合公报还强调了欧洲－地中海合作的重要性，决心共同努力为实现地中海地区的安全和稳定作出自己的贡献。

二　与利比亚的关系

**在** 1965 年 6 月 11 日，马耳他与利比亚正式建立外交关系。

自建交以后，马耳他与利比亚两国多年以来发展着双边的、多层次的、牢固的外交关系，特别是与利比亚有着密切的商业和贸易联系。马耳他欢迎并促进利比亚在国际事务中发挥积极作用，修复和加深与欧盟的关系，并在巴塞罗那进程中有所作为。

1995 年 4 月，利比亚司法和公安部部长访问马耳他，两国签订了反毒品走私的合作协定、避免双重征税协定和旅游协定。

1997 年 4 月，利比亚外长访问马耳他。马耳他外长表示马耳他政府主张取消联合国对利比亚的制裁，并支持利比亚参加欧洲－地中海和平进程。利比亚对马耳他政府在联合国对利比亚制裁问题上的态度表示赞赏。

1998 年 6 月，马耳他和利比亚联合委员会第 19 次会议举行，利比亚方面决定每年向马耳他私人投资 1000 万美元。

1999 年 4 月，马耳他外长博奇赴利比亚出席利比亚移交两名洛克比事件嫌疑犯的仪式，并表示要加强两国各个级别的关系，希望北非国家能够提高国际地位。5 月，马耳他经济部部长率贸易代表团访问利比亚。同月，利比亚中央银行行长访问马耳他。

2000 年，马耳他总理在外交部长和财政部长陪同下访问利比亚，利比亚外交部长也对马耳他进行了访问，两国还召开了混合委员会会议。

2001 年，利比亚议会代表团访问马耳他，双方同意建立两国友好协会并在各个方面加强两国关系。

2002 年 2 月，马耳他财政部长达里率马耳他商会代表团访问利比亚，与利比亚商讨加强两国经济合作问题。

三　与土耳其的关系

　　马耳他与土耳其一直保持着密切外交关系。虽然两国外交关系正式建立于 1967 年 10 月 10 日，但是两国在 1966 年 6 月就签署了互免签证的协议。双边协商主要围绕商品贸易、农业合作、银行业合作、航空服务协作和健康安全合作交流而展开。

国际事务上，马耳他和土耳其两国在不结盟立场、欧洲安全和合作会议上立场、中东问题和塞浦路斯问题的立场上保持一致。最近，马耳他支持土耳其加入欧盟。另外，除了在商品贸易和生产方面的合作外，马耳他还在其他领域寻求和土耳其的合作，如金融服务、运输和文化方面。

马耳他和土耳其两国间签订的主要协议有：1984年的《贸易协议》，1985年的《医学科学合作协议》和《航空服务协议》，1997年的《旅游协议》，1998年的《文化合作协议》，1999年的《反毒品贩运、恐怖主义和集团犯罪的协议》，2003年的《投资促进和保障协议》和《双边政治磋商协议》等。

## 第四节　与美国和俄罗斯的关系

### 一　与美国的关系

**在** 1964年9月21日，马耳他与美国正式建立外交关系。

20世纪70年代，马耳他对美国和苏联奉行等距离外交。并认为超级大国在地中海的争夺是地中海不安宁的因素，主张地中海国家联合起来，摆脱超级大国的控制。1971年宣布禁止美国第6舰队进入马耳他，驱逐在马耳他的北约集团驻南欧司令，同时坚持不让苏联和华约组织舰队使用马耳他港口。马耳他政府要求美苏两个超级大国在安全上和经济上共同保证马耳他中立的地位。

从20世纪80年代开始，特别是后冷战时期，马耳他逐渐地向西方和欧盟靠拢，使马耳他与美国关系得到了长足的发展。两国在广泛的领域展开合作，特别是在打击恐怖主义和防止核扩散等方面。

1994年7月，美国第6舰队导弹巡洋舰访问马耳他。9月，

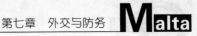

马耳他阿达米总理访问美国，与美国总统和国务卿会晤，就广泛的国际问题、特别是与马耳他有关的地区性问题交换意见。马耳他总理还会见了美国商务部部长和运输部部长，双方就美国在马耳他的投资、旅游以及美国继续向马耳他提供普遍贸易优惠待遇、加强两国航空联系等问题进行了讨论。11 月，马耳他交通部部长访问美国。

从 20 世纪末开始，马耳他与美国关系的发展更是令人瞩目。美国对马耳他经济援助大幅增加，美国海军舰只频繁访问马耳他。1999 年 3 月，美国两栖攻击舰 USS Nassau 号第 2 次访问马耳他。4 月，美国经济和环境部部长率贸易代表团访问马耳他。7 月，美国海军第 6 舰队、北约南欧打击和支援军司令丹尼尔·墨菲率 Mount Whitney 号军舰访问马耳他，同马耳他武装部队司令蒙塔那罗举行了会谈。8 月，美国海军考察组完成对马耳他干船坞的考察。11 月，美国海军 USNS Apache 号海洋拖船访问马耳他，并同马耳他武装部队联合举行潜水演习。同月，美国海军副部长杰里·麦克阿瑟对马耳他进行了短暂访问，拜会了马耳他总理阿达米和内政部部长博奇。12 月，美国总统克林顿、国务卿奥尔布赖特分别致信马耳他总统、外长，祝贺马耳他收到同欧洲联盟开始谈判的邀请。同月，马耳他干船坞总裁同美国海军第 6 舰队舰长就美国军舰在马耳他干船坞修理、补给事宜签署协议。

2000 年，马耳他与美国关系有了进一步发展，马耳他经济部部长再次访问美国，美国宣布在 2000～2002 年期间向马耳他提供 1300 万美元的安全援助。至 10 月底，美国访问马耳他的军舰增多。

2001 年，美国第 6 舰队在马耳他维修旗舰。3 月，马耳他和美国签署了两国行政当局相互提供协助的协定。"9·11 事件"后，马耳他总统和外长均向美表示同情和哀悼，并谴责恐怖主义。

2002 年，美国国务院西欧事务的高级官员基尔纳访问马耳他，与马耳他讨论了"9·11事件"后两国的关系。

马耳他和美国两国签订的主要协议有：1931年的《引渡协议》，1966年的《投资保障协议》，1970年的《和平使用志愿军协议》，1973年的《贷款协议》，1980年的《避免双重征税协议》，2000年的《航空安全协议》和《航空运输协议》，2001年的《关税互惠协议》，2004年的《海上违禁药品禁运协议》等。

## 二 与俄罗斯的关系

耳他与俄罗斯两国外交史可以追溯到1698年俄国使节代表沙皇访问马耳他时。马耳他和苏联的外交关系建立于1967年7月26日，两国签署了外交协议，并在高层次和宽领域进行密切联系。

1981年10月，在马耳他强烈要求两个超级大国在安全上和经济上共同保证马耳他中立地位的呼声的情况下，苏联与马耳他签订了关于苏联尊重、支持和保证马耳他中立地位的协定。

在1989年12月，苏、美高层会议在马耳他大港举行。苏联解体后，马耳他与苏联两国间的条约由俄罗斯联邦继续执行。

1994年8月，马耳他财政部部长访问俄罗斯。12月，两国签订了文教和旅游合作协定。

1995年5月，马耳他总统鲍尼其访问俄罗斯，出席了莫斯科纪念反法西斯战争胜利50周年活动。7月，马耳他负责旅游事务的议会国务秘书访问俄罗斯，双方签订旅游协定。8月，俄罗斯交通部部长访问马耳他，双方签订了民航协定。

1999年9月，马耳他外长博奇在出席54联大期间会见了俄罗斯外长伊万诺夫。

2000年，马耳他外长和议长先后访问俄罗斯。同年，俄罗斯在马耳他举办了"俄罗斯和马耳他在地中海安全中的作用"研讨会。

2001 年 3 月，俄罗斯外长访问马耳他，表示希望加强两国之间的关系。

2002 年 1 月，俄罗斯驻马耳他大使向德马尔科总统转交了俄总统普京的信件，高度评价两国传统友好关系。同年，马耳他和俄罗斯举行庆祝两国建交 35 周年庆典活动。

如今马耳他的贸易服务和旅游业发达，吸引了更多俄罗斯人，他们把马耳他作为度假和学习语言的好去处。

马耳他和俄罗斯（包括以前的苏联）两国间签订的主要协议有：1967 年的《外交关系协议》，1981 年的《商业航运协议》、《外交代表协议》、《苏联接受和支持马耳他中立和不结盟协议》、《贸易协议》和《航空运输协议》，1987 年的《建立苏联文化中心的协议》，1993 年的《毒品禁运协议》，1994 年的《文化合作协议》，1995 年的《旅游合作协议》，1996 年的《文化和体育合作协议》，1998 年的《俄罗斯文化中心建立的协议》，1999 年的《外交和签证服务协议》，2000 年的《双重税收协议》，2001 年的《司法机构合作协议》，2003 年的《青年和运动项目协议》，2004 年的《2004~2005 年学生交流协议》等。

## 第五节　与其他国家的关系

一　与澳大利亚的关系

马耳他与澳大利亚两国外交关系建立于 1964 年 9 月 21 日。

自建交以后，两国在移民问题上一直保持紧密的合作，20 世纪 80 年代在社会安全和税收制度上也一直进行良好的合作。两国之间的贸易往来不断地增加，两国高层互访也十分频繁。

马耳他和澳大利亚两国间签订的主要协议有：1965 年的《移

民协议》，1984 年的《避免双重征税协议》，1988 年的《健康服务协议》，1990 年的《社会安全协议》，1995 年的《签证合作协议》，1996 年的《航空服务协议》，2001 年的《反走私协议》等。

## 二 与印度的关系

马耳他与印度两国外交关系建立于 1965 年 3 月 10 日。自此，双方一直保持高层领导人的互访，两国的经济和贸易代表团也频繁地往来。

2005 年 3 月，马耳他外交部长访问印度，两国领导人之间进行了深入的交谈，目的是增进两国关系和吸引印度在马耳他的投资。

马耳他和印度两国间签订的主要协议有：1992 年的《文化协议》和《经济、工业、科学和技术合作协议》，1994 年的《税收协议》，1998 年的《航空服务协议》等。

## 三 与日本的关系

马耳他与日本两国外交关系建立于 1965 年 7 月 15 日。1968 年 11 月 13 日，两国在贸易方面达成合作协议。但是，在一个时间，两国之间贸易处于不平衡状态。尽管马耳他在渔业出口方面占一定的优势，但是，日本经常在与马耳他贸易中盈余，而马耳他经常出现贸易赤字。近年，马耳他和日本在国际事务中互相支持。

## 四 与乌克兰的关系

马耳他与乌克兰两国之间外交关系史从 1991 年 8 月的双边外交事务合作协议开始。从此，两国在政治、经济、科学、技术和文化领域都有所合作和交流，并签署一系列协议。

两国间正式外交关系建立于 1992 年 3 月 5 日。马耳他和乌克兰频繁地互相访问，两国关系不断地加强，还建立了紧密的商业联系。

马耳他和乌克兰两国间签订的主要协议有：1991 年的《外交事务合作协议》，1992 年的《外交关系协议》，2001 年的《运输协议》等。

## 第六节 防务

### 一 建军史

**马**耳他位于欧洲大陆地中海的中部，处在直布罗陀至苏伊士运河的东西航线和意大利至北非的南北航线交汇点，岛上港湾回环隐蔽，自古以来就是过往船舶避风停泊的理想地，所以马耳他在腓尼基语中是"避难所"的意思。

以马耳他为中心，其辐射半径，东可至希腊雅典、克里特岛，南到利比亚，西至阿尔及利亚，北可达意大利中部的佛罗伦萨，几乎覆盖了地中海周围的所有重要目标，马耳他对于南欧和北非地区具有无可比拟的战略地位和价值。正因为如此，马耳他成为历史上兵家必争之地。

1800 年 4 月，托马斯·格雷厄姆准将从英国军队中分离出第一支马耳他官方的军队编制，即马耳他光明步兵团。步兵团在 1802 年解散，继之成立了马耳他省级部队、马耳他炮兵部队和马耳他退伍老兵机构。1815 年，建立了皇家马耳他国防部队。1861 年，又改为皇家马耳他炮兵部队。28 年后的 1889 年，马耳他海、陆、空三军武装力量正式形成。马耳他炮兵在第二次世界大战的马耳他之围战役中闻名于世。它的第一军团，在 1962 ~ 1970 年效力于英国军队。1970 年，马耳他政府掌管马耳他炮兵部队，与马耳他皇家工兵结合，重新组建了马耳他陆军。1973 年 4 月 19 日，马耳他陆军归入海陆空三军武装力量。

二 防务政策

耳他共和国对外奉行中立和不结盟政策，不允许外国在马耳他设立军事基地，注意发展和保持同地中海邻国的友好关系，积极倡导建立地中海和平与合作机制，主张加强地中海沿岸的欧洲国家的合作，共同维护地中海地区的安全与稳定。马耳他希望同更多的友好国家签订协议，以便在马耳他的安全受到威胁时能得到这些国家的帮助。

按照 1980 年同意大利签订的双边防务协定，由意大利提供安全保障。马耳他军队职责在于保卫马耳他岛国的领土、领海和领空的完整和安全，打击恐怖主义、非法毒品交易、非法移民、非法捕鱼、提供及时有效的搜索援救等。在出现紧急状况时，如自然灾害、国内安全危机和排爆，马耳他军队与马耳他警察部队和政府相关机构合作。在出现紧急状况时，马耳他军队还可以与其他国家相关部门进行有效的协作，并接受其他国家提供的军事援助。

三 防务体制

耳他的国防体制与大多数国家有很大的区别，在政府中不设国防部，武装力量由正规军和准军事部队组成，由内政部负责管辖。

马耳他正规军即为马耳他国防军，不分陆、海、空等军种，也不设参谋部。战时，总理通过内政部对武装力量实施指挥。总统、总理和副总理兼内政司法部长是主要军事领导人，现任马耳他武装部队司令为蒙塔那罗准将。

马耳他军队人员不是很多，但编制和装备齐全。"马耳他武装力量"的现役部队数量，2002 年为 1058 人，2003 年为 1368 人，2004 年为 1641 人，2006 年增加到 2237 人。由总司令部（负责常规规划、军事行动安排部署、人事事宜、后勤保障）和 3 个军团组成：

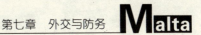

第 1 团为步兵营建制，下辖 3 个步兵连和 1 个支援连；

第 2 团为合成团建制，下辖 1 个飞行中队、1 个海军陆战队和 1 个高炮连；

第 3 团为补给团，为后勤服务机构以及应对紧急状况志愿军后备力量，下辖 1 个工兵中队、1 个修配连、1 个军械连和 1 个机场警卫连。

准军事部队约 3000 人，其中警察 1300 人。

主要装备有：高射炮 90 门；舰艇 10 艘；飞机 5 架；直升机 10 架。另外意大利还在马耳他驻有两架 AB—212 型搜索求援直升机及 50 名机组人员。马耳他取消了公民的服兵役义务，实行志愿兵役制。

马耳他的军费开支，1992 年为 2700 万美元，占国内生产总值的 1%；1993 年上述两值分别为 2390 万美元和 0.94%；1994 年分别为 2700 万美元和 1%；1995 年分别为 3100 万美元和 1.07%；1998 年分别为 2010 万美元和 0.5%；2003 年分别为 330.3 万美元和 0.7%。马耳他年度国防预算和军费开支虽然较少，但相对其国内生产总值来说也在合理的范围之内。

四　对外军事关系

在 2000 年 1 月，马耳他总理及外长访问意大利期间，意大利承诺继续给予马耳他大量的经济援助并加强两国之间的军事合作。

2000 年，美国宣布在 2000～2002 年期间向马耳他提供 1300 万美元的安全援助。至 10 月底，美国访问马耳他的军舰增多。2001 年马耳他和美国的军事关系继续发展，美国第 6 舰队频繁地出没地中海，并在马耳他维修它的旗舰。

2000 年 9 月，中国开始向马耳他派驻武官。10 月，中国人民解放军副总参谋长张黎中将访问了马耳他。

2001 年 6 月，马耳他武装部队司令蒙塔那罗准将访华。

# 第八章

# 马耳他与中国的关系

## 第一节　马耳他与中国建交

### 一　马耳他对华的方针

马耳他与中国的关系可以追溯到久远以前，两国早有人员和文化上的往来，但是，马耳他与中国在政治和经贸上的交流，则是始于 20 世纪 70 年代。

马耳他工党自 1971 年执政以来推行独立自主的外交，在发展与欧美和周边国家关系的同时，也重视发展与马耳他相距遥远的亚洲国家的关系，特别是与中国的关系。马耳他工党政府看到中华人民共和国在 1971 年恢复在联合国的席位后，其影响日益扩大，特别是在发展中国家的影响和中小国家中的影响日益增长，在联合国安理会中扮演重要的角色，在联合国和地区事务中起着越来越大的作用。

马耳他还认识到，中华人民共和国一向主张在对外交往中坚持大小国家一律平等的原则，反对大国沙文主义，主张已经获得解放和独立的民族，应该支援那些尚待解放或正在进行解放斗争的民族，支持小国发展经济和社会。

马耳他在历史上长期处于殖民统治之下，一直是西方强国的军事基地，第二次世界大战胜利后获得独立，但仍未摆脱殖民地状态。马耳他继续靠英军基地租金和为基地服务收入过活，经济未得到发展，人民生活难以改善。根据马耳他和英国的协议，英军将撤出马耳他，外国军事基地将关闭。这样，基地租金没有了，为基地服务的居民也将失业，马耳他工党政府将面临财政拮据，给居民生活带来困难。

但是，马耳他工党政府也出现了新的机遇。中东石油资源极其丰富，西方大国大量投资开采石油，并源源不断地运回欧美各国。因而穿行地中海的大型油轮和货轮越来越多，载重吨位越来越大，当前二三十万吨油轮比比皆是，五六十万吨油轮也在积极发展中。这给马耳他提供了一个具有生存意义的商机。马耳他工党政府计划修建一座 30 万吨干船坞，以便承接大型油轮、货轮的检修。它四处向西方国家求援，所获无几，更无人愿承担大型干船坞的援建工作，于是准备请求中国予以支援。

二　马耳他与中国建交

正是在上述背景下，马耳他工党政府委托马耳他政府代表驻意大利共和国大使——卡密尔·约翰·马利亚和中华人民共和国政府驻意大利共和国大使沈平进行充分地磋商，在相互谅解的基础上达成协议，于 1972 年 1 月 31 日签订了《马耳他政府和中华人民共和国政府关于马耳他和中国建立外交关系的联合公报》。该联合公报指出：

马耳他政府和中华人民共和国政府根据互相尊重主权和领土完整、互不干涉内政和平等互利的原则，决定自 1972 年 1 月 31 日起，互相承认和建立外交关系，并同意在短期内互派大使。马耳他政府承认中华人民共和国政府为中国的唯一合法政府。中国政府重申：台湾省是中华人民共和国领土不可分割的一部分。马耳他政府注意到中国政府的这一声明。中国政府支持马耳他政府和人民为维护国家独立主权和发展致力于和平的自给经济所作的努力。中、马两国政府决定在平等互利的基础上，根据国际惯例，在各自首都为对方的建馆及其执行任务提供一切必要的协助。

从此，翻开了马耳他与中华人民共和国关系史的新的一页。

### 三 马耳他总理首次访华

在1972年阳春3月，风和日丽，马耳他政府总理明托夫率政府代表团首次来华访问。中国政府周恩来总理十分重视，亲临机场迎接，像接待其他大国总理一样。当明托夫走下舷梯，周总理迎上去热情握手寒暄，在两国国歌嘹亮声中陪同明托夫走过红地毯，检阅三军仪仗队，和热情欢迎的人群招手致意，气氛热烈。明托夫喜笑颜开，受到一个社会主义大国高规格接待，似乎有些意外，感激之情，溢于言表。

当晚周总理举行盛大国宴，明托夫在致词中一再对我国的邀请和盛情款待表示感谢，对周总理亲临机场迎接和设国宴招待表示感谢。他热情祝贺我国恢复联合国常任理事国席位，支持一个中国、反对台"独"。他在餐叙中还一再赞扬我国国歌悠扬悦耳，富有革命和鼓舞斗志之功，给人以振奋之感。明托夫在京期间会见了毛泽东主席，并参观了故宫、长城等名胜古迹，对中国古老文化和礼仪之邦，赞不绝口。

随后，周总理陪同明托夫一行乘专机赴南京和广州访问，在明托夫结束访问时周总理亲自陪送明托夫前往深圳，从罗湖口岸出境，经香港回国。周总理是大小国家一律平等的倡导者，更是亲体履行者。这次明托夫总理访华，周总理从谈判到参观访问一陪到底。这是明托夫平生唯一的一次受到了一个大国总理的优礼相待，他感念在心，努力推动马耳他和中国关系的发展。

# 第二节　马耳他与中国的政治关系

## 一　马耳他与中国的政治交往

马耳他建立共和国的政治体制后，马耳他政府根据马耳他共和国宪法确定的奉行"积极中立和不结盟外交政策"以促进世界持久和平，特别是地中海的和平，为提高本国生活水平服务，与中国的友好和合作关系继续在发展。20 世纪 80 年代以来，特别是 20 世纪 90 年代以来，马耳他越来越认识到，中国不仅在地区性问题上起着举足轻重的作用，而且在联合国和世界性问题上也发挥重大的影响。中国已经从地区性的大国走向世界性的大国。因此，马耳他重视中国大国的地位和市场的潜力，看好中国的发展前景，希望增进相互了解和促进双边关系的发展，进而全面发展对华关系，促进自身社会经济发展。马耳他特别赞赏中国视其为平等的合作伙伴，表示两国虽然相距遥远，幅员悬殊，社会制度各异，但长期以来相互尊重，一直保持着良好的关系，马耳他对此感到骄傲。马耳他坚持一个中国的立场，视中国为欧盟中的好朋友和好伙伴，将在欧盟内为推动中欧关系的发展发挥积极作用。

正是马耳他和中国在两国关系上的政策并行不悖，从而使两国关系有了长足的发展。特别是马耳他和中国在政治关系方面越来越密切。

20 世纪 70 年代明托夫总理曾 4 次访华，与毛主席和周总理亲切会见。

1984 年，李先念主席访问马耳他。

1985 年和 1991 年，马耳他总统巴巴拉和文森特·塔博恩先后访华。

1994 年 3 月，马耳他首任常驻中国大使维克多·高奇到任。6 月，马耳他总理阿达米访华。

1995 年，中国总理李鹏访问马耳他。

1998 年 1 月，国务院副总理兼外交部长钱其琛访问马耳他。

1999 年，两国关系有了进一步的发展，双方高层互访增多并签署了《中华全国青年联合会与马耳他青年体育局 2000～2001 年在青年领域合作协议》等。

近年来，两国高层互访频繁，使马耳他与中国关系不断得到巩固和发展。2000 年 4 月，李岚清副总理访问马耳他，同月，马耳他国民党副领袖、政府副总理冈奇、财政部部长达里、外交部部长博奇、旅游部部长莱法罗等访华，同中国共产党建立了正式党际关系。9 月，中国向马耳他派驻首任兼职武官，10 月，张黎副总参谋长率中国军事代表团访问马耳他。11 月，田纪云副委员长率全国人大代表团访问马耳他。

2001 年，两国关系进一步加强。5 月，中共中央政治局委员、上海市委书记黄菊率中共代表团访问马耳他。6 月，马耳他武装部队司令蒙塔纳罗访华。7 月，马耳他总统德马科访华期间，双方签署了《中国政府向马耳他政府提供 300 万元人民币无偿援助的换文》、《中华人民共和国政府外交部与马耳他外交部关于磋商的谅解备忘录》和《中国外交学院与马耳他地中海外交学院合作协议》。同月，江泽民主席对马耳他进行国事访问，双方签署了《中华人民共和国政府与马耳他政府 2001～2003 年度文化合作执行计划》、《中华人民共和国政府与马耳他政府关于设立文化中心的谅解备忘录》和《中华人民共和国旅游局和马耳他旅游部关于中国公民有组织地赴马耳他旅游实施方案的谅解备忘录》。10 月，马耳他经济服务部长鲍尼其访华并出

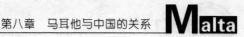

席第 3 届中马经贸混合委员会会议。同月，马耳他内政部长博奇访华期间，双方签署了《中华人民共和国政府和马耳他政府关于禁止非法贩运和滥用麻醉药品和精神药物的合作协议》。11 月 9 日，苏州市金阊区与马耳他桑塔露西亚市正式签署缔结友谊城市的协议，成为两国第一对"结好城市"。

2002 年 1 月 31 日，在马耳他与中国建交 30 周年之际，两国元首和外长互致了贺电。同月，中国人民对外友好协会与马耳他驻华使馆联合举办庆祝中马建交 30 周年招待会，会上举行了中马建交 30 周年纪念封的首发仪式。6 月，马耳他国民党总书记萨利巴访华。同月，中国卫生部副部长朱庆生访问马耳他，双方签署了《中华人民共和国卫生部与马耳他卫生部关于卫生和医学合作 2002~2004 年度执行计划》、《中华人民共和国卫生部和马耳他卫生部关于开展中医领域合作的协议》。同月，马耳他文化教育部长加利亚访华，双方签署了《中华人民共和国教育部与马耳他教育部合作备忘录》。7 月，马耳他议长塔博恩访华。9 月，中国外经贸部副部长周可仁访问马耳他并出席第 4 届中马经贸混合委员会会议，向马耳他提供了 300 万元人民币的无偿援助。10 月，马耳他总理阿达米访华。

马耳他入盟后，马耳他继续推动与中国在政治、经济和文化等领域的友好合作关系。

2004 年 5 月，马耳他外交和投资促进部部长访华。7 月，中国副委员长王兆国造访马耳他。9 月，全国政协主席贾庆林又接踵前往马耳他。10 月，温家宝总理在河内出席第 5 届亚欧首脑会议期间与马耳他副总理兼司法内政部部长就两国文化交流等进行交谈。

2005 年 6 月，全国政协副主席王忠禹访问马耳他。

2007 年 9 月 24 日，马耳他工党外事和 IT 发言人（反对党影子内阁外长）布林卡特在为《独立报》撰写的专栏文章中，称马耳他虽然在外交上有很多朋友，但实践证明，对马耳他人民一贯最真诚的朋友，毫无疑问要数中国；中国依然感激马耳他在其受到西方孤立的情况下建立两国正常外交关系；中国一直表示不会忘记老朋友，并表示对进一步发展马耳他与中国关系充满信心。布林卡特对中国的评价，也正是马耳他朝野政治领导人一致的看法。

二　马耳他和中国的主要双边协定、协议和换文

马耳他同中国签订的主要协定、协议和换文如下：

1972 年的《中国向马耳他提供长期无息贷款协定》；

1973 年的《中国向马耳他提供建设项目和技术援助议定书》；

1977 年的《中国向马耳他马尔萨什洛克港防波堤工程提供技术援助议定书》、《中国向马耳他提供成套项目和技术援助议定书》；

1980 年的《中国－马耳他旅游合作协定》；

1990 年的《中国对马耳他马尔萨港防波堤延伸工程提供技术援助议定书》；

1991 年的《中国－马耳他建立地中海地区针灸培训中心协议》、《中国－马耳他文化科学合作协定》、《中国－马耳他海运协定》；

1992 年的《中国－马耳他文化交流协定》；

1993 年的《中国－马耳他关于避免双重征税和避免偷、漏税协定》；

1994 年的《中国－马耳他关于开展中医领域合作协议》等；

1997 年的《中国－马耳他民用航空运输协定》、《中国－马耳他贸易和经济合作协定》、《中国政府向马耳他政府提供 300 万元人民币无偿援助的换文》、续签《中华人民共和国卫生部与马耳他共和国内政和社会发展部关于开展中医领域合作的协议》；

1998 年的《中马两国卫生和医学领域合作协定》、《中马两

国关于中医领域合作协议》、《中马两国旅游合作协定》、《中华人民共和国政府和马耳他共和国文化交流合作协定 1998～2000 年度执行计划》；

1999 年的《中华全国青年联合会与马耳他青年体育局 2000～2001 年在青年领域合作协议》、《中华人民共和国卫生部和马耳他共和国卫生部关于卫生和医学合作 1999～2001 年度执行计划》、《中国政府向马耳他政府提供 300 万元人民币无偿援助的换文》；

2000 年的《中国政府向马耳他政府提供 300 万元人民币无偿援助的换文》；

2001 年的《中国政府向马耳他政府提供 300 万元人民币无偿援助的换文》、《中华人民共和国外交部和马耳他外交部关于磋商的谅解备忘录》、《中国外交学院与马耳他地中海外交学院合作协议》、《中华人民共和国政府与马耳他政府 2001～2003 年度文化合作执行计划》、《中华人民共和国政府与马耳他政府关于设立文化中心的谅解备忘录》、《中华人民共和国国家旅游局和马耳他旅游部关于中国公民有组织地赴马耳他旅游实施方案的谅解备忘录》、《中华人民共和国政府和马耳他政府关于禁止非法贩运和滥用麻醉药品和精神药物的合作协议》；

2002 年的《中华人民共和国卫生部与马耳他卫生部关于卫生和医学合作 2002～2004 年度执行计划》、《中华人民共和国卫生部和马耳他卫生部关于开展中医领域合作的协议》、《中华人民共和国教育部与马耳他教育部合作备忘录》；

2005 年的《中华人民共和国政府与马耳他共和国政府 2005～2008 年文化交流执行计划》、《中华人民共和国教育部与马耳他共和国教育部 2005～2008 年教育合作协议》；

2007 年的《中华人民共和国政府向马耳他政府提供 300 万元人民币无偿援助的换文》等。

## 第三节 马耳他与中国的贸易和
## 经济技术合作

### 一 马中双边贸易关系

马耳他与中国贸易始于 20 世纪 50 年代，但金额很小。随着 20 世纪 70 年代初两国外交关系的建立，双边贸易开始逐步增长，但发展缓慢。据我国海关统计，在 20 世纪 70 ~ 80 年代，双边贸易处于低水平，且年进出口额起伏较大，1981 年和 1986 年，除双边贸易总额分别为 1365.3 万美元和 3122 万美元（其中中国出口仅 428 万美元和 253 万美元）外，大都徘徊在数百万美元之间。

进入 20 世纪 90 年代以来，双边贸易呈现出较快增长势头，尤其中国对马耳他出口增幅较大，除 1990 年和 1991 年外均逾 1000 万美元。与此同时，进口除 1996 年因我国利用马耳他还贷采购两条供应船交货而剧增至 2268 万美元外，其余多数年份都处于百万美元以下的低水平，中方顺差较大。

据中国海关总署统计，1999 年，马耳他与中国的贸易额为 6067.1 万美元，其中，中方出口额为 5072.2 万美元，进口额为 994.9 万美元。2000 年，双边贸易额达创纪录的 9467 万美元，比上年增长 56%。其中，中国出口额为 7617 万美元，增长 50.2%；马耳他向中国出口 1850 万美元，增长 85.9%。

近年来，马耳他与中国贸易增长速度较快。据中国海关总署统计如下：

2001 年，双边贸易额首次突破 1.5 亿美元大关，达到 15177 万美元，比上年增长 60.3%。其中马耳他从中国进口额为 8028

万美元，向中国出口额为 7149 万美元。

2002 年，双边贸易总额为 2.95 亿美元，同比增长 94.5%。其中，马耳他从中国进口额为 1.2 亿美元，向中国出口额为 1.8 亿美元，分别比 2001 年增长 49% 和 151.2%。

2003 年，马耳他与中国双边贸易额达到 3.5 亿美元。

2004 年，双边贸易额增长到 5.2 亿美元，同比增长 49%。其中马耳他从中国进口额为 2.7 亿美元，同比增长 120%；向中国出口额为 2.5 亿美元，同比增长 11%。

2005 年，双边贸易额为 5.39 亿美元，同比增长 2.6%。其中马耳他从中国进口额为 3.01 亿美元，同比增加 10.2%；向中国出口额为 2.38 亿美元，同比减少了 5.6%。

2006 年，双边贸易额创历史新高，到达 8.25 亿美元，同比增长 53.2%。其中马耳他从中国进口额为 4.75 亿美元，同比增加 57.8%；向中国出口额为 3.5 亿美元，同比增加 47.3%。向中国出口的主要商品是集成电路、微电子组件等机电和高新技术产品。详细情况请参阅表 8-1。

马耳他从中国进口的商品中，机电产品约占 35%，其次为纺织品、塑料及皮革制品、医药化工品、玩具和体育用品等。上述产品的单项年出口额在 300 万至 1500 万美元不等，累计约占中国对马耳他年出口额的 80% 以上。详细情况请参阅表 8-2。

马耳他市场容量虽然很小，但所需生产和生活资料的绝大部分均依赖进口，而中国出口产品在马耳他一般都比较适销对路，价格和质量均有较强的竞争优势。所以只要努力开拓，马耳他市场仍有较大潜力可挖。另外，马耳他地处地中海中部，据南欧、北非和中东三大洲这些地区的海上要冲，海上交通便利，其独特的地理位置和港口设施优势是向周边尤其是北非国家发展转口业务的有利条件。

马耳他

表 8 – 1　马耳他对中国出口主要商品构成及金额

(2004 ~ 2005 年)

单位：百万美元

| HS 编码 | 商 品 类 别 | 2004 年 1 ~ 12 月 | 2005 年 1 ~ 12 月 | 占比 (%) | 同比 (%) |
|---|---|---|---|---|---|
| 85 | 电机、电气、音像设备及其零附件 | 14.79 | 19.89 | 91.40 | 34.44 |
| 84 | 核反应堆、锅炉、机械器具及零件 | 0.67 | 0.37 | 1.68 | – 45.32 |
| 33 | 精油及香膏;香料制品及化妆盥洗品 | 0.09 | 0.27 | 1.22 | 188.17 |
| 52 | 棉 花 | 0.00 | 0.24 | 1.12 | 0.00 |
| 55 | 化学纤维短纤 | 0.23 | 0.16 | 0.72 | – 30.98 |
| 73 | 钢铁制品 | 0.01 | 0.15 | 0.68 | 2671.28 |
| 76 | 铝及其制品 | 0.02 | 0.14 | 0.66 | 568.09 |
| 72 | 钢 铁 | 0.01 | 0.14 | 0.65 | 1035.44 |
| 74 | 铜及其制品 | 0.10 | 0.13 | 0.62 | 33.37 |
| 02 | 肉及食用杂碎 | 0.00 | 0.13 | 0.59 | 0.00 |
| 90 | 光学、照相、医疗等设备及零附件 | 1.81 | 0.06 | 0.27 | – 96.74 |
| 39 | 塑料及其制品 | 0.16 | 0.04 | 0.16 | – 78.48 |
| 95 | 玩具、游戏或运动用品及其零附件 | 0.00 | 0.02 | 0.08 | 0.00 |
| 61 | 针织或钩编的服装及衣着附件 | 0.16 | 0.01 | 0.05 | – 93.27 |
| 97 | 艺术品、收藏品及古物 | 0.00 | 0.01 | 0.03 | 0.00 |
| 62 | 非针织或非钩编的服装及衣着附件 | 0.76 | 0.01 | 0.02 | – 99.32 |
| 29 | 有机化学品 | 0.00 | 0.00 | 0.02 | 0.00 |
| 60 | 针织物及钩编织物 | 0.00 | 0.00 | 0.01 | 0.00 |
| 38 | 杂项化学产品 | 0.00 | 0.00 | 0.01 | 0.00 |
| 79 | 锌及其制品 | 0.00 | 0.00 | 0.01 | 0.00 |
| 12 | 油籽;子仁;工业或药用植物;饲料 | 0.00 | 0.00 | 0.00 | 0.00 |
| 65 | 头 饰 | 0.00 | 0.00 | 0.00 | – 62.74 |
| 51 | 羊毛等动物毛;马毛纱线及其机织物 | 0.00 | 0.00 | 0.00 | 0.00 |
| 49 | 印刷品;手稿、打字稿及设计图纸 | 0.00 | 0.00 | 0.00 | – 38.79 |
| 48 | 纸及纸板;纸浆、纸或纸板制品 | 0.01 | 0.00 | 0.00 | – 99.02 |
| 58 | 特种机织物;簇绒织物;刺绣等 | 0.00 | 0.00 | 0.00 | 0.00 |
| 54 | 化学纤维长丝 | 0.00 | 0.00 | 0.00 | 0.00 |
| 56 | 絮胎、毡呢及无纺织物;线绳制品等 | 0.37 | 0.00 | 0.00 | – 100.00 |
| 59 | 浸、包或层压织物;工业用纺织制品 | 0.00 | 0.00 | 0.00 | 0.00 |
| 40 | 橡胶及其制品 | 0.02 | 0.00 | 0.00 | – 100.00 |
| 金 额 合 计 | | 19.22 | 21.76 | 100.00 | 13.19 |

资料来源：中国商务部网站。

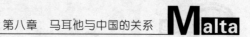

### 表 8 – 2　马耳他从中国进口主要商品构成
### （2004 ~ 2005 年）

单位：百万美元

| HS 编码 | 商品类别 | 2004 年 1 ~ 12 月 | 2005 年 1 ~ 12 月 | 占比 （%） | 同比 （%） |
|---|---|---|---|---|---|
| 84 | 核反应堆、锅炉、机械器具及零件 | 14.77 | 10.33 | 14.51 | - 30.10 |
| 85 | 电机、电气、音像设备及其零附件 | 10.63 | 8.09 | 11.37 | - 23.87 |
| 29 | 有机化学品 | 6.68 | 6.41 | 9.01 | - 4.04 |
| 94 | 家具；寝具等；灯具；活动房 | 3.16 | 5.28 | 7.42 | 67.36 |
| 39 | 塑料及其制品 | 3.91 | 3.53 | 4.96 | - 9.64 |
| 64 | 鞋靴、护腿和类似品及其零件 | 2.73 | 3.11 | 4.37 | 13.92 |
| 95 | 玩具、游戏或运动用品及其零附件 | 3.47 | 3.06 | 4.30 | - 11.99 |
| 62 | 非针织或非钩编的服装及衣着附件 | 4.28 | 3.05 | 4.29 | - 28.64 |
| 73· | 钢铁制品 | 1.85 | 3.04 | 4.27 | 64.33 |
| 61 | 针织或钩编的服装及衣着附件 | 7.03 | 2.87 | 4.03 | - 59.22 |
| 69 | 陶瓷产品 | 2.14 | 2.82 | 3.96 | 31.78 |
| 44 | 木及木制品；木炭 | 0.56 | 2.06 | 2.90 | 269.28 |
| 40 | 橡胶及其制品 | 2.02 | 1.97 | 2.78 | - 2.35 |
| 63 | 其他纺织制品；成套物品；旧纺织品 | 1.36 | 1.80 | 2.53 | 32.37 |
| 90 | 光学、照相、医疗等设备及零附件 | 1.30 | 1.32 | 1.86 | 2.05 |
| 42 | 皮革制品；旅行箱包；动物肠线制品 | 1.63 | 1.27 | 1.78 | - 22.54 |
| 70 | 玻璃及其制品 | 0.71 | 0.95 | 1.33 | 33.48 |
| 68 | 矿物材料的制品 | 0.62 | 0.86 | 1.21 | 38.53 |
| 83 | 贱金属杂项制品 | 0.65 | 0.83 | 1.17 | 29.05 |
| 20 | 蔬菜、水果等或植物其他部分的制品 | 0.71 | 0.73 | 1.03 | 2.29 |
| 87 | 车辆及其零附件，但铁道车辆除外 | 0.67 | 0.57 | 0.81 | - 14.30 |
| 48 | 纸及纸板；纸浆、纸或纸板制品 | 0.39 | 0.55 | 0.78 | 42.33 |
| 74 | 铜及其制品 | 0.30 | 0.53 | 0.74 | 74.90 |
| 76 | 铝及其制品 | 0.12 | 0.50 | 0.70 | 330.73 |
| 82 | 贱金属器具、利口器、餐具及零件 | 0.75 | 0.45 | 0.64 | - 39.82 |
| 91 | 钟表及其零件 | 0.37 | 0.37 | 0.52 | - 0.29 |
| 12 | 油籽；子仁；工业或药用植物；饲料 | 0.40 | 0.36 | 0.51 | - 9.30 |
| 71 | 珠宝、贵金属及制品；仿首饰；硬币 | 0.39 | 0.34 | 0.47 | - 12.94 |
| 65 | 头　饰 | 0.42 | 0.30 | 0.42 | - 30.14 |
| 96 | 杂项制品 | 0.48 | 0.30 | 0.42 | - 37.98 |
| 金　额　合　计 | | 74.50 | 67.65 | 95.09 | - 9.19 |

资料来源：中国商务部网站。

二 马耳他与中国的经济技术合作

**（一）1972～2000 年马耳他从中国获得的经济援助**

马耳他与中国的经济、技术合作是从援外基础上发展起来的。1972 年以来，中国共向马耳他提供了 4 笔援助贷款，总金额为 1.471 亿元人民币。

1. 无息长期贷款 1.0271 亿元

1972 年 4 月，明托夫总理与中国签署协定，在中国经济上还不富裕、财力和物力有限的情况下从中国政府获得 1.0271 亿元人民币的无息长期贷款，其中，包括 1 亿元人民币的现汇（合 6900 万美元，以黄金保值）、7 个成套项目、两个经济技术合作项目以及派遣医疗队。其中最大的项目是我国为马耳他修建的 30 万吨级干船坞，被当地人亲切地称为"红色船坞"，它已经成为两国人民友谊的象征。马耳他在此基础上成为地中海修船中心。其他援建项目还有巧克力厂、混凝土制品厂、藤制品厂、地毯厂等。1985 年中国又承接修建了码头延长项目——防波堤，对马耳他自由港起到了保护作用。

自 1982 年起，马耳他以向中国出口产品的方式开始偿还我国向马耳他提供的长期无息贷款。1986 年马耳他向中国交付供应船和成品油船各一艘。1995 年 12 月马耳他逾期交付我国两艘海上供应船。

2. 600 万元人民币无偿援助

1994 年，在马耳他总理访华时，中国总理承诺帮助马耳他无偿修建"中国园"，同时向马耳他赠送 500 株柳树苗。此项目援助金额为 600 万元人民币。1995 年 1 月，双方签署《会谈纪要》，决定将"中国园"建在圣卢西杰市，占地 8000 平方米。项目由苏州园林设计院设计，中国江苏国际经济技术合作公司执行。马耳他负责清理地面、挖掘水池等基础工程。1996 年 7 月

11日正式施工，1997年3月竣工，4月双方联合验收，7月7日双方签署交接证书并举行移交开园仪式。此"中国园"建成后，为其定名为"静园"。

"静园"内建有方亭、六角亭、轩、水榭、曲廊、喷泉、水池等，是一座优雅的苏州式古典园林，深受马耳他人民喜爱，参观者络绎不绝。这个项目收到了良好的经济和社会效益，成为马耳他与中国友谊的结晶和象征。

3. 1997年的300万元人民币无偿援助

1997年7月，中国对外经贸部孙广相部长助理访问马耳他时，与马耳他政府签署了300万元人民币无偿援助换文。中国政府向马耳他提供了14辆解放牌卡车和两辆北京吉普车，这些车辆已于1999年3月运抵马耳他。

4. 1999年的300万元人民币无偿援助

1999年9月，马耳他经济服务部部长访华时，在首届中国与马耳他经贸混合委员会会议上，双方又签署了300万元人民币无偿援助换文。

5. 2000年的300万元人民币无偿援助

2000年4月，李岚清副总理访问马耳他时，再度向马耳他政府提供了300万元人民币无偿援助。

（二）中国对马耳他的投资

中国对马耳他投资项目不多，主要的如下。

1. 重庆国际经济技术合作公司开办的莱悉服装有限公司

莱悉服装公司原为中马合资企业，1987年4月正式开业，总投资85万美元，中方占70%的股份。1996年8月中方收购了马方的30%股份成为独资企业。该公司主要加工生产西裤、童装、女装和便装等。独资后逐步扭亏为盈，经营状况良好。现全厂有管理人员6名，中国工人60名，当地雇员38人。

另外，该公司还为马耳他提供工人和厨师劳务8人。

**2. 地中海地区中医中心**

地中海地区中医中心，是根据马耳他和中国两国政府关于开展中医领域合作协议于 1994 年 4 月建立的。该中心以中医针灸、推拿和培训为主要功能的地区性教学医疗实体。中国和马耳他双方分别投资 52200 和 39750 美元。中国负责提供 5 名医务人员和相应医疗设备，马耳他提供相关用房和非医疗设备。双方各两人组成董事会，共同参与管理。董事会主席由双方轮流担任，日常管理工作由中方选派的代表负责。

中国医务人员除在中心门诊外，另有一名医生到政府医院巡诊。几年来共诊治病人 6000 多例，合计 20000 多人次，取得了较好的社会效益和一定的经济效益。

从 2005 年 6 月开始，在戈佐岛一家政府医院又新开设了每周半日门诊，受到了马耳他人的普遍欢迎。

**3. 中国港湾建设总公司欧非（欧洲和非洲）事务部**

该部是中国港湾建设总公司的派出机构，于 1974 年设立，负责承揽工程承包项目。但近年来除承揽一些小型项目外，业务发展不大。现有两名常驻人员，另有 4 名劳务厨师。

**（三）马耳他对华投资**

近年来，马耳他对华投资有一定进展，至 2000 年 9 月底，投资项目共计 25 个，协议投资金额 2431 万美元，实际投入 817 万美元。

**（四）在马耳他承包工程和对马耳他输出劳务**

近几年来，我国在马耳他承包工程萎缩，仅有一些零星的小项目。

我国在马耳他有少量劳务输出，主要集中于中餐馆和服装行业。马耳他政府鼓励外国在高新技术产业上的投资，但对企业雇佣外籍劳务有严格的规定，除外籍企业的管理人员及其本国缺乏的专门技术人员外，一般不予签发工作许可证。

### 三　中国－马耳他经贸混合委员会

**根**据 1997 年签订的中国政府和马耳他政府贸易和经济合作协定，双方同意建立由两国政府代表组成的贸易和经济合作混合委员会机制，不定期地轮流在两国就双边经济贸易关系举行会谈。马耳他经济服务部部长鲍尼奇于 1999 年 8 月率团访华，并与中国对外经贸部石广生部长共同主持了首届经贸混合委员会会议。2000 年 11 月，中国对外经贸部周可仁副部长率中国政府经济贸易代表团访马耳他，与鲍尼奇部长共同主持了第二届经贸混合委员会会议。

2007 年 5 月，召开了中国－马耳他经贸混合委员会第 7 次会议。马耳他代表弗南多外长对两国双边关系和双边经贸合作的发展表示满意，感谢中方长期以来提供的无偿援助。弗南多外长表示将积极推动欧盟早日承认中国完全市场经济地位。希望双方今后能加强海运、旅游、能源、医疗和教育等领域的进一步合作。

中国对外经贸部副部长于广洲积极评价两国关系和双边经贸合作，他指出在两国领导人的关心和推动下，双边关系近年来一直发展顺利。对马耳他加入欧盟后，仍在国际事务中一如既往地同中国保持着密切的沟通与合作，表示高度赞赏。希望马耳他在欧盟内部发挥更加积极的作用，推动欧盟尽早承认我国完全市场经济地位，鼓励中国企业赴马投资。希望今后双方继续扩大贸易和投资规模，拓展合作领域，推动企业开展多种形式的合作，共同开拓除欧盟国家外的第三国际市场。

为推动双边经贸关系的进一步发展，于广洲建议双方应充分发挥两国经贸混合委员会磋商机制的作用，对共同关注的行业和企业积极加以推动，马耳他企业积极参加中国举办的各类展览会和博览会。

会后，于广洲副部长与弗南多外长签署了《中华人民共和国政府向马耳他政府提供 300 万元人民币无偿援助的换文》，并出席了《清华同方威视技术股份有限公司和马耳他政府间的设备租赁合同》的签字仪式。

## 第四节　马耳他与中国的文化、教育、中医等领域的合作和交流

### 一　马耳他与中国的文化教育合作

马建交以来，在文化、教育领域，马耳他与中国签署了一系列协议，取得了可喜的合作成果。中国共派出 24 个艺术团组访问马耳他，在马耳他举办过剪纸、版画、工艺美术、摄影等展览。马耳他方面到中国访问的艺术团组 1 起。自 1973 年起，中国开始向马耳他派遣留学生，目前在马耳他就读各类学校的留学生约 1200 多人，其中在马耳他大学学习的中国留学生达 280 多人，成为该校最大的外国留学生群体。马耳他迄今已经派出 7 名留学生到中国学习中文。

2005 年以来，随着《中华人民共和国政府与马耳他共和国政府 2005～2008 年文化交流执行计划》和《中华人民共和国教育部与马耳他共和国教育部 2005～2008 年教育合作协议》的实施，马耳他与中国在文化、教育领域的合作和交流得到进一步加强，已取得显著成效。

马耳他中国文化中心，于 2003 年在马耳他首都瓦莱塔落成并启用，这是中国当时设在海外的第 5 个中国文化中心。文化中心拥有文化展示厅、语言教室、图书馆、电影放映厅以及多功能厅等工作和生活的设施。马耳他中国文化中心的设立是中国进一步向海外传播中国文化、积极增进中国同世界其他国家之间相互

了解的体现。该中心将通过开设汉语班、举办各类讲座、展览和演出等活动，全面地向马耳他人民和旅居马耳他的其他国家人民介绍中国。在开幕仪式上，德马尔科总统致辞说：

> 中国文化中心的设立使我们有更多机会了解幅员辽阔的中国。

他还表示，由于这是地中海地区的第一个中国文化中心，其设立有助于促进地中海国家和欧洲其他国家与中国之间的相互了解和友好关系。

## 二　马耳他与中国在中医等领域的合作

自20世纪90年代以来，根据中华人民共和国卫生部与马耳他卫生部关于卫生和医学合作执行计划设立的地中海地区中医中心，每年为患者提供治疗近5000人次，并通过举办人员培训等活动，在马耳他的影响越来越大。

中国和马耳他两国负责老龄事务的部门已进行了多年合作，效果良好。此外，中国已将马耳他列为中国公民出境旅游目的地国家，两国在旅游方面的合作进一步加强。

## 三　马耳他与中国的军事交流

自2000年9月起，中国向马耳他派驻武官（由驻意大利武官兼任）。

同年10月，中国人民解放军副总参谋长张黎中将访问马耳他。

2001年6月，马耳他武装部队司令蒙塔纳罗准将回访中国。

马耳他与中国在军事方面的交流逐步开展起来。

# 附录

# 马耳他各地方市政委员会的标志

瓦莱塔
（VALLETTA）

姆迪纳
（MDINA）

比尔古
（BIRGU）

伊斯拉
（ISLA）

博姆拉
（BORMLA）

戈尔米
（QORMI）

泽布季
（ZEBBUG）

扎巴尔
（ZABBAR）

锡杰维
（SIGGIEWI）

泽通
（ZEJTUN）

拉巴特（戈佐岛）
〔RABAT（GHAWDEX）〕

阿塔尔德
（ATTARD）

巴尔赞
（BALZAN）

比尔基卡拉
（BIRKIRKARA）

比尔泽布贾
（BIRZEBBUGIA）

丁格利
（DINGLI）

弗古拉
（FGURA）

弗洛里亚纳
（FLORIANA）

丰塔纳
（FONTANA）

古德杰
（GUDJA）

格齐拉
（GZIRA）

瓜尔西里姆
（GHAJNSIELEN）

阿尔卜
（GHARB）

阿尔胡尔
（GHARGHUR）

瓜斯里
（GHASRI）

阿沙格
（GHAXAQ）

哈姆伦
（HAMRUN）

伊克林
（IKLIN）

卡尔卡拉
（KALKARA）

凯尔切姆
（KERCEM）

基尔科普
（KIRKOP）

利杰
（LIJA）

卢加
（LUQA）

马尔萨
（MARSA）

马尔萨什卡拉
（MARSASCALA）

马尔萨什洛克
（MARSAXLOKK）

梅利哈
（MELLIEHA）

姆贾尔
（MGARR）

莫斯塔
（MOSTA）

姆加巴
（MQABBA）

姆西达
（MSIDA）

蒙沙尔
（MUNXAR）

纳杜尔
（NADUR）

纳沙尔
（NAXXAR）

帕奥拉
（PAOLA）

彭布罗克
（PEMBROKE）

皮埃塔
（PIETA）

加拉
（QALA）

格伦迪
（QRENDI）

拉巴特
（RABAT）

萨菲
（SAFI）

圣朱利安
（SAN GILJAN）

圣格旺
（SAN GWANN）

圣劳从兹
（SAN LAWRENZ）

圣波尔巴哈尔
（SAN PAWL IL–BAHAR）

桑纳特
（SANNAT）

圣卢西杰
（SANTA LUCIJA）

圣维尼拉
（SANTA VENERA）

斯利马
（SLIEMA）

斯维吉
（SWIEQI）

塔什比埃什
（TA' XBIEX）

塔尔欣
（TARXIEN）

沙拉
（XAGHRA）

绍基亚
（XEWKIJA）

西阿拉
（XGHAJRA）

泽布季（戈佐岛）
〔ZEBBUG（GHAWDEX）〕

祖里格
（ZURRIEQ）

姆塔尔法
（MTARFA）

　　说明：马耳他各市政委员会标志均为彩色的，因本书体例所限，这里只能用黑白图案表示。

# 主要参考文献

## 一　中文参考文献

1. H. 鲍恩－琼斯、J. C. 杜德内和 W. B. 费希尔：《马耳他发展背景》（The backdrop of the malta's development），达拉姆大学，1960。

2. 哈里·卢克爵士：《马耳他概况及评价》，1949。

3. 特米·赞米特：《马耳他列岛和它的历史》（Malta's islands and history），1929。

4. 布莱恩·布洛伊特：《马耳他》（Malta），马耳他进步出版社，1966。

5. 布莱恩·布洛伊特：《戈佐》（Gozo），马耳他进步出版社，1965。

6. 约翰·默里：《马耳他列岛和它的地质结构》（Malta's islands and the geologic structure），《苏格兰地理杂志》，1890。

7. M. W. 布鲁斯：《马耳他地理专论》，马耳他进步出版社，1965。

8. 特米·赞米特爵士：《史前时期马耳他：塔欣神庙》，1930。

9. 布莱恩·布洛伊特：《马耳他简史》，黑龙江人民出版社，1975。

10. 《世界知识年鉴》编辑部编《世界知识年鉴》，历年各卷，世界知识出版社。

11. 《世界经济年鉴》编委会编《世界经济年鉴》，历年各卷，世界知识出版社。

12. 斯潘塞·J. 帕默著，向红笳、徐晓冬译《世界宗教概览》，中央民族学院出版社，2003。

13. 钟清清主编《各国共产党总览》，当代世界出版社，2000。

14. 中共中央对外联络部编辑委员会编《各国社会党手册》，人民出版社，1992。

15. 中共中央对外联络部编《各国民族主义政党手册》，人民出版社，1995。

16. 钟清清主编《世界政党大全》，贵州教育出版社，1994。

17. 姜士林、陈玮主编《世界宪法大全》上卷，中国广播电视出版社，1989。

18. 斯德哥尔摩国际和平研究所编《SIPRI 年鉴·1999》，世界知识出版社，2000。

19. 《世界军事年鉴》编委会编《世界军事年鉴》，历年各卷，解放军出版社，2004。

20. 潘光、张家哲：《各国历史寻踪》，上海辞书出版社，2001。

21. 《世界企业 500 家》，北京大学出版社，1997。

22. 俞可平主编《当代各国政治体制》（丛书），兰州大学出版社，1998。

23. 王知津等编《世界通览》，哈尔滨工程大学出版社，1991。

24. 胡焕庸等著《欧洲自然地理》，商务印书馆，1982。

25. 《各国通览》编委会编《各国通览》，吉林人民出版社，1991。

26. 李风梅译，谢望原审校《马耳他刑事法典》，北京大学出版社，2006。

27. 由贺嘉禾整理《马耳他宪法及宪法资料》［*Malta-Constitution-Schedules*（1996）］，互联网，2005。

# 二 外文参考文献

1. Jacques Godechot, *Histoire de Malt*, Presses Universitaires de France, 1970.

2. Victor paul borg, *The rough guide to Malta &Gozo*, Presses Rough Guides. 2001.

3. H. J. A. Sire, *The Knights of Malta*, Publisher: Yale University Press, 1996.

4. James Holland, *Fortress Malta : An Island Under Siege 1940 – 1943*, Publisher: Miramax Books, 2003.

5. Thomas Eccardt *Secrets of the Seven Smallest States in Europe: Andorra, Liechtenstein, Luxembourg, Malta, Monaco, San Marino and Vatican City* Publisher: Hippocrene Books, 2004.

6. Stefan Goodwin Westport *Malta, Mediterranean bridge*, Conn. : Bergin & Garvey, 2002.

7. *bis Zypern /* herausgegeben von Robert K. Furtak Munchen, *Politisches Lexikon Europa. Bd. 2, Malta:* Verlag C. H. Beck, 1981.

8. Th. P. Galestin, L. Langewis and Rita Bolland, *Lamak & Malat in Bali & a Sumba loom.* [ monograph ] Amsterdam: Royal Tropical Institute, 1956.

9. compiled by the Museums Association, *Directory of museums and art galleries in British Africa and in Malta, Cyprus, and Gibraltar* Museums Association, London: The Museums Association, 1933.

10. edited by Emmanuel Agius, *Future generations and international law*, London : Earthscan Publications Ltd, 1998.

# 三　参考网站

1. 马耳他旅游网：www. visitmalta. com/。
2. 马耳他航空网站：www. maltairport. com。
3. 马耳他官方网站：www. gov. mt。
4. 马耳他搜索网站：www. searchmalta. com。
5. 马耳他旅游局网站：www. malta. co. uk。
6. 马耳他官方旅游网：www. mta. com. mt。
7. 马耳他时间网站：www. timesofmalta. com。
8. 马耳他今天网站：www. maltatoday. com. mt。
9. 马耳他独立网站：www. independent. com. mt。
10. 中华人民共和国商务部网站：http：//www. mofcom. gov. cn。
11. 中华人民共和国外交部网站：http：//www. fmprc. gov. cn。
12. 中国学术期刊网：http：//www. cnki. net。
13. 欧洲联盟官方网站：http：//www. europa. eu. int。
14. 马耳他教育国际组织机构中文官方网站：www. maltaeducation. com. cn。
15. 马耳他教育网：www. um. edu. mt。
16. 马耳他旅游商务网：www. maltatb. com。
17. 维普资讯：http：//www. cqvip. com。

# 《列国志》已出书书目

**2003 年度**

吴国庆编著《法国》

张健雄编著《荷兰》

孙士海、葛维钧主编《印度》

杨鲁萍、林庆春编著《突尼斯》

王振华编著《英国》

黄振编著《阿拉伯联合酋长国》

沈永兴、张秋生、高国荣编著《澳大利亚》

李兴汉编著《波罗的海三国》

徐世澄编著《古巴》

马贵友主编《乌克兰》

卢国学编著《国际刑警组织》

**2004 年度**

顾志红编著《摩尔多瓦》

赵常庆编著《哈萨克斯坦》

张林初、于平安、王瑞华编著《科特迪瓦》

鲁虎编著《新加坡》

王宏纬主编《尼泊尔》

王兰编著《斯里兰卡》

孙壮志、苏畅、吴宏伟编著《乌兹别克斯坦》

徐宝华编著《哥伦比亚》

高晋元编著《肯尼亚》

王晓燕编著《智利》

王景祺编著《科威特》

吕银春、周俊南编著《巴西》

张宏明编著《贝宁》

杨会军编著《美国》

王德迅、张金杰编著《国际货币基金组织》

何曼青、马仁真编著《世界银行集团》

马细谱、郑恩波编著《阿尔巴尼亚》

朱在明主编《马尔代夫》

马树洪、方芸编著《老挝》

马胜利编著《比利时》

朱在明、唐明超、宋旭如编著《不丹》

李智彪编著《刚果民主共和国》

杨翠柏、刘成琼编著《巴基斯坦》

施玉宇编著《土库曼斯坦》

陈广嗣、姜俐编著《捷克》

**2005 年度**

田禾、周方冶编著《泰国》

高德平编著《波兰》

刘军编著《加拿大》

张象、车效梅编著《刚果》

徐绍丽、利国、张训常编著《越南》

刘庚岑、徐小云编著《吉尔吉斯斯坦》

刘新生、潘正秀编著《文莱》

孙壮志、赵会荣、包毅、靳芳编著《阿塞拜疆》

孙叔林、韩铁英主编《日本》

吴清和编著《几内亚》

李允华、农雪梅编著《白俄罗斯》

潘德礼主编《俄罗斯》

郑羽主编《独联体（1991～2002）》

安春英编著《加蓬》

苏畅主编《格鲁吉亚》

曾昭耀编著《玻利维亚》

杨建民编著《巴拉圭》

贺双荣编著《乌拉圭》

李晨阳、瞿健文、卢光盛、韦德星编著《柬埔寨》

焦震衡编著《委内瑞拉》

彭姝祎编著《卢森堡》

宋晓平编著《阿根廷》

张铁伟编著《伊朗》

贺圣达、李晨阳编著《缅甸》

施玉宇、高歌、王鸣野编著《亚美尼亚》

董向荣编著《韩国》

## 2006 年度

李东燕编著《联合国》

章永勇编著《塞尔维亚和黑山》

杨灏城、许林根编著《埃及》

李文刚编著《利比里亚》

李秀环编著《罗马尼亚》

任丁秋、杨解朴等编著《瑞士》

王受业、梁敏和、刘新生编著《印度尼西亚》

李靖堃编著《葡萄牙》

钟伟云编著《埃塞俄比亚　厄立特里亚》

赵慧杰编著《阿尔及利亚》

王章辉编著《新西兰》

张颖编著《保加利亚》

刘启芸编著《塔吉克斯坦》

陈晓红编著《莱索托　斯威士兰》

汪丽敏编著《斯洛文尼亚》

张健雄编著《欧洲联盟》

王鹤编著《丹麦》

顾章义、付吉军、周海泓编著《索马里　吉布提》

彭坤元编著《尼日尔》

张忠祥编著《马里》

姜琍编著《斯洛伐克》

夏新华、顾荣新编著《马拉维》

唐志超编著《约旦》

刘海方编著《安哥拉》

李丹琳编著《匈牙利》

白凤森编著《秘鲁》

**2007 年度**

潘蓓英编著《利比亚》

徐人龙编著《博茨瓦纳》

张象、贾锡萍、邢富华编著《塞内加尔　冈比亚》

梁光严编著《瑞典》

刘立群编著《冰岛》

顾俊礼编著《德国》

王凤编著《阿富汗》

马燕冰、黄莺编著《菲律宾》

李广一主编《赤道几内亚　几内亚比绍　圣多美和
　　普林西比　佛得角》

徐心辉编著《黎巴嫩》

王振华、陈志瑞、李靖堃编著《爱尔兰》

刘月琴编著《伊拉克》

左娅编著《克罗地亚》

张敏编著《西班牙》

吴德明编著《圭亚那》

张颖、宋晓平编著《厄瓜多尔》

田德文编著《挪威》

郝时远、杜世伟编著《蒙古》

## 2008 年度

宋晓敏编著《希腊》

王平贞、赵俊杰编著《芬兰》

## 芬兰

王平贞　赵俊杰　编著
2008 年 1 月出版　35.00 元
ISBN 978-7-5097-0004-4/K·0001

芬兰是最靠近极地的北欧国家，被称为"最北的共和国"。芬兰是世界著名的"森林王国"和"欧洲绿色之肺"，罗瓦涅米市传说是"圣诞老人的故乡"。芬兰经济具有强大的竞争力，在世界经济论坛公布的全球竞争力报告中，芬兰三度蝉联榜首。2000～2004 年，芬兰连续四年被评为世界上腐败程度最低、廉洁程度最高的国家。通过这本《芬兰》，读者可以了解是什么造就了芬兰奇迹，是什么使得芬兰有如此多的世界桂冠。

## 挪威

田德文　编著
2007 年 11 月出版　29.00 元
ISBN 978-7-80230-888-6/K·109

挪威是欧洲最北部的国家，其国名的含义是"通往北方之路"，大约三分之一的领土在北极圈内。挪威的近海大陆架，蕴涵丰富的石油和天然气。石油工业成为挪威经济发展的主要动力。石油经济的不断发展使挪威成为世界上人均收入最高的国家之一。沿着漫长的西海岸伸展的峡湾和山脉美丽壮观，令世人惊羡。

## 厄瓜多尔

张　颖　宋晓平　编著
2007 年 10 月出版　35.00 元
ISBN 978-7-80230-829-9/K·102

　　厄瓜多尔是南美洲西部的一个小国，赤道从其首都穿过，故有"赤道之国"的美名。厄瓜多尔是一个具有悠久历史的文明古国。印第安民族早就生活在这片土地上，创造了多姿多彩的文化财富。厄瓜多尔的首都基多享有"美洲艺术殿堂"的美誉，被联合国宣布为"人类文化遗产"。

## 蒙古

郝时远　杜世伟　编著
2007 年 11 月出版　29.00 元
ISBN 978-7-80230-882-4/K·108

　　蒙古国是我国北方的重要邻国之一。中蒙两国自 1949 年建交以来，始终恪守平等、互利、合作的基本准则，使两国关系在健康、稳定的轨道上前进，并取得显著成效。进入 21 世纪以后，中蒙两国已结成睦邻互信伙伴关系，双方在政治、经济、文化和社会生活等方面的交流与合作展现着日益增进的共识与互补。本书将为我国读者了解蒙古国发展的历史脉络和现况以及两国关系发展的成就，提供全景式的介绍。

# 社会科学文献出版社网站
## www.ssap.com.cn

1. 查询最新图书　　2. 分类查询各学科图书
3. 查询新闻发布会、学术研讨会的相关消息
4. 注册会员，网上购书

　　本社网站是一个交流的平台，"读者俱乐部"、"书评书摘"、"论坛"、"在线咨询"等为广大读者、媒体、经销商、作者提供了最充分的交流空间。

　　"读者俱乐部"实行会员制管理，不同级别会员享受不同的购书优惠（最低7.5折），会员购书同时还享受积分赠送、购书免邮费等待遇。"读者俱乐部"将不定期从注册的会员或者反馈信息的读者中抽出一部分幸运读者，免费赠送我社出版的新书或者光盘数据库等产品。

　　"在线商城"的商品覆盖图书、软件、数据库、点卡等多种形式，为读者提供最权威、最全面的产品出版资讯。商城将不定期推出部分特惠产品。

咨 询/邮 购 电 话：010-65285539　　邮箱：duzhe@ssap.cn
网站支持（销售）联系电话：010-65269967　　QQ：168316188　　邮箱：service@ssap.cn
邮购地址：北京市东城区先晓胡同10号　社科文献出版社市场部　邮编：100005
银行户名：社会科学文献出版社发行部　　开户银行：工商银行北京东四南支行　　账号：0200001009066100151

**图书在版编目（CIP）数据**

马耳他/蔡雅洁，吴国庆编著．－北京：社会科学文献
出版社，2008.9
（列国志）
ISBN 978－7－5097－0291－8

Ⅰ．马⋯　Ⅱ．①蔡⋯②吴⋯　Ⅲ．马耳他－概况
Ⅳ．K954.9

中国版本图书馆 CIP 数据核字（2008）第 105629 号

# 马耳他（Malta） ·列国志·

编 著 者／蔡雅洁　吴国庆
审 定 人／刘立群　张健雄

出 版 人／谢寿光
总 编 辑／邹东涛
出 版 者／社会科学文献出版社
地　　址／北京市东城区先晓胡同 10 号　（邮政编码：100005）
网　　址／http：//www. ssap. com. cn
网站支持／（010）65269967
责任部门／《列国志》工作室　　（010）65232637
电子信箱／bianjibu@ ssap. cn
项目经理／宋月华
责任编辑／赵慧芝
责任校对／单蔚蔚
责任印制／岳　阳

总 经 销／社会科学文献出版社发行部
　　　　　　（010）65139961　65139963
经　　销／各地书店
读者服务／市场部　（010）65285539
排　　版／北京中文天地文化艺术有限公司
印　　刷／三河市尚艺印装有限公司

开　　本／880×1230 毫米　1/32
印　　张／13.25
字　　数／323 千字
版　　次／2008 年 9 月第 1 版　2008 年 9 月第 1 次印刷

书　　号／ISBN 978－7－5097－0291－8/K・0028
定　　价／35.00 元

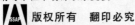

# 《列国志》主要编辑出版发行人

出 版 人　谢寿光

总 编 辑　邹东涛

项目负责人　杨　群

发 行 人　王　菲

编 辑 主 任　宋月华

编　　辑　（按姓名笔画排序）

　　　　　孙以年　朱希淦　宋月华

　　　　　李正乐　周志宽　范　迎

　　　　　范明礼　赵慧芝　袁卫华

　　　　　黄　丹　魏小薇

封 面 设 计　孙元明

内 文 设 计　熠　菲

责 任 印 制　岳　阳

编　　务　杨春花

编 辑 中 心　电话：65232637

　　　　　网址：ssdphzh＿cn@sohu.com